El procedimiento de *habeas data*

El derecho procesal ante las nuevas tecnologías

Enrique César Pérez-Luño Robledo

EL PROCEDIMIENTO DE *HABEAS DATA*

El derecho procesal ante las nuevas tecnologías

Prólogo de

JOSÉ DE LOS SANTOS MARTÍN OSTOS

Catedrático de Derecho Procesal de la Universidad de Sevilla

Dykinson, S.L.

Este libro ha sido sometido a evaluación por parte de nuestro Consejo Editorial
Para mayor información, véase *www.dykinson.com/quienes_somos*

Editorial DYKINSON, S.L.
Meléndez Valdés, 61 - 28015 Madrid
Teléfono (+34) 915442846 - (+34) 915442869
e-mail: info@dykinson.com
http://www.dykinson.es
http://www.dykinson.com

ISBN: 978-84-9148-213-0
Depósito Legal: M-13227-2017

Preimpresión:
Besing Servicios Gráficos, S.L.
besingsg@gmail.com

Índice

PRÓLOGO

Dentro de los posibles trabajos para la colación del Grado de Doctorado, cabe efectuar diversas clasificaciones; así -y no resulta un aspecto baladí- podemos hablar de investigaciones meramente descriptivas, frente a otras que se adecuan mejor a su propia naturaleza.

Las primeras, suelen consistir en un acopio de materiales históricos, examen del estado de la cuestión y recopilación de opiniones doctrinales al respecto, junto con propuestas de reforma (éstas, generalmente, realizadas por quienes con anterioridad coincidieron en el estudio de la misma materia). En numerosas ocasiones, se trata de una sencilla exposición de los principales aspectos del tema abordado, sin mayores consecuencias.

Por el contrario, el verdadero trabajo de investigación, sin desdeñar por completo lo anterior -pues, muchas veces, también es conveniente para la introducción al estudio del mismo-, debe buscar un planteamiento *ex novo*, de forma original y creativa. El investigador ha de intentar la apertura de caminos y debe proponer soluciones, siempre con respeto a los principios fundamentales del campo científico de que se trate. Podemos afirmar que el segundo modelo merece el agradecimiento de la comunidad científica, en cuanto que colabora a dar un paso adelante en la siempre necesaria búsqueda de la verdad.

Dentro de la segunda categoría podemos incluir el trabajo que presenta el Profesor Don Enrique-César Pérez-Luño Robledo, con el que en su día obtuvo el Grado de Doctor en Derecho por la Universidad de Sevilla, con la máxima calificación, ante un cualificado Tribunal.

La obra que este investigador, perteneciente al Departamento de Derecho procesal de la Universidad Hispalense, ofrece a la comunidad científica, versa sobre el *habeas data*. Cualquier jurista avezado lo relacionará sin dificultad con la defensa de los derechos humanos llevada a cabo a lo largo muchos años, magistralmente, desde otro ámbito de la ciencia jurídica española.

***

Que la tecnología -especialmente, la informática- ha irrumpido con fuerza en nuestra sociedad es un fenómeno indiscutible. De modo irreversible -y, previsiblemente, en constante crecimiento-, la llamada Red invade nuestras vidas, ocupando espacios que hasta ahora recibían otras soluciones, como el almacenamiento y la transmisión de la información. En efecto, la contenida en el llamado soporte papel, tal como aconteció en anteriores momentos de la historia con otras formas de documentación, está siendo desplazada por nuevos medios técnicos. Consecuentemente, ello influye en la nueva concepción del propio documento, de la firma de éste y, por supuesto, de su archivo.

Lógicamente, lo expuesto también acontece en la Administración de Justicia, con directa repercusión en las actividades rutinarias de la oficina judicial; de este modo, entre otras, se facilita la presentación de los escritos, su traslado a las partes, los actos de comunicación y el archivo de los documentos; en suma, se agiliza la tramitación del procedimiento. Tampoco resultan ajenos otros aspectos, como la llevanza de la gestión económica y las labores estadísticas del órgano judicial, y, por su importancia, pues interesa a todos los implicados en el proceso, el acceso a la legislación vigente y a la jurisprudencia.

En suma, la adecuada utilización de la informática puede colaborar al logro de la tutela judicial efectiva, ayudando al desarrollo y buen fin del proceso con todas las garantías, y produciendo el consiguiente beneficio en el Poder judicial, uno de los componentes básicos del Estado de Derecho.

***

A pesar de su evidente repercusión en el curso de los procedimientos judiciales y en la propia organización de los tribunales, el comentado trabajo del Profesor Pérez-Luño Robledo no se circunscribe sólo a la Administración de Justicia. Su ambición -legítima- es más amplia, lo que amerita su valía.

Dividido en dos partes, la primera se ofrece a modo de introducción general. El autor aborda la interacción entre las nuevas tecnologías y el Derecho procesal (las nuevas tecnologías en el ámbito jurídico y las nuevas categorías jurídicas, sin olvidar la informática jurídica procesal). Dentro de esta última, se detiene en la informatización de la oficina judicial, cuestión que exigirá en el futuro una mayor atención por parte de teóricos y prácticos.

Pero, a nuestro juicio, la segunda parte es la más importante y constituye el verdadero núcleo del trabajo de investigación. Partiendo de la consideración del *habeas corpus* como antecedente del *habeas data*, se plantea el estudio de la correspondiente acción procesal. Se trata de una exposición minuciosa y detallada de las diversas cuestiones de mayor interés dentro de la problemática planteada. El Profesor Pérez-Luño Robledo analiza el concepto y la naturaleza de dicha acción procesal, sus orígenes y presupuestos, los elementos constitutivos, sus principios informadores y el procedimiento de sustanciación. Es decir, una completa visión de la institución estudiada, sin que tampoco falte la contemplación de la experiencia constitucional iberoamericana.

En este sentido, a semejanza del *habeas corpus*, parte de la consideración del *habeas data* como el debido procedimiento legal para la defensa de un derecho fundamental. Si el primero persigue la libertad de la persona frente a los posibles supuestos de detención irregular, el *habeas data* consagra la libertad informática del ciudadano, esto es, el derecho al tratamiento informático adecuado y a que se le facilite el acceso a los datos que le conciernen. Ser titular de datos, tener información personal y poder acceder a ellos, al mismo tiempo que poder velar por la defensa de su privacidad, son los elementos que delimitan la esencia de la figura estudiada. Naturalmente, los denominados derechos ARCO (acceso, rectificación, cancelación y oposición), junto con la posibilidad de evitar la innecesaria difusión de información privada, representan en este campo un conjunto de extraordinaria importancia. Todo ciudadano debe gozar de la posibilidad de la *actio exhibitoria*, o derecho a conocer la información que directamente le afecta y, especialmente, en relación con su posible difusión.

Como expone el autor, la mencionada acción ha de gozar de las características fundamentales que le son propias, es decir, universal, general, libre, legal y eficaz. Sin cualquiera de ellas, esa acción deviene en inútil, careciendo de pleno contenido este derecho personalísimo del ciudadano.

Tampoco se olvida el tratamiento de las principales modalidades sectoriales del *habeas data*, con especial énfasis en el sanitario, el correspondiente al menor, y los archivos de titularidad pública y privada. Sobre las mismas, el Profesor Pérez-Luño Robledo plantea el respeto a los consabidos límites por interés estadístico, cuando no a causa de la realización de estudios científicos, que favorecen un mejor conocimiento del funcionamiento institucional y, por ende, pueden coadyuvar a la mejora de la organización social.

Estos aspectos, a los que se suma una excelente redacción, una acertada sistematización y una selecta bibliografía, enriquecen aún más este trabajo, que sin duda será de obligada consulta por quienes están interesados en el *ha-*

beas data. Téngase presente que nos encontramos ante una institución que, de seguro, atraerá de modo creciente la atención de todos los que se muestran preocupados por la defensa de los inalienables derechos de la persona.

En Sevilla, a veintinueve de abril de dos mil dieciséis.

José de los Santos Martín Ostos

Catedrático de Derecho procesal
(Universidad de Sevilla)

NOTA PRELIMINAR

Las recientes sentencias del Tribunal de Luxemburgo del 13 de mayo de 2014, en relación con el denominado "caso google", así como la de 6 de octubre de 2015, referente al caso "Europa vs Facebook" en las que se han reconocido importantes garantías para la protección jurisdiccional de los datos personales, han suscitado un gran interés entre los científicos del derecho y entre la ciudadanía sobre la importancia de la privacidad en las sociedades avanzadas.

Esta circunstancia corrobora la veracidad del juicio de uno de los pioneros de la informática jurídica europea Vittorio Frosini, cuando afirmaba que los juristas actuales deben poseer una "consciencia tecnológica", es decir, deben ser plenamente conscientes de los retos que las Nuevas Tecnologías (NT) y las Tecnologías de la Información y Comunicación (TIC) plantean hoy al Derecho y de las respuestas que el Derecho debe ofrecer a esos retos. Este libro se propone dar cuenta de esos cambios, a través del estudio de una nueva categoría jurídica: el *habeas data*, analizada desde un enfoque preferentemente procesalista.

Esta obra supone la reelaboración y actualización de la Tesis doctoral realizada en el seno del Departamento de Derecho Procesal de la Facultad de Derecho de la Universidad de Sevilla en septiembre de 2014, que fue dirigida por el Prof. Dr. José de los Santos Martín Ostos, Catedrático de dicho Departamento.

En una materia tan actual como la referente a la protección de datos personales, las innovaciones de la ciencia jurídica, normativas y jurisprudenciales son constantes. Todo ello muestra el certero aserto de Savigny cuando en su obra sobre la *Vocación de nuestro tiempo por la legislación y la ciencia del derecho*, declaraba: "no existe pausa para el Derecho" el derecho es un *perpetuum mobile* y esta condición se manifiesta de modo especial en todo cuanto concierne al tratamiento jurídico de las nuevas tecnologías.

Toda investigación es siempre deudora de determinadas enseñanzas y orientaciones. Esta obra es el resultado de un aprendizaje y un estímulo intelectual que, entiendo es de justicia reconocer.

De forma genérica, estimo cumplir con un estricto deber de gratitud expresando mi reconocimiento al profesorado del Departamento de Derecho Procesal de la Facultad de Derecho de la Universidad de Sevilla, en cuyo seno se ha realizado esta investigación.

Debo expresar un especial reconocimiento hacia los profesores que tuvieron la generosa disponibilidad de aceptar su participación en el Tribunal calificador de mi Tesis doctoral. Al presidente, profesor Francisco Ramos Méndez, le debo en el plano científico sus valiosas aportaciones para el estudio del derecho procesal y, debo reconocer que sus planteamientos sobre la acción procesal me han sido de impagable valor teórico para el encuadre de la acción de *habeas data*. Al profesor Vicente Gimeno Sendra le debo su amable acogida, en mi calidad de comunicante, en el Congreso Internacional sobre: "Nuevas tendencias en la interpretación de los Derechos fundamentales" celebrado en la UNED del 8 al 10 de mayo de 2013, bajo su iniciativa y dirección. Le debo también gratitud intelectual por sus diversas aportaciones al estudio del Derecho procesal y, en particular por su obra sobre el *habeas corpus*, que tan decisivamente me ha permitido precisar el significado del *habeas data*. Al profesor Borja Mappelli deseo agradecerle su constante estímulo de mi actividad como investigador y docente del Instituto Andaluz de Criminología que, certeramente dirige. Su estudio sobre el uso de los móviles por personas privadas de libertad muestra su aguda sensibilidad por la problemática jurídica que se deriva del uso de la NT. Al profesor Jesús Sáez González le agradezco, muy sinceramente, su presencia en aquel Tribunal pese a sus absorbentes compromisos decanales, así como sus provechosas enseñanzas. Quiero también expresar mi reconocimiento a las modélicas lecciones de Derecho procesal recibidas, al cursar la Licenciatura en Derecho, de la profesora Pilar Martín Ríos, que tan decisivamente influyeron en mi vocación procesalista. Quiero hacer también extensiva mi gratitud al Profesor Carmelo Gómez Torres, suplente del Tribunal, pero que quiso desplazarse de la Universidad de Barcelona para acompañarnos en aquel acto académico.

Por último, a tenor de la expresión inglesa *last but not least*, es decir, lo último pero no lo menos importante, debo expresar mi gratitud al Profesor José de los Santos Martín Ostos, que, anteriormente, tuvo la deferencia de dirigir mi Trabajo Fin de Master y que luego prolongó su tutela científica con la dirección de mi Tesis doctoral. Su constante y competente consejo, su aportación de ideas y materiales básicos para el contenido y avance de mi estudio, su lectura atenta y crítica de estas reflexiones han permitido liberar estas páginas de su imperfección inicial. Sin que ello suponga eludir mi responsabilidad por los errores subsistentes. Tengo que agradecerle también su cordial y generosa presentación de este trabajo a través de su cuidado Prólogo.

Tengo, asimismo que agradecer a mi padre su constante enseñanza y ejemplo universitario.

Durante un Cuatrimestre del Curso 2015/2016 realicé una estancia de investigación en el Centro Interdipartimentale di Ricerca in Storia del Diritto, Filosofia e Sociologia del Diritto e Informatica Giuridica (CIRSFID) de la Universidad de Bolonia, invitado por su Directora la Profesora Doctora Carla Faralli. Deseo agradecer a la Profesora Faralli y al resto de miembros de dicho centro sus valiosas orientaciones y estímulo intelectual.

En Sevilla, Septiembre de 2016

INTRODUCCIÓN

SUMARIO: 1. Objeto de esta investigación.- 2. Estructura temática.- 3. Presupuestos metodológicos.

1. OBJETO DE ESTA INVESTIGACIÓN

En el universo global que habitamos han adquirido un protagonismo incuestionable, de modo especial en los países más avanzados, las Nuevas Tecnologías (NT) o las Tecnologías de la Información y de la Comunicación (TIC). Esta circunstancia ha proyectado su impacto sobre los sistemas jurídicos de los Estados más desarrollados, cuyos sistemas normativos se hallan en un periodo de profunda transformación. Este libro se propone dar cuenta de esos cambios, a través del estudio de una nueva categoría jurídica: el *habeas data*, estudiada desde un enfoque preferentemente procesalista.

La ciencia jurídica del presente no puede soslayar que el contexto en el que se ejercitan hoy las instituciones jurídicas y los derechos fundamentales de los ciudadanos es el de una sociedad donde las NT y las TIC y, en especial, la Red han devenido el símbolo emblemático de nuestra cultura, también de nuestra cultura jurídica. En esta nueva situación de impacto tecnológico en el Derecho, han aparecido nuevas categorías jurídicas que merecen creciente atención por parte de los operadores jurídicos. De los estudios sobre informática y Derecho se concluye que pueden distinguirse dos nuevas categoría surgidas de la interacción entre el mundo tecnológico y la experiencia jurídica. El *Derecho informático* o *Derecho de la informática* es una materia inequívocamente jurídica; conformada por el sector normativo de los sistemas jurídicos contemporáneos integrado por el conjunto de normas dirigidas a la regulación de las nuevas tecnologías de la información y la comunicación, es decir, la informática y la telemática. Asimismo integran el Derecho informático las sentencias de los tribunales sobre materias informáticas y las proposiciones normativas, es decir, los razonamientos de los teóricos del Derecho que tienen por objeto analizar, interpretar, exponer, sistematizar o criticar el sector normativo que disciplina la informática y la telemática. Las fuentes y estructura temática del Derecho informático afectan a las ramas del Derecho tradicionales. Así, se inscriben en el ámbito del Derecho público: el problema de la regulación del flujo internacional de datos informatizados, que interesa al Derecho internacional público; los delitos informáticos, que tienden a configurar un ámbito propio en la prevención y sanción de la criminalidad por parte del Derecho penal actual; o la libertad informática, o defensa de las libertades frente a eventuales agresiones perpetradas por las tecnologías de la información y la comunicación, objeto de especial atención por parte del Derecho constitucional, administrativo y procesal dentro del cual se inscribe el *habeas data*, que consiste en una acción destinada a permitir a los ciudadanos el acceso a sus datos de carácter personal registrados en archivos o bancos de información informatizados. Corresponden al ámbito del Derecho privado cuestiones tales como: los contratos informáticos, que pueden afectar lo mismo al *hardware* que al *software*, dando lugar a una rica tipología negocial en la que pueden distinguirse contratos de compraventa, alquiler, *leasing*, copropiedad, multipropiedad, mantenimiento y servicios; así como los distintos sistemas para la protección jurídica de los programas de ordenador (*software*), temas que innovan los objetos tradicionales de los Derechos civil y mercantil.

La nueva metodología y la nueva problemática que dimanan del Derecho informático y de la Informática jurídica afectan a todas las ramas del Derecho y, por tanto, inciden también en la esfera del Derecho procesal. En el ámbito del Derecho procesal cabe avanzar que, en los últimos años, han surgido dos importantes sectores de estudio que recaban creciente interés en la teoría y en la práctica procesales. Puede hablarse en la esfera procesal, al igual que ha ocurrido en otras disciplinas jurídicas, de una proyección en su objeto y metodología de esas dos grandes categorías ya aludidas. En efecto, puede aquí también hablarse de un Derecho procesal informático y de una Informática jurídica procesal. El Derecho procesal informático se desglosa en el conjunto de normas procesales referentes a la regulación de distintos aspectos de la utilización de medios tecnológicos y de sus consecuencias jurídicas. En este sector jurídico posee una especial importancia todo el conjunto de normas procesales encaminadas a la tutela de los derechos fundamental, frente a eventuales abusos informáticos, así como las normas procesales civiles y penales encaminadas a regular las acciones judiciales tendentes a la reparación de los actos ilícitos o de los crímenes informáticos. En el seno de los medios de tutela de las libertades frente a agresiones informáticas, se puede afirmar que se distingue, en el Derecho comparado, y en nuestro propio sistema jurídico, la acción procesal del *habeas data*. Mediante ella se ejercitan los cauces procedimentales a través de los que los ciudadanos concernidos por informaciones contenidas en archivos o bancos de datos informatizados, pueden tener acceso a las mismas con el fin de ejercer sus facultades de información y de control de dichos datos.

La Informática jurídica procesal se desglosa, a su vez, en tres grandes sectores de estudio.

a) La I*nformática jurídica procesal documental*, se dirige al análisis de las proyecciones tecnológicas y, en particular, el tratamiento automatizado de las fuentes del Derecho procesal. Este nuevo sector del Derecho procesal tiene por objeto el estudio y elaboración de los sistemas de documentación procesal: legislativa, jurisprudencial y doctrinal. En especial, tiene como objeto de interés prioritario la informatización de los archivos judiciales.

b) *La Informática jurídica procesal de gestión*, tiene por objeto el estudio de la automatización de las tareas rutinarias que se llevan a cabo en cualquier oficina judicial y que tienen por objeto la tramitación de los procedimientos jurídicos. Se trata de enjuiciar la problemática que surge de la realización a través de soportes informáticos o telemáticos de operaciones destinadas a recibir y trasmitir comunicaciones de cualquier tipo relacionadas con la formalización de los procedimientos judiciales, de leer y escribir textos, de formar, organizar y actualizar archivos y registros; exigir y recibir pagos; estipular condiciones y controlar su cumplimiento. Los avances de la Ofimática y de la burótica permiten, en lo que atañe a la gestión de la justicia, automatizar todas aquellas operaciones estandarizadas y que obedecen a pautas regulares y constantes en la escritura, el registro, la trascripción, la contabilidad, la documentación, la comunicación y la certificación. Gracias a la gestión automatizada de la oficina judicial se tienden a lograr resultados más seguros, uniformes, imparciales, transparentes, rápidos y económicos. Los empleados de la oficina jurídica, empezando por el juez y el secretario judicial, podrán dedicarse así, de manera exclusiva, a labores que exijan una actividad creadora, o que precisen de la iniciativa personal o deban ser decididos "caso por caso".

c) *La Informática jurídica procesal decisional*, se halla integrada por los procedimientos dirigidos a la sustitución o reproducción de las actividades del jurista, en especial, de jueces para proporcionarles decisiones, es decir, a ofrecerles soluciones de problemas y no mera documentación sobre problemas.

Uno de los sectores más dinámicos y en constante evolución de la Informática jurídica decisional es el que se refiere a la aplicación al Derecho de la *inteligencia artificial* y los *sistemas expertos*. Estos sistemas permiten la solución automática de casos jurídicos. En el Derecho procesal pueden ser de gran importancia los avances futuros sobre la posibilidad de decidir mediante programas expertos determinados casos, sobre todo en sectores en los que existe una gran similitud o analogía en sus presupuestos fácticos (accidentes de circulación, desahucios, situaciones concursales...). No obstante, sobre esta cuestión debe concluirse que, de conformidad con nuestro sistema jurídico procesal vigente, las máquinas pueden procesar informaciones, establecer inferencias lógicas y ayudar a la toma de decisiones, pero al carecer de capacidad de comprensión, no pueden interpretar la multiplicidad de circunstancias que concurren en las conductas humanas objeto de litigio, ni pueden valorarlas, ni ejercitar los actos de voluntad necesarios para la toma de decisiones jurídicamente relevantes. En la actualidad, por tanto, no parece jurídicamente admisible, ni siquiera deseable, una suplantación plena del razonamiento jurídico y consiguiente decisión del juez, por el cálculo informático desarrollado a través de aplicaciones y programas de ordenador. Sólo en aspectos procedimentales de carácter rutinario, estandarizado y formalizable con variables predeterminadas cerradas es posible recurrir a sistemas expertos capaces de ofrecer resultados operativos. Pero incluso en esos casos el juez no puede abdicar de la responsabilidad de su decisión para delegarla en el ordenador.

Una vez planteada la incidencia de las NT y las TIC en nuestro sistema jurídico procesal, es decir, una vez estudiadas las cuestiones básicas del Derecho procesal informático, se aborda una cuestión relevante del Derecho procesal de la informática, aquella que hace referencia a lo que constituye el objeto básico de esta investigación: el *habeas data*. Se parte, para la exposición del tema, de la analogía terminológica existente entre las expresiones "*habeas corpus*" y "*habeas data*", porque se estima que dicha analogía no es arbitraria ni casual. Por ello, se analiza el vínculo significativo existente entre ambas expresiones. El análisis de esa conexión de sentido, exige el estudio previo del significado y alcance del *habeas corpus*. A partir de dicha indagación se puede concluir que el *habeas data* constituye un cauce procesal para salvaguardar la libertad de la persona en la esfera informática, que cumple una función paralela, en el seno de los derechos humanos de la tercera generación, a la que en los de la primera generación correspondió al *habeas corpus* respecto a la libertad física o de movimientos de la persona. Al cotejar las instituciones del *habeas corpus* y el *habeas data* se comprueba que existe una inicial coincidencia y una analogía en cuanto a la estructura de ambas figuras en lo referente a su naturaleza jurídica, a su objeto y a su finalidad. Respecto a la primera, porque en ambos supuestos nos hallamos ante acciones procesales dirigidas a la defensa de la libertad. En el caso del *habeas corpus* se trata de defender la libertad física de las personas, frente a detenciones arbitrarias; mientras que en el supuesto del *habeas data* la protección jurídica se dirige a la defensa de la libertad informática de los ciudadanos. En lo que atañe a su objeto el *habeas corpus*, persigue la exhibición, manifestación o presentación de la persona detenida ante el juez; mientras que para el *habeas data* se circunscribe en el derecho de acceso ante el ciudadano de los datos personales que le conciernen. En lo que afecta a su finalidad, el *habeas corpus* se dirige a garantizar el derecho fundamental a la libertad física de las personas; en tanto que el *habeas data* cifra su dimensión teleológica en la defensa del derecho fundamental a la libertad informática o derecho a la protección de datos personales.

El derecho de acceso y control a los datos personales informatizados por parte de las personas concernidas, comenzó a forjarse en la doctrina científica, la jurisprudencia y la legislación de Europa y América, en los inicios de la década de los años 70 del pasado siglo. La inquietud sobre las agresiones a la intimidad que podían desprenderse por usos indebidos de las NT y las TIC suscitó un progresivo debate entre los teóricos del derecho, que fueron adquiriendo lo que se ha denominado "consciencia jurídica tecnológica"[1]. Luego, dicha toma de consciencia, influyó en algunas decisiones jurisprudenciales y se tradujo también en previsiones constitucionales y legislativas sobre la materia. La temática relativa al "*habeas data*", surgió en el seno de la doctrina jurídica norteamericana en la etapa inmediatamente anterior y posterior a la promulgación de la *Privacy Act*, en el año 1974. A través de esa institución se pretendía establecer una garantía procesal frente a la vulneración de la privacidad realizada a través de usos indebidos o abusivos de equipos informáticos. De inmediato, la regulación de los datos personales alcanzó un desarrollo normativo y jurisprudencial en casi todos los países europeos, siendo también importantes las aportaciones doctrinales sobre la materia publicadas en la cultura jurídica europea, así como la actividad normativa y jurisprudencial del Consejo de Europa y de la Unión Europea.

El análisis crítico de las experiencias normativas y jurisprudenciales que conforman actualmente el Derecho comparado del *habeas data*, así como del estudio de la normativa y la jurisprudencia española, teniendo también muy presentes las elaboraciones doctrinales avanzadas sobre esta temática, han constituido el objeto principal de esta investigación. De la amplitud y relevancia de esas fuentes se desprende la novedad, el interés científico presente y la proyección futura de este nuevo ámbito de estudio.

---

[1] Vid., sobre ello, FROSINI, V., *Il diritto nella società tecnologica*, Giuffrè, Milano, 1981, P. 16.

Al realizar mi Trabajo de Fin de Master referido a los aspectos procesales de la reforma del arbitraje de 2011[2], y ahora al presentar como objeto de estudio la acción procesal de *habeas data*, pudiera considerarse que estos objetos de investigación solo poseen una incidencia periférica para el Derecho procesal. En defensa de esas elecciones temáticas y de su alcance procesalista, quizás convenga aducir aquí algunos argumentos justificativos.

El procedimiento arbitral, aunque supone un sistema alternativo al de los tribunales de justicia para la resolución de conflictos jurídicos, no deja de tener un significado inequívocamente procedimental. La dimensión procesal del arbitraje, no pretende desconocer o impugnar la relevancia de esta institución para otras disciplinas jurídicas y la plena legitimidad de su estudio por parte de aquellas. El planteamiento que aquí se sustenta pretende, no obstante, incidir en la plena inserción de la problemática del arbitraje en el ámbito de estudio del Derecho procesal.

Como síntoma ejemplar de esas consideraciones, no huelga invocar aquí que uno de los estudios más novedosos y sugerentes sobre el significado y alcance actual del arbitraje se debe, precisamente, a un procesalista. Me refiero al libro sobre: *Arbitraje y litigios transfronterizos en un foro global*, del que es autor el profesor Francisco Ramos Méndez[3].

De igual modo en lo que atañe a la temática de los derechos fundamentales, no puede ya sostenerse que la misma sea un "coto vedado" temático de constitucionalistas y administrativistas. El estudio de los derechos y libertades, por constituir el fundamento de los sistemas jurídicos democráticos, interesa a todas las disciplinas jurídicas. Puso especial énfasis en subrayar esta interdisciplinariedad temática el procesalista italiano Mauro Cappelletti en su célebre obra, *La jurisdicción constitucional de la libertad*[4]. Corrobora este planteamiento la circunstancia, que no puede reputarse casual, de que, en nuestro panorama bibliográfico, una de las obras más relevantes sobre el procedimiento de amparo tenga como autores al constitucionalista José Luis Cascajo Castro y al procesalista Vicente Gimeno

---

[2] PEREZ-LUÑO ROBLEDO, E., *La reforma del arbitraje de 2011: presupuestos, antecedentes y alcance*, Tirant lo Blanch, Valencia, 2013.

[3] RAMOS MÉNDEZ, F., *Arbitraje y litigios transfronterizos en un foro global*. Atelier, Barcelona, 2005.

[4] CAPPELLETTI, M., *La jurisdicción constitucional de la libertad*, trad.cast., H.Fix-Zamudio, Palestra, Lima, 2010. Son muy interesantes sobre la interdisciplinariedad del estudio de determinadas materias constitucionales, las reflexiones de GARACÍA BELAUNDE, D., *Derecho procesal constitucional*, Adrus, Arequipa (Perú), 2011, pp. 11 ss.

Sendra[5]. Asimismo, en lo que hace referencia a la institución jurídico-fundamental del *habéas corpus*, precedente terminológico y significativo del *habeas data*, son notorias, en nuestra cultura jurídica, las aportaciones de procesalistas como: Víctor Fairén Guillén[6], Vicente Gimeno Sendra[7] y José Martín Ostos[8], entre otros.

El propósito-guía de este estudio es el de no apartarse del enfoque que constituye su objeto, evitando los desbordamientos y la pérdida del hilo conductor de su propósito. Este no es otro que el de enjuiciar la problemática del *habeas data subspecie procesualis*. Este objetivo no ha impedido el tomar en consideración las aportaciones más pertinentes para el estudio del *habeas data*, realizadas desde otros ámbitos científicos. No obstante, se ha tomado siempre como punto de referencia la dimensión procedimental de esa institución jurídica.

2. ESTRUCTURA TEMÁTICA

Para el tratamiento y elaboración de su objeto científico, este libro se estructura en dos grandes partes. La primera posee un sentido introductorio, dirigido a establecer los presupuestos conceptuales y el marco disciplinar en el que debe encuadrarse el estudio del *habeas data*. El análisis de las disciplinas jurídicas surgidas de la interacción entre el universo tecnológico y el derecho, constituye la temática desarrollada en el primer Capítulo. En el segundo, se abordan las principales experiencias y previsiones normativas encaminadas a la informatización del quehacer judicial. Cierra la primera parte de la investigación su Capítulo tercero. En él se estudia el significado histórico y actual de la institución del *habeas corpus*, con especial referencia a su sentido y proyecciones en nuestro sistema constitucional. Esta indagación permite, a su vez, establecer el nexo terminológico y significativo existente entre las nociones de *habeas corpus* y *habeas data*.

La parte segunda de la investigación se centra en el estudio del significado de la acción procesal de *habeas data*. Para ello, en el Capítulo cuarto se

---

[5] CASCAJO CASTRO, J.L., y GIMENO SENDRA, V., *El recurso de amparo*, Tecnos, Madrid, 1984.

[6] FAIRÉN GUILLÉN, V.: "Consideraciones sobre el proceso aragonés de manifestación de personas en relación con el *hábeas corpus* británico", en *Revista de Derecho Procesal*, 1963, n.1, pp. 9-47.; id., "Los procesos medievales aragoneses y los Derechos del hombre", en *Revista argentina de Derecho Procesal*, 1969, n.2, pp.165-204.; id., "Comentarios a la Constitución de 1978: el *Habeas corpus* del art. 17.4 y la manifestación de personas", en *Revista de Administración Pública*, 1979, n. 1, pp. 7-48.

[7] GIMENO SENDRA, V., *El proceso de "habeas corpus"*, Tecnos, Madrid, 1985.

[8] MÁRTÍN OSTOS, J., "El procedimiento de *habeas corpus*", en *La Ley*, 1983, n.766, de 16 de septiembre, pp. 2 ss.

traza la delimitación conceptual de esta institución. Se indaga, asimismo, su naturaleza jurídica, a partir de un análisis de algunas de las principales teorías avanzadas sobre el significado de la acción procesal y su consiguiente proyección para determinar el sentido de la acción procesal de *habeas data*. Una aproximación a las principales fuentes del Derecho comparado relativas a esta categoría jurídica, contribuye a perfilar su noción y alcance actuales.

En el Capítulo quinto se analiza la regulación del *habeas data* en el ordenamiento jurídico español. Ello obliga a considerar la relevancia del derecho fundamental a la libertad informática en la Constitución española de 1978 y en su desarrollo legislativo. Respecto a este, posee especial importancia la configuración del *habeas data* en la Ley 15/1999 (LORPRODA), de la que se infieren los elementos constitutivos del *habeas data*, así como los principios informadores de dicha institución. Se analizan también, a partir de su regulación por la LOPRODA y el Reglamento que la desarrolla, el procedimiento de sustanciación del *habeas data*. Por último, cierra este Capítulo el estudio del *habeas data* en la jurisprudencia constitucional.

Constituye el objeto del Capítulo sexto, la exposición crítica de las principales modalidades sectoriales del *habeas data* en nuestro sistema jurídico. En función de este objetivo, se enjuician, sucesivamente, la regulación del *habeas data* sanitario, del *habeas data* del menor y de la regulación normativa del *habeas data* en los archivos de titularidad pública, así como en los ficheros de titularidad privada. Se esboza también un planteamiento general del régimen jurídico del *habeas data* en las Comunidades Autónomas.

El libro dedica su Capítulo séptimo a la evolución normativa de la protección de datos de carácter personal en el ámbito europeo. A este fin se toma en consideración la actividad del Consejo de Europa dirigida a la tutela del *habeas data,* con especial referencia al Convenio 108 dedicado a la protección de los datos personales. Se analiza, de modo pormenorizado, la labor desarrollada por las instituciones de la Unión Europea en la garantía del *habeas data.* La Directiva 95/46, así como las Directivas sobre regulación de las telecomunicaciones y los Reglamentos de la UE, son objeto de un comentario crítico. Especial actualidad revisten las recientes iniciativas de la Unión Europea para la tutela de los datos personales: el Reglamento General de protección de datos 2016/679 UE; la Directiva 2016/ 680 UE relativa a la protección de las personas físicas en lo que respecta al tratamiento de datos personales por parte de las autoridades competentes para fines de prevención, investigación, detección o enjuiciamiento de infracciones penales o de ejecución de sanciones penales, y a la libre circulación de dichos datos y por la que se deroga la Decisión Marco 2008/977/JAI del Consejo; y la Directiva 2016/681 relativa a la utilización de datos del registro de nombres de los pasajeros (PNR) para la prevención, detección, investigación y enjuiciamiento de los delitos de terrorismo y de la delincuencia grave.

También es objeto de estudio la protección de datos personales en la Carta de Niza, por su relevancia en la construcción constitucional de la UE. Son, asimismo, estudiadas con el mayor interés las principales decisiones de los Tribunales Europeos, de Estrasburgo y Luxemburgo, referentes al *habeas data*.

El libro formula, por último, una serie de conclusiones que entrañan una síntesis o recapitulación de los distintos temas y argumentos tratados a lo largo de este estudio. Las conclusiones pretenden también ofrecer una relación compendiada de las eventuales aportaciones teóricas y planteamiento originales, que de la investigación realizada cabe desprender.

De la distribución de las materias objeto de estudio pudiera inferirse que, la temática expuesta en la primera parte, traiciona la unidad de propósito de la segunda, en la que toda la indagación se nuclea en torno a la institución del *habeas data*. No obstante, se ha considerado que al abordar una materia novedosa, como la que constituye el objeto de este libro, era necesario aludir a los presupuestos conceptuales, que explican su sentido en la cultura jurídica y en los sistemas normativos del presente. Por esta misma razón, en el Capítulo segundo, se realiza un estudio detenido en pormenores sobre el impacto tecnológico en la nueva configuración de la oficina judicial y en todo lo que afecta a la dinámica del proceso. Estas cuestiones que, en la actualidad, suscitan creciente interés en nuestra experiencia jurídica, no podían quedar soslayadas en una investigación que se propone dar cuenta del significado de una nueva garantía procesal, como es el caso del *habeas data*.

Puede parecer, asimismo, excesiva la atención prestada al régimen jurídico europeo del *habeas data*. Pero, si se tiene presente la vocación global de las nuevas garantías procesales y, en concreto, el *habeas data*, no puede considerarse improcedente asumir con el máximo interés la actividad normativa y jurisprudencial de las instituciones europeas, así como los proyectos que se hallan en trámite para su inmediata promulgación. Es este el contexto en el que necesariamente se desenvuelve nuestro marco jurídico del *habeas data* y el que, con toda seguridad, señalará su futuro horizonte.

3. PRESUPUESTOS METODOLÓGICOS

Toda investigación, exige plantear los medios o métodos más idóneos para el desarrollo satisfactorio de esa empresa intelectual. En la elaboración de este trabajo se ha tenido presente la observación metódica de Mauro

Cappelletti, quien en su obra *Processo e ideologie*, señala que en el proceso se reflejan, como en un espejo, los grandes problemas de la libertad y de la justicia, así como las tensiones entre los individuos, los grupos y el poder público. Por ello, la metodología procesalista del presente exige superar el legalismo, en la medida en que debe atender también a valores y principios; el estatismo, porque se ha producido una apertura hacia fuentes jurídicas supraestatales; y el dogmatismo, en cuanto abandono de un estricto formalismo lógico en función de la apertura hacia valores éticos y sociales, asumidos desde una perspectiva universalista[9].

El nuevo horizonte metodológico de la ciencia jurídica procesal reclama un pluralismo metódico y asimismo, los estudiosos de la interacción entre la tecnología y el Derecho han puesto de relieve el carácter transversal exigido a las actitudes metodológicas que quieran captar el significado de las instituciones surgidas de dicha interacción[10].

Estas premisas metódicas han guiado la elaboración teórica de este libro y la utilización de los distintos métodos empleados en la investigación.

a) Entre dichos métodos ha sido necesario recurrir al método *lógico-sistemático de análisis normativo.* El estudio del *habeas data* ha hecho necesario la adopción metodológica de instrumentos dirigidos a dar cuenta de su estructura normativa. En la metodología de la ciencia del Derecho, el análisis formal aparece como una postura metódica dirigida al estudio sistemático de las fuentes e instituciones jurídicas, de las proposiciones aisladas y en conexión con las restantes normas configuradoras de un ordenamiento jurídico positivo.

El método jurídico lógico-sistemático tiende a la elaboración conceptual de las normas jurídicas obtenido mediante el empleo de procedimientos de carácter lógico y que permiten captar la estructura sistemática de las diversas categorías jurídicas.

Esta actitud metódica es la que posibilita la elaboración del conjunto de principios y medios empleados para la construcción del "sistema jurídico", y el conjunto de las "formas" que determinan y califican la experiencia jurídica. Por ello, este método lógico-sistemático ha sido tenido en cuenta a lo largo de

---

9 CAPPELLETTI, M., *Processo e ideologie,* il Mulino, Bologna, 1969, p. 8 ss.

10 Cfr.,: Vid., BUFFELAN, J.P., *Introduction a l'informatique juridique,* Librairie du Journal des Notaires et des Avocats, Paris, 1975, pp.18 ss.; FROSINI, V., *Il diritto nella società tecnologica,* Giuffrè, Milano, 1981, pp.11 ss., LOSANO, M. G., *Curso de informática jurídica,* trad., cast. de J. Aguiló y M. Atienza, Tecnos, Madrid, 1987, pp. 27 ss.; PÉREZ LUÑO, A. E., *Nuevas tecnologías, sociedad y derecho. El impacto socio-jurídico de las N.T. de la información,* Fundesco, Madrid, 1987, pp. 55 ss.

esta investigación para precisar el significado conceptual, la estructura normativa y la dimensión sistemática de la institución del *habeas data*[11].

En nuestros días estamos asistiendo a una crisis del formalismo jurídico en su pretensión de formular un sistema de conceptos rígidos e inmutables. La investigación científico-jurídica, también en el ámbito del Derecho procesal, pretende hoy, cuando se proyecta sobre principios, normas e instituciones, dar una solución actual a la problemática que los "dogmas", llevan consigo. "Así, -nos dice el procesalista italiano Mauro Cappelletti- la ciencia jurídica procesal renovada registra con el fin del viejo formalismo el nacimiento de un análisis procesal problemático nuevo"[12]. Estas limitaciones de la actitud metódica formalista, que circunscribía la metodología jurídica en el método lógico-sistemático, obliga a ampliar este reduccionismo metodológico con una apertura pluralista hacia otros métodos jurídicos. No se trata de abandonar el método lógico-sistemático, que sigue siendo muy importante para la investigación y la aplicación del Derecho [13], sino de ampliarlo y completarlo con otros métodos que son igualmente necesarios para la investigación jurídica y, por tanto, también para el análisis de las normas e instituciones del Derecho procesal[14].

b) En función de ese pluralismo metódico, en la investigación realizada se han tomado en consideración las tendencias metódicas actuales relativas al análisis lingüístico de las categorías jurídicas. En el presente, existe una especial atención al lenguaje normativo en el que se formulan los textos legislativos. Sin atender al análisis de su significado, muchos de los aspectos básicos de la legislación, quedarían en la penumbra. Esta observación metódica, ha sido de incuestionable provecho intelectual para al estudio de los aspectos fundamentales del lenguaje normativo utilizado en las disposiciones que regulan el *habeas data.*

El análisis del lenguaje ha cifrado como una de sus principales metas en el ámbito jurídico el dotar a la ciencia del Derecho de un lenguaje riguroso. Para ello, se ha dirigido a esclarecer el significado de los términos fundamentales que aparecen en el lenguaje jurídico. Su principal preocupación metódica ha

---

11 HERNÁNDEZ GIL, A., *Metodología de la ciencia del Derecho,* vol. 3., Gráficas Uguina, Madrid, 1971, pp. 67 ss.

12 CAPPELLETTI, M., *L'educazione del giurista e la riforma dell'Università,* Giuffrè, Milano, 1974, 37 ss.

13 CASTÁN TOBEÑAS, J., *Teoría de la aplicación e investigación del Derecho,* Reus, Madrid, 1947, pp. 22 ss.

14 Sobre las actuales corrientes metodológicas del Derecho procesal, vid., por todos MATÍN OSTOS, J., *Introducción al Derecho procesal,* Astigi, Sevilla, 4ªed. 2011; id., *Manual de Derecho procesal penal,* Astigi, Sevilla, 2011.

sido la de purificar los dominios del Derecho de conceptos inútiles, ambiguos o equívocos. El análisis del lenguaje constituye un procedimiento habitual y tradicional de los juristas al ser las normas jurídicas, en su dimensión externa, entidades lingüísticas.

Hoy las formas estilísticas del lenguaje jurídico, oral o escrito, se alejan de la retórica profusa y barroca que caracterizó el lenguaje de los juristas de anteriores épocas y busca la pulcritud en el empleo de un lenguaje jurídico terso y escueto, cuya calidad se cifra en la austera precisión de sus formulaciones[15].

Estas aportaciones metódicas se han tenido en cuenta a lo largo del estudio, intentando precisar el alcance significativo de las expresiones utilizadas en las fuentes legislativas, jurisprudenciales y doctrinales que han servido de soporte para la elaboración de la Tesis. De modo especial la metodología analítico-lingüística ha constituido una aportación básica para la redacción del Capítulo cuarto, en lo que hace referencia al origen y significado de la expresión: "*habeas data*".

c) En cualquier estudio jurídico, no se puede soslayar el interés de la aportación del *método histórico* para la explicación del origen de las normas e instituciones así como para la comprensión de su sentido actual.

Un análisis de instituciones, normas y conceptos jurídicos no puede olvidar arbitrariamente el ámbito histórico en el cual dichas categorías se usan o fueron usadas. La mayor parte de los conceptos jurídicos pertenecen a una tradición cultural que en el desenvolvimiento de una investigación jurídica sería imperdonable desconocer.

La aplicación de la metodología histórica en el estudio del *habeas data,* es no solo legítima, sino necesaria. Por ello, en el Capítulo tercero, se traza una aproximación histórica a la génesis y desarrollo de la institución del *habeas corpus,* como antecedente necesario para la comprensión del *habeas data.* Falta de esa indagación histórica, el sentido actual del derecho de acceso a los datos personales, quedaría aislado de unos precedentes en cuya tradición cultural jurídica, precisamente, cobra sentido.

d) Se ha utilizado en la investigación el *método jurídico comparativo* para cotejar las afinidades y diferencias existentes entre los distintos modelos de regulación del *habeas data.* En particular, se han tomado en consideración las aportaciones novedosas del constitucionalismo latinoamericano en esta materia, así como las regulaciones procedentes de las instituciones europeas.

---

[15] Cfr., OLIVENCIA RUIZ, M., "Lenguaje y Derecho", en sus *Estudios Jurídicos*, vol. I, Fundación El Monte, Sevilla, 2005, pp. 496 ss. Y 510 ss.

Pudiera pensarse que en un estudio, que cifra su objeto prioritario en el análisis del *habeas data* en nuestro ordenamiento jurídico, estas alusiones al Derecho comparado representan un cierto desbordamiento de su finalidad. Pero la consciencia de que vivimos en una sociedad global, en la que los fenómenos de interdependencia jurídica son cada vez más extensos e intensos, avala la remisión al Derecho comparado.

Se ha indicado que en las categorías procesales del presente se ha superado el localismo y el particularismo. Hoy la metodología jurídica procesal invita a formas metódicas sensibles a los procesos internacionales y universales de convivencia y de expresión de nuevas relaciones jurídicas[16]. Al hacerse eco de esta nueva circunstancia el constitucionalista germano Peter Häberle considera que el método comparativo obliga a elaborar lo afín y lo desigual, no tan sólo ayuda conocer las instituciones y los sistemas normativos ajenos, sino a comprender mejor el propio. El profesor de Bayreuth entiende que el postulado de Goethe a cuyo tenor quien no conoce ningún idioma extranjero, tampoco conoce el suyo, es plenamente aplicable a los juristas respecto a su ordenamiento jurídico nacional[17]. De ahí, que el estudio del *habeas data* en nuestro sistema jurídico exija una constante referencia a las experiencias avanzadas en el Derecho comparado sobre esta institución.

e) Revisten, también, hoy gran importancia los *métodos sociológicos* en sus aplicaciones al Derecho procesal. En su sugerente obra *El mito de Sísifo y la ciencia procesal,* el procesalista Francisco Ramos Méndez recuerda el trascendental avance que ha representado el reconocimiento de las garantías procesales constitucionales. Ahora bien, se pregunta si tales garantías se cumplen adecuadamente en la práctica. Recuerda también que en algunas importantes reuniones internacionales de procesalistas en el momento presente, han tenido como objeto temático la eficacia del proceso. Cuestiona, este autor, si las importantes garantías procesales referentes a la independencia del juzgador, a la igualdad de las partes en el proceso, a la audiencia de las mismas, a la evitación de dilaciones indebidas..., constituyen sólo desiderata o se pueden considerar una realidad práctica. Se pregunta: "¿se cumple en definitiva, todos aquellos síntomas que revelan la efectiva realización práctica de todo ese catálogo que nosotros hemos colocado bellamente en el frontispicio de nuestras Cartas Magnas?"[18].

---

16 Cfr., CAPPELLETTI, M., *Processo e ideologie,* Cit., pp. 265 ss.

17 HÄBERLE, P., "Derecho Constitucional Común Europeo", trad. cast. de E. Mikunda, en "Revista de Estudios Políticos", 1993, n. 79, p. 11 ss. Trabajo que se halla también recogido en el vol. *Derechos humanos y constitucionalismo ante el Tercer milenio,* ed. a cargo de A.E. Pérez Luño, Marcial Pons, Madrid, 1996.

18 RAMOS MÉNDEZ, F., *El mito de Sísifo y la ciencia procesal,* Atelier, Barcelona, 2004, p.19.

La metodología sociológico-jurídica tiene como principal objeto el estudio de la eficacia de las normas e instituciones que integran el Derecho. Por ello, en algunos momentos de la presente investigación se ha recurrido al método sociológico-jurídico. Así, en el Capítulo segundo, se invoca la distinción elaborada por la sociología jurídica anglosajona entre lo que denomina "*Law in Books*", es decir, en Derecho tal como se manifiesta en los textos legales y en los libros de la ciencia jurídica, y "*Law in Action*", o sea, el Derecho tal como se expresa en la experiencia jurídica y, en especial, a través de las decisiones de los órganos que aplican las normas. Esta precisión es del todo pertinente para calibrar la eficacia real de las normas que han permitido proyectar, la tecnología en nuestro ordenamiento jurídico a la Administración de Justicia. La virtualidad de la implantación de esos recursos tecnológicos en la esfera judicial dependerá, de modo decisivo, de la actitud de los jueces y, de modo particular, de los secretarios judiciales respecto a la utilización de esos nuevos medios tecnológicos. De ahí, el interés de determinados trabajos de campo, como la investigación sociológico-jurídica realizada por el profesor José Martín Ostos, en la que, entre otros aspectos, se toma en consideración la receptividad y/o la resistencia de los secretarios judiciales con respecto a la implantación de los medios tecnológicos en la Oficina Judicial [19].

[19] MARTÍN OSTOS, J., "Poder Judicial, función jurisdiccional y secretario judicial", en Justicia *90*, n. 1, pp. 35 ss.; id., *El secretario judicial a examen*, Tecnos, Madrid, 1994, pp.119 ss.

PARTE PRIMERA
LAS NUEVAS TECNOLOGÍAS
Y DERECHO PROCESAL

CAPÍTULO I
EL PROCEDIMIENTO DE *HABEAS DATA* EN LA INTERACCIÓN ENTRE LAS NUEVAS TECNOLOGÍAS Y EL DERECHO PROCESAL

SUMARIO: 1. El impacto de las nuevas tecnologías (NT) y de las tecnologías de la información y de la comunicación (TIC) en el ámbito jurídico.- 2. Las nuevas categorías jurídicas de la era tecnológica.- 3. La Informática jurídica procesal y Derecho procesal informático.- 4. La Informática jurídica procesal decisional y la automatización de las decisiones judiciales: 4.1. Las críticas a la posibilidad de elaborar sentencias judiciales automatizadas. 4.2. Argumentos en favor de la posibilidad de elaborar decisiones judiciales automatizadas. 4.3. Luces y sombras de la Informática jurídica procesal decisional.

1. EL IMPACTO DE LAS NUEVAS TECNOLOGÍAS (NT) Y DE LAS TECNOLOGÍAS DE LA INFORMACIÓN Y DE LA COMUNICACIÓN (TIC) EN EL ÁMBITO JURÍDICO

En los sistemas jurídicos contemporáneos se ha producido una importante transformación motivada por el impacto ejercido sobre ellos por el desarrollo de las Nuevas Tecnologías (NT), o por las Tecnologías de la Información y de la Comunicación (TIC). El contexto en el que se ejercitan hoy las instituciones jurídicas y los derechos fundamentales de los ciudadanos es el de una sociedad donde las NT y las TIC y, en especial, la Red han devenido el símbolo emblemático de nuestra cultura, también de nuestra cultura jurídica[20].

---

[20] Vid., sobre la incidencia tecnológica en el Derecho, entre una amplia bibliografía, los estudios de: FROSINI, V. *Il diritto nella società tecnologica,* Giuffrè, Milano, 1981; id., *L´uomo artificiale.*

En el momento presente, para designar el marco de la convivencia cívica se alude reiteradamente a expresiones tales como la "sociedad de la información", la "sociedad informatizada" o la "era de Internet". Las TIC y las NT han producido nuevas formas de elaboración y de comunicación del Derecho. Como contrapunto, han engendrado también nuevos riesgos para el ejercicio y la tutela de las libertades y nuevas formas de criminalidad y de actuaciones contrarias a los distintos ámbitos de la legalidad, en la esfera nacional e internacional. Las posibilidades de intromisión en la intimidad y de colonización de la vida privada a través de medios tecnológicos, han suscitado constante inquietud cívica en las sociedades avanzadas. La etapa actual de desarrollo tecnológico, ha generado nuevos fenómenos de agresión a los derechos y libertades y nuevas modalidades de delincuencia e ilicitud que, en la etapa anterior a la aparición de las NT y las TIC, eran inimaginables[21].

En esas nuevas coordenadas ha surgido un movimiento de la doctrina jurídica y de la jurisprudencia de los países con mayor grado de desarrollo tecnológico tendente al reconocimiento de la importancia que hoy tiene el fenómeno tecnológico en los ordenamientos jurídicos del presente. Han aparecido también nuevas categorías jurídicas que merecen creciente atención por parte de los operadores jurídicos. Así, por ejemplo, la libertad informática, la facultad de autodeterminación en la esfera informativa y la protección de datos personales, serian un ejemplo de nuevos marcos normativos e institucionales, que recaban creciente atención doctrinal.

No sería lícito omitir, como contrapunto positivo a los riegos de criminalidad, fraude o ilicitud jurídica que deriva de usos indebidos de las NT y las TIC, las grandes ventajas y posibilidades de actuación que para los juristas y para el propio perfeccionamiento de los sistemas jurídicos pueden derivarse del uso adecuado de los medios tecnológicos.

Esos progresos se han manifestado también en la esfera de los derechos fundamentales. Las NT y las TIC permiten, en efecto, un reforzamiento de determinadas garantías jurídicas y una renovación de determinados procedimientos y acciones destinadas a tutelar a la ciudadanía de los Estados de Derecho. El *habeas data*, que constituye el objeto de estudio de esta investigación,

---

Etica e diritto nell´era planetaria, Spirali, Milano, 1986. LOSANO, M. G., *Curso de informática jurídica*, trad., cast. de J. Aguiló y M. Atienza, Tecnos, Madrid, 1987; PÉREZ LUÑO, A. E., *Nuevas tecnologías, sociedad y derecho. El impacto socio-jurídico de las N.T. de la información*, Fundesco, Madrid, 1987; id., *¿Ciberciudadani@ o Ciudadani@.com?*, Gedisa, Barcelona, 2004.

[21] Cfr., por todos, CAMACHO LOSA, L., *El delito informático*, Gráficas Cóndor, Madrid, 1987.; PARKER, D.B, *Crime by Computer*, Charles Scribner´s Son, New York, 1976.; MAPELLI CAFFARENA, B., "¿Pueden los privados de libertad usar móviles para comunicarse?", en *Anales de Derecho*, n. 31, 2013, pp. 1-18.

representaría una de esas nuevas modalidades de acción procesal destinada a reforzar el *status* jurídico de los ciudadanos en las sociedades tecnológicas[22].

Conviene no resbalar sobre una circunstancia que ha sido, en ocasiones, desatendida por determinados análisis del impacto tecnológico: se trata de la continuidad existente entre el desarrollo de las NT y las TIC y el fenómeno de la globalización. A las TIC y a las NT les incumbe, en efecto, un papel decisivo para la génesis y desarrollo de la sociedad global. Sin ellas, los procesos globalizadores, y el tejido de interdependencias e interconexiones en que dichos procesos consisten, serían impensables. Internet es hoy un vehículo imprescindible y recurrente en todos los procesos comunicativos a través de los cuales se manifiesta la globalización. Por ello, se puede considerar que existe un marcado paralelismo y analogía problemática entre los estudios sobre las repercusiones jurídicas de las NT y las TIC y aquéllos que tienen por objeto el análisis de la globalización en el Derecho[23].

La Red ha contribuído incluso a superar y a hacer obsoleta la célebre imagen de McLuhan de "la aldea global" en la medida en que hoy cada cibernauta ha convertido su potencialidad comunicativa, sin límites en el espacio, en los interlocutores y en tiempo real, en un "hogar global", un "*living-room global*" o un "estudio global" (Pérez Luño, 1987; 2004).

2. LAS NUEVAS CATEGORÍAS JURÍDICAS DE LA ERA TECNOLÓGICA

La sociedad tecnológica, que tiene en la informática una de sus más características señas de identidad, plantea, por tanto, al jurista nuevos y complejos problemas. La dificultad de encarar un adecuado enfoque y solución de estas cuestiones se halla, en buena medida, determinada por su propio carácter de experiencias en formación, para las que no siempre son válidas las categorías y conceptos jurídicos heredados del pasado. El jurista se siente más cómodo y habituado a operar con normas que ya han sido dadas o establecidas, es decir, de *lege data,* que cuando se ve obligado a avanzar en la prospectiva de la *lege ferenda*[24].

---

[22] Cfr., LOSANO, M. G., *Curso de informática jurídica,* cit., pp. 21 ss.; PEREZ LUÑO, A.E., *Cibernética, Informática y Derecho. Un análisis metodológico,* Publicaciones del Real Colegio de España, Bolonia, 1976, pp. 37 ss.

[23] Sobre las repercusiones jurídicas de la globalización, en particular en el ámbito del Derecho Procesal, vid., la obra de RAMOS MÉNDEZ, F., *Arbitraje y litigios transfronterizos en un foro global.* Atelier, Barcelona, 2005, passim.

[24] Vid., BARCELLONA, P., Hart, D. y Mückenberger, U., *La educación del jurista. Capitalismo monopolístico y cultura jurídica,* trad. cast. a cargo de C. Lasarte, Civitas, Madrid, 1977, pp. 26 ss.

Entre los aspectos novedosos de las nuevas tecnologías, que reclaman la capacidad programadora del jurista, ocupa un lugar destacado la necesidad de establecer nuevos marcos teóricos en los que alojar los problemas y cuestiones surgidos de la interacción entre el Derecho y la Informática[25].

En los estudios sobre informática y Derecho se distinguen dos nuevas categoría surgidas de la interacción entre el mundo tecnológico y la experiencia jurídica. El *Derecho informático* o *Derecho de la informática* es una materia inequívocamente jurídica; conformada por el sector normativo de los sistemas jurídicos contemporáneos integrado por el conjunto de normas dirigidas a la regulación de las nuevas tecnologías de la información y la comunicación, es decir, la informática y la telemática. Asimismo integran el Derecho informático las sentencias de los tribunales sobre materias informáticas y las proposiciones normativas, es decir, los razonamientos de los teóricos del Derecho que tienen por objeto analizar, interpretar, exponer, sistematizar o criticar el sector normativo que disciplina la informática y la telemática. Las fuentes y estructura temática del Derecho informático afectan a las ramas del Derecho tradicionales. Así, se inscriben en el ámbito del Derecho público: el problema de la regulación del flujo internacional de datos informatizados, que interesa al Derecho internacional público; los delitos informáticos, que tienden a configurar un ámbito propio en la prevención y sanción de la criminalidad por parte del Derecho penal actual; o la libertad informática, o defensa de las libertades frente a eventuales agresiones perpetradas por las tecnologías de la información y la comunicación, objeto de especial atención por parte del Derecho constitucional y administrativo y dentro del cual se inscribe el *habeas data*, que consiste en una acción destinada a permitir a los ciudadanos el acceso a sus datos de carácter personal registrados en archivos o bancos de información informatizados. Corresponden al ámbito del Derecho privado cuestiones tales como: los contratos informáticos, que pueden afectar lo mismo al *hardware* que al *software*, dando lugar a una rica tipología negocial en la que pueden distinguirse contratos de compraventa, alquiler, *leasing*, copropiedad, multipropiedad, mantenimiento y servicios; así como los distintos sistemas para la protección jurídica de los programas de ordenador (*software)*, temas que innovan los objetos tradicionales de los Derechos civil y mercantil[26].

---

[25] LOSANO, M. G., *Curso de informática jurídica*, cit., pp. 42 ss.

[26] Cfr: ALPA, G., *La tutela giuridica del Software*, Giuffré, Milano, 1984, pp. 12 ss.; CORREA, C.M, y otros, *Derecho Informático*, Depalma, Buenos Aires, 1987, pp. 53 ss.; FROSINI, V., *Il diritto nella società tecnologica*, Giuffrè, Milano, 1981, pp. 18 ss.; ide *Cibernética, derecho y sociedad*, trad. cast de A. Salguero y R. Soriano, con Prólogo de A. E. Pérez Luño, Tecnos, Madrid, 1982, pp.26 ss.; "Informática jurídica y Derecho informático", en el nº monográfico de *Agora.* sobre *La informática en un mundo de transformación*, fas. 2, 1983, pp. 22 ss.; PEREZ LUÑO, A. E. *Manual de Informática y Derecho*, Ariel, Barcelona, 1996, pp.45 ss.

Como en las restantes materias jurídicas, el objeto normado por el Derecho de la informática, o sea, la tecnología informática, condiciona las estructuras normativas tendentes a su regulación, cuya eficacia dependerá precisamente de su idoneidad para captar el significado y problemática de la realidad que pretende reglamentar. Desde el punto de vista de la ciencia y la metodología jurídica, nos hallamos ante un fenómeno interdisciplinario, ante un marco normativo, jurisprudencial y doctrinal que reviste un marcado "espíritu transversal", es decir, que afecta a distintas disciplinas jurídicas y que pone en relación a éstas con un objeto de carácter tecnológico[27].

La otra materia, o ámbito de estudio, también surgida de la interacción entre las NT y el Derecho, es la *Informática jurídica*, que tiene por objeto la aplicación de la tecnología de la información al Derecho. Es una categoría bifronte en la que se entrecruzan una metodología tecnológica con su objeto jurídico que interesa a las distintas ramas o disciplinas tradicionales del Derecho, que a su vez, condiciona las propias posibilidades o modalidades de tal aplicación. La Informática jurídica estudia el tratamiento automatizado de: las fuentes de conocimiento jurídico, a través de los sistemas de documentación legislativa, jurisprudencial y doctrinal (*informática jurídica documental*); los procesos de organización de la infraestructura o medios instrumentales con los que se gestiona el Derecho (*informática jurídica de gestión*) y las fuentes de producción jurídica, a través de la elaboración informática de los factores lógico-formales que concurren en el proceso legislativo y en la decisión judicial (*informática jurídica decisional*)[28].

a) La *Informática jurídica documental* tiene por objeto la automatización de los sistemas de información relativos a las fuentes de conocimiento jurídico: legislación, jurisprudencia y doctrina. En las circunstancias actuales el acceso de los profesionales del Derecho a sistemas adecuados de documentación jurídica informatizada resulta del todo imprescindible. La *inflación normativa* es sin duda uno de los fenómenos característicos de las sociedades tecnológicamente avanzadas del presente. El flujo ince-

27 BUFFELAN, J.P., *Introduction a l'informatique juridique,* Librairie du Journal des Notaires et des Avocats, Paris, 1975, p. 23.

28 Cfr.: CASTILLO JIMÉNEZ, M. C., *Las Nuevas Tecnologías de la Información y el Derecho. De Vittorio Frosini a Internet,* con "Prólogo" de A.E, Pérez Luño, Instituto de Estadística de Andalucía, Sevilla, 2003, pp. 16 ss.; GIANNANTONIO, E., *Introduzione all' informatica giuridica,* Giuffrè, Milano, 1984, pp. 14 ss.; LÓPEZ-MUÑIZ, M., *Informática Jurídica documental,* Díaz de Santos, Madrid, 1984, pp. 16 ss.; LOSANO, M. G., *Curso de informática jurídica,* cit, pp. 62 ss.; PÉREZ LUÑO, A.E. (ed.), *Problemas actuales de la documentación y la informática jurídica,* (Actas del Coloquio Internacional celebrado en la Universidad de Sevilla, 5 y 6 de marzo de 1986), Tecnos & Fundación Cultural Enrique Luño Peña, Madrid, 1987, passim.

Id., *Ensayos de Informática Jurídica,* Fontamara, México, 1996, pp. 14 ss.

Id., "El derecho ante las nuevas tecnologías", en *El Notario del Siglo XXI,* 2012, n. 41, pp. 76 ss.

sante de leyes y decisiones jurisprudenciales, cuyo exacto y puntual conocimiento es imprescindible para el funcionamiento correcto del sistema jurídico, hace materialmente imposible su discernimiento, interpretación y aplicación por los operadores jurídicos. La crisis de la información jurídica precipita en las tinieblas al ordenamiento jurídico. La trasparencia del sistema normativo, que es presupuesto básico de la certeza del Derecho, se ve suplantada por su creciente opacidad e inescrutabilidad: el Derecho positivo deviene, por tanto, inaccesible para los propios especialistas. El valor de la seguridad jurídica se resquebraja por el menoscabo de la vigencia del ordenamiento jurídico, muchas de cuyas normas permanecen inoperantes por falta de información. La crisis de información y documentación en el Derecho de las sociedades tecnológicamente avanzadas, producida por la avalancha de legislación, jurisprudencia y doctrina, sólo puede ser, a su vez, contrarrestada poniendo en juego medios proporcionados, o sea, a través del adecuado empleo de la tecnología informática y los sistemas de teledocumentación. Sólo así el jurista se halla en condiciones de restablecer un equilibrio entre el incesante flujo de datos jurídicos y su capacidad para asumirlos y aprovecharlos[29].

b) *La Informática jurídica de gestión* es uno de los sectores informáticos que registran un desarrollo más decidido en los últimos años. La Ofimática o la Burótica, denominaciones con las que se tiende a traducir la expresión inglesa "*Office Automation*". Bajo dicho rótulo se inscriben todos los avances tendentes a la automatización de las tareas rutinarias que se llevan a cabo en cualquier oficina y, por tanto, en las oficinas o despachos jurídicos. Se trata de la realización a través de soportes informáticos o telemáticos de operaciones destinadas a recibir y trasmitir comunicaciones de cualquier tipo, de leer y escribir textos; de formar, organizar y actualizar archivos y registros; exigir y recibir pagos; estipular condiciones y controlar su cumplimiento. Los avances de la Ofimática permiten, en lo que atañe a la gestión de la justicia y la abogacía, automatizar todas aquellas operaciones estandarizadas y que obedecen a pautas regulares y constantes en la escritura, el registro, la trascripción, la contabilidad, la documentación, la comunicación y la certificación. Gracias a la gestión automatizada de la oficina judicial y del despacho profesional del abogado se tienden a lograr resultados más uniformes, imparciales, transparentes, rápidos y económicos. Los empleados de la oficina jurídica, empezando por el juez y/o el abogado, podrán dedicarse así, de manera exclusiva, a labores que exijan una actividad creadora, o que precisen de la iniciativa personal o deban ser decididos "caso por caso". Es evidente que para el

[29] Cfr. SIMITIS, S., "Crisis de la información en el Derecho y sistemas informatizados de documentación jurídica", en el vol. col., a cargo de A.E. Pérez Luño, *Problemas actuales de la documentación y la informática jurídica*, cit. pp. 53 ss.

logro de todo ello se requieren programas aplicativos que respondan a las exigencias específicas de cada despacho y a un *software* desarrollado[30].

c) *La Informática jurídica decisional* o *metadocumental* se halla integrada por los procedimientos dirigidos a la sustitución o reproducción de las actividades del jurista; a proporcionarle decisiones y dictámenes, es decir, a ofrecerle soluciones de problemas y no mera documentación sobre problemas. Actualmente uno de los sectores más dinámicos y en constante evolución de la Informática jurídica metadocumental o decisional es el que se refiere a la aplicación al Derecho de la *inteligencia artificial* y los *sistemas expertos.* La inteligencia artificial alude al conjunto de actividades informáticas que si fueran realizadas por el hombre se considerarían producto de su inteligencia. La propia amplitud de estas operaciones que abarcan desde la comprensión de lenguajes naturales, el reconocimiento de imágenes o sonidos, hasta una amplia y diversa gama de juegos y simulaciones, han determinado una necesidad de acotar y delimitar su ámbito. A ello también ha contribuido la contradicción que supone predicar de entidades ajenas al hombre el rasgo humano por excelencia, o sea, la inteligencia. De ahí que hoy se aluda preferentemente a lo que es el sector más importante de la inteligencia artificial el que se refiere a los sistemas expertos. Tales sistemas incorporan, de una manera práctica y operativa, el conocimiento que posee un experto en la materia de que se trate. Consisten en programas que reproducen las actuaciones que ha previsto el experto que los diseña. Entre los sistemas expertos más notorios de nuestros días se encuentran los dirigidos al diseño artístico o arquitectónico, la localización de yacimientos minerales y el diagnóstico médico. También han proliferado en estos años una serie de proyectos y prototipos de sistemas expertos jurídicos en materias tales como liquidaciones tributarias, cálculo de indemnizaciones por accidentes laborales o de tráfico, predicción de las consecuencias jurídicas de impactos medioambientales, condiciones de adquisición de la nacionalidad y Derecho de familia, en concreto, matrimonio y divorcio. Estos sistemas pueden prestar un importante servicio al abogado al informarle sobre la normativa aplicable sobre determinados supuestos, así como sobre las consecuencias jurídicas derivadas de aplicar dicha normativa a situaciones tipo. No obstante, en la medida en que las máquinas pueden *procesar informaciones* y *establecer inferencias lógicas* pero no pueden *comprender* la multiplicidad de circunstancias que concurren en las conductas humanas, en la actualidad no es posible, ni deseable, una suplantación plena del razonamiento jurídico del juez o del abogado por el cálculo informático del ordenador. Sólo en aspectos de la experiencia jurídica rutinarios, standarizados, formalizables, con variables predeterminadas cerradas es posible recurrir a

---

[30] Cfr. PEREZ LUÑO, A.E., "Gestión automatizada del despacho profesional del abogado", en el vol. col. *El abogado. Formación, deontología y organización del despacho profesional*, ed. a cargo de F. Gutiérrez-Alviz, Aranzadi, Madrid, 1994, pp. 147 ss.

sistemas expertos capaces de ofrecer soluciones operativas. Pero incluso en esos casos el juez o el abogado no pueden abdicar de la responsabilidad de su decisión o de su dictamen para delegarla en el ordenador[31].

3. LA INFORMÁTICA JURÍDICA PROCESAL Y EL DERECHO PROCESAL INFORMÁTICO

La nueva metodología y la nueva problemática que dimanan del Derecho informático y de la Informática jurídica afectan a todas las ramas del Derecho y, por tanto, inciden también en la esfera del Derecho procesal. En el ámbito del Derecho procesal han surgido en los últimos años dos importantes sectores de estudio que recaban creciente interés en la teoría y en la práctica procesales. Puede hablarse en la esfera procesal, al igual que ha ocurrido en otras disciplinas jurídicas, de una proyección en su objeto y metodología de esas dos grandes categorías que han sido aludidas en el parágrafo anterior. En efecto, puede aquí también hablarse de un Derecho procesal informático y de una Informática jurídica procesal.

En lo que respecta al Derecho procesal informático, su objeto se desglosa en el conjunto de normas procesales referentes a la regulación de diferentes aspectos de la utilización de medios tecnológicos y de sus consecuencias jurídicas. En este sector jurídico posee una especial importancia todo el conjunto de normas procesales encaminadas a la tutela de los derechos fundamentales frente a eventuales abusos informáticos, así como las normas procesales civiles y penales encaminadas a regular las acciones judiciales tendentes a la reparación de los actos ilícitos o de los crímenes informáticos.

En el seno de los medios de tutela de las libertades frente a agresiones informáticas, destaca en el Derecho comparado y en nuestro propio sistema jurídico, la acción procesal del *habeas data*. Mediante ella se ejercitan los cauces procedimentales a través de los que los ciudadanos, concernidos por informaciones contenidas en archivos o bancos de datos informatizados, pueden tener acceso a las mismas con el fin de ejercer sus facultades de información y de control de dichas informaciones.

La Informática jurídica procesal tiene por objeto la aplicación de la tecnología de la información al Derecho procesal y al conjunto de procedimientos jurídicos integrados en los ordenamientos normativos.

---

[31] Cfr., SARTOR, G., (ed), *Expert Systems in Law. An International Conference on Law & Artificial Intelligence,* (University of Bologna, May 3-5 1989), CIRFID & Giuffrè, Milano, 1987, passim, con abundante información bibliográfica.

La Informática jurídica procesal se desglosa, a su vez, en tres grandes sectores de estudio:

a) La I*nformática jurídica procesal documental*: se dirige al análisis de las proyecciones tecnológicas y, en particular, el tratamiento automatizado de las fuentes del Derecho procesal. Este nuevo sector del Derecho procesal tiene por objeto el estudio y elaboración de los sistemas de documentación procesal: legislativa, jurisprudencial y doctrinal. En especial, tiene como objeto de interés prioritario la informatización de los archivos judiciales[32].

b) *La Informática jurídica procesal de gestión:* tiene por objeto el estudio de la automatización de las tareas rutinarias que se llevan a cabo en cualquier oficina judicial y que tienen por objeto la tramitación de los procedimientos jurídicos. Se trata de enjuiciar la problemática que surge de la realización a través de soportes informáticos o telemáticos de operaciones destinadas a recibir y trasmitir comunicaciones de cualquier tipo relacionadas con la formalización de los procedimientos judiciales, de leer y escribir textos; de formar, organizar y actualizar archivos y registros; exigir y recibir pagos; estipular condiciones y controlar su cumplimiento. Los avances de la Ofimática y de la burótica permiten, en lo que atañe a la gestión de la justicia, automatizar todas aquellas operaciones estandarizadas y que obedecen a pautas regulares y constantes en la escritura, el registro, la trascripción, la contabilidad, la documentación, la comunicación y la certificación. Gracias a la gestión automatizada de la oficina judicial se tienden a lograr resultados más seguros, uniformes, imparciales, transparentes, rápidos y económicos. Los empleados de la oficina jurídica, empezando por el juez y el secretario judicial, podrán dedicarse así, de manera exclusiva, a labores que exijan una actividad creadora, o que precisen de la iniciativa personal o deban ser decididos "caso por caso". Es evidente que para el logro de todo ello se requieren programas aplicativos que respondan a las exigencias específicas de cada oficina judicial y que respeten las garantías procesales básicas establecidas en la Constitución y en las restantes normas que rigen las distintas modalidades del procedimiento jurídico.

c) *La Informática jurídica procesal decisional*: se halla integrada por los procedimientos dirigidos a la sustitución o reproducción de las actividades del jurista, en especial, de jueces para proporcionarles decisiones y dictámenes, es decir, a ofrecerles soluciones de problemas y no mera documen-

[32] Cfr., El vol., sobre: *Los Archivos Judiciales en la Modernización de la Administración de Justicia*, (Congreso de Archivos Judiciales, Sevilla, 16,17 y 18 de mayo 2007), Consejería de Justicia y Administración Pública de la Junta de Andalucía, Sevilla 2007. En dicha obra, reviste especial interés a los efectos del estudio de la Informática jurídica procesal documental, la colaboración de Daniel OCAÑA LACAL, "Los Archivos Judiciales ante el Reto de las Nuevas Tecnologías", pp. 67 ss.; vid., también, LÓPEZ-MUÑIZ, M., *Informática Jurídica documental*, cit., pp. 53 ss.

tación sobre problemas. Como se ha indicado *supra,* uno de los sectores más dinámicos y en constante evolución de la Informática jurídica decisional es el que se refiere a la aplicación al Derecho de la *inteligencia artificial* y los *sistemas expertos.* Estos sistemas permiten la solución automática de casos jurídicos. En el Derecho procesal pueden ser de gran importancia los avances futuros sobre la posibilidad de decidir mediante programas expertos determinados casos, sobre todo en sectores en los que existe una gran similitud o analogía en sus presupuestos fácticos (accidentes de circulación, desahucios, situaciones concursales...). Por ello, parece necesario dedicar a esta problemática una reflexión específica.

4. LA INFORMÁTICA JURÍDICA PROCESAL DECISIONAL Y LA AUTOMATIZACIÓN DE LAS DECISIONES JUDICIALES

El paralelismo entre el diagnóstico clínico y el dictamen o razonamiento jurídico han propiciado la existencia de estudio sobre experiencias de aplicación de los sistemas expertos a la decisión judicial. Se indica que al igual que el médico dictamina en función de alojar los síntomas de la enfermedad en un cuadro de patologías, el juez mediante el silogismo de la subsunción atribuye a unos hechos tipificados las consecuencias jurídicas previstas en la norma.

Estos sistemas pueden prestar un importante servicio al juez al informarle sobre la normativa aplicable sobre determinados supuestos, así como sobre las consecuencias jurídicas derivadas de proyectar dicha normativa a situaciones tipo.

Entre los Sistemas expertos judiciales más relevantes de nuestro tiempo, se puede hacer mención a aquellos que califican jurídicamente un determinado supuesto o ayudan a interpretar las normas aplicables al mismo, que indican el comportamiento jurídico más conveniente en relación con un determinado contexto normativo, o que combinan ambas tareas mediante la elaboración de marcos conceptuales más elaborados para una representación del conocimiento jurídico más exacta. Pero su objeto es siempre el de ofrecer diagnósticos o dictámenes sobre problemas jurídicos, para tomar las previsiones adecuadas o fundar decisiones tendentes a solucionar dichos problemas. Este tipo de sistemas expertos está siendo objeto de interesantes estudios dirigidos a su posible proyección en el ámbito judicial[33].

---

[33] Cfr.: MARIANI, P., TISCORNIA, D. (eds.), *Sistemi esperti giuridici. L'intelligenza artificiale applicata al diritto,* Franco Angeli, Milano, 1989, passim.; SARTOR, G., (ed), *Expert Systems in Law. An International Conference on Law & Artificial Intelligence,* cit., passim.; SUSSKIND, R.E., *Expert Systems in Law. A Jurisprudential Inquiry,* Clarendon Press, Oxford, 1987, pp. 14 ss.

Un carácter más contradictorio y polémico revisten las tentativas de utilización de los sistemas expertos jurídicos más allá de su función informativa y de dictamen, para asumir la elaboración de decisiones jurídicas; es decir, la posibilidad de utilizar la inteligencia artificial para producción de sentencias judiciales.

4.1. Las críticas a la posibilidad de elaborar sentencias judiciales automatizadas

Desde determinadas perspectivas teóricas se han avanzado algunas reservas sobre la posibilidad y/o la oportunidad de proyectar los sistemas expertos al Derecho procesal, en particular en cuanto hace referencia a la posibilidad de elaborar a través de programas de informática jurídica decisional, sentencias judiciales. En el plano consabido de las dificultades que entraña cualquier intento de reducir el razonamiento del juez, tendente a interpretar y aplicar el Derecho, a esquemas lógico-formales, se inscriben las consideraciones críticas de Luis Recaséns Siches. En su opinión los sistemas informáticos hallan dificultades insuperables para su proyección en el Derecho por dos motivos básicos: 1) El carácter imperativo de las normas jurídicas, que no son el producto de inferencias y elaboraciones lógicas, sino mandatos que emanan de quien desempeña el poder legislativo; y 2) el consiguiente significado no automático, ni mecánico de la interpretación judicial, ya que mientras los sistemas expertos operan siempre dentro de un modelo lógico de posibilidades limitadas que permite llegar a soluciones fijas e indiscutibles, las decisiones del juez se construyen en función de normas que no poseen un significado claro y unívoco, sino una pluralidad de sentidos, y debe aplicarlas a la infinitud potencial de situaciones y circunstancias de la realidad social [34].

Pero, sin duda, la crítica más implacable hacia los presupuestos de la informatización de las sentencias judiciales es debida al trabajo presentado con el título admonitorio de: *Expert Systems:Lawyers Beware!* (1987-88) por Ronald Stamper, James Backhouse y Karl Althaus. Este trabajo, que conviene reseñar como compendio de las reservas y alarmas más recurrentes que hoy se avanzan contra las proyecciones jurídicas de los sistemas expertos en el ámbito de las decisiones judiciales, trata de prevenir a los juristas frente a los equívocos y peligros subyacentes a estas experiencias.

---

[34] RECASÉNS SICHES, L., "*Maquinas* computadoras y razonamiento jurídico", en su vol. *Experiencia jurídica, naturaleza de la cosa y lógica razonable*, Fondo de Cultura Económica-Universidad Nacional Autónoma de México, México, 1971, pp. 546 ss.

Se parte en esta crítica del conflicto irreductible entre dos tipos de paradigmas: a) el de la inteligencia artificial que produce los sistemas expertos y que presupone que una realidad objetiva puede ser plenamente comprendida y controlada por la inteligencia de un experto, que, a su vez, puede ser reemplazado por una máquina; y b) el paradigma alternativo que concibe la realidad como el producto de la subjetividad de los seres humanos, que se esfuerzan en conjugar normas compartidas y experiencias en un proceso que puede ser ayudado, pero jamás reemplazado, por los ordenadores. El paradigma de la inteligencia artificial es apropiado para las ciencias naturales y matemáticas, pero resulta peligroso para las ciencias sociales y, en especial, para el Derecho. Los sistemas expertos responden a una serie de presupuestos lógicos que resultan del todo inaplicables en el ámbito jurídico, y, en especial, en cuanto concierne a las decisiones de los jueces y tribunales de justicia. Según estos autores es necesario tener presente esta diferencia de paradigmas cuando se desea una adecuada proyección de la informática al Derecho. Al propio tiempo es también necesario denunciar el carácter intrínsecamente fraudulento de la pretensión de considerar los sistemas expertos como cajas negras que contienen conocimientos suficientes como para sustituir a los expertos humanos.

La crítica propugnada en este análisis de los sistemas expertos se concreta en una serie de metáforas, que subyacen a la concepción y empleo de dichos sistemas, y a través de cuya denuncia pretenden mostrar la inadecuación del paradigma de la inteligencia artificial en el Derecho.

a) La metáfora del conducto, que parte de las palabras como conductos o vehículos para transportar significados. Esta metáfora induce al equívoco de hacer pensar que el ordenador puede comprender el sentido de las palabras del lenguaje natural, mientras que para éste tales expresiones no son más que símbolos a los que se les ha atribuido un determinado significado convencional. Para evitar ese riesgo sería precisa una actitud de revisión y crítica constante por parte del juez, que religara el sistema experto con el significado de los términos jurídicos en la experiencia. Y, en concreto, en cada uno de los litigios objeto de la decisión judicial. De no darse esta actitud crítica existe el peligro de una abdicación de la responsabilidad de los juristas en las máquinas.

b) La metáfora del proceso de datos, que hace referencia a la pretensión de la inteligencia artificial y los sistemas expertos de asimilar el funcionamiento de la sociedad al de los sistemas informáticos. El modelo a que responde dicha asimilación es el siguiente:

input ——— procesamiento ——— *output*

y oculta la realidad, que responde a este esquema:

signos— codificación ——procesamiento —— descodificación —signos

De ahí, que el proceso de comunicación social deba situar al intérprete en el contexto de los grupos sociales en cuyo seno los signos adquieren su significado

signos— codificación ——procesamiento ——descodificación —signos

intérprete...intérprete

cultura común

La interpretación jurídica es un aspecto de la vida social que se halla mediatizada por la cultura en la que se realiza, mediatización que no puede ser asumida por el estricto modelo artificial y mecánico *input/output* propio de los sistemas expertos.

c) La metáfora de la realidad como conjunto, que hace referencia a la circunstancia de que la semántica de los sistemas expertos obedece a la lógica de predicados y a lenguajes de programación como el Prolog que se basan en un modelo totalizador, en función de las siguientes premisas:

1. El mundo se halla dividido en individuos y esa división es independiente del observador.
2. Los individuos son identificables singularmente.
3. Los individuos pueden reagruparse en conjuntos. Y precisamente la condición de miembro de esos conjuntos define el significado de las propiedades de los individuos que los integran.
4. Parejas de individuos pueden agruparse en conjuntos para definir sus relaciones.

Estas premisas no son aplicables al Derecho, donde, en cada proceso judicial, se discute continuamente sobre las identidades singulares y clasificaciones de las personas y de las cosas, sin que la pertenencia a determinados conjuntos o clases implique necesariamente la uniformidad de las consecuencias jurídicas. Piénsese, por ejemplo, en las polémicas que suscita la variedad de supuestos y heterogeneidad casuística en cuestiones tales como la regulación legal del aborto y los trasplantes de órganos, o también en el derecho de autor de una obra literaria.

d) La metáfora de la correspondencia del significado y la verdad, la inteligencia artificial se basa en un concepto extensional del significado, mientras que en la vida práctica lo que importa es la intención significativa de cada palabra. Para un sistemas experto la verdad o la falsedad de un enunciado se determina de forma unívoca en base a la extensión de predicados que le corresponden. Por contra, el jurista sabe que la verdad en la experiencia práctica representa un consenso entre las partes interesadas sobre el significado intencional asignado a distintos conceptos o categorías jurídicas, en cuya determinación asume un protagonismo relevante el sistema judicial.

e) La metáfora platónica, que implica concebir la realidad como un sistema de ideas abstractas y absolutas. Esta concepción platónica inspira la operatividad de los sistemas expertos, y es abiertamente incompatible con el concepto de realidad con el que operan los jueces. Este es un mundo basado en relaciones prácticas que, lejos de cualquier presupuesto platónico ideal y eterno, responde a un consenso práctico en el que basar las decisiones justas en cuanto adecuadas al caso.

f) La metáfora de la mente como procesadora de informaciones, que concibe la mente como un procesador de datos informaciones y símbolos. Los sistemas expertos, pretenden asimilar todo tipo de razonamiento, también el jurídico, a un procesamiento de informaciones simbólicas a tenor de una lógica deductiva. Se soslaya, con ello, que en razonamiento jurídico existen una serie de elementos intuitivos, experienciales y socio-culturales que no pueden ser asimilados a inferencias deductivas estrictas[35].

4.2. Argumentos en favor de la posibilidad de elaborar decisiones judiciales automatizadas

Las críticas que se ha tenido ocasión de reseñar en el apartado anterior, permiten evitar juicios apresurados, ilusorios y simplificadores sobre las posibilidades de sustituir el razonamiento jurídico y la decisión del juez por sentencias elaboradas *more* informático. También permiten establecer cautelas para evitar los riesgos y consecuencias nocivas que pueden derivarse del empleo acrítico e irresponsable de los sistemas expertos jurídicos considerados como una alternativa para las decisiones judiciales humanas.

En particular, el estudio de las metáforas asumidas, las más de las veces, inconscientemente, en la esfera de la inteligencia artificial y los sistemas expertos ha permitido comprobar las diferencias entre el razonamiento jurídico del juez y el funcionamiento de los sistemas informáticos. De este modo, se ha

---

[35] STAMPER, R., BACKHOUSE, J., ALTHAUS, K., "Expert Systems: Lawyers Beware!", en *Theoria*, n. 7-8-9, 1987-88, pp. 317 ss.

podido diseñar un mapa bastante completo de los peligros que acechan a este nuevo sector de la investigación y la práctica jurídica. No obstante, en su afán por prevenir esas amenazas los críticos pagan tributo al exceso e incurren en algunas inconsecuencias y confusiones que no pueden pasar inadvertidas.

Las críticas reseñadas adolecen de una cierta imprecisión al no haber delimitado la pluralidad de acepciones de los términos "inteligencia" y "experiencia". De este modo, se generalizan conclusiones sobre la imposibilidad de que la inteligencia artificial o los sistemas expertos simulen y/o emulen aspectos de la inteligencia o la experiencia, sin matizar a cuál de los distintos niveles o planos significativos de estos términos se está haciendo referencia.

Esas críticas incurren también en un defecto que se cifra en extraer conclusiones de validez general de hipótesis parciales y fragmentarias. Así, cuando descartan precipitadamente la aplicación de la lógica de conjuntos al Derecho, lo hacen desde la experiencia que les es familiar; es decir, la del *Common Law*. Soslayan, de este modo, la importancia de la generalidad y abstracción, que aluden precisamente a tipos o conjuntos de personas o supuestos, en el concepto de norma propio de los sistemas del *Civil Law* y la propia importancia que hoy reviste la noción de sistema en todos los ordenamientos del Derecho comparado más evolucionados[36].

4.3. Luces y sombras de la Informática jurídica procesal decisional

Las críticas pesimistas sobre las proyecciones jurídicas de los sistemas expertos, no han impedido la formulación de conclusiones opuestas, en las que se pretende no cerrar el paso a los avances que para la Administración de Justicia pueden derivarse de usos adecuados de la Informática jurídica procesal decisional. Desde estas perspectivas se entiende que la inteligencia artificial y los sistemas expertos no sólo pueden contribuir a aliviar las tareas del jurista y del juez, sino que incluso serán capaces de mejorar la calidad y operatividad de los sistemas jurídicos.

Uno de los pioneros en la reivindicación de estas ventajas ha sido precisamente Miguel Sánchez-Mazas. En su opinión es posible a partir de un empleo adecuado de la lógica deóntica ofrecer métodos precisos de alcance universal, para un análisis y una descripción clara y unívoca de la estructura lógica de los sistemas normativos. Según el sistema auspiciado por este autor las relaciones

---

[36] Vid sobre todo ello, VERNENGO, R. J., "Alcune questioni ideologiche concernenti i sistemi esperti giuridici", en MARIANI, P., TISCORNIA, D. (eds.), *Sistemi esperti giuridici. L'intelligenza artificiale applicata al diritto*, cit. pp. 321 ss.

lógicas y deónticas que integran un sistema normativo podrían ser expresadas por representaciones matemáticas lo que permitiría la univocidad y el perfeccionamiento de los códigos y las legislaciones. A partir de este análisis de la estructura deóntica de los sistemas normativos se podría contribuir a clarificar las consecuencias deductivas generales o particulares así como las transformaciones sucesivas (promulgaciones y derogaciones) de dichos sistemas. También se podrían verificar las propiedades lógico-sistemáticas internas de los sistemas jurídicos, como su plenitud y su coherencia.

Se basa este autor en que todo sistema normativo es un conjunto de enunciados que incluye todas sus consecuencias lógicas, de las cuales por lo menos una es una correlación normativa que vincula un caso a una solución deóntica. Esa concepción del sistema normativo vinculada a la existencia de redes deónticas se estima como un logro que puede facilitar un tratamiento informático satisfactorio de los sistemas jurídicos. Gracias a todo ello, se podrían elaborar sentencias judiciales que respondieran a un estricto fundamento lógico y del que se derivaran por inferencias lógicas unas consecuencias o decisiones que respondieran, a su vez, a parámetros lógico-sistemático. De este modo, se podría evitar la arbitrariedad judicial y garantizar la seguridad jurídica[37].

En el ordenamiento jurídico español la implantación progresiva de programas informáticos en la Administración de Justicia, tiene un carácter auxiliar y, por tanto, no pueden concebirse como sustitutivos de la decisión judicial. El art.230.3 de la Ley Orgánica del Poder Judicial prescribe que "los procesos que se tramiten con soporte informático garantizarán la identificación y el ejercicio de la función jurisdiccional por el órgano que la ejerce". Se desprende de esta norma, de modo inequívoco, que los medios informáticos tienen un carácter instrumental y auxiliar para la elaboración de decisiones judiciales, pero que en modo alguno pueden implicar la supresión, sustitución o suplantación de las facultades decisorias de los jueces y tribunales. Esta tesis se halla corroborada en el art. 248.3 de la citada norma, en el que se establece que las sentencias se formularán expresando, hechos y fundamentos de derecho, el fallo y la firma del juez. Por tanto, se trata de un acto personal, que excluye la posibilidad de ser sustituido por actos mecánicos impersonales.

Como señala el profesor Martín Ostos: "el proceso se compone de una sucesión de actos procesales, que tienden a la obtención de un pronunciamiento definitivo". La etapa final del proceso culmina con la decisión o sentencia. En dicha fase, a la vista de lo alegado y probado por las partes, el tribunal debe resolver "sin salirse de esos límites ni solucionar el conflicto conforme a su

---

37 SÁNCHEZ MAZAS, M., "El Programa Ars Judicandi", en PÉREZ LUÑO, A.E. (ed.), *Problemas actuales de la documentación y la informática jurídica*, ci., pp. 174 ss.

conciencia, sino de acuerdo con las alegaciones y pruebas de las partes y con el Derecho vigente (haya sido o no alegado con acierto por las partes)"[38].

Se desprende de esas consideraciones, que la sentencia es siempre un acto directamente imputable al juzgador, que responde del mismo, en los términos previstos en el ordenamiento jurídico. Por tanto, la automatización absoluta de la decisión judicial, choca frontalmente contra esos presupuestos insoslayables que constituyen el núcleo de toda sentencia.

A esta misma conclusión se llega cuando se comprueba que en el Libro Verde de la Justicia de Cataluña, que data del año 2005, en el capítulo dedicado a las tecnologías de la información y las comunicaciones, se indica que las Tecnologías de la Información y la Comunicación pueden facilitar la estandarización de procesos utilizados por los tribunales, según modelos computarizados, que permiten, introduciendo los datos particulares sobre un asunto, que decisión se pueda generar automáticamente. Esta vía única es factible, señala el Libro Verde, para procedimientos sencillos y que se repiten a menudo sin muchas variaciones, y demanda una revisión o validación posterior por parte del órgano decisivo.

De dicho texto infieren Ana María Delgado García y Rafael Oliver Cuello, que:

> "las TIC pueden facilitar la automatización de la cumplimentación de determinados campos de los escritos judiciales, partiendo de la información contenida en las bases de datos de casos, documentos, normativa y jurisprudencia. Es más, pueden también facilitar las TIC la automatización en la generación del propio escrito judicial (interlocutoria, sentencia), o a partir de la citada información contenida en las bases de datos".

No obstante estos autores, advierten que no puede omitirse que estos sistemas de apoyo a las decisiones judiciales pueden suscitar cierto recelo a los ciudadanos usuarios de la Administración de Justicia, situación que también contempla el propio Libro Verde. Por ello, afín de evitar inquietudes o suspicacias innecesarias, estos autores estiman que sería deseable, de *lege ferenda,* "realizar una mención en el citado art.230.3 LOPJ o la informática decisional, que dejara claro al ciudadano que en los procesos que se empleen sistemas inteligentes de apoyo a las decisiones judiciales, el órgano que ejerce la función jurisdiccional es el último responsable de la decisión tomada[39].

---

[38] MATÍN OSTOS, J., *Introducción al derecho procesal,* Astigi, Sevilla, 4ªed. 2011, pp. 84 ss vid., también en relación con las sentencias penales, MATÍN OSTOS, J., MARTÍN RÍOS, P., PÉREZ MARÍN, M.A., *Materiales de derecho procesal. Tomo III, Proceso penal,* Tecnos, Madrid, 2011.

[39] DELGADO GARCÍA, A. M. y OLIVER CUELLO, R., *Las Tecnologías de la Información y la Comunicación en la Administración de Justicia,* Instituto Vasco de Administración Pública, Oñati, 2006, p.94.

Las normas procesales que regulan las decisiones de los jueces vetan la validez jurídica de aquellas decisiones en las que no se contemplen, de forma inequívoca, la voluntad y la responsabilidad del juzgador. Son plenamente admisibles, al amparo del mencionado art. 230.3 de la LOPJ, los medios informáticos aplicados para la tramitación y preparación de resoluciones y sentencias. Carecería de validez jurídica, por un argumento *a contrario sensu,* la sustitución del juez humano por una aplicación de informática procesal decisional que asumiera la competencia de dictar resoluciones y sentencias.

En definitiva, puede afirmarse que, de conformidad con nuestro sistema jurídico procesal vigente, las máquinas pueden procesar informaciones, establecer inferencias lógicas y ayudar a la toma de decisiones, pero al carecer de capacidad de comprensión, no pueden interpretar la multiplicidad de circunstancias que concurren en las conductas humanas objeto de litigio, ni pueden valorarlas, ni ejercitar los actos de voluntad necesarios para la toma de decisiones jurídicamente relevantes. En la actualidad, por tanto, no parece jurídicamente admisible, ni siquiera deseable, una suplantación plena del razonamiento jurídico y consiguiente decisión del juez, por el cálculo informático desarrollado a través de aplicaciones y programas de ordenador. Sólo en aspectos procedimentales de carácter rutinario, estandarizado y formalizable con variables predeterminadas cerradas es posible recurrir a sistemas expertos capaces de ofrecer resultados operativos. Pero incluso en esos casos el juez no puede abdicar de la responsabilidad de su decisión para delegarla en el ordenador.

CAPÍTULO II
INFORMATICA JURIDICA PROCESAL DE GESTIÓN: INFORMÁTICA Y ADMINISTRACIÓN DE JUSTICIA

1. LA INFORMATIZACIÓN DE LA OFICINA JUDICIAL

Dar cuenta de los diferentes problemas que suscita la gestión informatizada de la Oficina Judicial es tarea que exigiría una investigación monográfica, por los múltiples aspectos y pluralidad de experiencias nacionales y extranjeras, que constituyen el objeto de este sector. Este Capítulo no persigue un objetivo tan amplio y de tan difícil logro.

La complejidad de la vida en las sociedades con alto grado de desarrollo social y tecnológico ha determinado el crecimiento exponencial y la diversificación temática de los asuntos planteados ante los tribunales de justicia, con inmediata incidencia en todo lo que atañe a la organización judicial[40]. La masificación de los procesos judiciales constituye uno de los síntomas de los ordenamientos jurídicos de las sociedades avanzadas de nuestro tiempo.

---

[40] Vid. sobre esta cuestión, MORENO CATENA, V., *Manual de organización judicial*, Tirant lo Blanch, Madrid, 2003, passim.

Consiguientemente, se ha producido una mudanza en profundidad de la propia imagen del juez y del secretario judicial. Frente al carácter artesano que caracterizaba el quehacer del juez y del personal de los juzgados en el pasado, emerge ahora una Oficina Judicial con amplia presencia de métodos tecnológicos que requieren un personal familiarizado y cualificado para su correcta utilización[41].

Para responder a esos nuevos retos, en los últimos años, se han desarrollado una serie de aplicaciones tecnológicas destinadas a adecuar los instrumentos de la gestión de la Oficina Judicial a los apremios de nuestra época; es decir, a encauzarlas desde el artesanado a la segunda revolución industrial.

Conviene tener presente que esas proyecciones tienen aquí un sentido especial: frente al carácter prevalentemente teórico que revisten en otros sectores de la actividad jurídica, aquí entrañan una dimensión inequívoca normativa. Se trata de aplicaciones que no tienden sólo a permitir el conocimiento del Derecho aplicable, a discernir interpretaciones posibles, o a simular decisiones, sino que la informática jurídica judicial contribuye a la formación de los distintos momentos del *iter* procesal que tiene su conclusión en un acto normativo: la sentencia. Por eso, estas aplicaciones informáticas constituyen una manifestación de lo que los anglosajones denominan *Law in Action*, es decir, del Derecho operativo y actuante.

Pero, por ello, por ser procedimientos tendentes a la formación de normas, estas proyecciones de la Informática jurídica deben hallarse estrictamente regladas por el Derecho procesal informático para la plena garantía de la seguridad jurídica[42].

Debe señalarse que, en el ámbito de la oficina judicial, las aportaciones informáticas de documentación y de gestión avanzaron de forma paralela y simultánea. La proyección de la Informática Documental en la esfera de la Administración de Justicia ha sido la respuesta a los graves problemas de hipertrofia normativa que aquejan a los ordenamientos jurídicos actuales. En estas circunstancias el acceso del juez a sistemas adecuados de documentación jurídica informatizada resulta del todo imprescindible. Como se ha indicado en el Capítulo anterior, la *inflación normativa* es un fenómeno característico de las sociedades tecnológicamente avanzadas del presente. Esa situación se ha

---

41 Cfr. SIGUENZA LOPEZ, J., (Coordinador), MARTINEZ MOYA, J., PASCUAL DEL RIQUELME, M., PARRA GARCIA, J.L., SÁEZ DOMÉNECH, A., *La Oficina Judicial y los Nuevos Procesos Civil, Penal, Contencioso-Administrativo y Laboral*, Aranzadi, Cizur Menor, Navarra, 2010, pp 40 ss., donde se estudia la implantación de las Nuevas Tecnologías en la "arquitectura judicial".

42 Sobre todo ello, vid., ALVAREZ-CIENFUEGOS, J. M., "La informática en el ámbito de la Administración de Justicia", en *Actualidad Informática Aranzadi*, n. 4, 1992, pp. 1 ss.

visto acompañada del grave menoscabo de la propia estructura formal de las normas legales. La certeza del Derecho, en cuanto posibilidad real de sus destinatarios de conocer y cumplir sus prescripciones, se ha resentido del aluvión normativo y de su continua modificación, pero en grado no menor de la *prolijidad, complejidad y equivocidad del lenguaje* en el que se hallan expresadas las disposiciones legales. En esas circunstancias no son sólo los ciudadanos, sino incluso el mismo legislador y los juristas -funcionarios administrativos, jueces o abogados- tienen graves dificultades para conocer y aplicar el Derecho[43].

La incesante promulgación de normas legales, la multiplicidad de decisiones jurisprudenciales, pertenecientes a distintas instancias y a tribunales nacionales, extranjeros e internacionales, cuyo exacto y puntual conocimiento es imprescindible para el funcionamiento correcto de la judicatura, hace casi imposible su conocimiento y aplicación por los propios magistrados. Con esta nueva situación se pone en peligro el valor de la seguridad jurídica, al existir dificultades para conocer las normas aplicables vigentes en cada sector del ordenamiento jurídico. Ello trae como consecuencia el que, en ocasiones, normas legales o jurisprudenciales aplicables a un determinado caso, sean ignoradas por quienes tienen el deber de desarrollar la función judicial, a través de la proyección sobre los casos concretos de esas fuentes jurídicas vigentes[44].

Ante esa situación se hace apremiante la búsqueda de soluciones que restituyan la seguridad jurídica amenazada. Entre ellas, se debe recurrir por sus posibilidades en la información y en la gestión de documentación jurídica a la Informática jurídica documental y de gestión. Estas ayudas instrumentales tienen un espacio de aplicación, de especial importancia, en el ámbito de la Administración de Justicia.

Pese a sus incuestionables ventajas, la informatización documental judicial tiene determinados riesgos, que conviene prevenir. Deberá garantizarse, en primer término, la *calidad* de los datos jurídicos almacenados, lo que equivale a proteger la veracidad y objetividad de la información seleccionada, así como la mayor exhaustividad posible de la misma y su continua actualización. Se precisan también medidas cautelares que velen por la *seguridad* de los datos

---

[43] Cfr. ALVAREZ-CIENFUEGOS, J. M., "La informática en el ámbito de la Administración de Justicia", cit. pp. 2 ss.; id., "Soluciones informáticas para la gestión de los procesos judiciales", en *Theoria*, n. 7-8-9, 1987-88, pp. 469 ss.; CARRASCOSA LÓPEZ, V., "La gestión automatizada en el ámbito de la Justicia Española" en *Informática y Derecho*, n.5, 1994, pp. 1045 ss.; DORADO, A., "Hacia una justicia tecnológicamente avanzada al servicio de los ciudadanos. El expediente judicial electrónico", en el vol., col., *El derecho en la sociedad telemática*, (Estudios en Homenaje al profesor Valentín Carrascosa López), Federación Iberoamericana de Asociaciones de Derecho e Informática & Andavira, Santiago de Compostela, 2012, pp. 287 ss.

[44] Cfr., PÉREZ LUÑO, A.E, *La seguridad jurídica*, Ariel, Barcelona (2ª ed., 1994), pp. 61 ss.

almacenados (*storage*) para evitar la destrucción accidental, o la cancelación no autorizada, la pérdida, o la manipulación de las informaciones jurídicas. Estas garantías, comunes al funcionamiento de cualquier banco de datos, asumen especial trascendencia en el sector judicial, por la relevancia política, económica, social y cultural que reviste la documentación en los procedimientos judiciales. Es fácil imaginar, en efecto, las repercusiones de un servicio de documentación judicial automatizada que omitiera, intencional o deliberadamente, una determinada orientación o línea jurisprudencial o de la doctrina jurídica, para la aplicación del Derecho. De ahí, que la aspiración a la *exhaustividad* de la documentación judicial no constituya un mero requisito del correcto funcionamiento técnico de los Tribunales, sino una garantía de su *transparencia e imparcialidad*. Por esta misma razón, en los sistemas de teledocumentación judicial que utilizan *abstracts* o resúmenes, la infidelidad de su contenido puede producir un efecto en cadena, que multiplique la gravedad de sus consecuencias[45].

Un análisis pormenorizado de las distintas facetas en las que se ha concretado la profunda metamorfosis de la oficina judicial, en sus instrumentos de gestión y documentación, es prácticamente inabarcable. Al tener que optar por un criterio selectivo para dar cuenta de alguno de los aspectos en los que esas trasformaciones se han concretado, se detallarán aquí tan sólo lo que pueden considerarse como elementos básicos relativos a la Informática jurídica procesal de gestión más estrechamente ligados a la operatividad de los tribunales, haciendo especial mención de las repercusiones de esta materia en la situación española.

2. LA OFIMÁTICA JUDICIAL

En los países tecnológicamente avanzados, el *agiornamento* de la Administración de Justicia se ha llevado a cabo a través de la paulatina y creciente presencia en las oficinas judiciales de medios informáticos. Bajo la denominación de *"Ofimática judicial"*, que es la equivalencia en castellano de la expresión inglesas *"Judicial Office Automation"*, se engloban todas las actividades rutinarias e instrumentales que se llevan a cabo en cualquier Oficina Judicial o tribunal de justicia. Como se ha indicado *supra*, este aspecto de la Informática jurídica de gestión tiene por objeto el tratamiento informatizado de informaciones y comunicaciones, elaboración e impresión de escritos, formalización de pagos,

---

[45] DORADO, A., "Hacia una justicia tecnológicamente avanzada al servicio de los ciudadanos. El expediente judicial electrónico", cit., pp. 287 ss.; OCAÑA LACAL, D. "Los archivos judiciales ante el Reto de las Nuevas Tecnologías", cit., pp. 67 ss.

gestión de archivos y documentación, así como de todas las tramitaciones de los expedientes y asuntos que se realizan en una oficina jurídica. En sus proyecciones procesales a la oficina judicial, tendrá por objeto esas mismas actividades, pero referidas aquí a los distintos procedimientos tramitados en esos departamentos y unidades de la Administración de Justicia[46].

La evolución de la Ofimática judicial ha sido rápida e incesante, como la de los restantes sectores tecnológicos. En su desarrollo suelen distinguirse tres grandes etapas:

1ª) La de la *mecanización,* iniciada en la década de los años 60, del siglo pasado en USA, que tendía a sustituir o a facilitar actividades de trabajo humano (contabilidad, ordenación de archivos, administración comercial...) a través de máquinas. Se pretendía, con ello, comprobar el rendimiento, en términos de celeridad y economía de costes, de aparatos o instrumentos tecnológicos en la realización de tareas desempeñadas anteriormente por personal administrativo de los juzgados.

2ª) La fase que puede denominarse de *automatización sectorial,* segunda etapa, que comienza en la década de los 70, del siglo XX y tuvo como principal logro aumentar la productividad, posibilitar el control y racionalizar el trabajo de las oficinas judiciales norteamericanas, automatizando en la medida de lo posible los procedimientos. El objetivo principal de esta etapa se cifró en la eficacia organizativa de la actividad automatizada.

3ª) La etapa de *automatización global,* que se abre al finalizar la década de 1980, que tiende a la informatización de la Oficina Judicial en su conjunto de forma que implique a todos los aspectos de su gestión. En este estadio se pretende la gestión electrónica de las informaciones, organización y comunicaciones de la oficina. Para ello, se requiere contar con un sofisticado soporte físico (*hardware*) y programas (*software*) muy evolucionados capaces de cumplir tareas de control y gestión complejas. Dichas tareas van desde el proceso de datos y textos de la oficina, al correo electrónico (*Electronic Mail*) procedimientos que permiten intercambiar comunicaciones entre varios usuarios dotados de terminales de trabajo conectados telemáticamente, hasta la dirección centralizada y unitaria que permite el control electrónico global de todos los procedimientos descritos[47].

Los avances de la Ofimática proyectados en la gestión de la oficina judicial, no obstante sus ventajas, han suscitado también un debate sobre los pros y los contras de sus aplicaciones e implicaciones. Se indica, por parte de los críticos, que la automatización de la gestión judicial no se reduce a la adecua-

---

[46] Cfr., BORRUSO, R. y TIBERI, C. *L'INFORMATICA PER IL GIURISTA*, GIUFFRÈ, MILANO, 1990, pp. 224 ss.

[47] Ibíd., pp. 226 ss.

ción e idoneidad *técnica* del soporte físico y/o lógico que debe ser utilizada, sino que se amplía a una serie de cuestiones relativas a las consecuencias *ideológicas* de dicho proceso. Las controversias sobre la proyección de las nuevas tecnologías a la oficina judicial conducen, en definitiva, a la cuestión más ardua sobre la *política* de la gestión de la actividad judicial.

La gestión automatizada de la Oficina Judicial debe tener como fin último la informatización total del proceso, lo que significa la posibilidad de incorporar a soporte informático todos los elementos que lo integran: escritos de las partes, tramitación de los distintos autos y control de los mismos, emisión de documentos y resoluciones judiciales, etc. Como principio, para los distintos momentos que conforman el procedimiento judicial rige el principio de la escritura, transcribiéndose a ella las diferentes actuaciones orales. Ahora bien, estas transcripciones, salvo las que afectan a la vista oral del proceso, suelen limitarse a resúmenes elaborados por el secretario. Quedan así fuera de la documentación del proceso, gestos, actitudes, manifestaciones no transcritas, e incluso la posibilidad de que los testigos o las partes que realizan una confesión, no estén conformes con el texto escrito. Estos problemas han hallado vías de solución mediante el empleo de ordenadores *multimedia,* que tienen capacidad para utilizar simultáneamente, y de forma interactiva, diversos "medios": textos, datos, gráficos, imágenes, vídeos... De este modo, se puede facilitar la comunicación entre los órganos judiciales y las partes, al permitir la inmediación del juez con constancia oral y real de ella, así como lograr una mejor "ergonomía" entre los requisitos procesales y el funcionariado de la Justicia, que dejaría de ser mero copista para desarrollar una tarea más técnica[48].

Pese a los grandes avances que la gestión automatizada reporta a la Administración de justicia, no han faltado, como se ha apuntado anteriormente, algunas reservas y críticas a esas proyecciones. En Alemania las principales objeciones respecto a la informatización de la gestión judicial se plantearon por parte de quienes defendían el carácter único e irrepetible de los casos jurídicos. Las partes que acuden a un juez plantean un problema personal para el que desean una respuesta individualizada. La gestión automática de los casos y procedimientos comportaría un tratamiento en masa de los mismos, que habría de conducir a la pérdida de sus caracteres específicos. Según estas críticas, las técnicas de gestión automatizada conducen, de forma irremediable,

---

[48] CARRASCOSA LÓPEZ, V., "La gestión automatizada en el ámbito de la Justicia Española" cit., pp. 1045 ss.; LÓPEZ-MUÑÍZ, M., "El proceso informatizado multimedia", Comunicación presentada al *III Congreso Iberoamericano de Informática y Derecho* (Mérida, septiembre 1992), en *Informática y Derecho,* n. 5, 1994, pp.1361 ss.

a una justicia impersonal o despersonalizada en la que las relaciones humanas se ven suplantadas por relaciones entre máquinas[49].

No parece razonable responsabilizar al ordenador de la *despersonalización* de la gestión de la oficina judicial. Ello es, más bien, producto de la estandarización de la vida moderna, que engendra una serie inevitable de situaciones en masa derivadas del tráfico económico y las relaciones sociales. De ahí, la necesidad de responder jurídicamente a ellas con medios que garanticen la igualdad de trato, así como la eficacia y rapidez de las soluciones. La proliferación de los contratos tipo es uno de los rasgos característicos de nuestra época en la que se hallan en entredicho los postulados básicos de la Dogmática decimonónica del negocio jurídico: la *autonomía de la voluntad*, desmentida por la proliferación creciente, en ocasiones abusiva, de los contratos de adhesión, y el *carácter individual* del acuerdo hoy erosionada por las diferentes modalidades de contratación colectiva. De igual modo, los procedimientos han tendido a homogeneizarse para atender a esta sucesión de situaciones tipo. Conviene además advertir que la informatización de la Oficina Judicial no elimina jamás la relación personal del juez, del secretario y de los funcionarios del juzgado con las partes que intervienen en el proceso. La gestión informatizada del procedimiento se limita a sustituir, con ventajas de exactitud y celeridad, muchos de los trámites rutinarios que ya anteriormente se realizaban manualmente a través de los consabidos formularios. Parece más razonable, en definitiva, confiar la gestión del proceso a ordenadores correctamente programados y sometidos a los controles y garantías jurídico-procesales pertinentes, que dejarlo en manos de jueces o secretarios judiciales que, abrumados por la masificación de causas, se vean abocados a actuar rutinariamente como máquinas mal programadas. Si bien, ello no debe hacernos olvidar que la sentencia elaborada en masa (por jueces rutinarios o por ordenadores) no constituye nunca la culminación deseable del proceso. Hace años, cuando determinadas visiones ilusorias de la informática abogaban por la sustitución de los jueces humanos por jueces-robot o por "máquinas de hacer sentencias", se advirtió que una sentencia elaborada en masa contradice la propia esencia del proceso. Como señaló Kierkegaard, un juicio que no estime a las personas una a una, individualmente, no es más que una farsa y una mentira. Dios es el "Juez" por excelencia, porque ignora a la muchedumbre y sólo estima a los individuos[50].

---

[49] Cfr., SIMITIS, S., "Crisis de la información en el Derecho y sistemas informatizados de documentación jurídica", cit. pp. 53 ss.

[50] Vid., sobre todo ello, PEREZ LUÑO, A.E., *Cibernética, Informática y Derecho. Un análisis metodológico,* cit., pp. 75 ss.

3. LA GESTIÓN INFORMATIZADA DE LA JUSTICIA EN ESPAÑA

El inicio de la inquietud por incorporar a la Administración de Justicia española los avances informáticos se sitúa a finales de la década de los años sesenta. En el año 1968 el Ministerio de Justicia elaboró un Plan General Informático que tenía uno de sus principales objetivos en la informatización de los registros dependientes de dicho departamento ministerial. En ese mismo año la Secretaría General Técnica de la Presidencia del Tribunal Supremo inició también actividades tendentes a la elaboración de un sistema documental informatizado de la jurisprudencia emanada del propio Tribunal.

En el año 1970 la Escuela Judicial de Madrid convocó unas *Jornadas de estudio sobre perfeccionamiento y modernización de los medios y métodos de la Justicia*, en las que, entre otras materias, se estudiaba la implantación del telex judicial y las aplicaciones de los ordenadores como medio auxiliar de la Administración de la Justicia. En el curso de ese mismo año una O.M. del Ministerio de Justicia prescribió las normas reguladoras de la utilización del telex judicial[51].

A partir de esas iniciativas pioneras se han multiplicado los esfuerzos e iniciativas tendentes a la paulatina implantación de los ordenadores en la documentación y la gestión judicial española. En la actualidad, esos empeños tienen sus principales instituciones impulsoras en el Ministerio de Justicia, el Consejo General del Poder Judicial y las diversas Consejerías de Justicia de las Comunidades Autónomas. Entre los programas de mayor interés, merece ser citado el Proyecto INFORIUS elaborado por el Ministerio de Justicia tendente a potenciar la informatización de las actividades judiciales en tres niveles:

1º) La informatización registral.

2º) La informatización documental.

3º) La informatización decisional.

En ese proyecto de informatización de los órganos jurisdiccionales se ha recabado la cooperación de las diversas Comunidades Autónomas, mediante la suscripción de los pertinentes Convenios de colaboración informática. Algunas de estas Comunidades poseen planes globales de informatización de su territorio. Dichos planes contemplan actuaciones para llevar a cabo la informatización de la Administración de Justicia en el ámbito de cada una de esas

[51] LOPEZ-MUÑIZ, M., "El Derecho y la Electrónica", en *Revista de Derecho judicial*, 1971, abril-junio, pp. 95 ss; id., "Informática jurídica: El Thesaurus", en *Revista de Derecho judicial*, 1972, enero-marzo, pp.98 ss.; id., "La informática aplicada a la documentación jurídica", en el vol. col. *Gestión Automatizada en el Ambito de la Justicia*, CREI & Generalitat de Catalunya Departament de Justicía, Barcelona, 1983, pp.433 ss.; PEREZ LUÑO, A.E., "La juscibernética en España", en *Revista Jurídica de Cataluña*, 1971, Nº 2, Abril-Junio, pp. 303 ss.

Autonomías. La integración de esos planes con el Proyecto INFORIUS, así como con los trabajos de informatización que se están realizando en el Tribunal Supremo, pueden contribuir a una más decidida y eficaz informatización de los Tribunales españoles. No en vano, la justificación de todos esos planes y proyectos insiste en el crecimiento exponencial de los procesos judiciales en España y la necesidad de afrontar dicho crecimiento con una adecuada utilización de la informática[52].

Se trata, en definitiva, de un aprovechamiento integral de las nuevas tecnologías para garantizar a todos los ciudadanos el derecho fundamental "a obtener la tutela efectiva de los jueces y tribunales en el ejercicio de sus derechos e intereses legítimos, sin que, en ningún caso, pueda producirse indefensión" tal como se proclama en el art. 24.1 de la Constitución española.

3.1. Proyectos, Sistemas y Planes para la informatización de los procedimientos judiciales

Entre las iniciativas más importantes para la informatización de la Administración de Justicia en España, debe destacarse el programa del Ministerio de Justicia, elaborado a través de su Dirección General de Nuevas Tecnologías. Como tarea central del mismo, se ha realizado el Plan Estratégico de Modernización Tecnológico. Dicho Plan se ha concretado en una serie de proyectos encaminados a incorporar las NT y las TIC en el ámbito judicial.

Al propio tiempo, el Consejo General del Poder Judicial a través de su Comisión de Organización y Modernización judicial, ha impulsado también el proyecto *E-JUSTICIA* con objeto de mejorar la imagen de la justicia y dar un mejor servicio a los ciudadanos, para dar cumplimiento a las exigencias de los ciudadanos recogidas en la Carta de Derechos de los Ciudadanos ante la Administración de justicia. Se trata de un proyecto integral en el que se hallan englobados, a su vez, diversos programas y proyectos para intentar que la justicia pueda beneficiarse de los distintos aspectos del desarrollo tecnológico. Se pretende, con ello, que se produzca una utilización adecuada de los medios

---

[52] Cfr.: ALVAREZ-CIENFUEGOS, J. M., "La informática en el ámbito de la Administración de Justicia", cit. pp. 2 ss.; id., "Soluciones informáticas para la gestión de los procesos judiciales", cit., pp. 469 ss.; CARRASCOSA LÓPEZ, V., "La gestión automatizada en el ámbito de la Justicia Española" cit., pp. 1045 ss.; COVARRUBIAS MAURA, G., "El proyecto INFORIUS del Ministerio de Justicia", en el vol. col. *Gestión Automatizada en el Ámbito de la Justicia,* cit., 325 ss. LÓPEZ-MUÑIZ, M., "El proceso informatizado multimedia", cit., pp.1361 ss.; ROLDÁN CASAÑÉ, B., "Informática Jurídica y Gestión Judicial", en el vol. col. *Gestión Automatizada en el Ambito de la Justicia,* cit., 183 ss.

informáticos como auxiliares para una mejor prestación de los servicios judiciales.

En el año 2001, como se reseña en la propia Memoria del CGPJ, existían cuatro sistemas de gestión procesal: *LIBRA*, promovido por el Ministerio de justicia y aplicado en las Comunidades Autónomas sin competencias de Justicia traspasadas. El programa *TEMIS*, implantado en Cataluña; y *ADRIANO*, implantado en Andalucía. Además, también pueden mencionarse el sistema *ATLANTE* (implantado en Canarias en los Juzgados de Primera Instancia) y *CICERONE*, aplicado en Valencia.

Por otro lado, el Ministerio de justicia creo el sistema *MINERVA* para la gestión procesal integral en el Tribunal Supremo que, posteriormente, se extendió a los Tribunales Superiores de justicia y Audiencias Provinciales y que ha coexistido con el proyecto *LIBRA II;* si bien sustituirá gradualmente a este sistema informático. Este sistema incorpora medios informáticos que permiten el reparto, gestión de documentos y comunicación entre órganos. Por otro lado, también posibilitará la consulta por parte del ciudadano de información completa sobre el desarrollo del proceso.

Además, debe mencionarse el sistema *LEXNET* integrable con la aplicación procesal *MINERVA*, que constituye el sistema de comunicaciones más avanzado en los órganos judiciales. Tal programa se ha desarrollado también en distintas provincias españolas durante estos últimos años.

Esta aplicación informática, se halla basada en *LINUX* y *JAVA*, y opera en un entorno *Web,* 53 para la intercomunicación de las Oficinas judiciales con los diferentes centros (Fiscalía, Abogacía del Estado, Registros...) y operadores jurídicos (abogados, procuradores, notarios...).

El sistema *LEXNET* permite transmitir y recibir, por vía telemática, documentos a distancia, sin necesidad de efectuar desplazamientos físicos y con la consiguiente seguridad y celeridad. Permite también practicar notificaciones por parte de los órganos judiciales, presentar toda clase de escritos procesales por los operadores jurídicos, (demandas, escritos y documentos originales electrónicos aportados al proceso).

La seguridad de las actuaciones procesales se garantiza mediante la utilización de la firma electrónica que permite realizar dichos actos procesales por medios telemáticos con las máximas garantías de seguridad, autenticidad e integridad.

Para el logro de esta garantía se ha realizado un acuerdo entre el Consejo General del Poder Judicial y la Fábrica Nacional de Moneda y Timbre para dotar de firma electrónica a todos los órganos judiciales. En este contexto, los procuradores y abogados pueden acceder a *LEXNET* mediante el certificado electrónico emitido por dicha entidad (materializado en una tarjeta criptográfica).

Debe hacerse también mención al programa *INTER-LUS*. Se trata de una red privada y segura de comunicaciones, que permite el acceso de los órganos judiciales a las bases de datos de las diferentes Administraciones Públicas y organismos cooperadores con la Administración de justicia.

Dicho programa consiste en un nodo central de comunicaciones, gestionado por el Consejo General del Poder judicial, o infraestructura común para toda la Administración de justicia. Así pues, permite las comunicaciones entre las distintas redes corporativas de las comunidades autónomas, Ministerio de justicia y Consejo General del Poder judicial. También permite la comunicación con todas las Administraciones, ya que facilita el acceso de los juzgados y tribunales a servicios de interés para el mejor funcionamiento de la Administración de justicia, proporcionados por otras instituciones, tales como: la Dirección General de Tráfico, la Agencia Estatal de Administración Tributaria, el Padrón de Habitantes, la Tesorería de la Seguridad Social; las cuentas de consignaciones y depósitos de los juzgados de España, el Registro Central de Penados y Rebeldes, instituciones penitenciarias, el Registro Mercantil Central, el de Bienes Muebles, Violencia Doméstica, así como los bases de datos de la Dirección General de la Policía y la Guardia Civil.

La Ley 15/2003, de 26 de mayo, reguladora del régimen retributivo de las carreras judicial y fiscal, consagró el objetivo general de transparencia proclamada en la Carta de Derechos de los Ciudadanos, a alcanzar a través del Plan de Transparencia Judicial. Dicha Ley define este Plan como el instrumento a través del cual las Cortes Generales, el Gobierno, las Comunidades Autónomas, el Consejo General del Poder judicial y los propios ciudadanos puedan tener a su disposición una herramienta de información continua, rigurosa y contrastada acerca de la actividad y la carga de trabajo de todos los órganos jurisdiccionales del Estado. Lo que se pretende es lograr una justicia transparente, comprensible, atenta con el ciudadano, responsable ante él, ágil y tecnológicamente avanzado.

Posteriormente, la Resolución de 28 de octubre de 2005 de la Secretaría de Estado de justicia dispone la publicación del Acuerdo del Consejo de Ministros de 21 de octubre de 2005, por el que se aprueba el Plan de Transparencia judicial, cuyo objetivo principal consiste en la consecución de la necesaria transparencia que permita al ciudadano tener de forma rápida y directa toda la información sobre cómo funciona la justicia, para protegerle de una justicia sustraída al control y conocimiento públicos y mantener la confianza de la sociedad en los tribunales.

Los objetivos del Plan se cifran en los siguientes aspectos:

1) En primer término, permite un conocimiento riguroso sobre la duración real de los procedimientos judiciales para ver las disfunciones que provocan los retrasos. Así, las distintas Administraciones responsables tendrán elementos de juicio para acometer las reformas precisas.

2) En segundo lugar, posibilita el conocimiento del volumen de trabajo de cada órgano judicial para poder hacer una mejor planificación presupuestaria de las inversiones necesarias.

3) En tercer lugar, establece la publicación en tiempo real de los resultados de los litigios (sentencias), así como de las ejecuciones, lo que es un medidor determinante de la eficacia de la justicia.

4) Por último, permite conocer la calidad del desempeño de cada miembro de la Administración de Justicia, a través de instrumentos de control, como las estadísticas y las encuestas.

Gracias al procesamiento de esos datos e informaciones, se pueden satisfacer, con mayor eficacia, las necesidades de creación de nuevos órganos judiciales; planificar los medios personales y materiales de la Administración de justicia; prever la conveniencia de especialización de jueces en determinados tipos de asuntos; saber el tiempo medio de duración de procedimientos; articular un sistema razonable de acceso a la información para profesionales y ciudadanos; instaurar un sistema adecuado para la evaluación del desempeño del trabajo de jueces, fiscales, secretarios judiciales y demás funcionarios al servicio de la Administración de justicia e identificar puntos críticos en la organización judicial a fin de programar las pertinentes inspecciones.

Estos importantes objetivos cuentan para su logro con instrumentos adecuados y, en particular, con el recurso a las TIC. En relación con ello, el Plan asume algunas de las iniciativas que hasta el momento ya se habían puesto en marcha.

En particular, contribuye a la unificación o compatibilidad de las diferentes aplicaciones informáticas utilizadas en las Oficinas judiciales. Se ha conseguido al propio tiempo, la conexión telemática de las páginas web de información de las distintas Administraciones concurrentes en materia de justicia: portales del Ministerio de justicia, del Consejo General del Poder judicial, de las Comunidades Autónomas y de la Fiscalía General del Estado. En ellas, el ciudadano, puede encontrar información normativa española y de la Unión Europea, y también pueden acceder a documentos, libros, archivos y registros judiciales que no tengan carácter reservado, así como a la estadística judicial.

Se refuerzan con todo ello, los sistemas de interconexión e intercambio de documentos en el proceso. Y, finalmente, se facilita un sistema de comunicaciones entre las diferentes redes judiciales territoriales.

En el Plan de Transparencia Judicial (apdo. 2.3. de sus instrumentos), se señalan las ventajas que un sistema de interconexión e intercambio de documentos en el proceso puede aportar: permite disponer de información estadística relativa al número de documentos que se intercambian entre los diferentes operadores jurídicos; permite disponer de información estadística relativa al tipo de procedimiento y órgano jurisdiccional, así como el ámbito que genera mayor volumen de documentación. Asimismo, en la medida en que tales sistemas se hallan abiertos a colectivos como abogados del Estado, notarios, graduados sociales y letrados de la Seguridad Social, se posibilita aportar información relativa al volumen de gestión de la Administración de Justicia en relación con esos colectivos: tipo de procedimiento, frecuencia, grado de agilidad de la gestión, entre otros datos.

Se debe, en definitiva, al Plan la creación de las Oficinas de Atención al Ciudadano, implantadas en todo el territorio nacional, de este modo, el ciudadano puede disponer de información general y actualizada sobre el funcionamiento de juzgados y tribunales y sobre las características y requisitos de los distintos procedimientos judiciales. Asimismo, el ciudadano puede acceder a dicha información por medios telemáticos de fácil acceso.

No huelga subrayar la importancia de este Plan de transparencia de la Administración de Justicia española, que incorpora a nuestro país a las sociedades democráticas más avanzadas en términos de ciberciudadanía. En efecto, el ejercicio de la ciudadanía en la era tecnológica contempla como uno de sus principales logros, el control cívico de las diversas administraciones. Para que ello sea posible, es necesaria la transparencia de las actuaciones de los poderes públicos y, en particular de la Administración de Justicia[53].

En el ámbito de la informatización de la Administración de Justicia en España, puede también mencionarse la aplicación denominada "*Agenda Electrónica*". Se trata de un sistema programado de citaciones y señalamientos, que se utiliza en la tramitación de los juicios rápidos. Se halla previsto en la Ley de Enjuiciamiento Criminal en sus artículos 796 (referente a las actuaciones de la policía judicial) y 800 (sobre diligencias urgentes en los juzgados de guardia).

---

[53] Vid., sobre todo ello: LIMBERGER, T. Y LOPES SALDANHA, J.M., "Cibertransparencia en la Administración Pública: La importancia de la Cultura presupuestaria para concretización de los derechos sociales", en el vol., col., a cargo de REYES, P. *Ciudadanas 2020. El gobierno de la información*, Instituto Chileno de Derecho y Tecnologías, Santiago, 2011, pp. 113 ss.; PÉREZ LUÑO, A.E., *¿Ciberciudadaní@ o ciudadaní@.com?*, Gedisa, Barcelona, 2004, pp. 74 ss.

Este sistema informático permite gestionar una agenda común y compartida, tanto para la realización de las citaciones en los juzgados de guardia por parte de los cuerpos y fuerzas de seguridad, como para la realización de señalamientos en los juzgados de lo penal, por parte de los juzgados de guardia, pudiendo ser aplicable en cualquier partido judicial del territorio nacional.

La *Agenda Electrónica* ha supuesto un innegable avance en la informatización de nuestros procedimientos judiciales. No obstante, su implantación no fue inmune a algunas deficiencias operativas, motivadas por falta de coordinación entre los funcionarios integrados en diversos cuerpos policiales y entre éstos y los funcionarios de la Administración de Justicia[54].

Un avance muy importante, en lo que concierne a las proyecciones de las NT y las TIC en la Administración de Justicia española, ha consistido en la informatización de los distintos Registros (Civil, de últimas voluntades, de defunciones...). Especial interés reviste el sistema informático del *Registro Central de Antecedentes Penales,* que consiste en un sistema informatizado con acceso *on line,* para conocer en los juzgados y tribunales los antecedentes penales de las personas imputadas en un proceso penal.

Corresponde al secretario judicial el control de datos, quien a través de una clave accede a una intranet de la página web del Ministerio de Justicia. En el caso de que una persona tenga antecedentes penales, se despliega una pantalla que genera un informe con todos los datos, el cual una vez impreso en papel se firma y sella por el secretario judicial para unirlo a las actuaciones del juzgado o tribunal.

3.2. La informatización de la Oficina Judicial

Ha advertido el profesor Francisco Ramos Méndez, que: "Mayor importancia que el local físico que ocupa un tribunal, su disposición o características, tiene otro aspecto de la cuestión. Es el relativo a la *oficina judicial* en cuanto unidad productiva de unos determinados servicios en materia de justicia. Este aspecto lleva a considerar aspectos de un tribunal de justicia, que pueden redundar en la mejor organización y racionalización del trabajo y, por consiguiente, en un mejor aprovechamiento de los recursos disponibles"[55].

---

[54] CABEZUDO RODRÍGUEZ, N., "La Administración de justicia ante las innovaciones tecnológicas. Del entusiasmo a la desconfianza pasando por el olvido legal", en *Revista Jurídica de Castilla y León,* nº 7, 2005, pp. 172 ss.

[55] RAMOS MÉNDEZ, F., *El sistema procesal español,* Atelier, Barcelona, 8ª ed., 2010, p. 207.

Recuerda también este autor que las empresas revisan regularmente sus necesidades en materia de locales, infraestructura y recursos humanos. Al propio tiempo, que controlan sus modalidades de trabajo, producción, aprovisionamiento y resultados. La buena gestión detecta los fallos y los corrige. En el ámbito empresarial más avanzado se identifican parámetros de calidad y se implantan controles.

Esta filosofía de gestión, que es esencial para cualquier organización productiva que aspire a la eficacia y a su propia supervivencia, nos dice Ramos Méndez que: "ha brillado hasta hace bien poco por su ausencia en materia de administración de justicia. El sistema asumía que el juez era un *factotum* universal para cualquier uso y que debía componérselas con lo que hallare disponible, según su mejor o peor habilidad personal". Añade también el Catedrático de Derecho Procesal de la Universidad de Barcelona, que: "Desde el punto de vista del personal, era casi impensable aplicar criterios de productividad, incentivos, movilidad, adscripción, formación, reciclaje, que son habituales en cualquier oficina moderna". No obstante, se advierte desde una actitud esperanzada, que: "Por fortuna, las cosas están empezando a cambiar de signo, al menos en cuanto a la filosofía de base, ya que la hasta ahora imperante es insostenible"[56].

La prudencia aconseja no caer en fáciles triunfalismos, ya que los resultados obtenidos hasta el presente no deben calificarse de espectaculares. Existen problemas específicos de la Administración de Justicia que dificultan y hacen especialmente compleja la proyección de las TIC sobre su estructura y función. Como es notorio las decisiones y la distribución de los recursos en materia de justicia no dependen de un solo operador. "Los estímulos, interferencias y diversas sensibilidades de poder central, poder judicial y comunidades autónomas traza a veces un complejo rompecabezas difícil de recomponer, en una materia que exige tomar decisiones ágiles y flexibles". Por eso, en palabras de Ramos Méndez, "lo deseable es que, alguna vez, el pacto político por la justicia dejase de ser motivo de confrontación electoral y se convirtiese en algo mucho más operativo. Al fin y al cabo, no puede desconocerse que fue concebido tan sólo como una cuestión de mínimos"[57].

Se infiere de las reflexiones reseñadas, la importancia que reviste la organización de la oficina judicial como centro operativo de la gestión de los procedimientos. Por ello, las normas referentes a la proyección de las TIC a la reforma de dicha oficina, asumen una importancia decisiva para la evaluación del impacto de la Informática jurídica procesal de gestión en nuestro sistema judicial.

---

56 Ibíd., p. 208.
57 Ibíd., p. 208.

El Ministerio de Justicia aprobó, en junio de 2005, el Proyecto de la estructura organizativa de la nueva Oficina Judicial. Dicho Proyecto desarrolla lo previsto en la Ley Orgánica 19/2003 de 23 de diciembre de modificación de la LOPJ, en lo que concierne a la informatización de las dependencias judiciales.

Conviene recordar que el artículo 230 de la LOPJ, tras su reforma, establece lo siguiente:

> "1. Los juzgados y Tribunales podrán utilizar cualesquiera medios técnicos, electrónicos, informáticos y telemáticos, para el desarrollo de su actividad y ejercicio de sus funciones, con las limitaciones que a la utilización de tales medios establece la Ley Orgánica 5/1992, de 29 de octubre, y demás leyes que resulten de aplicación.
>
> 2. Los documentos emitidos por los medios anteriores, cualquiera que sea su soporte, gozarán de la validez, eficacia de un documento original siempre que quede garantizada su autenticidad, integridad y el cumplimiento de los requisitos exigidos por las leyes procesales.
>
> 3. Los procesos que se tramiten con soporte informático garantizarán la identificación y el ejercicio de la función jurisdiccional por el órgano que la ejerce, así como la confidencialidad, privacidad y seguridad de los datos de carácter personal que contengan en los términos que establezca la ley.
>
> 4. Las personas que demanden la tutela judicial de sus derechos e intereses podrán relacionarse con la Administración de justicia a través de los medios técnicos a que se refiere el apartado primero cuando sean compatibles con los que dispongan los Juzgados y Tribunales y se respeten las garantías y requisitos previstos en el procedimiento que se trate.
>
> 5. Reglamentariamente se determinarán por el Consejo General del Poder judicial los requisitos y demás condiciones que afecten al establecimiento y gestión de los ficheros automatizados que se encuentren bajo la responsabilidad de los órganos Judiciales de forma que se asegure el cumplimiento de las garantías y derechos establecidos en la Ley Orgánica 5/1992, de 29 de octubre, de regulación del tratamiento automatizado de los datos de carácter personal.
>
> Los programas y aplicaciones informáticos que se utilicen en la Administración de Justicia deberán ser previamente aprobados por el Consejo General del Poder judicial, quien garantizará su compatibilidad.
>
> Los sistemas informáticos que se utilicen en la Administración de Justicia deberán ser compatibles entre sí para facilitar su comunicación e integración, en los términos que determine el Consejo General del Poder judicial".

La utilización de los medios informáticos, según la previsión de la norma citada, se ha traducido en una ampliación de las competencias y responsabilidades del secretario judicial, para la gestión informatizada del juzgado. Queda reservada al juez la tarea de resolver litigios, dictar sentencias y hacer que se ejecuten.

La nueva Oficina Judicial se presenta como el conjunto de medios personales, materiales y tecnológicos que rodean al juez en el desarrollo cotidiano de su trabajo. Con la nueva estructura de dicha Oficina, se tiende a modernizar y racionalizar su estructura, para acomodarla a las necesidades de los nuevos tiempos. Con ello, se ha producido el tránsito desde la oficina judicial diseñada en la etapa decimonónica, a la Oficina Judicial de la sociedad tecnológica propia del siglo XXI.

Se ha producido, de este modo, una transformación actualizadora e innovadora de los medios auxiliares del juez: personales, materiales y tecnológicos.

La nueva Oficina judicial se estructura en función de principios fundamentales:

1º) El primero consiste en su adecuación y adaptación a la organización general de la Administración de Justicia y al diseño constitucional del Estado autonómico.

2º) El segundo, hace referencia al papel destacado que corresponde al secretario judicial, cuya figura, hasta el momento estaba infrautilizada y reducida a funciones esencialmente administrativas.

3º) El tercero, se cifra en la incorporación de las TIC, que se convierte en el rasgo distintivo caracterizador de la nueva Oficina judicial.

Novedad importante de la nueva estructura de la Oficina Judicial es la implantación de servicios comunes procesales. En ellos, constituye un elemento clave el servicio común de ordenación del procedimiento, unidad de la nueva Oficina Judicial, que se ocupa de tramitar los pleitos.

De este modo, la nueva Oficina Judicial implica una mejora respecto al procedimiento tradicional de trabajo en la Administración de Justicia, al introducir una distribución más racional de las funciones de todos los agentes, que permite al ciudadano acceder de forma más sencilla y rápida a este servicio.

Se han creado también puntos únicos de atención e información que aseguran tanto la celeridad de los trámites como el contacto directo con ciudadanos y profesionales del Derecho, sin interferir en el trabajo diario de los funcionarios que tramitan los pleitos.

En la nueva Oficina Judicial la modernización tecnológica es imprescindible. El objetivo de esta innovación es conseguir una justicia informatizada, donde los abogados y procuradores dirijan sus demandas a los tribunales en formato electrónico, desterrando progresivamente el soporte papel de los procesos judiciales.

Las Comunidades Autónomas con competencias transferidas en materia de justicia, han elaborado sus propios Planes de informatización de la Oficina Judicial.

El Consejo General del Poder Judicial, ha creado el *Punto Neutro Judicial* consistente en un nodo central para la interconexión de todos los servicios informatizados judiciales estatales con los de las Comunidades Autónomas con competencias de Justicia. Con este sistema se pretende conseguir, entre otras, las siguientes prestaciones:

Facilitar la comunicación entre los propios órganos judiciales, que permitirá, entre otras cosas, seguir el itinerario de asuntos y recursos desde las respectivas Audiencias Provinciales y Tribunales Superiores de Justicia hacia la Audiencia Nacional y el Tribunal Supremo. Asimismo permitirá la remisión de peticiones de auxilio judicial y su devolución cuando se produzca entre órganos judiciales pertenecientes a diferentes redes territoriales; facilitar la relación de los órganos judiciales con el Centro de Documentación Judicial (CENDOJ), para permitir por esta vía la remisión de las resoluciones judiciales a dicho Centro de documentación y la comunicación entre el mismo y las bibliotecas judiciales; facilitar a los órganos judiciales (en especial a los Servicios Comunes de Consultas Registrales), el acceso a servicios y registros que pudieran prestar el Ministerio de Justicia, el Ministerio de Interior y otros organismos, como son: el Registro de Penados y Rebeldes, Instituciones Penitenciarias, Dirección General de la Policía, Dirección General de Tráfico, Registro de Bienes Muebles, Agencia Tributaria, y otros registros que pudieran ponerse a disposición de los órganos judiciales como los Registros de la Propiedad y de la Dirección General de los Registros y del Notariado, facilitar la relación entre los órganos judiciales y el Consejo General del Poder Judicial y otras instituciones, posibilitando diversas prestaciones informáticas, como el acceso desde la Inspección a las aplicaciones de gestión procesal al servicio de los órganos judiciales, la remisión de la información necesaria para la elaboración de la estadística judicial y demás estudios sociológicos y estadísticos por el CGPJ, etc.

Con el *Punto Neutro Judicial* se contribuye a mejorar la Oficina Judicial. Así por ejemplo la remisión informática de los exhortos judiciales acorta tiempos de espera, al suprimirse los días que se pierden con la remisión por correo ordinario. Ahora bien, la petición de auxilio judicial tiene necesariamente que efectuarse con la seguridad añadida de la firma electrónica reconocida, pues el art. 172 de la Ley de Enjuiciamiento Civil exige que la remisión por el sistema informático judicial o por cualquier otro sistema de comunicación debe garantizar la constancia de la recepción.

En estos casos la firma electrónica en el Juzgado para la remisión de los exhortos deberá efectuarla el secretario judicial en la medida en que el art. 171.2 de esa Ley, establece que "la expedición y autorización de los exhortos judiciales corresponderá al secretario judicial". Y es que no hemos de olvidar que el acortamiento de plazos es esencial en la tramitación judicial, por lo que el acceso a los distintos registros de los organismos públicos por el *Punto Neutro Judicia*l (PNJ) es vital para la eficacia de la Justicia.

Debe insistirse en la contribución del *Punto Neutro Judicial* para avanzar en la elaboración informática de la estadística judicial. Con ello se tiende a conseguir un doble objetivo: descargar de trabajo a los secretarios judiciales a la vez que se racionaliza dicho trabajo, puesto que los secretarios judiciales son quienes tienen asignada la responsabilidad de elaboración de la estadística judicial y, se consigue que la estadística judicial sirva realmente, y de cumplimiento fiel a los fines que tiene asignada en nuestra legislación y que se hallan recogidos en el art. 461.2 LOPJ, como "instrumento básico al servicio de las Administraciones públicas y del Consejo General del Poder Judicial para la planificación, desarrollo y ejecución de las políticas públicas relativas a la Administración de justicia y, en particular, para las siguientes finalidades:

1ª) El ejercicio de la política legislativa del Estado en materia de justicia.

2ª) La modernización de la organización judicial.

3ª) La planificación y gestión de los recursos humanos y medios materiales al servicio de la Administración de justicia.

4ª) El ejercicio de la función de inspección sobre los Juzgados y Tribunales".

El *Punto Neutro Judicial* aparece como un elemento complementario preciso que permite articular la autonomía de las distintas "redes judiciales territoriales" con la unidad del sistema judicial, y es que, habida cuenta de que las distintas redes territoriales no pueden conformarse como sistemas estancos, independientes en un poder judicial único, precisan de una comunicación e interrelación entre ellas, con el Consejo General del Poder Judicial y con el Ministerio de Justicia, para dar plenitud al servicio que prestan. Es por ello que el *Punto Neutro Judicial* se convierte, en definitiva, en el tamiz que posibilita, facilita, organiza y homogeneiza los sistemas de información, comunicación y relación entre órganos judiciales, Consejo General del Poder Judicial y otros órganos y centros administrativos, convirtiéndose a la vez en el valedor de su seguridad y certeza, con todo lo que ello conlleva[58].

Tras la reseña de estas disposiciones, se abre en España la perspectiva de un nuevo diseño de la Oficina Judicial. Conviene, por tanto, aludir someramente a algunos de los rasgos e implicaciones que se derivan de esa irrupción tecnológica en el ámbito de nuestra gestión del aparato de la Justicia.

La Oficina Judicial, tras su actualización tecnológica, mantiene y refuerza las tareas básicas para la gestión de los procedimientos. Además, desarrollan la esencial función de coordinación y conexión de todas las unidades de apoyo directo, unidades administrativas y resto de servicios comunes procesales. Estas funciones son de la mayor importancia para el correcto funcionamiento del nuevo modelo de Oficina Judicial basado en la especialización de sus unidades y servicios.

Tradicionalmente competía a la Oficina Judicial la gestión de los servicios comunes procesales de ordenación del procedimiento. Ahora, la implantación de las TIC comporta una nueva imagen de la figura del secretario judicial, titular de los servicios comunes procesales y de las unidades de apoyo directo, esencial en este nuevo diseño de Oficina Judicial.

Por todo ello, se puede convenir que es de gran interés abordar la figura del secretario judicial en el nuevo diseño de una Oficina Judicial tecnológicamente avanzada. Se tomará en consideración también el ejercicio de su función fideizante y de gestión y tutela de la documentación de los actos judiciales tras la implantación en este ámbito de las NT y las TIC.

Como oportunamente ha recordado Francisco Javier Garrido Carrillo, "los Secretarios Judiciales constituyen un cuerpo superior jurídico único, de carácter nacional, al servicio de la Administración de Justicia, dependiente del Ministerio de Justicia, que ejercen sus funciones con el carácter de autoridad"[59].

Todo ello, de conformidad con cuanto dispone el art. 440 de la Ley Orgánica del Poder Judicial. Con la reforma de dicha Ley operada por la LO 19/2003 se potenció su actuación procesal y dado que ellos, son los únicos funcionarios públicos susceptibles de ejercer la fe pública judicial, descarguen a jueces y magistrados de tareas no estrictamente jurisdiccionales.

---

[58] DE ROSA TORNER, F., "Punto Neutro Judicial: Plataforma Tecnológica para los Tribunales de Justicia en España", en vol., col., *El Derecho en la sociedad telemática*, cit., pp.273 ss.

[59] GARRIDO CARRILLO, J., "EL Secretario Judicial, clave en el nuevo modelo de Oficina Judicial tecnológicamente avanzada", en *Revista de la Facultad de Derecho de la Universidad de Granada*, n. 8, 2006, p. 86. Sobre la significación y funciones del Secretario Judicial, vid., RODRÍGUEZ TIRADO, A. M., *Las funciones procesales del Secretario Judicial*, Bosch, Barcelona, 2001.

Para el logro de ese objetivo cifrado en que los jueces y magistrados ocupen su tiempo en juzgar y ejecutar lo juzgado sin dedicarse a otras labores, ya sean puramente administrativas o de intendencia, el legislador optó por la creación de los servicios comunes procesales. Entre dichos servicios hemos de destacar por sus funciones los servicios comunes de ordenación del procedimiento. Sus responsables son precisamente los secretarios judiciales, los cuales deberán dictar para la tramitación del pleito las resoluciones procedentes que vengan predeterminadas por las leyes procesales.

La doctrina procesalista ha prestado especial interés en todo cuanto hace referencia a las comunicaciones telemáticas en la nueva Administración de Justicia. Son sin duda de gran importancia, por un lado, para el éxito del nuevo diseño de Oficina Judicial y, por otro lado, por su incidencia en las funciones relativas a las comunicaciones judiciales encomendadas a los secretarios judiciales tras la reforma de la LOPJ (art. 457 Ley Orgánica del Poder Judicial en relación con el art. 438 Ley Orgánica del Poder Judicial y art. 152 de la LEC)[60].

Es el art. 162 de la Ley de Enjuiciamiento Civil, como se ha tenido ocasión de exponer *supra,* el que faculta el empleo de medios electrónicos, telemáticos, o de otra clase semejante para la práctica de actos de comunicación y envío y recepción de escritos y documentos. Para el logro de este fin es necesario que los Juzgados y las partes o destinatarios dispongan de tales medios técnicos y que se garanticen unas mínimas exigencias de seguridad, como son la personalidad de los comunicantes, la autenticidad de la comunicación y de su contenido, y que quede constancia de la remisión y recepción íntegras y del momento en que se hicieron.

El nuevo modelo de Oficina Judicial alumbrado por la Ley Orgánica 19/2003 modificadora de la LOPJ reemplaza la vieja estructura decimonónica de la Oficina Judicial, para situarla a la altura de las exigencias de la sociedad tecnológica. Los cambios sociales, económicos y tecnológicos que se han operado en España en los últimos dos siglos, han transformado profundamente las condiciones fácticas sobre las que operan los procedimientos judiciales. Esos cambios y transformaciones demandaban la reforma y actualización de la Oficina Judicial y constituyen el fundamento de su nueva normativa. En la sociedad rural del Siglo IX, cada dependencia judicial debía funcionar como una entidad autónoma e independiente debido a las dificultades que entrañaba su conexión con otras sedes u órganos de la administración de Justicia.

[60] Cfr., DE HOYOS SANCHO, M., "Actos procesales de notificación y nuevas tecnologías", *Diario La Ley,* de 1 de abril de 2003. ; GARRIDO CARRILLO, J., "EL Secretario Judicial, clave en el nuevo modelo de Oficina Judicial tecnológicamente avanzada", cit., p. 95 ss.

En la Oficina Judicial del pasado, el juez y el secretario judicial debían satisfacer las necesidades personales y materiales requeridas por el Juzgado, para garantizar su funcionamiento sin necesidad de dependencias. Por ello, el extinto modelo de Oficina Judicial se hallaba aquejado de notables deficiencias en su estructura y funcionamiento: inseguridad en la gestión de los procesos y en el archivo de la documentación, lentitud en la tramitación de las causas y la ausencia de medios personales y materiales eficaces para el desarrollo de su cometido.

La vieja Oficina Judicial aparecía como un modelo rígido que imposibilitaba su adaptación a las transformaciones socio-económicas y la capacidad de dar respuesta a nuevas necesidades y problemas surgidos de un mundo en constante cambio. Todo ello, apremiaba y hacía indispensable la configuración de un nuevo modelo de Oficina Judicial.

A esa problemática intentó, precisamente, ofrecer una adecuada respuesta la Ley Orgánica 19/2003, que según Garrido Carrillo, se basa en la "delimitación de lo jurisdiccional, de lo procedimental y de lo administrativo"[61].

Las grandes aportaciones renovadoras de la Oficina Judicial han redundado, en definitiva y como recapitulación de cuanto hasta aquí se ha expuesto, en tres grandes logros:

1°) La coordinación de todos los servicios comunes procesales así como de las unidades procesales de apoyo directo de las unidades administrativas.

2°) La nueva imagen del secretario judicial, a quien corresponde la responsabilidad de los servicios comunes procesales y de las unidades de apoyo directo. Le compete también ser depositario de la fe pública judicial, importante cometido que se auna al reforzamiento de sus funciones de gestión y control de la Oficina Judicial.

3°) La regulación de la presencia de las TIC y de las NT en la Oficina Judicial para la seguridad, racionalización, transparencia y eficacia de su funcionamiento. Todo ello sin merma de las garantías procesales y demás derechos fundamentales que corresponden a las partes que intervienen en los procesos judiciales[62].

---

[61] GARRIDO CARRILLO, J., "EL Secretario Judicial, clave en el nuevo modelo de Oficina Judicial tecnológicamente avanzada", cit., p. 104.

[62] Cfr.: CARRASCOSA LÓPEZ, V., "Documentación y medios mecánicos de reproducción", en *Quintas Jornadas de la fe pública judicial*, en *Documentación Jurídica*, n. 69, 1991, pp. 111 ss.; DELGADO GARCÍA, A. M. y OLIVER CUELLO, R., *Las Tecnologías de la Información y la Comunicación en la Administración de Justicia*, cit., p.27 ss.; GARBERÍ LLOBREGAT, J., "Consideraciones sobre la proyectada reforma de la oficina judicial (con particular referencia a los espacios físicos)". Actualidad Jurídica Aranzadi, núm. 584, 2003, pp. 106 ss.; GARRIDO CARRILLO, J., "EL Secretario Judicial, clave

La proyección de las NT y las TIC a la Oficina Judicial pretende, en definitiva, el logro de una Oficina Judicial Virtual. En ella, los profesionales de la justicia, las partes del proceso y sus representantes legales, con un interés legítimo pueden interactuar por vía telemática, realizando los pertinentes trámites procesales y evitando de este modo, desplazamientos innecesarios, tiempos de espera, uso del papel y el consiguiente retraso e inseguridad de las actuaciones en la tramitación de los procedimientos judiciales.

3.3. El uso de las TIC en la Administración de Justicia según la Ley 18/2011

En 2011 fue promulgada la Ley 18/2011, de 5 de Julio reguladora del uso de las Tecnologías de la Información y la Comunicación (TIC) en la Administración de Justicia. Con esta norma se da cumplimiento al auspiciado designio, del legislador, de la judicatura y de los operadores jurídicos, de ofrecer un marco legal unitario para las distintas aplicaciones tecnológicas en el ámbito de nuestros Tribunales de Justicia.

Esta Ley pretende culminar el diseño de la nueva Oficina Judicial, complementando y actualizando las previsiones normativas establecidas por la ya estudiada modificación de la LOPJ realizada en el 2003. Se basa en unidades procesales de apoyo directo y los servicios comunes procesales, tiene el objetivo de la modernización y la racionalización de la estructura personal, material y tecnológica que rodea al juez.

Tal como se afirma en el Preámbulo de esta Ley, en el contexto modernizador del sistema judicial, uno de los elementos de mayor relevancia consiste en: "la incorporación en las oficinas judiciales de las nuevas tecnologías". Al propio tiempo, se indica que: "su uso generalizado y obligatorio contribuirá a mejorar la gestión en las oficinas judiciales, actualizando su funcionamiento e incrementando los niveles de eficiencia. Las nuevas tecnologías permiten igualmente abaratar los costes del servicio público de justicia, pero también suponen una mejora de la confianza en el sistema, lo que se traduce en mayor seguridad. Ello incide de manera directa e indirecta en el sistema económico,

---

en el nuevo modelo de Oficina Judicial tecnológicamente avanzada", cit., p. 102 ss.; LLORENTE FERNÁNDEZ DE LA REGUERA, Á., "Sobre el Estado actual de las nuevas tecnologías en el proceso penal y algunas propuestas de reforma", Actualidad Jurídica Aranzadi, número 554, 2002, pp. 1 ss.; MARTÍN OSTOS, J., "Poder Judicial, función jurisdiccional y secretario judicial", en Justicia *90*, n. 1, pp. 35 ss.; ÓRDOÑEZ SOLÍS, D., *Privacidad y protección judicial de los datos personales*, Bosch, Barcelona, 2011, pp. 107 ss.; PEDRAZ PENALVA, E., "Documentación y medios mecánicos de reproducción" en *Quintas Jornadas de la fe pública judicial*, cit., pp. 79 ss.; PLAZA VEIGA, F. J., "El acta y los medios técnicos de reproducción", en *Quintas Jornadas de la fe pública judicial*, cit., pp101 ss.

pues los cambios generan nuevas perspectivas en las relaciones económicas, acrecentando la seguridad y fluidez de las mismas".

Según dicho Preámbulo los objetivos de la nueva Ley se cifran en los siguientes aspectos:

> En primer lugar, actualizar el contenido del derecho fundamental a un proceso público sin dilaciones indebidas, gracias a la agilización que permite el uso de las tecnologías en las comunicaciones.
>
> En segundo término, generalizar el uso de las nuevas tecnologías para los profesionales de la justicia.
>
> Y, finalmente, definir en una norma con rango de Ley el conjunto de requisitos mínimos de interconexión, interoperabilidad y seguridad necesarios en el desarrollo de los diferentes aplicativos utilizados por los actores del mundo judicial, a fin de garantizar la seguridad en la transmisión de los datos, y cuantas otras exigencias se contienen en las leyes procesales.

En el ámbito de la actualización de las telecomunicaciones judiciales, destaca la gran cantidad de sedes que deben interconectarse con el sistema, por lo que se considera conveniente realizar, entre otras, las siguientes acciones: la disminución y consolidación de los dominios existentes, la centralización de las aplicaciones, la mejora en el sistema de copia de seguridad y la externalización de los datos, la adopción de mecanismos más eficaces de seguridad y cifrado, la optimización de la red metropolitana y el acceso remoto para la admisión de las nuevas necesidades en cuanto a la digitalización y la grabación de vídeo, la simplificación en la gestión y la adecuación de las infraestructuras a los nuevos servicios.

La Ley, pone de relieve que la Administración de Justicia presenta características que la diferencian de las restantes Administraciones públicas, por lo que la Ley 11/2007, de 22 de junio, de Acceso Electrónico de los Ciudadanos a los Servicios Públicos, no es plenamente aplicable, aunque sí que recoge principios y valores que son incorporados a este texto. Es decir, regula los aspectos necesarios para el cumplimiento de la legislación procesal cuando son utilizadas las nuevas tecnologías.

No puede soslayarse la trascendencia que asume la interoperabilidad de las diferentes aplicaciones que funcionan en los distintos organismos. Para ello, incorpora alguna de las previsiones del Convenio de Colaboración para el Establecimiento del Esquema Judicial de Interoperabilidad y Seguridad en el ámbito de la Administración de Justicia (EJIS). Y para dar estabilidad mediante un control adecuado, se crea el Comité Técnico Estatal de la Administración Judicial Electrónica, que ostentará competencias sobre esta materia.

Tal como se ha señalado *supra*, en nuestra Administración de Justicia, junto al formato papel, se ha desarrollado el Sistema Lexnet que se fundamenta en un canal telemático que permite la presentación de escritos y documentos por parte de los profesionales, así como la práctica de actos de comunicación por parte de la Oficina judicial, lo que comporta una mayor celeridad en los trámites, un aumento de la seguridad, así como un notable incremento de la fiabilidad, operatividad e interconexión.

En la nueva Ley de 2011 deben destacarse los arts. 36 a 43. En ellos, se establecen las siguientes directrices:

1) Cuando el procedimiento sea iniciado por un ciudadano, y pueda comparecer de forma personal y directa por no ser preceptiva la asistencia letrada ni la representación por procurador, deberá poder descargar y cumplimentar los modelos e impresos que se hallarán a modo de plantillas en la sede judicial electrónica. En la creación de estos documentos deberán utilizarse criterios estandarizados.

2) Se estima como un derecho de los ciudadanos la utilización de las nuevas tecnologías en sus relaciones con la Administración de Justicia. No obstante, si una persona presenta su documentación en formato papel, se procederá a su digitalización.

3) Los operadores jurídicos, profesionales de la justicia (abogados, procuradores y graduados sociales), presentarán las demandas y otros escritos por vía telemática a través de los sistemas previstos en esta ley, empleando la firma electrónica reconocida.

   Si incumplen este deber en su primera comunicación, podrá ser subsanado en el plazo de tres días. Caso de no corregirlo, no se admitirá la actuación que se trate de realizar (art. 13.1 y 2).

4) Como aspecto complementario a los puntos anteriores, los documentos, en papel o formato electrónico que puedan o deban ser aportados por las partes al procedimiento, deberán ser incorporados como anexo al documento principal (demanda o escrito) mediante la imagen digitalizada de la copia, si fueran públicos, o del original del documento obrante en papel, si se tratara de documentos privados, garantizándose su fidelidad con el original mediante la utilización de los sistemas de firma electrónica.

5) Por último, los expedientes y demás actuaciones que deban ser remitidos por otras Administraciones y organismos públicos deberá realizarse, en todo caso, por vía telemática.

Como órgano de control de las aplicaciones de las TIC a la Administración de Justicia, se crea el Comité Técnico Estatal de la Administración Judicial Electrónica, aunque la Disposición adicional primera lo remite a un desarrollo reglamentario. Este organismo se integrará por una representación del Ministerio de Justicia, de cada una de las Comunidades Autónomas con competencias en la materia, del Consejo General del Poder Judicial y de la Fiscalía General del Estado.

Las competencias, del Comité, dejando a salvo las que corresponden al Consejo General del Poder Judicial por las vías reglamentaria y de informe, serán las que el art. 44 prescribe:

> "a) Favorecer la compatibilidad y asegurar la interoperabilidad de los sistemas y aplicaciones empleados por la Administración de justicia.
>
> b) Preparar planes y programas conjuntos de actuación para impulsar el desarrollo de la Administración Judicial electrónica, respetando en todo caso las competencias autonómicas atinentes a los medios materiales de la Administración de justicia.
>
> c) Promover la cooperación de otras Administraciones públicas con la Administración de justicia para suministrar a los órganos judiciales, a través de las plataformas de interoperabilidad estableadas por el Consejo General del Poder judicial y por las Administraciones competentes en materia de Administración de justicia, la información que precisen en el curso de un proceso judicial en los términos establecidos en la Ley Orgánica 15/1999, de 13 de diciembre, de Protección de Datos de carácter personal, en la Ley Orgánica 6/1985) de 1 de julio, del Poder Judicial y en las leyes procesales.
>
> d) Aquellas otras que legalmente se determinen".

En el art. 54, se establecen los requisitos mínimos que sobre la seguridad deben garantizar los distintos sistemas de información.

La Ley 18/2011 pretende la consecución de los objetivos de eficacia y eficiencia que deben presidir todas las actuaciones judiciales. el texto regula la reutilización de sistemas, infraestructuras y aplicaciones propiedad de la Administración de Justicia, así como que las aplicaciones puedan ser declaradas como fuentes abiertas, en cuanto a que deriva en una mayor transparencia en el funcionamiento de la Administración Judicial (art, 55). Para todo ello, el Ministerio de Justicia mantendrá un Directorio General de aplicaciones judiciales (art. 56.1).

En definitiva, se trata de que las Administraciones competentes garanticen el esquema de interoperabilidad entre los distintos sistemas en el plazo de cuatro años desde la entrada en vigor de esta ley (Disposición adicional tercera). Asimismo, se dotará a todos los órganos, oficinas judiciales y fiscalías, de los medios e instrumentos electrónicos necesarios y suficientes para poder desarrollar su función eficientemente. Ello comporta la exigencia de formar a sus integrantes en su manejo (Disposición adicional quinta).

La norma se completa con un Anexo donde se incluyen las definiciones de los conceptos que contiene.

Al comentar la ley 18/2011 se ha señalado que nos hallamos situados en plena "sociedad global o del conocimiento ". En este modelo social, las personas interactúan telemáticamente a través de "sistemas más potentes, versátiles y menos voluminosos que la brecha digital, entendida como la fractura que puede producirse entre los conectados y no conectados, se ha reducido significativamente y que la expansión de Internet ha llegado a todas las ramas del derecho". Ante esas nuevas circunstancias, se concluye que: "El ámbito judicial no debe ser ajeno a esta realidad y debe superar esa lentitud en la incorporación de las Tecnologías de la Información y la Comunicación, tal como ya se verifica, por ejemplo y sin ir más lejos, en las Administraciones Tributaria y de la Seguridad Social. Pues bien, la Ley 18/2011, de 5 de julio, reguladora del uso de las tecnologías de la información y la comunicación en la Administración de Justicia, sienta las bases para que todo el proceso modernizador pueda llevarse a cabo definitivamente, pero acomodándolo a las especiales características del procedimiento"[63].

3.4. Premisas para un balance de la informatización de la Administración de Justicia en España

De las experiencias en curso relativas a la proyección de las TIC en la Administración de Justicia española, se infiere que esos medios tecnológicos, sin duda alguna, permiten acelerar la tramitación de los procesos judiciales. Al propio tiempo, posibilitan una mayor transparencia de los mismos, al simplificar para el ciudadano el acceso y conocimiento de su estado de tramitación. Todo ello, contribuye al cumplimiento de los principios de eficacia y seguridad jurídica, que deben informar la práctica de los tribunales en un Estado de Derecho.

En la Exposición de Motivos de la Ley 6/1997, de 14 de abril, de Organización y Funcionamiento de la Administración General del Estado, se afirma que:

> "el precepto fundamental que dedica nuestra vigente Constitución a la Administración General del Estado es el artículo 103, en el que se recogen los principios básicos que deben presidir la actividad de la Administración estatal, a saber: servicio, objetividad, generalidad, eficacia, jerarquía, descentralización y coordinación".

---

[63] JAUME BENNASAR, A., "El marco legal de la E-justicia en España: Análisis de la Ley 18/2011, de 5 de julio", en el vol., col., *El Derecho en la sociedad telemática*, cit., p. 316.

Debe recordarse también que el artículo 103 de nuestra vigente Constitución, consagra no sólo el principio de legalidad de la actuación administrativa, sino también su carácter instrumental al servicio de los intereses generales.

Con referencia a estas directrices de nuestro texto constitucional y la legalidad administrativa, que son aplicables a la Administración judicial, nuestro Tribunal Constitucional considera que la eficacia es un verdadero principio jurídico, del que resulta un deber positivo de actuación conforme a sus exigencias, esto es, el servicio con objetividad al interés general y con sometimiento pleno a la Ley y al Derecho (SSTC 22/1984, de 17 de febrero; 27/187, de 27 de febrero; y 178/1989, de 2 de noviembre).

En lo que concierne directamente a la Administración de Justicia, no huelga recordar que el art. 435 Ley Orgánica del Poder Judicial, al regular la Oficina judicial, dispone que "funcionará con criterios de agilidad, eficacia, eficiencia, racionalización del trabajo, responsabilidad por la gestión, coordinación y cooperación entre Administraciones, de manera que los ciudadanos obtengan un servicio próximo y de calidad, con respeto a los principios recogidos en la Carta de Derechos de los ciudadanos ante la justicia". Este artículo debe ponerse en relación con el art. 37.1 de esa misma norma, que establece que corresponde al Ministerio de justicia o al órgano competente de la Comunidad Autónoma con competencias transferidas en materia de justicia: "proveer a los juzgados y tribunales de los medios precisos para el desarrollo de su función con independencia y eficacia"[64].

Asimismo, conviene recordar que en el Pacto de Estado para la Reforma de la justicia se señaló que "los españoles, comenzando por quienes dedican la vida al servicio de la justicia, demandan inequívocamente un esfuerzo profundo de mejora y modernización de nuestro sistema judicial. Carencias tradicionales, sumadas a las nuevas exigencias de una sociedad cada vez más dinámica y compleja y al incremento de la litigiosidad, hacen obligado acometer las reformas necesarias para ello". Por todo ello, se tiende a que "la justicia actúe con rapidez, eficacia y calidad, con métodos más modernos y procedimientos menos complicados. Que cumpla satisfactoriamente su función constitucional de garantizar en tiempo razonable los derechos de los ciudadanos y de proporcionar seguridad jurídica, al actuar con pautas de comportamiento y decisión previsibles. Que actúe como poder independiente, unitario e integrado, con una estructura vertebrada, regida por una coherencia institucional que le permita desarrollar más eficazmente sus funciones constitucionales".

---

[64] Cfr. MARTINO, A., "Nuevas Tecnologías para la justicia. Breve reseña de los pasos a seguir", en el vol. col., *El derecho en la sociedad telemática*, cit., pp.391 ss.

En ese mismo texto se afirma la necesidad de tener presente que: "todo ello afecta no sólo al buen funcionamiento y la mayor eficacia de un servicio público capital, sino también a la calidad democrática y el bienestar social y a elementos sustanciales de nuestro Estado social y democrático de Derecho como la garantía de derechos de los ciudadanos al sometimiento de todos los poderes a reglas objetivas recogidas en las Leyes".

No puede omitirse tampoco cuanto proclama el Preámbulo de la Carta de Derechos de los Ciudadanos ante la justicia, donde se indica que: "en los umbrales del siglo XXI la sociedad española demanda con urgencia una justicia más abierta que sea capaz de dar servicio o los ciudadanos con mayor agilidad, calidad y eficacia, incorporando para ello métodos de organización e instrumentos procesales más modernos y avanzados". Y, al propio tiempo, añade que: "la configuración de la Administración de justicia como servicio público debe llevar necesariamente aparejado un catálogo de derechos del ciudadano frente a dicha Administración, derechos que no afectan a las cuestiones jurisdiccionales, sometidas al principio de legalidad y tutela judicial, sino a la actuación cotidiana de juzgados y tribunales en su relación con los ciudadanos que demandan sus servicios".

No puede tampoco omitirse, al hacer balance de los propósitos y experiencias tendentes a la informatización de nuestra Administración Judicial, cuanto señala el Plan de Transparencia Judicial, en el que se indica que: "las líneas de fuerza que caracterizan la existencia de una buena justicia son la independencia, la imparcialidad, la competencia, la asequibilidad, la eficiencia, la duración razonable, la calidad, la previsibilidad, la igualdad y la responsabilidad, garantizándose, en cualquier caso, que el coste público de la Administración de justicia se cohoneste razonablemente con los resultados del servicio público".

De todas estas exigencias ha pretendido hacerse eco y darles cumplida respuesta, tal como se ha expuesto en el parágrafo anterior, la Ley 18/2011 en la que se establece el régimen general de las proyecciones y utilización de las TIC en la Administración de Justicia.

En relación con cuanto hasta aquí se lleva expuesto, es oportuno avanzar un *balance* respecto a lo que hasta ahora ha supuesto la proyección de las NT y las TIC en la Administración de Justicia en España. Esas proyecciones han tenido por objeto una serie de aplicaciones y experiencias referidas a cuatro sectores fundamentales:

1) Ha servido, en términos de Informática jurídica procesal documental, para el tratamiento de la información y la documentación. En este ámbito se ha procedido a la informatización de los Archivos judiciales y, al

propio tiempo, ha permitido la interconexión de bases de datos y sistemas operativos en diversos sectores de la Administración de Justicia.

2) Gracias a la Informática jurídica procesal de gestión, se ha conseguido informatizar numerosos procedimientos y trámites judiciales. Así como la adaptación de la Oficina Judicial a las exigencias de la sociedad telemática.

3) Mediante programas de Informática jurídica procesal decisional, se ha podido contribuir a la elaboración de sistemas expertos que actúan como herramientas de apoyo a la decisión judicial.

4) Y, por último, también ha contribuido al desarrollo de experiencias de ciberciudadanía, en la esfera de la tutela de las garantías procesales. Gracias a ello se posibilitan la comunicación e interacción entre los ciudadanos y los operadores jurídicos: informaciones, notificaciones telemáticas, presentación telemática de escritos etc.

En todos estos ámbitos se han desarrollado o se están desarrollando, algunas experiencias. No obstante, como ocurre en cualquier avance tecnológico, su implantación conlleva, simultáneamente, luces y sombras, aportaciones y riesgos que, en un balance con pretensiones de ecuanimidad, no resulta lícito omitir.

Entre las *aportaciones* más significativas de estas experiencias, y recapitulando cuanto se ha tenido ocasión de exponer *supra*, debe señalarse que las TIC constituyen instrumentos necesarios para garantizar una justicia más segura, más rápida, de calidad y más eficaz. Ello supone un avance cualitativo, es decir una mejora en la calidad y en la transparencia de la justicia que se ofrece a los ciudadanos.

Como ya se ha tenido ocasión de exponer anteriormente, son las propias condiciones en las que opera actualmente en España la Administración de Justicia, las que hacen inevitable el recurso a medios tecnológicos. La tantas veces aludida "masificación de la Justicia" se ha traducido en un aumento progresivo de asuntos judiciales, que desmiente aquellas tesis ideológicas que hablaban de una progresiva "extinción y desaparición del Derecho". Al propio tiempo, se ha producido una auténtica "explosión de la información y la documentación judicial", es decir, de la ingente cantidad de información que los órganos judiciales deben gestionar, incluida la que ellos mismos producen.

Se ha indicado que gracias a la informatización judicial: "se puede reducir el tiempo de tramitación de los procesos y expedientes al mecanizarse y simplificarse los procedimientos masivos y rutinarios. Además, ello redunda en una evidente reducción de los costes"[65].

---

[65] DELGADO GARCÍA, A. M. y OLIVER CUELLO, R., *Las Tecnologías de la Información y la Comunicación en la Administración de Justicia*, cit., p.94. Vid. también para un estudio general de los

La eficacia de la Administración de Justicia puede remediar uno de las máximas preocupaciones de los ciudadanos que acuden ante los tribunales: la lentitud de los procedimientos, que determina que, en muchas ocasiones, el obtener una sentencia favorable no reporte a la postre ningún beneficio, porque en el tiempo transcurrido desde la incoación del proceso a su resolución, ya se han producido los efectos irreparables que, precisamente, mediante la demanda del ciudadano se pretendían evitar[66].

Otras de las ventajas, ya apuntadas, que dimanan de las aplicaciones informáticas en el ámbito de la Justicia, hacen referencia a la posibilidad de unificar la jurisprudencia, puesto que el mejor conocimiento de las resoluciones judiciales redunda en la unificación de las pautas decisorias. Con lo que, se contribuye a un reforzamiento de la seguridad jurídica.

Tampoco huelga incidir en las ventajas que en orden a un mejor desarrollo del sistema judicial en su conjunto y en relación con la totalidad del ordenamiento jurídico, se desprenden de estas proyecciones de las NT y las TIC a la Administración de Justicia. Gracias a ellas, se posee un conocimiento exhaustivo e inmediato de los procedimientos ya concluidos y en curso de tramitación, lo que permite la elaboración de datos estadísticos fiables sobre este capítulo fundamental en la operatividad de un Estado de Derecho[67].

Junto a esas ventajas innegables y como contrapartida de ellas, la proyección de las NT y las TIC a la Administración de Justicia plantea determinados riesgos que no deben ni pueden soslayarse.

En primer término debe partirse de la cautela inicial de que la obtención de los resultados favorables se halla supeditada al empleo de un *hardware*, es decir a equipos físicos o material informático, y un s*oftware*, o sea, programas y aplicaciones adecuados a las tareas auxiliares que deban realizarse en los tribunales y juzgados. Por supuesto, será también necesario contar con un personal cualificado en el manejo de estos equipos y programas. Muchas veces, la

---

costes de la Administración de Justicia la obra de MORENO CATENA, V. Y PASTOR PRIETO, S. (Dirs.), *El coste de la justicia*, Consejo General del Poder Judicial, Madrid, 2002, passim.

[66] Cfr., SANZ HEREDERO, J. D. y GONZÁLEZ GONZÁLEZ, P. A., "Breves comentarios a la Instrucción Núm. 2/2003, de 26 de febrero, del Pleno del Consejo General del Poder Judicial, sobre código de conducta para usuarios de equipos y sistemas informáticos al servicio de la Administración de Justicia", en *Revista Datos Personales org*, nº 2, 2003 (disponible en http://www.datospersonales.org).

[67] Cfr.: CANO MARTíNEZ. J.J., "Admisibilidad de la evidencia digital algunos elementos de revisión y análisis", en *Revista de Derecho Informático,* nº 61, 2003, pp. 1 ss.; PASTOR PRIETO, S., "Dilación, eficiencia y costes ¿Cómo ayudar a que la imagen de la Justicia se corresponda mejor con la realidad?", *Servicio de Estudios de la Fundación BBVA*, 2002; PUYOL MONTERO, J., "Las nuevas tecnologías en el procedimiento judicial", en *Encuentro sobre Informática y Derecho*, Aranzadi, Pamplona, 2001, pp. 308 ss.

eficacia de las proyecciones informáticas a la realización de tareas judiciales, no ha conseguido la eficacia auspiciada, precisamente, por disfunciones o fallos en cualquiera de estos factores apuntados.

En relación con todo ello, señaló el procesalista Valentín Carrascosa López, que: "si la Justicia se deja invadir sin más por las nuevas tecnologías y no las asimila, las desventajas pueden superar a las ventajas. La complejidad de la Oficina Judicial puede aumentar innecesariamente, y un gran número de funcionarios pueden verse desplazados en el conocimiento y uso de las nuevas tecnologías"[68].

En definitiva, la eficacia de las aplicaciones informáticas en los procesos judiciales se halla condicionada por la necesidad de que se destinen los suficiente recursos públicos dirigidos no sólo a la adquisición y renovación de los equipos informáticos o aplicaciones informáticas, sino también a la oportuna formación al personal de la Administración de justicia para poder utilizarlos adecuadamente. Se ha señalado, con razón, que un factor clave para el éxito del sistema informático judicial, no reside sólo en la infraestructura de *hardware*, ni el *software*, sino en la capacitación de los operadores humanos del mismo. Por eso, cuando en las inversiones se dedica casi el cien por cien a la adquisición de equipos y programas, la formación del personal resulta la gran olvidada[69].

Un factor de decisiva importancia para la correcta y eficaz implantación de las TIC en nuestra Administración de Justicia se halla referido a la necesidad de una planificación general y unitaria de este sector. Como señalan al respecto Ana Mª Delgado García y Rafael Oliver Cuello: "si bien en los últimos tiempos se están aprobando diferentes planes en este ámbito y se han aprobado las diferentes leyes que regulan este tema de forma parcial, se echa en falta un marco normativo único regulador de la aplicación de las TIC en la Administración de Justicia"[70].

Por último debe tenerse presente que la progresiva penetración tecnológica en la esfera judicial es un fenómeno que no puede desligarse de la propia difusión de una mentalidad abierta a los cambios tecnológicos, no sólo entre los operadores jurídicos, sino en el entero tejido social. Para ello, será preciso que los juristas, en particular los jueces y secretarios judiciales, venzan deter-

---

[68] Cfr., CARRASCOSA LÓPEZ, V., "Administración de Justicia y nuevas tecnologías", cit., p. 126.

[69] CHAYER, H. M., "Capacitación tecnológica para la gestión judicial", en *Revista de Derecho Informático*, n.º 18, 2000", p. 1.

[70] DELGADO GARCÍA, A. M. y OLIVER CUELLO, R., *Las Tecnologías de la Información y la Comunicación en la Administración de Justicia*, cit., p.77.

minado tipo de reticencias y reservas con respecto a lo que supone el cambio tecnológico en la esfera de su labor. Es notorio que entre los profesionales del Derecho existe una cierta tendencia a perpetuar las actitudes y modos de operar tradicionales[71].

La sociología jurídica anglosajona ha contribuido a difundir la distinción entre lo que denomina "*Law in Books*", es decir, el derecho tal como se manifiesta en los textos legales y en los libros de la ciencia jurídica, y "*Law in Action*", o sea, el derecho tal como se expresa en la experiencia jurídica y, en especial, a través de las decisiones de los órganos que aplican las normas. Esta precisión es del todo pertinente para calibrar la eficacia real de las normas que han permitido proyectar, en nuestro ordenamiento jurídico, las NT y las TIC a la Administración de Justicia. La virtualidad de la implantación de esos recursos tecnológicos en la esfera judicial dependerá, de modo decisivo, de la actitud de los jueces y, de modo particular, de los secretarios judiciales respecto a la utilización de esos nuevos medios tecnológicos. De ahí, el interés de determinados trabajos de campo, como la investigación sociológico-jurídica realizada por el profesor José Martín Ostos, en la que, entre otros aspectos, se toma en consideración la receptividad y/o la resistencia de los secretarios judiciales con respecto a la implantación de los medios tecnológicos en la Oficina Judicial [72].

Así, una de las preguntas del cuestionario sometido a los secretarios judiciales, versaba sobre si en la redacción de actas se te auxiliaban de medios mecánicos de reproducción. Las respuestas fueron mayoritariamente negativas. Lo explican, porque algunos jueces y magistrados son reacios a cualquier medio de reproducción objetiva.

Al comentar el resultado de esta pregunta de la encuesta, el profesor Martín Ostos, indica que cree que su falta de uso se debe a causas ajenas a la voluntad de los encuestados. Al propio tiempo, afirma: "No puede olvidarse que el siglo xx se encuentra próximo a terminar y que resulta sorprendente el desarrollo tecnológico alcanzado por los países más avanzados del mundo. Además, la utilización de los modernos medios de documentación y reproducción no excluye en modo alguno el establecimiento de suficientes garantías para su uso y conservación"[73].

---

[71] Cfr., BARCELLONA, P., HART, D. Y MÜCKENBERGER, U., *La educación del jurista. Capitalismo monopolístico y cultura jurídica,* cit., 32 ss.

[72] MARTÍN OSTOS, J., "Poder Judicial, función jurisdiccional y secretario judicial", en Justicia *90,* n. 1, pp. 35 ss.; id., *El Secretario Judicial a examen,* Tecnos, Madrid, 1994, pp. 119 ss.

[73] MARTÍN OSTOS, J., *El Secretario Judicial a examen,* cit., pp.119-120.

En relación a la pregunta de si los secretarios judiciales eran partidario de introducir los medios mecánicos y tecnológicos en las fases orales de los procesos, la respuesta fue mayoritariamente positiva, siempre que se den las suficientes garantías en el uso de dichos medios. Al comentar esta respuesta, señala Martín Ostos, que en general, son partidarios, pero no tienen los medios apropiados. Recuerda, asimismo, que: "La recomendación n. R (87) 18 del Comité de Ministros del Consejo de Europa a los Estados Miembros, sobre la simplificación de la justicia penal (adoptada por el Comité de Ministros el 17 de septiembre de 1987), en su apartado 3.c).2, establece que, cuando los debates se hubieran grabado en cinta magnética, la transcripción escrita del desarrollo del proceso debería reducirse al mínimo y limitarse a la redacción de un acta resumida"[74].

El uso generalizado de las TIC en la Justicia, está también condicionado por la presencia cotidiana de las TIC en la experiencia social. Para ello, a parte de la consciencia social tecnológica, que es un fenómeno advertible en todas las sociedades de nuestro tiempo, es necesario poner a disposición de todos los sectores sociales la posibilidad de acceso a las NT y las TIC, evitando lo que se ha denominado la "brecha digital", o la diferencia entre "info ricos e info pobres"[75]. En la medida en que la tecnología se ha ido incorporando a las prácticas más habituales de la vida colectiva, desaparecerán las resistencias a su implantación en el ámbito judicial. Porque, en definitiva, la Administración de Justicia no puede contemplarse como un elemento aislado de la sociedad en la que opera, sino que existe una interacción constante, necesaria y profunda entre la Justicia y la sociedad.

---

74 Ibíd., p. 121-122.

75 PÉREZ LUÑO, A.E., *¿Ciberciudadaní@ o ciudadaní@com?*, cit., 84 ss.; vid., también, PUYOL MONTERO, J. "Los nuevas tecnologías en el procedimiento judicial", cit., pp. 298.

CAPÍTULO III
EL *HABEAS CORPUS* COMO ANTECEDENTE DEL *HABEAS DATA*

SUMARIO: 1 Significado y caracteres del *habeas corpus*.- 2. Formación histórica de la institución.- 3. El procedimiento del *habeas corpus* en el sistema constitucional español.- 4. Del *habeas corpus* al *habeas data*.

1. SIGNIFICADO Y CARACTERES DEL *HABEAS CORPUS*

En una obra, que ha devenido clásica para el estudio de los aspectos históricos y sistemáticos del *habeas corpus*, Robert J. Sharpe concibe esta institución como una acción procesal, destinada a poner a disposición del juez a quien se ha privado de su libertad de modo extrajudicial. Se trata de una garantía del derecho fundamental a la libertad frente a las detenciones no judiciales, que se lleva a cabo mediante un control judicial, realizado en términos de inmediatez e inmediación. En virtud de ese procedimiento se establece la inmediata presencia del detenido ante el juez[76].

De la exposición de Sharpe, puede entenderse, que, en la institución del *habes corpus* se pueden distinguir tres aspectos constitutivos:

1) Respecto a su *naturaleza jurídica* se trata de una acción procesal;

2) En lo referente a su *objeto*, tiene por contenido la exhibición "*actio exhibitoria*" o manifestación de la persona detenida extrajudicialmente ante el juez;

3) En cuanto a *finalidad*, consiste en un procedimiento sumario para salvaguardar el derecho fundamental a la libertad de los ciudadanos.

---

[76] SHARPE, R.J., *The Law of Habeas Corpus*, Claredon Press, Oxford, 1976, pp. 32 ss.

A los efectos de la investigación aquí desarrollada, conviene una breve consideración de cada uno de estos tres aspectos, en la medida en que conjuntamente pueden ofrecer el perfil fundamental de la institución del *habeas corpus* que servirá como punto y orientación y referencia para el tratamiento de la institución del *habeas data.*

1) A tenor de la doctrina, de la que ofrece cumplida síntesis la obra de referencia de Sharpe, existe acuerdo en considerar al *habeas corpus* como una peculiar acción procesal en el significado que ésta asume en el sistema jurídico inglés. En dicho sistema, aparece como *writ,* es decir, como una orden, mandato o disposición que dictaban los tribunales superiores en nombre del monarca o del *Lord Chancellor,* prescribiendo el cumplimiento de algo o la abstención de hacer algo: "*A suit is officially commenced when the plaintiff takes out a writ advising the defendant of his intention to proceed*"[77].

Como señala Ramón Soriano, en su monografía sobre *El derecho de "habeas corpus",* la regulación de esta figura es realizada por las *rules of Court,* y, con carácter general, por la *Supreme Court of Judicature Act,* de 1925. "Pero no hay que olvidar -en palabras de Soriano- que el *writ* de *habeas corpus* tiene una naturaleza extraordinariamente plástica y adaptable a nuevos supuestos de privación o deterioro de la libertad individual; por ello, es justo afirmar que se trata de un procedimiento en gestación, a pesar de la multiplicidad de formas que ya posee en la actualidad"[78].

La adaptación del *habeas corpus* a distintas situaciones y supuestos se ha realizado mediante la utilización de un procedimiento que en el *Common Law* tiene un especial relieve: el precedente judicial. Gracias a esa jurisprudencia se ha producido una sucesiva adaptación del *habeas corpus* a los supuestos de vulneración de la libertad física de las personas.

Como se ha apuntado *supra,* la acción procesal de *habeas corpus* constituye uno de los numerosos *writs* que integran el Derecho procesal inglés. Según la doctrina, un *writ* es fundamentalmente un mandamiento judicial, aun cuando esta definición no abarca el ámbito de competencias de los *writs.* En un principio era una orden dada por el Rey para conminar con rigor al demandado a que cumpliera con sus obligaciones respecto al demandante. Era un mandato u orden expedida por la Corona o por sus representantes, en especial, por el *Lord Chancellor* a instancia de parte, que había sufrido una violación en sus derechos.

---

77 Ibíd., p. 47.

78 SORIANO, R., *El derecho de habeas corpus,* con Prólogo de A.E. Pérez Luño, Monografías del Congreso de los Diputados, Madrid, 1986, p.73.

Según Robert Sharpe, existían una multiplicidad de *writs*:

a) Los *officials writs*, que tenían por objeto iniciar un proceso;

b) Los *judicial writs* o mandamientos del juez una vez incoados los procesos;

c) Los *prerrogative writs*, que eran órdenes dictadas por el Rey o en nombre del Rey cuya ejecución tenía un carácter preferente, ya que formaban parte de la prerrogativa regia, es decir, de la preeminencia de la Corona en virtud de su dignidad. Los derechos y poderes de la Corona fueron muy numerosos por razón de la *Crown Prerrogative*; en pleno siglo XVII los Estuardos pugnaron por incentivarlos, mientras que la oposición parlamentaria intentó siempre recortarlas por su contradicción con un régimen parlamentario liberal. Después, estas prerrogativas fueron disminuidas y se redujeron a unas competencias especiales en situaciones políticas excepcionales y a ciertas atribuciones judiciales, en cuyo número se encuentran precisamente los *prerrogative writs*, y entre ellos el *writ* de *habeas corpus*[79].

El *habeas corpus* posee una especial significación en el Derecho inglés y su aplicación ostenta un carácter preferente contra todos y todas las situaciones jurídicas. Es un *writ* de prerrogativa. Además de un *writ* de prerrogativa, y precisamente por ello, es una acción procesal de carácter extraordinario, lo que indica que tienen que darse fundadas razones para su petición y tramitación, y que no es un instrumento alternativo, si existen otras clases de procedimientos para obtener la libertad individual del detenido. Se trata de una acción procesal de naturaleza cautelar o tutelar, cuyo fin es asegurar a la persona de las vejaciones que pueda sufrir durante el tiempo de su detención ilegal, pero no imponer concretamente una pena, ya que no es un procedimiento de carácter punitivo. Esta naturaleza cautelar, y no sancionadora, no se opone a que el mismo juez conocedor del *habeas corpus* imponga directamente sanciones a los funcionarios o particulares que se opongan a sus mandatos. Esta es una clara diferencia del *habeas corpus* anglosajón y la manifestación de personas aragonesas, con la que, como se tendrá ocasión de analizar posteriormente, presenta rasgos de identificación, porque este último recurso, además de ser un procedimiento cautelar, es también un proceso plenario de condena de segunda instancia.

El procesalista Gimeno Sendra, señala que se ha podido considerar la naturaleza jurídica del *habeas corpus* como un recurso, así, por ejemplo, el artículo 5.4 del Convenio de Protección de los Derechos Humanos, prescribe que: "Toda persona privada de su libertad… tendrá derecho a presentar un recurso ante un órgano judicial, a fin de que se pronuncie en breve plazo sobre la

---

[79] Cfr., SHARPE, R.J., *The Law of Habeas Corpus*, cit., pp. 57 ss.

legalidad de su privación de libertad y ordene su puesta en libertad si fuere ilegal". Pero, frente a esta tesis, según advierte Gimeno Sendra, es preferible concebir esta institución como una acción procesal[80].

Esta postura ha sido la sustentada por el Profesor Martín Ostos, quien afirma que, en lo que atañe al *habeas corpus*, no estamos ante un verdadero recurso, pues la finalidad de los medios de impugnación estriba en obtener la revisión de las resoluciones judiciales y, en el caso del *habeas corpus*, dicha revisión se contrae al examen de una detención adoptada por un órgano carente de jurisdicción. Por tanto, no son aplicables al *habeas corpus* las disposiciones contenidas en el título X del Libro I de la Ley de Enjuiciamiento Criminal relativas a los recursos, ni cabe hablar de la existencia de cualesquiera género de efecto devolutivo o suspensivo en cuanto a la iniciación del procedimiento y de sus efectos, sino de un auténtico ejercicio del *derecho de acción* a la presentación de la solicitud de *habeas corpus* ante el órgano judicial competente[81].

2) Respecto a su *objeto*, el procedimiento de *habeas corpus* se dirige a la exhibición o manifestación del detenido ante el juez. La jurisprudencia del *Common Law* ha seguido como pauta habitual que sea el propio detenido, siempre que se encuentre en condiciones de pedir un *habeas corpus*, quien solicite la acción exhibitoria de su persona ante el juez. Cuando esto no sea posible, otra persona puede presentarlo en su nombre.

Los jueces ingleses se muestran decididamente partidarios de una actitud garantista, pues atienden a proteger la libertad presuntamente en peligro por encima de otras consideraciones. Como muestra el hecho del libramiento de un *writ* de *habeas corpus* con la mera alegación por el solicitante de un interés moral general: tal fue el famoso caso de la llamada Venus Hottentote, en el que se libró por el juez un *writ* de *habeas corpus* tras la presentación de una solicitud en la que fundadamente se presumía un daño provocado a los valores morales de la sociedad inglesa.

Esta amplia legitimación concedida por la legislación inglesa pudiera juzgarse excesiva. No obstante, se ha revelado como muy oportuna, ya que en múltiples ocasiones es el propio detenido o sometido a una privación de su libertad quien encuentra dificultades para acogerse a la protección de la justicia. Por ello, restringir la solicitud de esta garantía a determinados colectivos sociales puede fácilmente redundar en una limitación de la eficacia del recurso de *habeas corpus*. La generosidad garantista de la actitud jurisprudencial

---

80 GIMENO SENDRA, V., *El proceso de "habeas corpus"*, Tecnos, Madrid, 1985, pp.51 ss.

81 MARTÍN OSTOS, J., "El procedimiento de *habeas corpus*", cit., pp. 2 ss.

admite una compensación con un régimen fuertemente sancionatorio para aquéllos que abusen del ejercicio de esta garantía.

Reducir la posibilidad de la utilización del *habeas corpus* a las personas que gozan de los derechos constitucionales o a las relacionadas por razón de parentesco con el directamente afectado, como hacen algunos ordenamientos jurídicos limita esta garantía, que por su transcendencia para la libertad debiera extenderse a toda persona.

Existen, no obstante, algunas limitaciones a esta facilidad para la utilización del *habeas corpus*; así, por ejemplo, si los extranjeros no tienen la representación adecuada, no están autorizados a solicitar un *writ* de *habeas corpus* en nombre de otra persona. Asimismo, en el ámbito de las relaciones jurídicos-privadas contempladas en el *Habeas corpus Act*, de 1816, la legitimación para incoar la acción de *habeas corpus* corresponde a determinadas personas en función de sus títulos jurídicos. La jurisprudencia ha establecido un orden preferente de legitimación de determinadas personas para ejercer la *actio exhibitoria*. Esta circunstancia se produce en supuestos que afectan a menores, en los que es la persona que posee la custodia legal del menor la que ostenta la facultad para solicitar un *writ* de *habeas corpus*, en primer término, pero también otras personas relacionadas con tales menores y responsables de su cuidado, cuando éstos no están en el hogar familiar.

La acción de *habeas corpus* ha experimentado una sucesiva ampliación en lo referente al acceso al juez conocedor de la misma. En sus inicios, cuando esta garantía era una prerrogativa de la Corona, conocía de *habeas corpus* un Tribunal del Rey, la *Court of Exchequer*. Conforme el *habeas corpus* ganaba terreno y se convertía en una garantía general de protección de la libertad individual, incluso contra los actos atentatorios contra la misma perpetrados por la propia Corona, el conocimiento jurisdiccional de la *actio exhibitoria* se ampliaba a todos los miembros de la justicia ordinaria. En la actualidad, son tribunales competentes los de la *King's Bench Division*, con lo que este procedimiento se ha puesto al alcance de la mano de los ciudadanos ingleses.

La operatividad de la acción de *habeas corpus* se ha visto reforzada con la posibilidad de dirigirla, sucesivamente, a los distintos jueces que integran la *King' s Bench Division*, en el caso de que alguno de ellos, rechace el ejercicio de la acción. De este modo, la negativa de un juez anterior no prejuzga respecto a la resolución de un juez posterior. Se pueden identificar en los repertorios de jurisprudencia, supuestos en los que un juez estima la petición de *habeas corpus* contra negaciones de tramitación de otros jueces[82].

---

[82] Cfr., en relación con todo lo expuesto: GIMENO SENDRA, V., *El proceso de "habeas corpus"*, cit., pp.41 ss.; SERRANO ALBERCA, J.M., "Artículo 17", en *Comentarios a la Constitución,* ed.

3) La *finalidad* del *habeas corpus* se cifra, de modo inmediato e inequívoco, en la defensa y garantía de la libertad personal.

En la tradición de *Common Law,* la solicitud de un *writ* de *habeas corpus* tiene que ser motivada mediante la aportación de pruebas o *affidavits,* en las que se debe probar el hecho de la detención extrajudicial de una persona. No es necesario aducir argumentaciones jurídicas o fundamentos de derecho. El juez expedirá el *writ* correspondiente cuando estime que existen motivos razonables de un atentado contra el derecho a la libertad personal. La petición tiene que hacerse en nombre del detenido, aunque sea presentada por otra persona. Es el detenido, y no el solicitante, quien tiene el carácter de demandante, ya que es en su persona en la que se ha perpetrado la agresión al derecho fundamental a la libertad.

Pero como la incoación de un procedimiento siempre es costosa, hasta 1938 el juez podía dictar una *order nisi,* es decir, una orden al demandado con el objeto de que éste testimoniara las razones de la privación de la libertad de una persona contra la hipotética y futura concesión de un *writ* de *habeas corpus.* La *order nisi* tenía un evidente sentido preventivo o cautelar.

Cuando el juez estima que se han aportado pruebas suficientes, ordena que se expida un *writ* de *habeas corpus,* que es propiamente competencia del *Crow Off ice and Associate's Department,* a requerimiento del juez, órgano administrativo dependiente de la *Hihg Court of Justice,* donde se archivan y ordenan expedientes y procesos, se certifican copias testimoniales de los documentos archivados, y se expiden la mayor parte de los *writs,* entre ellos el de *habeas corpus.*

La acción de *habeas corpus* es un mandato dirigido contra el demandado para que presente ante el tribunal al detenido y exponga las razones de la detención y privación de la libertad. La jurisprudencia tiende a distinguir entre las razones del acto de detención y las del internamiento posterior[83].

De cuanto se ha expuesto se infiere que, en el Derecho inglés, la institución del *habeas corpus* persigue siempre la defensa de la libertad física de la persona. Esta orientación se manifiesta también en las diferentes regulaciones normativas de la institución en el Derecho comparado. Esa finalidad garantista del Derecho fundamental a la libertad personal es, también, lo que

---

dirigida por GARRIDO FALLA, F., Civitas, Madrid, 1980, pp.205 ss.; LASCURAÍN SÁNCHEZ, J.A., "Artículo 17.4. Habeas Corpus y prisión provisional", en *Comentarios a la Constitución Española,* ed. dirigida por CASAS BAAMONDE, M.E. y RODRÍGUEZ-PIÑERO Y BRAVO-FERRER, M., Wolters Kluwer, Madrid, 2008, pp. 398 ss.; SHARPE, R.J. *The Law of Habeas Corpus,* cit., pp 65 ss.; SORIANO, R., *El derecho de habeas corpus,* cit., pp.73 ss.

[83] Cfr., SHARPE, R.J. *The Law of Habeas Corpus,* cit. pp. 76 ss.

justifica que el *habeas corpus* se integre en el catálogo de los derecho y libertades fundamentales y que, por ello, lo mismo en las Declaraciones de derechos internacionales y nacionales, que en las constituciones de los Estados liberales y democráticos, se inscriba siempre en el estatuto de las libertades y derechos, como máxima garantía de la libertad física de las personas.

Retomando el hilo de estas consideraciones sobre la delimitación conceptual de *habeas corpus* y sus caracteres fundamentales, se puede corroborar que la naturaleza jurídica de esta institución es la de una acción procesal; que su objeto o contenido se halla constituido siempre por unos procedimientos que se dirigen a la exhibición o manifestación de la persona que ha sido objeto de una detención extrajudicial ante el juez; y que en lo que atañe a su finalidad, consiste inequívocamente en ser una institución de garantía de la libertad física de las personas, lo que justifica que se integre en los catálogos de las libertades y derechos fundamentales.

2. FORMACIÓN HISTÓRICA DE LA INSTITUCIÓN

Con relación a la génesis y precedentes históricos de la institución del *habeas corpus*, así como su significado en la tradición del constitucionalismo español, se han avanzado tesis contrapuestas a las que, someramente, conviene aludir en la investigación aquí desarrollada.

El constitucionalista Óscar Alzaga juzga críticamente el artículo 17.4 de la vigente Constitución Española, que establece que la ley regulará un procedimiento de *habeas corpus* para producir la inmediata puesta a disposición judicial de toda persona detenida ilegalmente. A su entender: "este procedimiento de *habeas corpus* nunca había tenido vigencia en nuestra patria y cabía preguntarse si mejor que importar esta institución habría sido el incorporar un mecanismo de efectos análogos como ya hizo el artículo 29 de nuestra Constitución de 1931"[84].

Una opinión abiertamente discrepante sostiene Vicente Gimeno Sendra, quien indica que el sistema constitucional español, acoge la institución del *habeas corpus*. Entiende este autor que: "La introducción del referido procedimiento no va a constituir una absoluta novedad en nuestro ordenamiento. Con mucha anterioridad a él, e incluso al *habeas corpus* inglés, que, como es sabido, fue instaurado en Inglaterra mediante el *Habeas corpus Act* de 1679,

[84] ALZAGA VILLAAMIL, O., *Derecho Político Español*, EDERSA, Madrid, 1996, pp. 231-232.

ya existió en la Corona de Aragón, durante el período 1428-1592, el procedimiento de *manifestación de personas*"[85].

Expone Gimeno Sendra que la institución aragonesa se trataba de un procedimiento plenario rápido, sometido al régimen de la acción popular, que transcurría ante una Jurisdicción muy cercana a la actual constitucional, la del Justicia de Aragón. La finalidad de ese procedimiento consistía no sólo en dar "casa por cárcel" al ilegalmente detenido en la célebre "casa de los manifestados" de Zaragoza o en otro domicilio, mediante un régimen similar a la actual "libertad condicional", sino también en prevenir o reprimir las detenciones ilegales que pudiera cometer cualquier autoridad, puesto que, sobre todas ellas, incluso la del propio Rey, se alzaba la Jurisdicción del Justicia de Aragón[86].

El planteamiento de Gimeno Sendra tiene a su favor la sólida investigación historiográfica llevada a cabo por su maestro, el también procesalista Víctor Fairén Guillen. Dicho profesor mostró, con el apoyo de argumentos jurídicamente relevantes, las analogías y coincidencias de la tradición inglesa del *habeas corpus* con las instituciones aragonesas reseñadas *supra* y, por tanto, el carácter antecedente de éstas con respecto a la inglesa y, en definitiva, su inserción insoslayable en la tradición jurídica hispana de orientación humanista[87].

Esta tesis defensora de los antecedentes históricos de la institución del *habeas corpus* en la tradición jurídica aragonesa, y, por tanto, hispana, ha sido la que ha hallado mayor consenso entre los estudiosos y comentaristas actuales de la institución en España[88].

En lo referente a la génesis y desarrollo histórico de la institución en la tradición inglesa, se puede bosquejar un somero itinerario evolutivo. En la Carta Magna de año 1215 se establecía que los monarcas ingleses no podían "vender, rehusar o diferir el derecho ni la justicia de nadie". Pero tal disposición era fácil de burlar, ya que no existía un plazo máximo de duración de las detenciones, un término dentro del cual celebrar el juicio, ni recursos que entablar ante el caso de producirse demoras. Frente a tal estado de cosas, los jueces ingleses idearon un procedimiento para proteger a las personas contra

---

85 GIMENO SENDRA, V., *El proceso de "habeas corpus"*, cit., p.43.

86 Ibíd., pp. 43 ss.

87 En relación con las instituciones jurídicas aragonesas, vid., los estudios monográficos de FAIRÉN GUILLÉN, V., "Consideraciones sobre el proceso aragonés de manifestación de personas en relación con el *hábeas corpus* británico", en *Revista de Derecho Procesal*, 1963, n.1, pp. 9-47.; id., "Los procesos medievales aragoneses y los Derechos del hombre", en *Revista argentina de Derecho Procesal*, 1969, n.2, pp.165-204.; id., "Comentarios a la Constitución de 1978: el *Habeas corpus* del art. 17.4 y la manifestación de personas", en *Revista de Administración Pública*, 1979, n. 1, pp. 7-48.

88 Vid., por todos: SERRANO ALBERCA, J.M., "Articulo 17", cit., pp. 207 ss.; SORIANO, R., *El derecho de habeas corpus*, cit., pp. 37 ss.

la práctica frecuente de los oficiales reales, que detenían y encarcelaban ilegalmente sin disponer del correspondiente mandato judicial. Por iniciativa del Partido *Whig*, se dictó en 1679 el *Habeas corpus Amendment Act*, que, según es habitual en el proceso constitucional inglés, lejos de inventar nada, refleja y ordena un conjunto de garantías que existían ya incorporadas al *Common Law*. En esencia, el procedimiento de *habeas corpus*, de conformidad con esos textos normativos, implicaba que cuando una persona que ha detenido ilegalmente a otra, recibe el mandato de *habeas corpus*, está obligado a presentar el cuerpo del detenido (de aquí el nombre de la institución) ante el Tribunal del Rey. En su origen, por tanto, fue un recurso contra abusos feudales, frente a los cuales el Monarca constituía único amparo posible y se elevaba como la gran figura dispensadora de la Justicia. En esta etapa histórica, se preveía que el carcelero que incumpliera lo ordenado pagaría una multa importante. A lo largo del tiempo este procedimiento ha sido objeto de diversas modificaciones en Gran Bretaña, las principales de ellas reseñadas en el parágrafo anterior.

En nuestro Derecho, la Constitución de 1812 proclamaba que el Rey no podía secuestrar la persona de ningún ciudadano (art.172). Asimismo, establecía en su artículo 290 que: "El arrestado antes de ser puesto en prisión será presentado al Juez, siempre que no haya causa que lo estorbe, para que le reciba declaración; más si esto no pudiere verificarse, se le conducirá a la cárcel en calidad de detenido y el Juez le recibirá la declaración dentro de las veinticuatro horas"[89].

En la Constitución de 1837, en su artículo 7, se prescribe: "Ningún español no puede ser detenido ni preso, ni separado de su domicilio, ni allanada su casa, sino en los casos y en la forma que las leyes prescriban". La constitución de 1845 reiteraba literalmente este artículo. En texto constitucional de 1869, su artículo 2 señalaba: "Ningún español ni extranjero podrá ser detenido ni preso sino por causa de delito". Asimismo, en su artículo 3, se proclamaba que: "Todo detenido será puesta en libertad o entregado a la autoridad judicial dentro de las 24 horas siguientes al acto de la detención. Toda detención se dejará sin efecto o elevará a prisión dentro de las setenta y dos horas de haber sido entregado el detenido al Juez competente. La providencia que se dictare, se notificará al interesado dentro del mismo plazo".

Tras la Restauración, la Constitución de 1876 consagraba su artículo 4 a garantizar que: "Ningún español, ni extranjero, podrá ser detenido sino en

---

[89] Sobre las garantías procesales y penales de la Constitución de Cádiz de 1812, así como sobre su sistema de derechos y libertades, cfr., PEREZ LUÑO, A.E., "Los derechos fundamentales en la Constitución de Cádiz de 1812", en su vol., *La Filosofía del Derecho en perspectiva histórica*, Servicio de Publicaciones de la Universidad de Sevilla, Sevilla, 2009, pp. 243-257 ss.

los casos y en la forma que las leyes prescriban. Todo detenido será puesto en libertad o entregado a la autoridad judicial dentro de las veinticuatro horas siguientes al acto de la detención. Toda detención se dejará sin efecto o elevará a prisión dentro de las setenta y dos horas de haber sido entregado el detenido al Juez competente. La providencia que se dictare, se notificará al interesado dentro del mismo plazo". Por último, entre los antecedentes constitucionales, del artículo 17 de nuestra vigente Ley Superior de 1978, se debe mencionar el artículo 29 de la Constitución republicana de 1931. En dicho texto se establecía que: "Nadie podrá ser detenido ni preso sino por causa de delito. Todo detenido será puesto en libertad o entregado a la autoridad judicial, dentro de las veinticuatro horas siguientes al acto de la detención. Toda detención se dejará sin efecto o se elevará a prisión, dentro de la setenta y dos horas de haber sido entregado el detenido al Juez competente. La resolución que se dictare será por auto judicial y se notificará al interesado dentro del mismo plazo. Incurrirán en responsabilidad las autoridades cuyas órdenes motiven infracción de este artículo y los agentes y funcionarios que las ejecuten, con evidencia de su ilegalidad. La acción para perseguir estas infracciones será pública, sin necesidad de prestar fianza ni caución de ningún género"[90].

Como reflexión de síntesis de esta sumaria consideración histórica sobre la trayectoria evolutiva de la institución del *habeas corpus*, puede afirmarse, y esa es la postura que se infiere de los textos normativos que conforman el Derecho comparado de la institución, así como la opinión mayoritaria de la doctrina científica, que constituye el compendio de todas las garantías contra las detenciones arbitrarias y contra la prisión abusiva. Todas esas garantías se condensan en el instituto jurídico del *habeas corpus*, que es la contrafigura de las célebres *lettres de cachet*, que, como es sabido, en Francia fueron abolidas tras la Revolución.

3. EL PROCEDIMIENTO DEL *HABEAS CORPUS* EN EL SISTEMA CONSTITUCIONAL ESPAÑOL

En nuestro ordenamiento constitucional, el artículo 17.4 de la nuestra vigente Ley de leyes ha sido desarrollado por vía de la Ley Orgánica 6/1984, de 24 de mayo, de *Habeas corpus*, que considera personas ilegalmente deteni-

[90] Cfr., En relación con estos antecedentes de la disciplina constitucional de la institución y de su acogida en su artículo 17 de la Constitución de 1978: ALZAGA VILLAAMIL, O., *Derecho Político Español*, cit., pp. 229 ss.; GIMENO SENDRA, V., *El proceso de "habeas corpus"*, cit., pp. 43 ss.; SERRANO ALBERCA, J.M., "Articulo 17", cit., pp. 204 ss.; SORIANO, R., *El derecho de habeas corpus*, cit., pp. 187 ss.

das: las que lo fueran sin que concurran los supuestos legales, o sin haberse cumplido las formalidades prevenidas y requisitos exigidos por las leyes; las que estén ilícitamente internadas en cualquier establecimiento o lugar; las que lo estuviesen por plazo superior al señalado en las leyes, si transcurrido el mismo, no fueran puestas en libertad o entregadas al juez; y las privadas de libertad a las que no se respetan los derechos que la Constitución y las leyes procesales les garantizan.

Según estima Vicente Gimeno Sendra, el *habeas corpus* constituye, de un lado, un derecho fundamental, sancionado en el artículo 17.4 C.E., y, de otro, entraña un procedimiento especial[91].

En su dimensión de derecho fundamental, el *habeas corpus* se dirige a producir la inmediata puesta a disposición judicial de toda persona detenida ilegalmente, según se desprende del precepto constitucional de referencia. En esta dimensión aparece como: "un derecho subjetivo, público, cívico y activo, perteneciente a esa categoría, acuñada por la doctrina administrativista, de los derechos subjetivos *reaccionales* (García de Enterría) y con clara vinculación, por tanto, con los derechos fundamentales proclamados en el artículo 24.1 (derecho a la tutela judicial efectiva y de defensa) de la C.E"[92].

Junto a esta dimensión jurídica fundamental, el *habeas corpus* entraña también un procedimiento a través del cual se articula el derecho de defensa, realizada por el detenido, en la instrucción. La posibilidad que el juez tiene, por vez primera, de conocer, a través del referido procedimiento, de la imputación que pesa sobre la persona del detenido[93].

En relación con el significado y alcance del *habeas corpus* en nuestro actual ordenamiento jurídico y a su función de garantía constitucional de la libertad, ha indicado Juan Antonio Lascuraín Sánchez que consiste "en un procedimiento breve de valoración de la regularidad de una privación no judicial de libertad. Es una garantía del derecho a la libertad frente a las privaciones no judiciales que consiste en el control judicial con inmediatez y con inmediación: en la inmediata presencia del detenido ante el juez"[94].

El Tribunal Constitucional de nuestro país ha elaborado una amplia e importante jurisprudencia en su tarea de aplicación del art. 17.4 CE. Incurriría

---

[91] GIMENO SENDRA, V., *El proceso de "habeas corpus*, cit., p. 44.

[92] Ibíd., p.45.

[93] Para una exposición detenida en pormenores sobre la sustanciación de dicho procedimiento, vid., GIMENO SENDRA, V., *El proceso de "habeas corpus"*, cit., pp. 46 ss.; SORIANO, R., *El derecho de habeas corpus*, pp. 227 ss.

[94] LASCURAÍN SÁNCHEZ, J.A., "Artículo 17.4. Habeas Corpus y prisión provisional", cit., p. 398.

en un exceso de prolijidad e implicaría un alejamiento del nudo argumentativo de estas reflexiones, el intento de ofrecer una exposición demorada en pormenores de esa extensa jurisprudencia. Por ello, se opta aquí por la consideración de aquellas decisiones de nuestro máximo intérprete constitucional que hacen referencia inmediata a los aspectos relativos al significado y caracteres del *habeas corpus*, que han permitido en las páginas anteriores delimitar el perfil conceptual de la institución. De ahí, que se agruparán las diferentes sentencias estudiadas en función de los tres elementos en los que se ha cifrado dicha delimitación conceptual: la naturaleza jurídica, el objeto y la finalidad del *habeas corpus*.

1) Son numerosas y relevantes las decisiones del TC en las que se explicitan argumentos que inciden en la *naturaleza jurídica* del *habeas corpus*. En ellas, se avanzan argumentos que permiten captar el alcance de esta institución en nuestro ordenamiento jurídico.

En la STC 341/1993, FJ 6, se sostiene que: "El entero sistema de protección judicial personal -muy en particular, el instituto del *habeas corpus* (art. 17.4 CE)- protegerá al afectado por estas medidas de identificación frente a toda posible desvirtuación de su sentido y también, por lo tanto, frente a una eventual prolongación de la permanencia en las dependencias policiales". Se desprende de este fundamento jurídico el carácter de acción procesal que corresponde a la institución aquí estudiada.

Afirma, asimismo, el TC, en relación con la naturaleza jurídica del *habeas corpus*, que: "No es, pues, ni un proceso contencioso-administrativo sobre la regularidad del acto o vía de hecho que origina la privación de libertad, ni tampoco un proceso penal sobre la eventual comisión de un delito de detención ilegal" (STC 208/2000, FJ 4).

A través de la acción procesal de *habeas corpus*: "se trata de que un Juez del orden jurisdiccional penal o de la jurisdicción militar examine, aunque sea de manera interina, la legalidad de una privación de libertad no acordada por órganos judiciales. El Juez del *habeas corpus* no tiene por misión revisar el acto administrativo, lo que corresponderá a los órganos judiciales del orden contencioso-administrativo, sino la conformidad a Derecho de esa situación de privación de libertad. Expresado en otros términos, hemos afirmado que en materia de revisión judicial de la legalidad material de las detenciones administrativas corresponde al Juez del *habeas corpus* dictar la primera, en tanto que los Tribunales de lo Contencioso ostentan la última y definitiva palabra" (STC 12/1994, FJ 6) (STC 208/2000, FJ 4).

Contribuye de forma explícita a perfilar la naturaleza jurídica de la institución la doctrina sustentada por el TC a tenor de la cual: "Aunque se discute si este procedimiento tiene una naturaleza bien cautelar, bien de amparo ordinario, bien de remedio interdictal destinado a la protección de la libertad, lo relevante en clave sistemática es que el constituyente quiso que la libertad del art. 17 CE fuera el único derecho fundamental que contuviera una garantía adicional, única y específica en el marco de los derechos fundamentales reconocidos por nuestra Constitución, consistente en un mecanismo *ad hoc* para evitar y hacer cesar de manera inmediata las vulneraciones del derecho mediante la puesta a disposición ante el órgano judicial de la persona privada de libertad. Ello es consecuencia de la importancia de la libertad, que -como advierte la STC 147/2000- no es sólo un valor superior del Ordenamiento jurídico (art. 1.1 CE) sino además un derecho fundamental (art. 17 CE), que está vinculado directamente con la dignidad de la persona, y cuya trascendencia estriba precisamente en ser el presupuesto de otras libertades y derechos fundamentales" (STC 208/2000, FJ 3). El TC considera, por tanto, que el *habeas corpus* posee el carácter de una acción *ad hoc* para la garantía de la libertad física de las personas.

2) Son también muy numerosas las sentencias del TC dirigidas a explicitar el objeto o contenido de la institución del *habeas corpus*. Entre ellas, la que proclama que: "la libertad personal reconocida en el art. 17.1 de la Constitución queda vulnerada cuando se priva de ella a una persona sin observar lo dispuesto en el mismo o en casos o forma no previstos en la Ley. De aquí que el incumplimiento del principio de legalidad punitiva (tipicidad) y procesal, pueda configurarse como una vulneración de la libertad personal, en garantía de la cual el propio art. 17 prevé la regulación por Ley de un procedimiento de *habeas corpus* para producir la inmediata puesta a disposición judicial de toda persona detenida ilegalmente. Dada la función que cumple este procedimiento, no cabe duda de que comprende potencialmente a todos los supuestos en que se produce una privación de libertad no acordada por el Juez, con el objeto de conseguir el resultado indicado si la detención fuera ilegal" (STC 31/1985, FJ 2). La *actio exhibitoria* aparece, por tanto, como el objeto prioritario de la institución del *habeas corpus*.

El procedimiento de *habeas corpus*, según exige la jurisprudencia del TC: "ha de venir rodeado de dos garantías esenciales: la celeridad y la inmediación, entendida ésta como la presencia del detenido ante el juez, pues la esencia de la institución "consiste precisamente en "haber el cuerpo" de quien se encuentra detenido para ofrecerle una oportunidad de hacerse oír, y ofrecer sus alegaciones y pruebas" (SSTC 86/1996, FJ 12; 208/2000, FJ 5; 37/2008, FJ 3). Esa reiterada doctrina del TC sostiene, de forma inequívoca, que el objeto o contenido del procedimiento de *habeas corpus* reside siempre en la "haber el cuerpo", es decir, en la presentación de la persona física del detenido ante el juez.

3) El procedimiento de *habeas corpus* se dirige siempre, y ésa es su *finalidad* básica, a la garantía del derecho fundamental a la libertad física de las personas. Así lo explicitaba la precitada sentencia 208/2000, en la que, como se ha tenido ocasión de reseñar, el TC subraya el carácter de derecho fundamental de la libertad personal y la garantía reforzada de este derecho a través, precisamente, de la acción procesal de *habeas corpus.*

El TC ha mantenido como fin básico para el ejercicio de la acción de *habeas corpus* el que se haya producido una privación de la libertad personal al margen de la intervención judicial, a cuyo remedio se encamina la institución. De forma concluyente lo precisan las decisiones del TC en la que se afirma: "el *habeas corpus* opera, potencialmente, en todos los supuestos en los que se produce una privación de libertad no acordada por el Juez" (SSTC 31/1985, FJ 2; 21/1997, FJ 6).

El TC ha sustentado la exigencia de efectividad del *habeas corpus,* como procedimiento de garantía de la libertad, por lo que: "ha de tratarse de un control plenamente efectivo pues, en otro caso, se vería reducido a un mero expediente rituario o de carácter simbólico, no apto para afirmar la garantía de la libertad que *ex* art 17.4 CE se ha establecido" (SSTC 287/2000, FJ 3; 61/2003, FJ 2).

Subrayando el carácter específico que reviste el procedimiento de *habeas corpus* como garantía de la libertad física personal, frente a las garantías judiciales genéricas que, de conformidad con el artículo 24 CE, corresponden a los demás derechos y libertades, ha afirmado el TC que: "resulta quizá conveniente, sin embargo, distinguir entre la vulneración material del derecho a la libertad y la vulneración de la garantía del *habeas corpus,* por mucho que deba entenderse que esta garantía constituye una dimensión del derecho a la libertad y deba analizarse desde esta perspectiva, y no desde la mucho menos incisiva de la tutela judicial efectiva" (SSTC 122/2004, FJ 2; 93/2006, FJ 2).

La somera aproximación a la jurisprudencia constitucional sobre el *habeas corpus,* corrobora la importancia de esta institución y, al propio tiempo, ha permitido clarificar y desarrollar algunos de los principales rasgos informadores de su significado y de su función en el seno de nuestro ordenamiento jurídico.

4. DEL *HABEAS CORPUS* AL HABEAS DATA

La analogía terminológica existente entre las expresiones "*habeas corpus*" y "*habeas data*" no es arbitraria ni casual. En las consideraciones subsiguientes se intentará ofrecer algunos argumentos en los que se haya fundamentada dicha analogía.

Se ha indicado que: "Aludir a un tránsito desde el *habeas corpus* al *habeas data*, representa aceptar, de forma implícita, que existe una evolución de los derechos y libertades, o, si se prefiere, que estamos asistiendo a un proceso evolutivo de generaciones de derechos humanos"[95].

El paradigma generacional de los derechos y libertades parte de la evolución histórica de los mismos. De acuerdo con dicho enfoque, se ha producido una mutación histórica de los derechos, la cual ha determinado la aparición de sucesivas generaciones de derechos. Los derechos humanos, contemplados *subspecie historiae* exigen ser ubicados y estudiados en el seno en contextos temporalmente determinados. Solo a través de dicha contextualización los derechos humanos tienen pleno significado.

De conformidad con este paradigma, se sostiene que los derechos y libertades que nacen en la Modernidad, son el fruto del pensamiento racionalista ilustrado que inspiró las revoluciones burguesas del siglo XVIII. Ese marco histórico determinará la ideología subyacente a la primera generación de derechos humanos. Se trata de libertades de signo individual, propias de la mentalidad individualista burguesa prevalente en los planteamientos liberales de los modelos de organización política en los que tales derechos alcanzaron su plasmación: los Estados liberales de Derecho.

Ese fundamento individualista sufrirá un amplio proceso de erosión e impugnación en las luchas sociales del siglo XIX. Los movimientos reivindicativos decimonónicos, tales como el movimiento obrero, el socialismo en su pluralidad de manifestaciones, el feminismo, el pensamiento social cristiano, el solidarismo…, exigirán la necesidad de completar el catálogo de los derechos y libertades de la primera generación con una segunda generación de derechos: los derechos económicos, sociales y culturales. Estos derechos alcanzarán su paulatina consagración jurídica y política en la sustitución del Estado liberal de Derecho por el Estado social de Derecho.

La diferencia entre ambas generaciones de derechos se hace patente cuando se considera que en la primera los derechos humanos vienen considerados como derechos de defensa de las libertades del individuo, que exigen la autolimitación y la no injerencia de los poderes públicos en la esfera privada

---

[95] PEREZ LUÑO, A.E., "Intimidad y protección de datos personales: del habeas corpus al *habeas data*", en *Estudios sobre el derecho a la intimidad,* ed. a cargo de L. García San Miguel, Tecnos, Madrid 1992, p. 36.; id., "Del Habeas Corpus al *Habeas data*", en el vol. col. *Encuentros sobre Informática y Derecho 1990-1991,* ed. a cargo de M.A. Davara, Universidad Pontificia de Comillas, Madrid & Aranzadi Editorial, Pamplona, p. 171.

y se tutelan por su mera actitud pasiva y de vigilancia en términos de policía administrativa; en la segunda, correspondientes a los derechos económicos, sociales y culturales, se traducen en derechos de participación, que requieren una política activa de los poderes públicos encaminada a garantizar su ejercicio, y se realizan a través de las técnicas jurídicas de las prestaciones y los servicios públicos[96].

La estrategia reivindicativa de los derechos humanos se presenta hoy en una perspectiva nueva al referirse a cuestiones tales como el derecho a la paz, los derechos de los consumidores[97], el derecho a la calidad de vida y a la protección del medio ambiente, el derecho al desarrollo, la libertad informática con la consiguiente tutela de los datos personales, las garantías frente a determinados usos de las biotecnologías... Por este motivo, hoy se abre paso, con intensidad creciente, la convicción de que nos hallamos ante una tercera generación de derechos humanos complementadora de las fases anteriores, referidas a las libertades de signo individual y a los derechos económicos, sociales y culturales. De este modo, los derechos y libertades de la tercera generación se presentan como una respuesta al fenómeno que la doctrina y la jurisprudencia anglosajona denomina "contaminación de las libertades" (liberties pollution), término con el que se aluden a la erosión y degradación que aqueja a los derechos fundamentales ante determinados usos de las nuevas tecnologías[98].

Las NT y las TIC han transformado las relaciones de los seres humanos con la naturaleza, las relaciones de los seres humanos entre sí y la relación del ser humano para consigo mismo. Estas mutaciones no han dejado de incidir en la esfera de los derechos humanos. Se ha producido, de este modo, un fenómeno bifronte: de una parte, las NT y las TIC han producido importantes desarrollos y mejoras en la condiciones vitales de la humanidad, contribuyen-

[96] Cfr., PEREZ LUÑO, A.E., *La tercera generación de derechos humanos*, Thomson/Aranzadi, Cizur Menor (Navarra), 2006, pp. 25 ss.

[97] Sobre los derechos de los consumidores estudiados desde una prespectiva procesalista, vid. la obra de GONZÁLEZ CANO, I., *La tutela colectiva de consumidores y usuarios en el proceso civil*, Tirant lo Blanch, Valencia, 2002, passim.

[98] Cfr., CARRILLO SALCEDO, J.A. "El derecho al desarrollo como derecho humano emergente", en el vol., col., Seminario conmemorativo del XXV Aniversario del Tribunal Constitucional (Baeza, 13 y 14 de octubre de 2005), Academia de Ciencias Sociales y del Medio Ambiente de Andalucía, Sevilla, 2007, pp. 55 ss-64.; JIMENEZ SANCHEZ, G., "Los nuevos derechos fundamentales o derechos de tercera generación", en el vol. col., Seminario conmemorativo del XXV Aniversario del Tribunal Constitucional (Baeza, 13 y 14 de octubre de 2005), Academia de Ciencias Sociales y del Medio Ambiente de Andalucía, Sevilla, 2007, pp. 9-14.; PEREZ LUÑO, A.E., PEREZ LUÑO, A.E., *La tercera generación de derechos humanos*, cit., 28 ss.; id., *Los derechos humanos en la sociedad tecnológica*, Universitas, Madrid, 2012, pp. 16 ss.; RODRÍGUEZ PALOP, M.E., *La nueva generación de derechos humanos. Origen y justificación*, Dykinson, Madrid, .2ª ed., 2010, passim.

do a reforzar, en ocasiones, el disfrute y ejercicio de determinados derechos; pero, como reverso a estos avances, determinados usos o abusos tecnológicos han supuesto una grave amenaza para las libertades, lo que ha exigido la formulación de nuevos derechos o actualización y adecuación a los nuevos retos de los instrumentos de garantía de derechos ya existentes.

En el plano de las relaciones entre los seres humanos y la naturaleza, la revolución tecnológica ha acelerado el expolio de las fuentes de energía, así como la contaminación y degradación del medio ambiente. Ello ha tenido repercusión en el hábitat humano y en el propio equilibrio psicosomático de los individuos. Estas circunstancias han hecho surgir, en los ambientes más sensibilizados hacia esta problemática, la creciente difusión de la inquietud ecológica y el protagonismo emergente del derecho a la calidad de vida.

Tampoco puede soslayarse que el contexto en el que se ejercitan los derechos humanos hoy es el de una sociedad donde las NT y las TIC han devenido el símbolo emblemático de nuestra cultura, hasta el punto de que para designar el marco de nuestra convivencia se alude reiteradamente a expresiones tales como la sociedad de la información, o a la sociedad informatizada.

El control electrónico de los documentos de identificación, el proceso informatizado de datos fiscales, el registro y gestión de las adquisiciones comerciales realizadas con tarjetas de crédito, así como de las reservas de viajes, representan algunas muestras bien conocidas de la omnipresente vigilancia informática de nuestra existencia habitual. Nuestras vidas individual y social corren, por tanto, el riesgo de hallarse sometidas a lo que se ha calificado, con razón, de "juicio universal permanente"[99]. En efecto, en la sociedad tecnológica cada ciudadano fichado en un banco de datos se halla expuesto a una vigilancia continua e inadvertida, que afecta potencialmente incluso a los aspectos más sensibles de su vida privada; aquellos que en épocas anteriores quedaban fuera de todo control por su variedad y multiplicidad.

La etapa actual de desarrollo tecnológico, junto a avances y progresos indiscutibles, ha generado nuevos fenómenos de agresión a los derechos y libertades. En esas coordenadas se está iniciando un movimiento de la doctrina jurídica y de la jurisprudencia de los países con mayor grado de desarrollo tecnológico tendente al reforzamiento de las garantías jurídicas de la intimidad y de los datos personales. El protagonismo que ha adquirido el derecho a la intimidad en las sociedades contemporáneas fue anticipado por una célebre Sentencia de 1928 de la Supreme Court norteamericana. Se afirmaba en ella que tal derecho era el más apreciado por los hombres civilizados (The right

---

[99] FROSINI, V., *Cibernética, derecho y sociedad,* trad. cast. de C. Salguero-Talavera y R. Soriano, con Prólogo de A. E. Pérez Luño, Tecnos, Madrid, 1982, p. 76.

most valued by civilized men). Esa tesis ha sido corroborada por el informe británico, elaborado en 1971 por el Younger Committee on Privacy. En dicho informe se establece que la opinión pública de los países desarrollados sitúa el respeto a la vida privada en un lugar prioritario de sus aspiraciones de protección de los derechos humanos[100].

El derecho a la autodeterminación informativa ha sido una construcción de la doctrina y la jurisprudencia germanas equivalente a la libertad informática; tiene una importancia decisiva en las sociedades tecnológicas del presente. Su función se cifra en garantizar a los ciudadanos unas facultades de información, acceso y control de los datos que les conciernen. Pero esa forma de intimidad no se concibe como un valor intrasubjetivo, sino como autodeterminación del sujeto en el seno de sus relaciones con los demás ciudadanos y con el poder público. Precisamente, para la protección y garantía de la libertad informática y, en el ámbito germano, de la autodeterminación informativa, ha surgido, tal como se ha tenido ocasión de señalar anteriormente, el *habeas data*[101].

De igual modo, las nuevas tecnologías han contribuido decisivamente a posibilitar un *conocimiento más radical del propio ser humano.* Durante milenios el hombre ha sido un desconocido para sí mismo. Desde la perspectiva de los avances científicos y tecnológicos de nuestro tiempo, no pueden dejar de considerarse como meras elucubraciones ingenuas e insuficientes las teorías y conjeturas rudimentarias, que desde la medicina, la biología, la psicología y la filosofía se venían haciendo sobre el significado y la estructura de la naturaleza humana.

En los últimos años los avances de la *ingeniería genética* y la *biotecnología* han permitido trasladar, desde la incertidumbre y la penumbra de las elucubraciones, a la seguridad de los datos científicos, el conocimiento de la vida humana. Los estudios sobre el genoma humano y la consiguiente revelación del mapa

---

[100] Cfr. PEREZ LUÑO, A.E., *Derechos humanos, Estado de Derecho y Constitución*, Tecnos, Madrid, 10ª ed. (revisada y aumentada), 2010, pp. 351 ss.

[101] Cfr., DENNINGER, E., "El derecho a la autodeterminación informativa", trad. cast. de A. E. Pérez Luño, en el vol. col. *Problemas actuales de la documentación y la informática* (Actas del Coloquio Internacional celebrado en la Universidad de Sevilla, 5 y 6 de marzo de 1986), a cargo de A. E. Pérez Luño, Tecnos/Fundación Cultural Enrique Luño Peña, Madrid, 1987, pp. 268 ss.; FROSINO, V., *Cibernética, derecho y sociedad*, cit., pp. 104 ss.; PEREZ LUÑO, A.E., *Libertad informática y leyes de protección de datos personales*, Losano, M. y Guerrero Mateus, M.F., Centro de Estudios Constitucionales, Madrid, 1989, passim.; VITALIS, A., *Informatique, pouvoir et libertés*, Economica, Paris, 1981, passim.

genético de nuestra especie constituyen un nuevo marco de referencia para el estudio y la propia tutela de los derechos humanos[102].

El *habeas data* constituye, en suma, un cauce procesal para salvaguardar la libertad de la persona en la esfera informática, que cumple una función paralela, en el seno de los derechos humanos de la tercera generación, a la que en los de la primera generación correspondió al *habeas corpus* respecto a la libertad física o de movimientos de la persona.

En la doctrina sobre los derechos se sostiene que las distintas libertades ahondan su raíz histórica en previas situaciones de violación o carencia, a cuyo remedio precisamente se dirigen. De ahí, el nexo inmediato de fundamentación antropológica de los derechos y libertades en el sistema de necesidades humanas básicas o radicales.

Como se ha tenido ocasión de exponer, el *habeas corpus* surge como réplica frente a los fenómenos abusivos de privación de la libertad física de la persona, que se habían producido en la Antigüedad y el Medioevo proyectándose, a través del absolutismo, hasta las diversas manifestaciones del totalitarismo de nuestros días.

Como también se ha tenido ocasión de indicar, el *habeas corpus* aparece, por tanto, como una acción procesal por la que se solicita del juez que se dirija al funcionario que tiene una persona detenida y la presente ante él. Se trata, por tanto, de una garantía judicial específica para la tutela de la libertad personal.

Al cotejar las instituciones del *habeas corpus* y el *habeas data* se comprueba que existe una inicial coincidencia y una analogía en cuanto a la estructura de ambas figuras en lo referente a su naturaleza jurídica, a su objeto y a su finalidad.

1) En lo que concierne a su *naturaleza jurídica*, debe afirmarse que en ambos supuestos nos hallamos ante acciones procesales dirigidas a la defensa de la libertad. En el caso del *habeas corpus* se trata de defender la libertad física de las personas, frente a detenciones arbitrarias; mientras que en el supuesto del *habeas data* la protección jurídica se dirige a la defensa de la libertad informática de los ciudadanos, es decir, a la facultad de acceso a los datos que le conciernen por parte de la persona interesada.

El *habeas corpus* y el *habeas data* representan, además, dos garantías procesales de aspectos diferentes de la libertad. Así, mientras el primero se cir-

---

[102] Cfr., Por todos, MARTÍNEZ MORAN, N., (ed.), *Biotecnología, Derecho y dignidad humana*, Comares, Granada, 2003 y las colaboraciones incluidas en esta obra.

cunscribe a la dimensión física y externa de la libertad, el segundo tiende a proteger prioritariamente aspectos internos de la libertad: la identidad de la persona, su autodeterminación, su intimidad, sus datos personales... No debe soslayarse, en efecto, que, en las sociedades informatizadas actuales, también la libre actuación pública de los ciudadanos se halla condicionada por sus posibilidades de acceso a la información.

Pero la diferencia más importante es que el *habeas corpus* aparece como uno de los mecanismos procesales básicos para defender la libertad en el marco de lo que, en la célebre teoría de los *status*, elaborada por Georg Jellinek serán el *status libertatis* y el *status civitatis*[103], en tanto que el *habeas data* ha sido fruto del proceso de sucesiva ampliación de los *status*, ya que su reconocimiento ha sido posible en la medida en que ha calado la exigencia de completarlo con nuevos cauces jurídicos que se hicieran cargo de las sucesivas transformaciones operadas en las situaciones subjetivas. Se ha hecho, por tanto, necesario ampliar aquella tipología, pensada para dar cuenta de las libertades y derechos de la primera generación, con el reconocimiento de un *status positivus socialis*, que se haría cargo de los intereses económicos, sociales y culturales propios de la segunda generación.

En la actualidad, la consagración de la libertad informática y el derecho a la autodeterminación informativa, en el marco de los derechos de la tercera generación, han determinado que el protagonismo adquirido por la jurisdicción constitucional de la libertad, las modalidades de tutela innovadas por las instancias jurisdiccionales internacionales, así como la relevancia que ahora asumen las normas de procedimiento para la organización y realización de los derechos humanos, hace que se aluda a un *status activus processualis*, una de cuyas principales manifestaciones sería, precisamente, el *habeas data*.

Erhard Denninger concibe dicho *status* como el reconocimiento de la facultad de cada persona para participar activamente y asumir su propia responsabilidad en los procedimientos que le afectan, así como en el seno de las estructuras organizativas más directamente vinculadas con el ejercicio de los derechos fundamentales[104].

El *status activus processualis* constituye un factor clave de los Estados de Derecho para asegurar el ejercicio pleno de todas las libertades. Su reconocimiento se desglosa en la garantía de cinco posiciones procesales básicas: a) el derecho a la audiencia del interesado, no sólo en la vista oral, sino en todas las

---

103 JELLINEK, G., *System der subjektiven offentlichen Rechte*, reimp. de la ed. de 1919, Scientia, Aalen, 1964, pp. 96 ss. Se toma esta referencia de la obra de PEREZ LUÑO, A.E., *La tercera generación de derechos humanos*, cit., pp. 36 ss.

104 DENNINGER, E., "El derecho a la autodeterminación informativa", cit., pp. 271 ss.

fases del procedimiento; b) el derecho a la información y acceso a los archivos administrativos; c) el derecho a una instrucción adecuada y transparente del proceso; d) el derecho a la asistencia letrada, y e) el derecho a la motivación de la decisión del procedimiento. Desde el punto de vista procesal la realización de los derechos fundamentales requiere unas estructuras organizativas que aseguren: a) el pluralismo; b) el respeto de las minorías; c) la neutralidad o imparcialidad, y d) la apertura de los procedimientos a las necesarias innovaciones. Se pretende, con todo ello, posibilitar formas de protección dinámica de los derechos fundamentales que permitan su pleno desarrollo y efectividad[105].

La importancia que revisten las normas de procedimiento, como signo emblemático de la peculiaridad de la tutela jurídica de los derechos de la tercera generación, a cuya garantía se encamina el *habeas data*, se halla también corroborada por la difusión creciente de instituciones de protección que tiende a completar la función de garantía de los tribunales. En este sentido, debe hacerse notar el protagonismo adquirido por el sistema del Ombudsman en la defensa de los derechos y libertades de la tercera generación. Así, por ejemplo, pueden citarse una serie de variantes de Ombudsman, unipersonales o colegiados, específicamente dirigidos a la protección de los ciudadanos respecto al tratamiento informatizado de datos personales; es decir, a hacer efectivo el *habeas data*. Cabe citar, entre tales instituciones, al Privacy Commissioner de Canadá y, en el ámbito escandinavo, al Datainspektionen sueco, al Registertylsynet danés, y al Datatilsynet noruego. En la república Federal de Alemania actúan, a escala federal y en los Ldnder que cuentan con leyes propias de protección de datos, los comisarios para la protección de datos (Datenschutzbeauftragten). En Francia, a partir de su Ley sobre Informática, Archivos y Libertades de 1978, se creó una Commission Nationale de J' Informatique et des Libertés compuesta por 17 miembros y con algunas competencias similares a las de la figura del Mediateur (institución francesa equivalente al Omhudsman respecto a la vigilancia de los departamentos administrativos informatizados. También Gran Bretaña cuenta con instituciones como el Registrar y el Data Protection Tribunal especializadas en la tutela de los derechos cívicos frente a eventuales abusos informáticos. La necesidad de crear una institución garante de los datos personales fue establecida como obligatoria para todos los países integrados en la Unión Europea, a partir de la Directiva 95/46 de Protección de Datos Personales.

En España, tras la promulgación de la Ley Orgánica 5/1992, de 29 de octubre, de Regulación del Tratamiento Automatizado de los Datos de Carácter

---

[105] Ibíd.

Personal (LORTAD) se creó la Agencia de Protección de Datos, cuya estructura y funciones se han mantenido en la vigente Ley Orgánica 15/1999, de 13 de diciembre, de Protección de Datos de Carácter Personal (LOPRODA), en la que se produjo la adaptación a nuestro sistema jurídico de las previsiones establecidas en la mencionada Directiva de la UE, existiendo también Agencias de Protección de Datos en algunas Comunidades Autónomas. Estas Agencias tienen especial importancia para el ejercicio de la acción de *habeas data*, actuando como una jurisdicción de primera instancia para la sustanciación de esos procedimientos[106].

2) Se ha tenido ocasión de aludir reiteradamente al *objeto* del *habeas corpus*, consistente en la exhibición, manifestación o presentación de la persona detenida ante el juez. En lo que respecta al *habeas data*, el objeto se circunscribe a la presentación ante el ciudadano de los datos personales que le conciernen. En ello se cifra la facultad de acceso a sus informaciones personales, que constituye el núcleo o contenido del *habeas data*.

A fin de precisar dicho objeto o contenido, con referencia al *habeas data*, resulta oportuno recordar que la Ley Orgánica 15/1999, de 13 de diciembre, de Protección de Datos de Carácter Personal (LOPRODA), establece en su artículo 3 que se entenderá por datos de carácter personal: "cualquier información concerniente a la personas físicas identificadas o identificables".

3) Por lo que respecta a su *finalidad*, resulta evidente que en el *habeas corpus* se persigue garantizar el derecho fundamental a la libertad física de las personas; mientras que en lo que atañe al *habeas data*, su dimensión teleológica se cifra en la defensa del derecho fundamental a la libertad informática o facultad de autodeterminación informativa.

En nuestro ordenamiento jurídico, ese derecho fundamental se halla proclamado en el artículo 18.4 de nuestra vigente Constitución. La mencionada Ley Orgánica 15/1999 (LOPRODA), al desarrollar dicho artículo constitucional, establece que su finalidad será la de: "garantizar y proteger, en lo que concierne al tratamiento de los datos personales, las libertades públicas y los derechos fundamentales de las personas físicas, y especialmente de su honor e intimidad personal y familiar" (art.1).

---

[106] Cfr., MARTÍN CASALLO, J.J., "Agencia de Protección de Datos: qué es y qué finalidad persigue", en *Actualidad Informática Aranzadi*, 1994, n.13, pp. 1 ss. para un estudio pormenorizado del funcionamiento de la Agencia, vid.: De ASÍS ROIG, A., "La actividad sancionadora de la Agencia de Protección de Datos", en *Actualidad Informática Aranzadi*, 1997, n.22, pp.1 ss.

Las generaciones de derechos humanos no entrañan un proceso meramente cronológico y lineal. En el curso de su trayectoria se producen constantes avances, retrocesos y contradicciones que configuran ese despliegue como un proceso dialéctico. Las generaciones de derechos humanos no implican, por tanto, la sustitución global de un catálogo de derechos por otro; en ocasiones, se traduce en la aparición de nuevos derechos como respuesta a nuevas necesidades históricas, mientras que, otras veces, suponen la redimensión o redefinición de derechos anteriores para adaptarlos a los nuevos contextos en que deben ser aplicados. De ahí que la aparición del *habeas data* no pueda entenderse como una sustitución del *habeas corpus*, cuya función para la defensa de la libertad física sigue siendo plenamente vigente y mantiene intacta su importancia, sino que se trata de una garantía para nuevas agresiones a otras facetas de la libertad[107].

La aspiración al reconocimiento de nuevas esferas de garantía de la intimidad, amenazada por los actuales instrumentos de control que son propios de las sociedades tecnológicas, sólo puede alcanzar plena satisfacción cuando logra traducirse en adecuados cauces de tutela, entre los que el *habeas data* posee un interés incuestionable.

[107] Vid., sobre todo ello PEREZ LUÑO, A. E., "Intimidad y protección de datos personales: del habeas corpus al *habeas data*", cit., pp. 43-44.

PARTE SEGUNDA
EL *HABEAS DATA* COMO ACCIÓN PROCESAL: SIGNIFICADO Y MANIFESTACIÓN

CAPÍTULO IV
CONCEPTO Y NATURALEZA JURÍDICA DEL *HABEAS DATA*

SUMARIO: 1. Precisiones terminológicas.- 2. Naturaleza jurídica del *habeas data*: su carácter de acción procesal.- 3. Orígenes y presupuestos del Derecho comparado del *habeas data*.- 4. El *habeas data* en la experiencia constitucional iberoamericana.

1. PRECISIONES TERMINOLÓGICAS

Se ha señalado, por parte de determinados enfoques doctrinales, que la expresión latina "*habeas corpus*" alude al instituto jurídico por el cual se trata de presentar ante el juez a una persona para garantizar su libertad personal o ambulatoria, bien por estar detenida en condiciones indebidas. Se trata, como se ha tenido ocasión de estudiar en el Capítulo tercero, de la garantía procesal específica respecto de la libertad individual, que tiende a resguardarla de toda actividad violatoria de la misma y tiende a que la actividad del magistrado aporte "la luz necesaria" para determinar su procedencia, improcedencia o para que se rectifiquen las condiciones de la detención. La expresión latina *habeas corpus*, que quiere decir "que tengas el cuerpo", marca el origen de un conocimiento especial que se exige respecto de causas cuando no se sabe dónde está el detenido o por qué razones fue privado de su libertad. Análogamente, la expresión "*hábeas data*" significa "que tengas los datos" "que vengan los datos" o "que tengas los registros", es decir, tomar conocimiento de datos propios en poder de otro[108].

[108] PIERINI, A., LORENCES, V., TORNABENE, M.I., *Habeas data. Derecho a la intimidad*, Editorial Universidad, Buenos Aires, 1999, pp. 20 ss.

El *hábeas data* no está referido a una situación relacionada con lo corporal o ambulatorio como la libertad personal, sino que alude al interés de las personas concernidas para tener acceso a los datos personales que les afecta. De ahí la posibilidad de ordenar el acceso a los registros o archivos de datos para constatar la autenticidad o corrección de lo expresado.

Ha señalado Othon Sidou, en su trabajo *Nuevas figuras del derecho procesal constitucional brasileño: Mandamientos de ejecución y "hábeas data"*: "El instituto clásico y universal, garante del derecho de libertad personal reconocido en 1215 por la Carta Magna inglesa, pasó a ser eficaz en el Acta de 1679. Pero su nombre de *habeas corpus* ya era conocido desde hace siglos formado por las palabras iniciales de la orden judicial expedida al detentor para que "tome el cuerpo del detenido y venga a presentar al tribunal al hombre y el caso. La intención del *habeas data* es la misma, ya que trata de garantizar derechos cívicos tras la revolución informática[109].

Con la expresión actual del "*habeas data*", se pretende por tanto aludir a una acción procesal, característica de los derechos de la tercera generación. Dicha acción puede ejecutarse ante los organismos competentes (Tribunales de Justicia o Agencias de Protección de datos), en el caso de negativa del titular del archivo de acceder a la solicitud del afectado, así como para realizar las incorporaciones, modificaciones, actualizaciones o restricciones, y solicitar su eliminación o reserva, a tenor de cuanto prescriba la normativa de protección de datos.

En consecuencia, coinciden en afirmar los autores: Alicia Pierini, Valentín Lorences, María Inés Tornabene y José Mª Othon Sidou que respecto de la locución latina que le da nombre propio al instituto del *habeas data*, se podrían formular algunas críticas en su elección, pero hay que reconocer que la expresión en su conjunto, es feliz al utilizar, una fórmula latina que acierta a captar el significado de una situación propia de las circunstancias de la era de la informática. "*Hábeas*", es la segunda persona del presente del subjuntivo de "*habeo*", del verbo "*habere*", significa aquí "tengas en posesión", que es una de las acepciones del verbo, y "*data*" es el acusativo plural de *datum*, que los diccionarios más modernos definen como representación convencional de hechos, conceptos o instrucciones de forma apropiada para la comunicación y procesamiento por medios automáticos; es decir, "que tengas los registros, las informaciones o los datos que te conciernen a tu disposición"[110].

---

[109] OTHON SIDOU, J.M., "Nuevas figuras del derecho procesal constitucional brasileño: Mandamientos de ejecución y *hábeas data*", en *La Ley* (Ed. argentina) (sección Doctrina), 1992, pp. 1010 ss.

[110] PIERINI, A., LORENCES, V. TORNABENE, M.I., *Habeas data. Derecho a la intimidad*, cit., pp. 21-22 ss.; OTHON SIDOU, J.M., *Nuevas figuras del derecho procesal constitucional brasileño: Mandamientos de ejecución y "hábeas data"*, cit., pp. 1011.

En opinión de Rubén Flores Dapkevicius, la expresión *"habeas data"*: "Etimológicamente proviene del latín y significa que el sujeto al que los datos se refieren pueda haberlos, es decir, acceder a los mismos"[111].

De esta caracterización doctrinal del *habeas data* se desprende que el concepto de este instituto jurídico puede asumir un doble sentido:

a) En su significación *estricta,* el *habeas data* hace referencia al derecho de acceso de los ciudadanos a los datos que les conciernen registrados en ficheros o archivos.

b) En su acepción *amplia,* la acción procesal de *habeas data* hace referencia al conjunto de los denominados derechos o facultades ARCO es decir, a los derechos de Acceso, Rectificación, Cancelación y Oposición. Estas facultades conjuntamente constituyen el núcleo del derecho a la libertad informática o derecho de autodeterminación informativa. Por eso, la noción amplia del *habeas data,* se confunde con el derecho fundamental a la libertad informática o a la autodeterminación informativa y pierde, de este modo, la función que le es propia en cuanto acción procesal destinada a la tutela jurídica de esos derechos fundamentales. Por ello, a fin de evitar equívocos o de convertir el *habeas data* en un concepto redundante de la libertad informática, en esta investigación se utiliza preferentemente la acepción estricta del concepto de *habeas data,* salvo en los casos en los que los planteamientos doctrinales, legislativos y jurisprudenciales aconsejan utilizar la noción de *habeas data* en su significado amplio o genérico. En todo caso, la preferencia por la acepción estricta se funda también en el sentido terminológico del *habeas data* y en su inspiración terminológica en el *habeas corpus,* que aluden siempre a una *actio exhibitoria,* o sea, a una puesta a disposición o acceso que se confiere al sujeto titular de la acción.

Desde el punto de vista terminológico, conviene recordar que los Comités de expertos que en Europa elaboraron los trabajos preparatorios de la Directiva 95/46 UE, hicieron hincapié en la necesidad de evitar un equívoco en la fórmula referente a: "protección de datos". En efecto, dichos expertos en el estudio de los impactos jurídicos de las NT y las TIC en los derechos cívicos y, de modo especial, en la intimidad, pusieron de relieve que lo que las normas de protección de datos persiguen, no es la protección del "dato", sino la protección de las "personas en relación con los datos que les conciernen"[112].

---

[111] FLORES DAPKEVICIUS, R., *Amparo habeas corpus y habeas data,* Faira Editor, Montevideo-Buenos Aires, 2011, p. 65.

[112] Cfr., ARENAS RAMIRO, M., *El derecho fundamental a la protección de datos personales en Europa,* Tirant lo Blanch, Valencia, 2006, pp. 275 ss.; PÉREZ LUÑO, A.E., LOSANO, M. Y GUERRERO MATEUS, M.F. *Libertad informática y leyes de protección de datos personales,* Centro de Estudios Constitucionales, Madrid. 1989, pp. 67 ss.

La normativa tutelar de este derecho ha adoptado, no obstante, en la legislación comparada, la terminología de: "Leyes de Protección de Datos Personales". Ello se debe a que el legislador, la jurisprudencia y la doctrina son consciente de que nos hallamos ante la tutela jurídica de un derecho fundamental que, por tanto, se dirige a la garantía de situaciones personales, por ello, más allá de la literalidad de la expresión "protección de datos", se entiende que dicha tutela se refiere siempre a instancias *subjetivas*, "las personas o los ciudadanos", y no a los aspectos *objetivos* a los que hace referencia la protección, o sea, los "datos o informaciones".

Las consideraciones anteriores no pretenden negar la dimensión *objetiva* de la garantía de la intimidad de los ciudadanos, los datos o informaciones, han tenido también importancia en la evolución de esos sistemas de garantía. La doctrina especializada en la defensa de los datos personales ha distinguido tres momentos o generaciones en la evolución del Derecho comparado sobre esta materia. En efecto, la experiencia legislativa de estos últimos años permite distinguir tres generaciones de leyes de protección de datos personales, en las que la regulación jurídica de los "datos", obedece a criterios diferentes.

1) Las leyes de la *primera generación*, se hallaban basadas en la posibilidad de localizar fácilmente los equipos informáticos donde se elaboraban los datos. Su criterio básico era el de la autorización previa de los bancos de datos en una etapa en la que los equipos informáticos eran escasos, voluminosos y fácilmente localizables.

2) Las leyes de la *segunda generación*, tenían como principal objetivo la garantía de los datos "sensibles", por su inmediata incidencia en la privacidad o su riesgo para prácticas discriminatorias, es decir, se trataba de leyes cuyo criterio tutelar se cifraba en la "calidad de los datos", es decir, en la naturaleza más o menos sensible de los mismos, por la intensidad de su repercusión en la privacidad.

3) En la actualidad, prevalece el modelo de las denominadas "leyes de la *tercera generación*", que se han hecho cargo de la revolución microinformática con la consiguiente difusión capilar de los bancos de datos. Esta circunstancia ha hecho obsoleta la garantía derivada de las leyes de la primera generación, al hacer inviable el control previo de los equipos informáticos, según el modelo implantado por aquellas. De igual modo, la tutela de las informaciones ya no puede quedar circunscrita al factor estático de su *calidad*, según el criterio predominante en la segunda generación de leyes de protección de datos, sino que debe hacerse extensiva a la dinámica de su uso o *funcionalidad*[113].

---

[113] Sobre todo ello, vid., PEREZ LUÑO A.E., *Derechos humanos, Estado de Derecho y Constitución*, Tecnos, Madrid, 10ª ed. 2010, pp. 393 ss.

Conviene tener presente que la experiencia de estos últimos años sobre la aplicación de las leyes de protección de datos ha puesto de relieve, de un lado, la dificultad de establecer un catálogo exhaustivo de los datos real o potencialmente "sensibles", y de otro, la evidencia de que cualquier información, en principio neutra o irrelevante, puede convertirse en "sensible" a tenor del uso que se haga de la misma, todo ello sin desconocer la importancia que reviste la protección de determinado tipo de datos, en razón de su "calidad", es decir, por su inmediata referencia a la intimidad o el resto de las libertades.

2. NATURALEZA JURÍDICA DEL *HABEAS DATA*: SU CARÁCTER DE ACCIÓN PROCESAL

Tal como se ha tenido ocasión de exponer, el *habeas data* tiende a garantizar a las personas el derecho de acceso a los datos que les conciernen y que han sido registrados en archivos informáticos o bases de datos.

Al perfilar la naturaleza jurídica de esta institución, Rubén Flores Dapkevicius la caracteriza como una acción procesal consistente: "en el derecho que asiste a toda persona, identificada o identificable, a solicitar la exhibición de los registros, públicos o privados, en los cuales están incluidos sus datos personales o los de su grupo familiar, para tomar conocimiento de su exactitud; a requerir la rectificación, la supresión de datos inexactos u obsoletos o que impliquen discriminación por ser sensibles"[114].

Según Néstor Pedro Sagües, el *habeas data* representa: "una pieza del derecho procesal constitucional configurativa de un amparo especializado, con finalidades específicas"[115]. Se trataría de un procedimiento de amparo referido al acceso, por parte de los ciudadanos a los datos personales que les afectan, como instrumento procesal específico de garantía de la intimidad, a fin de prevenir o evitar abusos informáticos.

Ha señalado Rubén Flores Dapkevicius, que la acción procesal del *habeas data* se presenta en dos modalidades: la pública y privada. La primera se caracteriza por la legitimación procesal activa del Estado para acceder a datos personales secretos, como por ejemplo, información bancaria reservada de los contribuyentes con fines de control de sus obligaciones tributarias. Mien-

---

[114] FLORES DAPKEVICIUS, R., *Amparo habeas corpus y habeas data*, cit., p. 64.

[115] SAGÜES, N.P., "Amparo informativo", en *La Ley*, (ed, Argentina), 1991, p. 1035. Sigue este mismo planteamiento, insistiendo en la naturaleza jurídica de acción procesal del *habeas data*, ORTECHO VILLENA, V.J. *Jurisdicción y Procesos constitucionales. Habeas Corpus y Amparo. Habeas data, Acción popular. Acción de Cumplimiento. Inconstitucionalidad*, Editorial Rhodas, Lima, 2003, pp.183 ss.

tras que el *hábeas data* privado es el derecho que posee todo ciudadano, con legitimación procesal activa suficiente, para proteger sus datos, mediante el ejercicio de la acción de acceso a los mismos[116].

Esta distinción puede conducir a confusiones; lo que este autor denomina *habeas data* público no es en realidad una categoría de *habeas data,* que siempre debe referirse a un derecho fundamental de los ciudadanos, sino que hace referencia a las facultades de información y control que corresponden a los poderes públicos para el cumplimiento de sus funciones. Incluir estas facultades administrativas tradicionales en la figura del *habeas data* puede conducir a graves equívocos y confusiones sobre el significado y alcance de este instituto.

Asimismo, debe juzgarse inadecuada la distinción propuesta por Oscar Raúl Puccinelli, a partir de la regulación del *habeas data* en el constitucionalismo peruano, entre un *habeas data propio* e *impropio.* El primero, haría referencia a la facultad de acceso a los datos personales por parte de las personas concernidas en ello; el segundo, establecería un derecho de acceso genérico a la información contenida en los archivos o registros públicos[117]. El denominado "*habeas data impropio*" no es propiamente una modalidad de ese instituto, sino una categoría jurídica diferente, que obedece a presupuestos distintos y persigue fines ajenos al *habeas data.*

No hay que desconocer, al objeto de evitar equívocos o confusiones, que la figura del acceso de los ciudadanos a los registros públicos posee una naturaleza jurídica manifiestamente distinta a la del *habeas data.* Este derecho de acceso a la información administrativa, que se halla también reconocido en la Constitución española de 1978[118], responde a *presupuestos* diferentes del *habeas data.* En efecto, mientras que en este derecho se toma por objeto la información contenida en registros públicos, por tanto, se trata de información pública, en el *habeas data* el objeto de la acción de acceso se refiere siempre a informaciones o datos personales, es decir, privados. Asimismo, en tanto que la finalidad del derecho a la información pública tiene como fin la *transparencia* de la gestión pública; la finalidad del *habeas data* es la de garantizar el derecho

116 FLORES DAPKEVICIUS, R., *Amparo habeas corpus y habeas data,* cit., p. 65.

117 PUCCINELLI, O. R., "El *habeas data* en las Constituciones indoamericanas. Marco constitucional, jurisprudencial y legislación argentina", en el vol. col. *La defensa de la intimidad y de los datos personales a través del habeas data,* a cargo de GOZAINI, O. A., EDIAR, Buenos Aires, 2001, p.103.

118 "El artículo 105, b)", de la Constitución (CE) establece que la Ley regulará: "El acceso de los ciudadanos a los archivos y registros administrativos, salvo en lo que afecte a la seguridad y defensa del Estado, la averiguación de los delitos y la intimidad de las personas". Cfr., MESTRE DELGADO, J.F., *El derecho de acceso a archivos y registros administrativos. (Análisis del artículo 105b de la Constitución),* Civitas, Madrid, 1993, passim.

fundamental a la intimidad de los ciudadanos, concretado en la protección de sus datos personales.

El *habeas data*, por tanto, es una garantía jurídico-fundamental que persigue que el titular de la acción procesal en que el *habeas data* consiste acceda a las siguientes informaciones:

1) Quién posee informaciones relativas a su persona y por qué cauces legales el poseedor de la información llegó a obtenerlas.

2) Desde qué momento posee dichas informaciones.

3) Con qué garantías está almacenando esas informaciones y qué aplicaciones tecnológicas usa para conservar adecuadamente la información; es decir, qué seguridades ofrece el titular del archivo o base de datos para prevenir daños, manipulaciones o usos indebidos de los mismos.

4) Qué uso ha dado a esa información y qué finalidad persigue para su utilización futura.

5) Conocer a qué personas públicas o privadas, naturales o jurídicas, el titular de los archivos o bases de datos, transmitió informaciones personales referentes al sujeto que ejercita la acción. Asimismo, la facultad de conocer por qué motivo, con qué propósito y en qué fecha fueron transmitidos esos datos personales.

6) La Facultad de comprobar si la información es actualizada y correcta y, de no serlo, solicitar y obtener su actualización o rectificación.

7) La facultad de solicitar la cancelación de los datos personales si no corresponde su almacenamiento a la finalidad que legitima su registro[119].

La dimensión teleológica del *habeas data* se cifra en proteger a los titulares de esa acción procesal contra la invasión de su intimidad, en su acepción más amplia que abarca también a todos los aspectos de la vida privada, del honor y de la imagen de las personas concernidas. Se trata, en definitiva, de una ac-

[119] Estas garantías que concretan y explicitan el contenido de la acción procesal del *habeas data*, han sido objeto de un amplio tratamiento doctrinal. Entre los trabajos más significativos, en la bibliografía española sobre la materia, pueden citarse los siguientes: ALVAREZ CIENFUEGOS, J.M., *La defensa de la intimidad de los ciudadanos y la tecnología informática*, Aranzadi, Pamplona, 1999, pp. 27 ss.; DEL PESO NAVARRO, E. y RAMOS GONZÁLEZ, M.A., *Confidencialidad y seguridad de la información: la LORTAD y sus implicaciones socioeconómicas*, Díaz de Santos, Madrid, 1994, pp. 73 ss.; GARRIGA DOMÍNGUEZ, A., *La protección de los datos personales en el Derecho español*, con Prólogo, de A.E. Pérez Luño, Universidad Carlos III & Dykinson, Madrid, 1999, pp. 53 ss.; id., *Tratamiento de datos personales y derechos fundamentales*, Dykinson, Madrid, 2ª, ed., 2009, pp. 132 ss.; LUCAS MURILLO DE LA CUEVA, P., *El derecho a la autodeterminación informativa*, Tecnos, Madrid, 1990, 187 ss.; id., *Informática y protección de datos personales. Estudio sobre la Ley Orgánica 5/1992, de Regulación de Tratamiento Automatizado de los Datos de Carácter Personal*, Centro de Estudios Constitucionales, Madrid, 1993, pp. 47 ss.; REBOLLO DELGADO, L. y SERRANO PÉREZ, M., *Introducción a la protección de datos*, Dykinson, Madrid, 2ªed., 2008, pp. 193 ss.

ción dirigida a conocer, acceder, rectificar, suprimir y prohibir la divulgación de determinados datos, ya sea porque han sido indebidamente procesados o porque se pretenda utilizarlos o transmitirlos al margen de la finalidad que legitimaba su registro. De este modo, se pueden evitar también el que, a través de un cruce ilegal de archivos, se puedan elaborar "perfiles de personalidad", evitando así calificaciones discriminatorias o erróneas que puedan perjudicar a la persona a que se refieren los datos.

La doctrina extranjera que ha contribuido a elaborar la noción de *habeas data* tiende mayoritariamente a reconocer su naturaleza de acción procesal. No obstante, falta en estas elaboraciones doctrinales la consiguiente profundización de las peculiaridades que reviste la teoría general de la acción procesal cuando se proyecta sobre la categoría de *habeas data*. Por ello, no parece ocioso el avanzar algunas consideraciones respecto a esta importante cuestión procesal.

En España, ha desarrollado una investigación ejemplar sobre el concepto de acción procesal, las controversias doctrinales sobre el mismo y el alcance de esta figura, el profesor Manuel Serra Domínguez. En la amplia exposición que de esta materia ha realizado en una obra en la que trata ampliamente esta cuestión, advierte que: "las dificultades surgen a la hora de precisar el concepto de acción, extremo sobre el que no se ha obtenido acuerdo entre los procesalistas, probablemente debido a barajarse bajo un mismo término instituciones totalmente diversas"[120].

Indica el procesalista Serra Domínguez que la visión dinámica del Derecho requiere como punto inicial de desarrollo el de la acción. La acción, precisamente, permite distinguir entre el carácter jurídico o simplemente económico, o social, de una relación interhumana. La Ley y el Derecho se manifiestan precisamente con el ejercicio de la acción que hace posible su definición en un supuesto concreto. La acción constituye, por tanto, el motor de la dinámica del ordenamiento jurídico. Por ello, desde distintas premisas doctrinales, se considera a la acción como el puente tendido entre el Derecho privado y el proceso, como el nudo que une el derecho material al proceso, y que se haya sostenido que el problema de la acción es el problema de las relaciones entre el derecho y el proceso.

Esta circunstancia determina que "todas las polémicas entabladas sobre el concepto de la jurisdicción tengan su correlación en el estudio de la acción. Con la diferencia de que en este segundo problema la discusión doctrinal se ha polarizado principalmente en tres puntos: si la acción es un derecho, un

---

[120] SERRA DOMÍNGUEZ, M., *Jurisdicción, acción y proceso*, Atelier, Barcelona, 2008, p. 183.

poder, una facultad o una posibilidad; si tiene carácter concreto, es decir, presupone una sentencia favorable, o abstracto, una sentencia de cualquier contenido; y, por último, si va dirigida contra el Juez, contra el Estado o contra el adversario"[121].

En opinión de Serra Domínguez, tan sólo en el segundo planteamiento se aborda realmente el problema de las relaciones entre derecho y proceso; si únicamente tiene acción quien se halla en posesión del derecho, o por el contrario tiene acción cualquier persona que pretenda una resolución judicial determinada. Hace observar, asimismo, que mientras la práctica judicial se muestra partidaria de lo primero, equiparando la excepción de falta de acción a la de falta de derecho, la doctrina científica actualmente predominante se pronuncie en cambio por la segunda orientación[122].

El profesor Francisco Ramos Méndez en su obra *Derecho y Proceso* realizó una amplia y cuidada revisión crítica de las concepciones procesalistas de la acción. A su entender, la evolución histórica de las doctrinas procesales sobre la acción muestran una inicial identificación entre la acción y el derecho subjetivo. Luego estos términos se bifurcan para hacerse independientes, ya que el temor de que ambos conceptos coincidan parecía comprometer la autonomía científica del derecho procesal. Una vez superado ese recelo se inició una paulatina aproximación de los mismos que culmina en una unificación. Esa identificación, en palabras de Ramos Méndez, "paradójicamente no compromete la autonomía conceptual de ambos. En la línea de esta moderna orientación me parece deba ser colocada la teoría de la acción"[123].

El profesor de la Universidad Pompeu Frabra entiende que el concepto de acción debe ser depurado de su contenido tradicional. La acción, en definitiva, "es la expresión de la actividad trascendente al sujeto; un *agere* dinámico y activo que exterioriza al individuo en movimiento, sin resultado material. Es por lo tanto fundamental un acto, en cuanto expresión activa opuesta a un hecho. El contraste acto-hecho es por otra parte fiel reflejo de la idea dialéctica de la acción"[124].

Conviene hacer hincapié en que la acción es una actividad humana, que procede de un sujeto. Esta actividad tiene transcendencia jurídica cuando está regulada por el derecho. "El lenguaje -en palabras de Ramos Méndez- tiene sus propias limitaciones: la acción es jurídica realizándose, esto es, existiendo como tal acción regulada por la norma. La juridicidad existe a la par que la

---

121 Íbid., p.184.

122 Íbid., pp. 184-185.

123 RAMOS MÉNDEZ, F., *Derecho y Proceso*, Bosch, Barcelona, 1978, p. 108.

124 Ibíd., p. 109.

acción; no es un *prius* la regulación jurídica, sino un *simul*. Esto significa que el propio derecho es en sí mismo acción"[125].

La acción humana asume un carácter jurídico-procesal, cuando se desenvuelve en un proceso jurisdiccional. Gracias a la acción existe el proceso, ya que este consiste en una sucesión de actuaciones de las partes procesales. La acción procesal es, además, jurisdiccional, porque es petición del juicio y exigencia del derecho. De este modo, cabe afirmar que: "Si el derecho no existe sin el juicio, éste no existe sin la acción"[126].

La acción resulta, por tanto, necesaria en un triple sentido: "para el sujeto, que pide su derecho mediante ella; para el proceso, en cuanto deviene en gran medida a través del desarrollo de la acción; para el propio ordenamiento jurídico que se crea en el juicio pedido por la acción. Pero es también libre, porque depende tan sólo de la voluntad del sujeto agente. La acción es así iniciativa, pero también desarrollo de la actividad hasta su fin en el juicio"[127].

La posición teórica del profesor Ramos Méndez al concebir la acción como actividad jurídica de las partes, sustituye determinadas actitudes metódicas esencialistas y estáticas por una postura metodológica que se cifra en el análisis lingüístico y funcional del proceso.

A partir de esta nueva perspectiva metódico-procesal se elucida que la acción procesal no es un ente abstracto, sino que se concreta en cuanto se identifica con su ejercicio, en cuanto es petición del juicio por un sujeto concreto; en cuanto con ella se concreta el ordenamiento.

Asumida en su dimensión dinámica y funcional, la acción es el cauce a través del cual el sujeto, es decir, la parte procesal pone en marcha el devenir del proceso. No obstante, junto a la actividad de las partes, el proceso se forma y se integra mediante la actividad jurisdiccional.

Ambas actividades, conjuntas en su desarrollo, "confluyen en el juicio, creación del derecho entre las partes, esto es, del ordenamiento de los sujetos"[128].

Merito relevante del estudio de la acción procesal realizado por el profesor Vicente Gimero Sendra es el de haber ofrecido una visión actualizada de su significado, a partir de su alcance y función en nuestro ordenamiento jurídico, tras la promulgación de nuestro vigente texto constitucional de 1978. Entre los diferentes trabajos en los que este procesalista analiza el papel de la

---

[125] Ibíd., pp. 109-110.

[126] Ibíd., p. 110.

[127] Ibíd., p. 110

[128] Ibíd., p 112

acción procesal en nuestro sistema jurídico, destacan sus obras: *Fundamentos del Derecho Procesal*[129], *Constitución y proceso*[130], *Introducción al Derecho Procesal*[131] y *Los derechos fundamentales y su protección jurisdiccional*[132].

Señala Gimeno Sendra que junto a la dimensión de la jurisdicción en su aspecto orgánico o estático, compete al Poder Judicial, tal como señala la Constitución en su art. 117.3 la potestad jurisdiccional, la cual, en la inmensa mayoría de los conflictos, no se activa de oficio, sino que es preciso que alguien provoque su actuación mediante el ejercicio de un derecho, que la doctrina procesal desde siempre ha denominado "derecho de acción", y que la Constitución lo designa como "derecho a la tutela judicial efectiva", proclamado por el art. 24.1 CE[133].

Como consecuencia del ejercicio de este derecho fundamental, que corresponde a "todos" (personas jurídicas y físicas, nacionales o extranjeras), los particulares tienen siempre la posibilidad de acceder a los tribunales para la interposición de sus pretensiones o para oponerse a ellas. De este modo, plantean unas actuaciones dirigidas a obtener de los juzgados y tribunales la satisfacción de sus respectivas pretensiones u oposiciones, con el fin de que pueda resolverse definitivamente el conflicto.

Recuerda Gimeno Sendra que en el proceso civil rige el principio "dispositivo", cuya primera y principal característica es la del cumplimiento de los postulados: axiomas "*ne procedat iudex ex oficio*" o el de que "donde no haya un actor que no exista ningún juez".

Como consecuencia de la vigencia de este principio, para poner en marcha la actividad jurisdiccional del Estado es necesaria una petición o impulso de parte y, precisamente, en ello consiste el ejercicio del derecho de acción[134].

---

129 GIMENO SENDRA, V., *Fundamentos del Derecho Procesal (Jurisdicción, acción y proceso),* Civitas, Madrid, 1981, pp. 127 ss.

130 GIMENO SENDRA, V., *Constitución y proceso,* Tecnos, Madrid, 1988, pp. 73 ss.

131 GIMENO SENDRA, V., *Introducción al Derecho Procesal,* UNED & COLEX, Madrid, 8ª ed., 2013, pp. 241 ss. id. GIMENO SENDRA, V,. *Manual de derecho procesal penal,* UNED & Colex, Madrid, 3ª. ed.2013. pp. 117 ss. En relación con el concepto de acción procesal son también de gran interés, en el ámbito de la doctrina española, los trabajos de: DÍAZ PITA, P., *Introducción al derecho procesal: jurisdicción, acción y proceso,* Red de impresión, Sevilla, 2015. pp. 127 ss.

132 GIMENO SENDRA, V., TORRES DEL MORAL, A., MORENILLA ALLARD, P. y DÍAZ MARTÍNEZ, M., *Los derechos fundamentales y su protección jurisdiccional,* COLEX, Madrid, 2007, pp. 523 ss.

133 GIMENO SENDRA, V., *Fundamentos del Derecho Procesal (Jurisdicción, acción y proceso)*, cit., pp. 129 ss.; id., *Constitución y proceso,* cit., pp. 74 ss.

134 GIMENO SENDRA, V., *Introducción al Derecho Procesal,* cit., p. 241.

El profesor Gimero Sendra, infiere de la amplia y consolidada doctrina del Tribunal Constitucional sobre el derecho a la tutela judicial efectiva del art. 24 CE, que se puede definir el derecho de acción: "como un derecho fundamental que asiste a todo sujeto de Derecho, a acceder libremente al Poder Judicial, a través de un proceso con todas las garantías y, en su caso, a todas sus instancias, deducir en él una pretensión u oponerse a ella y obtener de los juzgados y tribunales una resolución definitiva, motivada y razonada, fundada en Derecho, congruente y, a ser posible, de fondo, que ponga irrevocablemente término al conflicto, así como a obtener la ejecución de lo resuelto"[135].

Señala este autor que el ejercicio del derecho de acción, en nuestro ordenamiento jurídico, no puede ejercitarse a través de cualquier procedimiento, sino, tal y como el número 2 del art. 24 CE señala, mediante un "proceso con todas las garantías", lo que implica, en primer lugar, que dicho ejercicio de la acción lo sea ante el juez legal imparcial o "predeterminado por la Ley" (art. 24.2 CE) y, en segundo lugar, que ese instrumento que tiene el juez para satisfacer las pretensiones y resistencias, esto es, el proceso, sea respetuoso con los principios de contradicción, igualdad de armas, dispositivo en el proceso civil y acusatorio, en el penal. Asimismo, el pleno desarrollo del ejercicio del derecho de acción comporta el derecho a la obtención de una sentencia de fondo, es decir, motivada, fundada y congruente.

Recuerda también Gimeno Sendra que el derecho a la obtención de una resolución motivada, razonada y fundada en Derecho que trae causa de cuanto prescribe el art. 120.3 CE, conforme al cual "las sentencias serán siempre motivadas", ha sido entendido por el TC de forma que incluye en el derecho a la tutela la obligación de los juzgados y tribunales de motivar las sentencias. No obstante, este deber constitucional de motivación de las sentencias no puede ser meramente formal (por ejemplo, mediante la utilización de fórmulas impresas), sino que ha de dar respuesta al objeto procesal trazado por las partes. Y así, la sentencia, en primer lugar, ha de ser motivada en los hechos, lo que implica la determinación de los hechos probados y la expresión del razonamiento por el cual el tribunal obtiene su conclusión, exigencia que ha de ser superior en el proceso penal cuando se trate de la valoración de la prueba indiciaria (SSTC 174/1985, 175/1985, SSTS 77 y 102/2009, de 5 y 3 de febrero, 548/2009, de 1 de junio, 27312010, de 3 de marzo).

Asimismo, ha de ser motivada también en la premisa mayor del silogismo judicial, es decir, en los Fundamentos de Derecho, en el que se ha de invocar el Derecho aplicable e interpretarlo adecuadamente, pues como señalan las SSTC 86, 87 y 102/2000, "la motivación debe contener una fundamentación

---

[135] Ibíd., p. 242.

en Derecho, esto es, que el fundamento de la decisión sea la aplicación no arbitraria de las normas que se consideren adecuadas al caso, pues tanto si la aplicación de la legalidad es fruto de un error patente, como si fuere "arbitraria, manifiestamente irrazonada o irrazonable" no podría considerarse fundada en Derecho, dado que la aplicación de la legalidad sería tan sólo una mera apariencia" (SSTC 23/1987; 119/1998,219/ 125/2010).

Advierte Gimeno Sendra que el deber de motivación, sufrió una grave grieta al permitir el Tribunal Constitucional, en una jurisprudencia que parte de la STC 116/1998 (con voto particular del propio Gimeno Sendra en su condición de magistrado del TC en esa etapa), y secundaron distintas decisiones, la denominada "motivación por remisión" o implícita a las alegaciones de las partes o a los Fundamentos Jurídicos de las sentencias recaídas en la instancia. Luego, en actitud que debe considerarse como certera, el TC cambió esta jurisprudencia y a partir de la STC 34/2007 exige una contestación individualizada a la motivación del recurso o de la pretensión[136]. Con ello, se consolida la importancia de la motivación para el ejercicio del derecho de acción y la tutela efectiva del mismo.

La garantía del derecho de acción se completa y culmina, de acuerdo con cuanto expone el profesor Gimeno Sendra en relación con su tutela en nuestro ordenamiento jurídico, con la ejecución de las sentencia. En efecto, la tutela que han de dispensar los jueces y tribunales, ha de ser "efectiva" lo que implica que el derecho fundamental a dicha tutela exige que se lleve a la práctica el fallo o parte dispositiva de las sentencias, pues la satisfacción, que ha de otorgar el proceso, "ha de ser plena y práctica y no meramente platónica o irreal"[137].

El profesor José Martín Ostos recuerda que, en la actualidad, la acción se presenta estrechamente relacionada con la potestad estatal de la jurisdicción. La acción asume, por tanto, el papel de alternativa obligada y consecuente a la jurisdicción. Si el Estado posee el monopolio de la Administración de Justicia, deberá reconocer, correlativamente, al ciudadano el derecho a acceder a la justicia. De no ser así, se correría el riesgo de retornar a situaciones pretéritas de tutela y reivindicación privada de sus derechos[138].

De ello se deriva que el derecho de acción contiene: "el reconocimiento de todo un cúmulo de derechos, obligaciones, expectativas y cargas procesa-

---

136 ibíd., 247-248.

137 Ibíd, 249.

138 MARTÍN OSTOS, J., *Introducción al Derecho Procesal*, Astigi, Sevilla, 3ªed., 2008, p.59; MARTÍN OSTOS, J., PÉREZ MARÍN, M. A. Y MARTÍN RÍOS, P., *Materiales de derecho procesal. Tomo III, Proceso penal*, Tecnos, Madrid, 2011, pp. 94 ss.

les, incluido el planteamiento de todos los incidentes posibles, de todos los trámites legales y de todos los recursos pertinentes"[139].

La acción no se completa con el mero momento de su incoación. Su ejercicio inicial requiere que se prosiga con la tramitación posterior, incluida la ejecución de la declaración judicial obtenida en su caso.

El profesor Martín Ostos, destaca como características básicas de la acción las siguientes:

1) La acción debe ser *universal*, es decir debe ser atribuida a todos, sin excepción, sean personas físicas o jurídicas. Cualquier discriminación en su reconocimiento a determinadas personas o grupos repugnará a su propia naturaleza. Si la acción constituye el aspecto correlativo del monopolio estatal de la jurisdicción, la acción deberá reconocerse a todos los ciudadanos del Estado.

   La tendencia humanitaria al reconocimiento de la universalidad de los derechos humanos, se refleja en este punto en la tendencia a reconocer el derecho de acción a los extranjeros. Tal derecho opera con plena intensidad en quienes son ciudadanos miembros de Estados integrados en la Unión Europea.

   Las personas que carecen de capacidad procesal podrán, no obstante, ejercer sus acciones a través de sus representantes legales.

2) La acción debe ser *general,* o sea, su reconocimiento ha de ser amplio, sin límites, por lo que se refiere a las diversas posibilidades procesales. La acción se podrá ejercitar en todas las instancias jurisdiccionales y fases del procedimiento judicial.

3) La acción debe ser *libre,* debe ejercitarse libremente, con plena autonomía de la libertad del actor. Sería contrario a su carácter como derecho fundamental su ejercicio involuntario, o el realizado por un tercero sin consentimiento del titular. Por tanto, nadie puede ser obligado a acudir en demanda de justicia a los tribunales, ni debe resultar suplantada su voluntad, ni debe tener confundido su ánimo al respecto. Es consustancial a la naturaleza de la acción su ejercicio libre y consciente. De igual modo, deberán evitarse obstáculos insalvables (por ejemplo, tasas desorbitadas, que determinen la imposibilidad material de ejercer este derecho y nieguen o limiten su ejercicio efectivo).

4) La acción de ser *legal,* debe hallarse prevista en el ordenamiento jurídico y ejercitarse en el seno de los cauces normativos procesales reconocidos por éste.

---

[139] Ibíd., p. 61.

5) La acción debe ser *efectiva*, ya que la eficacia o efectividad constituyen su finalidad insoslayable. La misma consiste en el logro de los efectos deseados y que motivaron su incoación. El mero reconocimiento formal de un derecho, sin que tal reconocimiento produjera los oportunos efectos, desembocaría en la indefensión del actor y en la vulneración de su derecho fundamental a la tutela judicial efectiva[140].

Estas características de la acción procesal se cumplen puntualmente en la acción del *habeas data*. En efecto, cada una de ellas halla su reflejo en esta institución y puede predicarse de los presupuestos configuradores de su naturaleza jurídica.

I) Por tratarse de una acción ligada a la tutela del derecho fundamental a la intimidad, en su modalidad de protección de datos personales, la acción procesal del *habeas data* debe reconocerse en términos de *universalidad* a toda persona. El derecho de acceso a los registros y archivos informatizados debe reconocerse a toda aquella persona que se halle concernida por las informaciones contenidas en esas bases de datos.

II) El reconocimiento de la acción procesal del *habeas data* debe realizarse en términos del mayor grado de *generalidad*. Su ámbito de ejercicio debe considerarse extendido a todos los tipos de registros de datos que afecten a la vida cívica: informaciones de carácter penal, patrimonial, sanitario, fiscal, laboral... Por ello, existen modalidades de *habeas data* adaptadas a cada uno de los ámbitos jurídicos de su incidencia.

III) Por su condición de acción tutelar de un derecho fundamental, el *habeas data* debe ejercerse con plena *libertad*. No es concebible la limitación arbitraria de su ejercicio o la negación injustificada del mismo.

IV) Por tratarse de una acción procesal, el *habeas data* debe hallar la correspondiente previsión *legal* en el ordenamiento jurídico. El reconocimiento y regulación normativa del *habeas data* es una condición necesaria para su invocación ante las instancias jurisdiccionales competentes de los Estados de Derecho.

V) Por último, la propia finalidad del *habeas data* implica la *eficacia* de su ejercicio. El *habeas data* tiene por objeto el acceso a las informaciones registradas en bases de datos por parte de las personas concernidas y sólo cuando se consigue dicho acceso se puede considerar que esta acción procesal ha logrado su objetivo.

Estas características serán objeto de una consideración demorada en pormenores y, por tanto, explicitada en los capítulos siguientes de esta investigación. En ellos, se estudiarán las distintas fases en las que se sustancia el proce-

---

[140] Ibíd., pp. 61-64.

dimiento del *habeas data*, así como las principales modalidades o versiones en las que se manifiesta esta institución en el seno del ordenamiento jurídico.

3. ORÍGENES Y PRESUPUESTOS DEL DERECHO COMPARADO DEL *HABEAS DATA*

El derecho de acceso y control a los datos personales informatizados por parte de las personas concernidas, comenzó a forjarse en la doctrina científica, la jurisprudencia y la legislación de Europa y América, en los inicios de la década de los años 70 del pasado siglo. La inquietud sobre las agresiones a la intimidad que podían desprenderse por usos indebidos de las NT y las TIC, tal como se ha tenido ocasión de exponer en la Primera Parte de esta investigación, suscitó un progresivo debate entre los teóricos del derecho, que luego influyó en algunas decisiones jurisprudenciales y se tradujo también en previsiones constitucionales y legislativas sobre la materia.

La temática relativa al "*habeas data*", surgió en el seno de la doctrina jurídica norteamericana en la etapa inmediatamente anterior y posterior a la promulgación de la *Privacy Act*, en el año 1974[141]. A través de esa institución se pretendía establecer una garantía procesal frente a la vulneración de la privacidad realizada a través de usos indebidos o abusivos de equipos informáticos.

En Europa se han promulgado una serie de normas de protección de datos en las que se ha regulado el derecho de acceso de los ciudadanos a las informaciones que les conciernen, siendo también objeto de la Directiva 95/46 de la UE. En Europa el derecho de los ciudadanos a acceder a las informaciones que les conciernen se acogió, por vez primera, en la Ley de Protección de Datos (*Datenshutz*) promulgada por el Parlamento del Land de Hesse, perteneciente a la República Federal de Alemánia, que data del año 1970. Luego fue promulgada, la Ley federal para la protección de datos *(Bundesdatenschutzgesetz)* de 27 de enero de 1977 para la protección de los datos personales de todos los ciudadanos alemanes. Estas normas germanas fueron pioneras en esa importante tarea tutelar procesal de los derechos y libertades frente al riesgo de eventuales, aunque cada vez más frecuentes, abusos de los equipos informáticos. En Francia, tras la promulgación de la Ley sobre informática, ficheros y libertades de 6 de enero de 1978 se creó una Comisión, concebida como un organismo independiente, y cuya misión es la de garantizar, entre otras facul-

---

[141] Cfr. :Miller, A., *The Assault on Privacy*, The University of Michigan, Ann Arbor, 1971; Westin, A., *Privacy and Freedom*, Atheneum, New York, 1967; Westin A. y Baker, M., *Databanks in a Free Society*, Quadrangle Books, New York, 1972.

tades, el derecho de acceso de los ciudadanos franceses a sus datos personales frente a utilizaciones indebidas de la informática. Tras la promulgación de la Directiva 95/46 CE de Protección de Datos Personales, se extendió a todos los Estados miembros de la Unión Europea, el derecho a la libertad informática, una de cuyas principales garantías es la acción procesal de acceso a los datos que les conciernen registrados en archivos informatizados[142].

La protección de la intimidad frente a la informática adquirió rango constitucional en los textos de Portugal de 1976 art. 35 [143], así como en el art. 18.4 de la Constitución española de 1978 [144]. En España, las ya mencionadas LORTAD y LOPRODA, que desarrollan el mencionado artículo 18.4 de la Constitución, han acogido el derecho de acceso, sin emplear la expresión de "*habeas data*", aunque asumiendo plenamente su significado y función, tal como habrá ocasión de estudiar en el Capítulo siguiente de este trabajo. No obstante, en la doctrina han aparecido estudios monográficos en los que se alude expresamente y con esa denominación a la figura del *habeas data*[145].

En la jurisprudencia europea han tenido especial relevancia, por su contribución a difundir la importancia del *habeas data* como garantía de las libertades en la era tecnológica, dos sentencias a las que conviene aludir.

La primera hace referencia a una célebre Sentencia del Tribunal Constitucional de la República Federal de Alemania, que data del 15 de diciembre de 1983. Dicha decisión, a instancia de los Verdes, declaró parcialmente inconstitucional la Ley del Censo de Población que obligaba a los ciudadanos germanos a suministrar datos personales para fines estadísticos, sin las debi-

---

142 ARENAS RAMIRO, M., *El derecho fundamental a la protección de datos personales en Europa*, Tirant lo Blanch, Valencia, 2006, passim; PEREZ LUÑO, A.E., PEREZ LUÑO, A.E. LOSANO, M. Y GUERRERO MATEUS, M.F., *Libertad informática y leyes de protección de datos personales*, Centro de Estudios Constitucionales, Madrid, 1989, passim.

143 La Constitución portuguesa de 1976 establece en su artículo 35: "Todos los ciudadanos tendrán derecho a tomar conocimiento de lo que conste en forma de registros mecanográficos acerca de ellos y de la finalidad a que se destinan las informaciones, y podrán exigir la rectificación de los datos, así como su actualización; 2) No se podrá utilizar la informática para el tratamiento de datos referentes a convicciones políticas, fe religiosa o vida privada, salvo cuando se trate de la elaboración de datos no identificables para fines estadísticos, y 3) Se prohíbe atribuir un número nacional único a los ciudadanos".

144 El artículo 18.4 de la CE proclama: "La Ley limitará el uso de la informática para garantizar el honor y la intimidad personal y familiar de los ciudadanos y el pleno ejercicio de sus derechos".

145 PEREZ LUÑO, A.E., "Intimidad y protección de datos personales: del habeas corpus al *habeas data*", en *Estudios sobre el derecho a la intimidad*, ed. a cargo de L. García San Miguel, Tecnos, Madrid 1992, p. 36 ss.; id., "Del Habeas Corpus al *Habeas data*", en el vol. col. *Encuentros sobre Informática y Derecho* 1990-1991, ed. a cargo de M.A. Davara, Universidad Pontificia de Comillas, Madrid & Aranzadi Editorial, Pamplona, pp. 171 ss.

das garantías de sus derechos de acceso y consentimiento sobre el tratamiento de los mismos. En dicha decisión jurisprudencial se reconocía el derecho a la "autodeterminación informativa", hasta entonces invocado por la doctrina jurídica, y concretado en la facultad de todo ciudadano de las sociedades democráticas de determinar: quién, qué, cuándo y con qué motivo puede conocer datos que le conciernen, así como a la posibilidad de acceder a los datos personales registrados en archivos informáticos. La doctrina germana ha calificado a la Sentencia sobre la Ley del Censo de Población de "Sermón de la Montaña" en materia de protección de datos personales[146].

En el ámbito de las decisiones jurisprudenciales europeas sobre el significado y alcance del *habeas data* en el marco de las libertades, resulta oportuno aludir, por su relevancia, a la Sentencia del Tribunal de Justicia de la UE de 6 de noviembre de 2003[147]. Dicha sentencia tiene por objeto una petición dirigida al Tribunal de Justicia, con arreglo al artículo 234 CE, por el Góta hovrátt de Suecia, destinada a obtener, en el proceso penal seguido ante dicho órgano jurisdiccional contra Bodil Lindqvist, una decisión prejudicial sobre la interpretación de la Directiva 95/46/CE del Parlamento Europeo y del Consejo, de 24 de octubre de 1995, relativa a la protección de las personas físicas en lo que respecta al tratamiento de datos personales y a la libre circulación de estos datos.

Bodil Lindqvist, además de su trabajo retribuido como empleada de mantenimiento, desempeñaba funciones de catequista en la parroquia de Alseda (Suecia). Hizo un curso de informática en el que, entre otras cosas, tenía que crear una página web en Internet. A finales de 1998, la Sra. Lindqvist creó, en su domicilio y con su ordenador personal, varias páginas web con el fin de que los feligreses de la parroquia que se preparaban para la confirmación pudieran obtener fácilmente la información que necesitaran. A petición suya, el administrador del servidor de Internet de la Iglesia de Suecia creó un enlace entre las citadas páginas y dicho centro servidor.

Las páginas web de que se trata contenían información sobre la Sra. Lindqvist y dieciocho de sus compañeros de la parroquia, incluido su nombre

---

[146] Esta Sentencia se ha publicado en trad, cast., de M. Daranas, en *Boletín de Jurisprudencia Constitucional,* 1984, n. 33, pp. 126 ss. Sobre el derecho a la autodeterminación informativa en la doctrina germana, vid., DENNINGER, E., "El derecho a la autodeterminación informativa", trad. cast. de A. E. Pérez Luño, en el vol. col. *Problemas actuales de la documentación y la informática* (Actas del Coloquio Internacional celebrado en la Universidad de Sevilla, 5 y 6 de marzo de 1986), a cargo de A. E. Pérez Luño, Tecnos/Fundación Cultural Enrique Luño Peña, Madrid, 1987, pp. 268 ss.; LUCAS MURILLO DE LA CUEVA, P., *El derecho a la autodeterminación informativa,* Tecnos, Madrid, 1990, passim.

[147] Sentencia del Tribunal de Justicia de la UE de 6 de noviembre de 2003 (asunto C-101/01).

completo o, en ocasiones, sólo su nombre de pila. Además, la Sra. Lindqvist describía en un tono ligeramente humorístico las funciones que desempeñaban sus compañeros, así como sus aficiones. En varios casos se mencionaba la situación familiar, el número de teléfono e información adicional. Asimismo, señaló que una de sus compañeras se había lesionado un pie y se encontraba en situación de baja parcial por enfermedad. La Sra. Lindqvist no había informado a sus compañeros de la existencia de estas páginas web, por tanto, tampoco había facilitado el acceso a esos datos personales a las personas concernidas (*habeas data*), ni había solicitado su consentimiento, ni tampoco había comunicado su iniciativa a la Datainspektion (organismo público sueco para la protección datos personales, equivalente a lo que en España representa la Agencia de Protección de Datos). En cuanto supo que algunos de sus compañeros no apreciaban las páginas web controvertidas, las suprimió. El ministerio fiscal inició un proceso penal contra la Sra. Lindqvist por infracción de la legislación sueca de protección de datos personales (Personuppgiftslag, de 1998, en adelante PUL), y solicitó que fuese condenada por:

1) haber tratado datos personales de modo automatizado sin haberlo comunicado previamente por escrito a la Datainspektion y sin haber establecido las debidas garantías, entre ellas el *habeas data*, para los titulares de esos datos personales (artículo 36 de la PUL);

2) haber tratado sin autorización datos personales sensibles, como los relativos a la lesión en un pie y a la baja parcial por enfermedad (artículo 13 de la PUL);

3) haber transferido datos de carácter personal a países terceros sin autorización (artículo 33 de la PUL).

La Sra. Lindqvist reconoció los hechos, pero negó que hubiera cometido una infracción. El Eksjö tingsrätt (Suecia) la condenó al pago de una multa; la Sra. Lindqvist recurrió en apelación esta resolución ante el órgano jurisdiccional remitente.

El Tribunal de Justicia de la UE, pronunciándose sobre las cuestiones planteadas por el Göta hovrätt mediante resolución de 23 de febrero de 2001, declaró:

1) Que la conducta referente a elaborar informaciones sobre personas, en una página web, que permiten su identificación por su nombre o por otros medios, como su número de teléfono o información relativa a sus condiciones de trabajo y a sus aficiones, constituye un "tratamiento total o parcialmente automatizado de datos personales" en el sentido del artículo 3, apartado 1, de la Directiva 95/46/CE.

2) Que un tratamiento de datos personales de esta naturaleza no está comprendido en ninguna de las excepciones que figuran en el artículo 3 apartado 2, de dicha Directiva.

3) Que la indicación de que una persona se ha lesionado un pie y está en situación de baja parcial constituye un dato personal relativo a la salud en el sentido del artículo 8, apartado 1, de la Directiva 95/46.

4) Que no existe una "transferencia a un país tercero de datos" en el sentido del artículo 25 de la Directiva 95/46 cuando una persona que se encuentra en un Estado miembro difunde datos personales en una página web, almacenada por una persona física o jurídica que gestiona el servidor de Internet en el que se puede consultar la página web que tiene su domicilio en el mismo Estado o en otro Estado miembro, de modo que dichos datos resultan accesibles a cualquier persona que se conecte a Internet, incluidas aquellas que se encuentren en países terceros.

5) Que las disposiciones de la Directiva 95/46 no entrañan, por sí mismas, una restricción contraria al principio general de la libertad de expresión o a otros derechos y libertades vigentes en la Unión Europea y que tienen su equivalente, entre otros, en el artículo 10 del Convenio Europeo para la Protección de los Derechos Humanos y de las Libertades Fundamentales de 1950. Incumbe a las autoridades y a los órganos jurisdiccionales nacionales encargados de aplicar la normativa nacional que adapta el Derecho interno a la Directiva 95/46 garantizar el justo equilibrio entre los derechos e intereses en juego, incluidos los derechos fundamentales tutelados por el ordenamiento jurídico comunitario, (entre los que figura el *habeas data*).

6) Que las medidas adoptadas por los Estados miembros para garantizar la protección de los datos personales deben atenerse tanto a las disposiciones de la Directiva 95/46 como a su objetivo, que consiste en mantener el equilibrio entre la libre circulación de datos personales y la tutela del derecho a la intimidad, una de cuyas principales garantías procesales respecto a los datos personales registrados en archivos informáticos es, precisamente, el *habeas data*. En cambio, nada impide que un Estado miembro extienda el alcance de la normativa nacional que adapta el Derecho interno a lo dispuesto en la Directiva 95/46 a situaciones que no están comprendidas en el ámbito de aplicación de esta última, siempre que ninguna otra norma de Derecho comunitario se oponga a ello.

Esta decisión del Tribunal de Justicia de la UE, resulta importante, porque la jurisprudencia del Tribunal de Luxemburgo quedó circunscrita, casi por completo, a cuestiones de índole económico y comercial. En esta sentencia, al versar sobre la aplicación de la Directiva 95/46 de la propia UE, el Tribunal se planteó cuestiones que afectan directamente al estatuto de las libertades en la UE.

En el "caso Lindqvist" se advierte, la ambivalencia de las NT y las TIC desde el punto de vista del desarrollo y la tutela de los derechos fundamentales. En su polaridad positiva, las NT y las TIC suponen un vehículo potenciador de las libertades de expresión y comunicación de datos e ideas, que se consideran derechos irrenunciables de las sociedades políticas democráticas contemporáneas y, en concreto, de la UE. Pero, en su polo negativo, se vislumbran riesgos inquietantes en relación con usos abusivos de Internet que directamente menoscaban el ámbito íntimo de los ciudadanos. En el caso de referencia el Tribunal de la UE, consciente de esa ambivalencia, ha optado por una actitud de equilibrio es decir, por una ponderación de bienes. A través de esa actitud mediadora, pretende compatibilizar el disfrute del derecho a la intimidad, garantizado por la acción procesal de *habeas data*, con el ejercicio de la libertad de expresión en el uso de la red en el espacio europeo.

Respecto a los riesgos tecnológicos, la sentencia del 6 de noviembre de 2003, supone una garantía contra cualquier elaboración de páginas web en Internet, en las que se incluyan datos personales, especialmente informaciones sensibles, sin que se cumplan los requisitos establecidos en la Directiva 95/46, entre ellos el derecho de acceso o *habeas data* por parte de las personas concernidas, así como en las legislaciones de los Estados miembros de la UE que la han adaptado a su orden jurídico interno.

4. EL *HABEAS DATA* EN LA EXPERIENCIA CONSTITUCIONAL IBEROAMERICANA

La recepción jurídica del *habeas data*, ha tenido un desarrollo especialmente relevante en el constitucionalismo iberoamericano contemporáneo. La recepción en estos países de las normas constitucionales de España y Portugal sobre la defensa de la intimidad frente a la informática, han producido una experiencia normativa específicamente dedicada a la tutela constitucional del *habeas data*. Por la actualidad e interés de estas manifestaciones del Derecho comparado del *habeas data*, así como por no haber sido objeto, todavía de una atención doctrinal en la bibliografía jurídica española, se apuntarán aquí algunas de las manifestaciones básicas de dicha experiencia normativa constitucional.

Así, en la Constitución de Guatemala de 1985, se dispuso: Art. 31. "Toda persona tiene el derecho de conocer lo que de ella conste en archivos, fichas o cualquier otra forma de registros estatales, y la finalidad a que se dedica. Quedan prohibidos los registros y archivos de filiación política, excepto los propios de las autoridades electorales y de los partidos políticos".

Dos años más tarde, en 1987, la Constitución de Nicaragua proclamó: Art. 26. "Toda persona tiene derecho: 1. A su vida privada y la de su familia. 2. A la inviolabilidad de su domicilio, su correspondencia y sus comunicaciones de todo tipo. 3. Al respeto de su honra y reputación. 4. A conocer toda información que sobre ella hayan registrado las autoridades estatales, así como el derecho de saber por qué y con qué finalidad tiene esa información"[148].

Un año más tarde, la Constitución del Brasil de 1988 modificará esa tendencia de establecer únicamente un derecho de control sobre los datos o pregonar que la informática no deberá afectar a la intimidad de las personas, y sin establecer los principios relativos al tratamiento de los datos ni reconocer un derecho al control de los mismos, regulará la garantía específica de acceso a los datos personales, utilizando expresamente la terminología de "*habeas data*". Así, se declara en el Art. 5. LXXII. "Se concederá *habeas data*: a) para asegurar el conocimiento de informaciones relativas a la persona del solicitante, que consten en registros o bancos de datos de entidades gubernamentales o de carácter público; b) para rectificar datos, cuando no se prefiriera hacerlo por procedimiento secreto, judicial o administrativo". A su vez, en el precitado artículo 5, apartado LXXVII, se prescribe: "Son gratuitas las acciones de *habeas corpus* y *habeas data* en la medida que la ley disponga los actos necesarios para el ejercicio de la ciudadanía. 1. Serán de aplicación inmediata las normas definidoras de los derechos y garantías fundamentales. 2. Los derechos y garantías indicados en esta Constitución no excluyen otras que deriven del régimen y principios adoptados por ella o de los tratados internacionales en que la República Federativa del Brasil sea parte". Además de estas normas, que regulan el núcleo esencial del *habeas data* brasileño, la Constitución brasileña trae otras, reguladoras de aspectos secundarios, relativos a la competencia judicial para el enjuiciamiento de acciones de este tipo.

La Constitución brasileña no traza un dispositivo autónomo que contemple el derecho de conocer y de rectificar datos personales, sino que ese derecho es otorgado en la misma disposición normativa que instituye los instrumentos de su tutela. Con ello se refuerza la naturaleza jurídica de acción procesal del instituto del *habeas data*. La norma constitucional tuvo, por tanto, una finalidad de garantía procesal de la situación jurídica de los afectados por injerencias indebidas en sus datos personales.

---

[148] Sobre la regulación de *habeas data* en las Guatemala y Nicaragua, vid.: PIZZOLO, C., "El *habeas data* en el Derecho constitucional latinoamericano", en el vol. col. *La defensa de la intimidad y de los datos personales a través del habeas data*, a cargo de GOZAINI, O. A., EDIAR, Buenos Aires, 2001. pp. 65 ss.

Según los comentaristas de este texto, el precepto constitucional tendía a la tutela de los ciudadanos frente a las informaciones manipuladas y ocultas en los archivos de inteligencia gubernamental, por lo general distorsionadas u obtenidas por métodos arbitrarios. El *habeas data* fue incorporado a la Constitución brasileña de 1988 como consecuencia de la proyección de las disposiciones sobre protección de datos personales contenidas en la Constitución de Portugal de 1976, las cuales fueron establecidas, en gran medida, con el fin de permitir el acceso a las informaciones que se encontraban en poder de la arbitraria y violenta policía política, creada por Oliveira Salazar.

De manera similar, en la Policía brasileña y el Servicio Nacional de Informaciones se ocupaban de determinar quiénes eran los opositores al régimen de facto que culminó en 1985, y de perseguirlos. Por ello, con la misma finalidad que motivó la incorporación de la norma portuguesa, y en la inteligencia de facilitar el ingreso a tales archivos y permitir actuar sobre ellos, se consagró el *habeas data.*

Una vez promulgada la norma constitucional, el ya citado artículo 5, apartado LXXII, fue desarrollado por vía reglamentaria diez años más tarde, pero limitándose dicha regulación a los aspectos procesales del *habeas data,* sin tratar conjunta ni separadamente las reglas relativas al tratamiento de los datos personales[149].

La Constitución colombiana de 1991 asumió la problemática del *habeas data* e incorporó reglas relativas al tratamiento de datos personales, aunque no siguió el esquema brasileño, estableciendo: Art. 15. "Todas las personas tienen derecho a su intimidad personal y familiar y a su buen nombre, y el Estado debe respetarlos y hacerlos respetar. De igual modo, tienen derecho a conocer, actualizar y rectificar las informaciones que se hayan recogido sobre ellas en bancos de datos y en archivos de entidades públicas y privadas. En la recolección, tratamiento y circulación de los datos se respetarán la libertad y demás garantías consagradas en la Constitución".

El derecho reconocido en el art. 15 fue defendido rápida y reiteradamente a través de la acción de tutela consagrada en el art. 86 de la Constitución, y debido al sistema mixto de control de constitucionalidad imperante en ese país, la Corte Constitucional tuvo oportunidad de emitir una buena cantidad de fallos sumamente valiosos donde desarrolla muy puntualmente -a falta de una ley especial- los principios que deben respetarse en el tratamiento de da-

---

[149] CRETELLA JUNIOR, J., *Os "writs" na Constituçao de1988,* Forense Universitaria, Río de Janeiro, 1989, pp.133 ss.; LOPES MEIRELLES, H., *Mandado de segurança, açao popular, habeas data,* Malheiros Editores, Sau Paulo, 1991, pp153 ss.

tos personales, y denomina al derecho contenido en la norma constitucional expresamente como de "*habeas data*".

Un año después, la Constitución paraguaya de 1992 incorpora la siguiente previsión: Art. 135. "Toda persona puede acceder a la información y a los datos que sobre sí misma, o sobre sus bienes, obren en registros oficiales o privados de carácter público, así como conocer el uso que se haga de los mismos y de su finalidad. Podrá solicitar ante el magistrado competente la actualización, rectificación o la destrucción de aquéllos, si fuesen erróneos o afectaran ilegítimamente sus derechos".

La norma fue incluida a partir de la propuesta de una comisión formada por investigadores, magistrados y docentes, que tomaron al instituto de la disposición contenida en el art. 31 de la Constitución guatemalteca y de las reglas incorporadas en la Carta brasileña de 1988 y la Constitución colombiana de 1991.

Entre las motivaciones que llevaron a aprobar el texto paraguayo, se tuvieron presente aquellas que impulsaron la creación del *habeas data* en el Brasil. Se quiso evitar que las informaciones en poder de la Policía, no quedaran fuera de control por parte de las personas concernidas, con la consiguiente tutela judicial de éstas.

Así ocurrió luego, efectivamente, pues tras la vigencia de la norma se interpuso un *habeas data* contra la Policía Nacional -por vía penal- para que ésta le exhibiera a la persona afectada los datos personales que sobre su persona obraban en los registros de aquélla. La magistratura paraguaya aceptó dicha acción de *habeas data* obligando a los responsables de los archivos policiales a permitir el acceso de sus datos personales a la persona concernida ejercitante de la acción procesal de *habeas data*.

Pese a que el propio texto constitucional dispone expresamente que esta garantía, entre otras, deben ser desarrolladas por la ley (art. 131), y a que no han faltado solicitudes para que se dé cumplimiento a tal disposición, lo cierto es que el escaso uso dado hasta el momento, ha coadyuvado a que no se haya regulado por norma legal esta garantía del *habeas data*[150].

La Constitución peruana de 1993, contribuirá a un tratamiento normativo más adecuado y completo de la institución del *habeas data*, perfeccionando lo previsto en los textos constitucionales de Brasil Colombia y Paraguay. En la

---

[150] En relación con las disposiciones constitucionales de Colombia y Paraguay reguladoras del *habeas data*, cfr. PUCCINELLI, O. R., "El *habeas data* en las Constituciones indoamericanas. Marco constitucional, jurisprudencial y legislación argentina", en el vol. col. *La defensa de la intimidad y de los datos personales a través del habeas data*, cit., pp. 93 ss.

normativa constitucional peruana se tipifica el *habeas data* como una acción y define, aparte el contenido del derecho a la protección de los datos personales.

Así, dispone dicha Constitución, en su art. 200 que: "Son garantías constitucionales... 3)La acción de *habeas data,* que procede contra el hecho u omisión por parte de cualquier autoridad, funcionario o persona, que vulnera o amenaza los derechos a que se refiere el art. 2° de la Constitución". Dicho artículo establece que:... "5)Toda persona tiene derecho a solicitar sin expresión de causa la información que requiera y a recibirla de cualquier entidad pública, en el plazo legal, con el costo que suponga su pedido. Se exceptúan las informaciones que afectan la intimidad personal y las que expresamente se excluyan por ley o por razones de seguridad nacional. 6) A que los servicios informáticos, computarizados o no, públicos o privados, no suministren informaciones que afecten la intimidad personal o familiar. 7) Al honor y a la buena reputación, a la intimidad personal y familiar así como a la voz y a la imagen propias...".

Esta reglamentación constitucional puede considerarse como novedosa y acertada, en especial, porque incluye al *habeas data,* cuya misión es la de acceder a información pública, por parte de las personas cuyos datos personales se hallan archivados en ficheros administrativos. Un sector de la doctrina, no obstante, criticó dicha disposición por su excesiva amplitud. A las críticas de la doctrina se le sumó las de los medios de comunicación, que entendían coartada su libertad de expresión por una garantía excesiva y casi exorbitante del derecho al honor y a la intimidad, en detrimento de la libertad informativa.

Las presiones fueron tales que el propio legislador constitucional autor de la norma fue quien propició la reforma de la Constitución en este aspecto. Como lo indica Francisco Eguiguren Praeli, esas críticas provocaron la reforma constitucional operada por la ley 26.470 y promovida por el partido mayoritario parlamentario. Tras dicha reforma constitucional, se suprimió la posibilidad de recurrir al *habeas data* como acción procesal para la rectificación de informaciones de los medios de comunicación. No obstante dicha institución se mantuvo como derecho de acceso a los datos personales contenidos en archivos informáticos públicos, por parte de las personas concernidas[151].

[151] EGUIGUREN PRAELI, F., "El *habeas data* y su desarrollo en el Perú", ponencia presentada en el *Seminario Internacional sobre la Acción de Habeas data,* organizado por la Universidad de Talca, Chile, entre el 9 y 11 de abril de 1997 Publicada en *Revista de la Facultad de Derecho de la Pontificia Universidad Católica del Perú,* 1997, n. 51, pp. 308 ss.; ORTECHO VILLENA, V.J. *Jurisdicción y Procesos constitucionales. Habeas Corpus y Amparo. Habeas data, Acción popular. Acción de Cumplimiento. Inconstitucionalidad,* Editorial Rhodas, Lima, 2003, pp. 179 ss.

Quedó así estructurado el *habeas data* como acción procesal para acceder a los datos personales y como vía para controlar la información pública, dicha regulación constitucional, resulta de indiscutible utilidad para la defensa de los derechos fundamentales, en especial de la intimidad, frente a los principales tipos de injerencia y abusos perpetrados por una indebida utilización de los sistemas informáticos públicos.

La regulación constitucional peruana influyó en los subsiguientes textos constitucionales promulgados en Iberoamérica, a partir de entonces.

A poco de dictada la Constitución peruana, y en medio de los debates doctrinales y políticos que sobre ella tuvieron lugar, en 1994 se produce la reforma constitucional argentina y el *habeas data* fue incluido, aunque sin ser rotulado así, como acción y como subtipo de amparo en el art. 43, tercer párrafo, de la nueva Constitución de la República de Argentina.

El mencionado art. 43 de la Ley Superior Argentina prescribe: "... Toda persona podrá interponer esta acción para tomar conocimiento de los datos a ella referidos y de su finalidad, que consten en registros o bancos de datos públicos, o los privados destinados a proveer informes, y en caso de falsedad o discriminación, para exigir la supresión, rectificación, confidencialidad o actualización de aquéllos. No podrá afectarse el secreto de las fuentes de información periodística".

La norma ha tenido un amplio desarrollo jurisprudencial, con fallos en especial los resueltos por la Corte Suprema de Justicia de la Nación que le han otorgado una amplitud al instituto y lo han llevado a exceder considerablemente los contornos establecidos en el art. 43 constitucional. Inclusive, ha sido objeto de permanente debate en el Congreso nacional, donde varios proyectos han sido tratados, y de los dos que obtuvieron sanción por el Congreso, el primero fue objeto de veto total presidencial, y el segundo, sancionado el 4 de octubre de 2000 se convirtió en ley, aunque sufrió un veto parcial en aspectos que no afectan a la dimensión procesal del *habeas data*[152].

En 1997, La República del Ecuador reformó su Constitución. Entre los aspectos innovadores de dicha reforma, destaca la disposición constitucional que establece en el artículo 30, la regulación del *habeas data* en los siguientes términos: "Toda persona tiene derecho a acceder a los documentos, bancos de datos e informes que sobre sí misma o sobre sus bienes consten en enti-

---

[152] Cfr.: FLORES DAPKEVICIUS, R., *Amparo habeas corpus y habeas data*, Faira Editor, Montevideo-Buenos Aires, 2011, pp. 130 ss.; PALAZZI, P. A., "EL *habeas data* en el Derecho constitucional argentino", en el vol., col., .*La defensa de la intimidad y de los datos personales a través del habeas data*, cit., pp. 25 ss. PIERINI, A., LORENCES, V., TORNABENE, M.I., *Habeas data. Derecho a la intimidad*, Editorial Universidad, Buenos Aires, 1999, pp. 65 ss.

dades públicas o privadas, así como conocer el uso que se haga de ellos y su finalidad". "Igualmente, podrá solicitar ante el funcionario o juez competente la actualización, rectificación, eliminación o anulación de aquéllos si fueren erróneos o afectaren ilegítimamente sus derechos". "Se exceptúan los documentos reservados por razones de seguridad nacional".

Esta norma constitucional fue objeto de un desarrollo reglamentario por la Ley del Control Constitucional que data también de 1997, donde entre los arts. 34 y 45 crea un capítulo específico titulado "Del *habeas data*".

Un año después, en 1998, se sucede una nueva reforma constitucional y se regula el *habeas data* en los siguientes términos: art. 94. "Toda persona tendrá derecho a acceder a los documentos, bancos de datos e informes que sobre sí misma, o sobre sus bienes, consten en entidades públicas o privadas, así como a conocer el uso que se haga de ellos y su propósito. Podrá solicitar ante el funcionario respectivo, la actualización de los datos o su rectificación, eliminación o anulación, si fueren erróneos o afectaren ilegítimamente sus derechos. Si la falta de atención causare perjuicio, el afectado podrá demandar indemnización. La ley establecerá un procedimiento especial para acceder a los datos personales que consten en los archivos relacionados con la defensa nacional".

La norma ha tenido hasta el momento escaso uso, atento a ser reciente y a la carencia de antecedentes jurisprudenciales que provocaran un desarrollo específico.

En 1999, la ahora "República Bolivariana de Venezuela" reforma su Constitución, e inserta las siguientes previsiones: art. 27. "Todos tienen derecho a ser amparados por los tribunales en el goce y ejercicio de los derechos y garantías constitucionales, aun de aquellos inherentes a la persona que no figuren expresamente en esta Constitución o en los instrumentos internacionales sobre derechos humanos".

"El procedimiento de la acción de amparo constitucional será oral, público, breve, gratuito y no sujeto a formalidad, y el juez competente tendrá potestad para restablecer inmediatamente la situación jurídica infringida o la situación que más se asemeje a ella. Todo tiempo será hábil y el tribunal lo tramitará con preferencia a cualquier otro asunto".

A su vez, se proclama en el art. 28 que: "Toda persona tiene derecho de acceder a la información y a los datos que sobre sí misma o sobre sus bienes consten en registros oficiales o privados, con las excepciones que establezca la ley, así como de conocer el uso que se haga de los mismos y su finalidad, y a solicitar ante el tribunal competente la actualización, la rectificación o la destrucción de aquéllos, si fuesen erróneos o afectasen ilegítimamente sus derechos. Igualmente, podrá acceder a documentos de cualquier naturaleza que contengan información cuyo conocimiento sea de interés para comunidades o grupos de personas. Queda a salvo el secreto de las fuentes de información periodística y de otras profesiones que determine la ley."

Se alude también a la institución del *habeas data*, cuando se regulan las atribuciones del Defensor del Pueblo. Así, el art. 281 prescribe: "Son atribuciones del Defensor del Pueblo... 3. Interponer las acciones de inconstitucionalidad, amparo, *habeas corpus, habeas data* y las demás acciones o recursos necesarios para ejercer las atribuciones señaladas en los ordinales anteriores, cuando fuere procedente de conformidad con la ley".

Esta norma tiene a su favor algunos aspectos que deben considerarse acertados en la reglamentación del *habeas data*. En primer término, el de ampliar la acción de *habeas data* a la información de datos personales contenidos en ficheros informatizados privados, no restringiéndola a los de titularidad pública. Es sabido que la agresión a la intimidad, perpetrada desde soportes informáticos, no es privativa del sector público, sino que puede partir de personas o entidades privadas, sin que sus efectos sean menos lesivos para la garantía de los datos personales, que aquellas que parten de abusos administrativos. En segundo lugar, el de extender la garantía de confidencialidad de la fuente de la información a otras profesiones distintas del periodismo, y en tercer lugar, que constituye una novedad distintiva, el reconocimiento de la facultad del Defensor del Pueblo de interponer la acción de *habeas data*.

Además de los países mencionados, otros países latinoamericanos que no cuentan con el diseño de una garantía específica en el plano constitucional, como Costa Rica, Chile y México han promulgado leyes relativas al tratamiento de datos personales.

De ellas, la más reciente y relevante es la Ley Federal de protección de datos en posesión de particulares de México que data del año 2010. Dicha Ley prescribe en su artículo 22: "Cualquier titular, o en su caso su representante legal, podrá ejercer los derechos de acceso, rectificación, cancelación y oposición previstos en la presente Ley. El ejercicio de cualquiera de ellos no es requisito previo ni impide el ejercicio de otro. Los datos personales deben ser resguardados de tal manera que permitan el ejercicio sin dilación de estos derechos". Asimismo el artículo 23 proclama que: " Los titulares tienen derecho a acceder a sus datos personales que obren en poder del responsable, así como conocer el Aviso de Privacidad al que está sujeto el tratamiento"[153].

---

[153] Este texto ha sido editado en la Sección de Documentos de la: *Revista Española de Protección de Datos*, 2009, n.6 (publicado en 2010), pp. 241 ss.

Como balance de síntesis de la exposición hasta aquí realizada, se puede afirmar que la recepción del *habeas data* en el constitucionalismo latinoamericano constituye el marco más amplio y relevante en la recepción de esta categoría jurídica en el Derecho constitucional comparado. Ello se debe, en gran medida, a las reformas de los textos constitucionales y a los periodos constituyentes iniciados en Iberoamérica tras el derrocamiento de las dictaduras militares y la consiguiente instauración de Estados de Derecho. Por este motivo, estas nuevas Constituciones han prestado especial atención a la garantía de los derechos fundamentales, así como a elaborar un sistema de derechos y libertades acorde con las nuevas exigencias de la sociedad actual que, como se ha tenido ocasión de exponer en el Capítulo primero de esta investigación, es la sociedad de las NT y las TIC. Por todo ello, la acción procesal del *habeas data*, como instituto característico de los derechos de la tercera generación, ha tenido cumplida y detallada reglamentación en los renovados textos constitucionales de las Repúblicas latinoamericanas.

CAPÍTULO V
EL *HABEAS DATA* EN EL ORDENAMIENTO JURÍDICO ESPAÑOL

SUMARIO: 1. El derecho fundamental a la libertad informática en la Constitución española de 1978 y en su desarrollo legislativo.- 2. El *habeas data* en la Ley 15/1999 (LORPRODA).- 3. Elementos constitutivos del *habeas data*.- 4. Principios informadores de la acción del *habeas data*.- 5. Procedimiento de sustanciación del *habeas data*.- 6. El *habeas data* en la jurisprudencia constitucional.

1. EL DERECHO FUNDAMENTAL A LA LIBERTAD INFORMÁTICA EN LA CONSTITUCIÓN ESPAÑOLA DE 1978 Y EN SU DESARROLLO LEGISLATIVO

La Constitución española de 1978 establece, en su artículo 18.4, que: "La Ley limitará el uso de la informática para garantizar el honor y la intimidad personal y familiar de los ciudadanos y el pleno ejercicio de sus derechos." Este derecho fundamental exigía el correspondiente desarrollo legislativo tendente a especificar y pormenorizar su significado, alcance e instrumentos de tutela.

A ese desarrollo se dirigió la promulgación de la Ley Orgánica 5/1992, de 29 de Octubre, de Regulación del Tratamiento Automatizado de los Datos de Carácter Personal (LORTAD).

Se intentaba, con dicha norma, evitar los abusos informáticos contra la intimidad, así como contra otros derechos fundamentales[154].

---

[154] Cfr., GARRIGA DOMÍNGUEZ, A., *La protección de los datos personales en el Derecho español*, cit., pp. 27 ss.; id., *Tratamiento de datos personales y derechos fundamentales*, Dykinson, Madrid, 2ª, ed.,

El desarrollo legislativo del artículo 18.4 CE fue necesario por la obligación adquirida tras la ratificación en 1984 del Convenio de protección de datos personales (108) de 1981 del Consejo de Europa, cuyo art.4 exige a los países signatarios establecer en su Derecho interno las normas necesarias para garantizar la eficacia de los principios consagrados en dicho texto. Asimismo, al *Acuerdo de Schengen,* suscrito inicialmente por Alemania, Francia y los países del Benelux en 1985 y desarrollado por un Convenio de aplicación de 19 de Junio de 1990, al que se adhirieron otros Estados de la Unión Europea (España, Italia, Grecia, Portugal...). Dicho tratado internacional se refiere a la supresión gradual de controles entre las fronteras comunes de los países signatarios. Para ello, se regula el flujo de informaciones personales en función de la cooperación policial. El objetivo principal del Sistema de Información Schengen (SIS) es la comunicación de informaciones para el control de las personas "indesables" y/o "inadmisibles" dentro de las fronteras del "espacio Schengen". Para el logro de ese objetivo entró en funcionamiento una gran base de datos policiales situada en Estrasburgo y sometida a la legislación francesa de protección de datos personales. Al igual que el Convenio del Consejo de Europa exige que para la transmisión de esas informaciones existan en cada país receptor normas internas sobre protección de datos personales que satisfagan los principios del Convenio del Consejo de Europa (arts.117 y 126)[155].

En fecha posterior, la Unión Europea elaboró la Directiva 95/46 del Parlamento Europeo y del Consejo, de 24 de julio de 1995, relativa a la protección de las personas físicas en lo que respecta al tratamiento de datos personales y a la libre circulación de estos datos. En dicha Directiva se pretende armonizar la fluidez de la transmisión de datos en el seno de la Unión Europea para la mayor eficacia de los poderes públicos y desarrollo del sector privado, con la defensa de los datos personales. Para ello se prevé la existencia en cada Estado miembro de una autoridad independiente para garantizar la tutela de los datos personales y velar por la aplicación correcta de la Directiva (art.28). Asimismo se contempla la existencia de una autoridad comunitaria denominada Grupo de protección de las personas que estará integrada por representantes

---

2009, pp. 36 ss.; PEREZ LUÑO, A.E., "La LORTAD y los derechos fundamentales", en *Derechos y Libertades*, 1993, nº 1, pp. 405 ss.

155 Cfr.: LOSANO, M. G., *Il Trattato di Schengen e le frontiere europee* en "Data Manager", 1991, n. 114, pp. 27 ss.; PÉREZ LUÑO, A.E., *La incorporación del Convenio Europeo sobre protección de datos personales al ordenamiento jurídico español*, en el nº17 monográfico de "ICADE. Revista de las Facultades de Derecho y Ciencias Económicas y Empresariales", sobre *Informática y Derecho*, 1989, pp. 27 ss.; id., *Libertad informática y leyes de protección de datos personales*, en colab. con M.G. Losano y M.F. Guerrero Mateus, Centro de Estudios Constitucionales, Madrid. 1989, pp. 163 ss.; SÁNCHEZ BRAVO, A., *La protección del derecho a la libertad informática en la Unión Europea*, con Prólogo de A. E. Pérez Luño, Publicaciones de la Universidad de Sevilla, Sevilla, 1998, pp. 164 ss.

de las autoridades de control nacionales y un representante de la Comisión, los cuales contribuirán a la interpretación homogénea de las normas nacionales adoptadas en aplicación de la Directiva, así como informarán a la Comisión de los conflictos que puedan surgir entre la legislación y las prácticas de los Estados miembros en materia de protección de datos personales (arts.30 y 31). La Directiva establece la expresa obligación de los Estados miembros de adaptar las disposiciones legales, reglamentarias y administrativas necesarias para incorporar su texto y darle cumplimiento en los respectivos ordenamientos internos (art. 32)[156].

La LORTAD tuvo una vigencia efímera. Apenas siete años separan la fecha del 29 de octubre de 1992 en que fue promulgada de la del 13 de diciembre de 1999 en la que se produjo su derogación a través de la Ley Orgánica 15/1999, de 13 de diciembre, de Protección de Datos de Carácter Personal (en adelante LOPRODA). Esta nueva Ley nació para el cumplimiento y adaptación al ordenamiento jurídico español de lo dispuesto en la mencionada Directiva 95/46 UE.

2. EL *HABEAS DATA* EN LA LEY 15/1999 (LOPRODA)

El *habeas data* se haya reconocido en el artículo 15 de la LOPRODA, en los términos siguientes:

> "Derecho de acceso.
>
> 1. El interesado tendrá derecho a solicitar y obtener gratuitamente información de sus datos de carácter personal sometidos a tratamiento, el origen de dichos datos, así como las comunicaciones realizadas o que se prevén hacer de los mismos.
>
> 2. La información podrá obtenerse mediante la mera consulta de los datos por medio de su visualización, o la indicación de los datos que son objeto de tratamiento mediante escrito, copia, telecopia o fotocopia,

---

[156] Cfr.: ARENAS RAMIRO, M., *El derecho fundamental a la protección de datos personales en Europa*, Tirant lo Blanch, Valencia, 2006, pp.275 ss.; RIPOL CARULLA, S., *El proyecto de Directiva comunitaria sobre protección de datos: una valoración española*, en *Actas del III Congreso Iberoamericano de Informática y Derecho* (Mérida, septiembre 1992) publicadas en "Informática y Derecho", 1994, vol. 4, pp 321 ss.; SÁNCHEZ BRAVO, A., *El tratamiento automatizado de bases de datos en el marco de la Comunidad Económica Europea: su protección*; ibíd., pp. 341 ss.; id., *La protección del derecho a la libertad informática en la Unión Europea*, cit., pp.123 ss.; id., *Internet y la sociedad europea de la información: implicaciones para los ciudadanos*, con Prólogo de A.E. Pérez Luño, publicaciones de la Universidad de Sevilla, 2001, pp. 73 ss.; vid., también, PÉREZ LUÑO, A.E., *El concepto de interesado en la Directiva Comunitaria 95/46*, en el vol. col. *La protección del derecho a la intimidad de las personas (fichero de datos)*, Escuela judicial & Consejo General del Poder Judicial, Madrid, 1997, pp. 13 ss.

certificada o no, en forma legible o inteligible, sin utilizar claves o códigos que requieran el uso de dispositivos mecánicos específicos.

3. El derecho de acceso a que se refiere este artículo sólo podrá ser ejercitado a intervalos no inferiores a doce meses, salvo que el interesado acredite un interés legítimo al efecto, en cuyo caso podrán ejercitarlo antes".

Se ha indicado que el derecho fundamental a la protección de datos personales se desglosa en una serie de facultades que corresponden a su titular para garantizar su eficacia. Estas facultades son los llamados derechos ARCO (Acceso, Rectificación, Cancelación y Oposición)[157].

El artículo 15 de la LOPRODA garantiza el *habeas data* en los términos del derecho al acceso a los datos personales por parte de las personas interesadas, es decir, de los titulares de dichos datos. Este artículo supone la transposición a nuestro ordenamiento jurídico del derecho de acceso reconocido en el artículo 12 de la Directiva 95/46 UE[158], e implica una reglamentación que mejora la que, con anterioridad, establecía el artículo 14 de la LORTAD[159].

---

157 ARENAS RAMIRO, M., "Comentario al Artículo 15. Derecho de acceso", en *Comentario a la Ley Orgánica de Protección de Datos de Carácter Personal,* dirigidos por TRONCOSO REIGADA, A., Civitas & Thomson Reuters, Cizur Menor (Navarra), 2010, pp.1159 ss.

158 Dicho artículo 12, prescribe: " Los Estados miembros garantizarán a todos los interesados el derecho de obtener del responsable del tratamiento:

a) libremente, sin restricciones y con una periodicidad razonable y sin retrasos ni gastos excesivos:

— la confirmación de la existencia o inexistencia del tratamiento de datos que le conciernen, así como información por lo menos de los fines de dichos tratamientos, las categorías de datos a que se refieran Y los destinatarios o las categorías de destinatarios a quienes se comuniquen dichos datos;
— la comunicación, en forma inteligible, de los datos objeto de los tratamientos, así como toda la información disponible sobre el origen de los datos;
— el conocimiento de la lógica utilizada en los tratamientos automatizados de los datos referidos al interesado, al menos en los casos de las decisiones automatizados a que se refiere el apartado 1 del artículo 15;

b) en su caso, la rectificación, la supresión o el bloqueo de los datos cuyo tratamiento no se ajuste a las disposiciones de la presente Directiva, en particular a causa del carácter incompleto o inexacto de los datos;

c) la notificación a los terceros a quienes se hayan comunicado los datos de toda rectificación, supresión o bloqueo efectuado de conformidad con la letra b), si no resulta imposible o supone un esfuerzo desproporcionado".

159 El artículo 14 de la LORTAD establecía: "1. El afectado tendrá derecho a solicitar y obtener información de sus datos de carácter personal incluidos en los ficheros automatizados.

2. La información podrá consistir en la mera consulta de los ficheros por medio de su visualización, o en la comunicación de los datos pertinentes mediante escrito, copia, telecopia o fotocopia, certificada o no, en forma legible e inteligible, sin utilizar claves o códigos convencionales que requieran el uso de dispositivos mecánicos específicos.

Las diferencias respecto al texto de la LORTAD se cifran en que, mientras que en aquella la titularidad del ejercicio de la acción de *habeas data* hacía referencia al "afectado", en la LOPRODA se alude al "interesado". Pudiera pensarse que con ello se ha ampliado el ámbito de la titularidad de la acción, reconociéndola no solo a quienes ostentan un derecho fundamental, sino también a quienes poseen un mero interés legítimo en el acceso a los datos. No obstante, tal como se tendrá ocasión de exponer *infra,* las disposiciones y la jurisprudencia sobre la materia, en el ámbito europeo y español reconducen las nociones de "afectado" e "interesado" a la de "persona concernida". La propia LOPRODA resuelve expresamente esta cuestión al establecer la equiparación entre ambas nociones. Así, el artículo 3 de dicho texto, al establecer las definiciones de los términos más importantes de la Ley, señala, en su apartado e), que: "Afectado o interesado: persona física titular de los datos que sean objeto del tratamiento a que se refiere el apartado c) del presente artículo"[160].

Los comentaristas de la LOPRODA coinciden en considerar, como principal logro o mejora de esta con respecto a la LORTAD en la regulación del derecho de acceso, el carácter gratuito que ahora reviste su ejercicio, lo cual facilita y refuerza la garantía del recurso a esta acción[161].

La acción de *habeas data* constituye el instrumento procesal más eficaz para la garantía del derecho a la intimidad en su dimensión de tutela de los datos personales. En virtud de esta acción, el titular de los datos puede recabar del responsable del tratamiento información referida a sus datos personales contenidos en el archivo o registro del que se trate.

A través del ejercicio de esta acción procesal, el titular de los datos podrá conocer cuáles son los ficheros existentes que pueden contener sus datos personales, pues sólo de esta forma podrá tener un verdadero control sobre los datos que le conciernen y sobre quién y para qué fines se utiliza.

---

3. El derecho de acceso a que se refiere este artículo sólo podrá ser ejercitado a intervalos no inferiores a doce meses, salvo que el afectado acredite un interés legítimo al efecto, en cuyo caso podrá ejercitarlo antes".

[160] La legislación española de protección de datos, siguiendo el modelo de la Directiva 95/46 UE, no prevé la extensión de la titularidad de este derecho a los entes colectivos. No obstante, esta es una materia que está siendo objeto de interesantes iniciativas y aportaciones doctrinales en otros ámbitos del ordenamiento jurídico como el que afecta al proceso civil. Vid. sobre todo ello, GONZÁLEZ CANO, I., *La tutela colectiva de consumidores y usuarios en el proceso civil,* Tirant lo Blanch, Valencia, 2002, passim.

[161] Vid., sobre ello, cuanto exponen: ARENAS RAMIRO, M., "Comentario al Artículo 15. Derecho de acceso", cit. p. 1160; COLLADO GARCÍA-LAJERA, E., *Protección de Datos de carácter personal. Legislación, comentarios, concordancias y jurisprudencia,* Editorial Comares, Granada, 2000, pp. 40 ss.; LESMES SERRANO, C. (Coord.), *La Ley de Protección de Datos. Análisis y comentario de su jurisprudencia,* Lex Nova, Valladolid, 2008, pp. 342 ss.

Se ha señalado que gracias a esta acción se consigue la tutela del contenido esencial del derecho fundamental a la intimidad, reconocido en el artículo 18.4 CE, en la medida en que el titular de tal derecho encuentra en el *habeas data*, el instrumento procesal eficiente dirigido a la tutela de aspectos básicos integradores del núcleo conformador de ese derecho[162].

El *habeas data* representa una garantía procesal básica para la tutela de los datos personales. Mediante esta acción se posibilita que el titular de los datos pueda controlar no solo las informaciones que existen sobre su persona en los registros o bases de datos, sino el uso que de ellas pueden hacerse por parte de los responsables de dichos ficheros, así como las eventuales transmisiones a terceros de esos datos.

Esta última posibilidad resulta de capital importancia a efectos de la garantía del derecho fundamental a la intimidad en la sociedad tecnológica, porque a través del "cruce de ficheros" se pueden trazar "perfiles de personalidad" que no solo representen una invasión de la intimidad y la imagen de un ciudadano, sino que a través de ellos puedan llevarse a cabo determinadas prácticas discriminatorias: negación de un crédito o de un contrato laboral...[163].

3. ELEMENTOS CONSTITUTIVOS DEL *HABEAS DATA*

El derecho de acceso reconocido en el artículo 15 de la LOPRODA, se desglosa en una serie de garantías que conjuntamente *explicitan* su *significado* y *alcance*.

La LOPRODA ha sido desarrollada en lo que afecta a su contenido por su Reglamento de desarrollo aprobado por RD 1720/2007, de 21 de diciembre. Así el artículo 15 de la LOPRODA, ha sido objeto del consiguiente desarrollo normativo, a través de los artículos 27 a 30 del Reglamento.

El contenido de la acción, según el artículo 15 de la LOPRODA, consiste fundamentalmente en el derecho del afectado a obtener información sobre si sus datos han sido o están siendo objeto de tratamiento, la finalidad del mismo, así como la información disponible sobre el origen de dichos datos y las comunicaciones realizadas o previstas de realizar de los mismos. Dicho acceso, según el desarrollo reglamentario, no se refiere sólo al conocimiento de los datos personales, sino también a cuestiones relacionadas con los datos perso-

---

[162] GARRIGA DOMÍNGUEZ, A., *Tratamiento de datos personales y derechos fundamentales*, 2ª ed., Dykinson, Madrid, 2009, pp. 130 ss.

[163] PÉREZ LUÑO, A.E., *Derechos humanos, Estado de Derecho y Constitución*, Tecnos, Madrid, 10ª ed., Madrid, 2010, pp. 390 ss.

nales que aportan una mayor información sobre los mismos, y sin las cuales el control efectivo por parte del titular de sus datos personales resultaría incompleto y perdería todo sentido.

El titular de los datos tendrá derecho a conocer si se han tratado sus datos personales o están siendo objeto de tratamiento. En este sentido, el Reglamento ha concretado lo dispuesto en la LOPRODA y señala que se tendrá información no sólo de los datos sometidos a tratamiento, sino, también, de si los datos están siendo o no tratados. El titular de los datos podrá optar por conocer información sobre datos concretos, datos incluidos en un determinado fichero, o bien la totalidad de los datos sometidos a tratamiento. En el supuesto de que el afectado no especificase nada en relación con su derecho de acceso, debe entenderse que se referirá a la totalidad de los ficheros del responsable.

Para facilitar la labor al responsable del fichero, el Reglamento establece que en los casos en los que por la especial complejidad del tratamiento efectuado, sea difícil localizar los datos del titular, el responsable podrá solicitar a éste la especificación de los ficheros respecto de los cuales quiere ejercitar el derecho de acceso. No obstante, cuando se trata de datos contenidos en distintos archivos cuya garantía ostenta un único responsable y el titular de esos datos no puede conocer la especificación de los distintos ficheros en los que pudieran encontrarse sus datos personales, el responsable de esos datos, deberá facilitar el acceso a todos ellos[164].

Conviene advertir que el conocimiento y acceso a los datos personales, no implica que su titular pueda conocer quién los ha tratado, esto es, en el caso, por ejemplo, de las Administraciones Públicas, el empleado o funcionario público concreto que los ha tratado[165].

La Agencia Española de Protección de Datos se pronunció sobre esta materia en su Informe sobre la *naturaleza y alcance del derecho de acceso*, en el que al responder a la solicitud sobre el conocimiento de las personas concretas que habían tenido acceso a los datos del titular de los mismos, concluyó que "el derecho concedido al interesado abarcaría el conocimiento de la información sometida a tratamiento, pero no qué personas, dentro del ámbito de organización del responsable del fichero han podido tener acceso a dicha

---

[164] Esta es la interpretación que se desprende de la Sentencia de la Audiencia nacional, de 21 de abril de 2004. En el Derecho procesal español se ha estudiado el derecho de acceso en relación con las condiciones que regulan el acceso al sumario en los procedimientos judiciales. Vid. sobre todo ello BURGOS LADRÓN DE GUEVARA, J., *Modelo y propuestas para el proceso penal español*, epraxis, Sevilla, 2012. pp. 34 ss.

[165] A ello hace referencia, ARENAS RAMIRO, M., "Comentario al Artículo 15. Derecho de acceso", cit. p. 1165.

información"[166]. Sobre esa misma materia incide la Resolución de 15 de junio de 2007 de la Agencia Española de Protección de Datos, donde ésta se refirió a un supuesto en el que el afectado ejerció el derecho de acceso a sus datos personales respecto de los ficheros de la Agencia Tributaria, especificando, además, que deseaba que se le proporcionara la lista de las personas que hubieran tenido acceso a sus datos. En este supuesto, la Agencia Española de Protección de Datos concluyó que en el derecho del afectado "no se haya el acceso a los datos de las personas que han tramitado el correspondiente expediente, al no encontrarse entre los datos que son objeto de tratamiento".

El artículo 15.1 de la LOPRODA reconoce el derecho del titular de las informaciones registradas a conocer el *origen de los datos*. El Reglamento ha desarrollado y concretado esta facultad, al establecer que el responsable del tratamiento deberá facilitar al titular de los datos información sobre el origen de datos obtenidos y tratados, incluso en el caso de que los datos fueran conseguidos de fuentes accesibles al público.

En distintas Resoluciones la Agencia Española de Protección de Datos ha exigido que los responsables de ficheros informen al titular del origen de sus datos almacenados, especificando su procedencia incluso aunque se trate de fuentes accesibles al público. Debe recordarse que se entiende por fuentes accesibles al público, según el art. 3 j) de la LOPRODA, "aquellos ficheros cuya consulta puede ser realizada, por cualquier persona, no impedida por una norma limitativa o sin más exigencia que, en su caso, el abono de una contraprestación. Tienen la consideración de fuentes de acceso público, exclusivamente, el censo promocional, los repertorios telefónicos en los términos previstos por su normativa específica y las listas de personas pertenecientes a grupos de profesionales que contengan únicamente los datos de nombre, título, profesión, actividad, grado académico, dirección e indicación de su pertenencia al grupo. Asimismo, tienen el carácter de fuentes de acceso público los diarios y boletines oficiales y los medios de comunicación"[167].

Otra de las garantías establecidas en el artículo 15.1 de la LOPRODA y en su Reglamento es la de informar al titular de los datos de las *comunicaciones realizadas o cesiones previstas* de los mismos. La doctrina se ha cuestionado sobre si la información se debe referir sólo a las cesiones o también debe incluir los accesos por cuenta de terceros. Aunque un sector doctrinal estima que la "conclusión lógica sería afirmar que el interesado no puede tener acceso a es-

---

[166] Informe de la Agencia Española de Protección de Datos 1067/2005 sobre la *naturaleza y alcance del Derecho de Acceso*.

[167] Vid., por todas, las resoluciones de la Agencia Española de Protección de Datos, la de 16 de marzo de 2009.

tos datos"[168], otro sector entiende más acorde con la eficacia de este principio, ampliando su incidencia a todas las transmisiones sucesivamente realizadas a partir de los datos registrados[169].

En lo que respecta a la jurisprudencia, debe señalarse que ha optado por la segunda tesis, al considerar que el derecho de acceso debería incluir también todos los datos relativos a las transmisiones a terceros realizadas por el encargado de tratamiento[170].

Constituye un elemento nuclear del derecho de acceso el conocimiento por parte de la persona concernida de la *finalidad* a la que se destinan los datos archivados. Se trata de un principio consolidado en el derecho comparado, así como en la doctrina científica referente al *habeas data*. Por ello, sorprende que tal garantía no aparezca expresamente reflejada en el artículo 15.1 de la LOPRODA, aunque esta laguna ha sido suplida por su desarrollo reglamentario.

Este aspecto del *habeas data* garantiza que el titular de los datos personales deba ser informado, en todo caso, del uso que se les va a dar. Se trata de que las informaciones registradas en los archivos o registros informatizados cumplan el destino para el cual fueron creados y para el que cuentan con las oportunas licencias legales de funcionamiento. Por todo ello, obliga a los responsables del fichero a utilizar los datos registrados para el cumplimiento de aquellos fines que legitiman la creación del registro, sin que puedan admitirse desviaciones en el uso de los datos archivados, que constituirían una vulneración del objeto legal del registro y una amenaza real o potencial para todas las personas concernidas en los datos registrados.

Por último, la LOPRODA, en el artículo de referencia, proclama la *gratuidad* del ejercicio de la acción del *habeas data*. Con ello, se pretende hacer accesible su ejercicio a todos los ciudadanos, sin que la situación económica pueda ser un obstáculo para la garantía del derecho. El legislador español se muestra consciente de la importancia que en el seno de la sociedad tecnológica actual y, en aras de la tutela jurisdiccional efectiva de los derechos fundamentales, según cuanto postula el artículo 24 CE, posee hoy el ejercicio general de la acción del *habeas data*.

---

[168] ARENAS RAMIRO, M., "Comentario al Artículo 15. Derecho de acceso", cit. p. 1167. A la misma conclusión llega LESMES SERRANO, C. (Coord.), *La Ley de Protección de Datos. Análisis y comentario de su jurisprudencia*, cit., pp. 348 ss.

[169] Cfr., GARRIGA DOMÍNGUEZ, A., *Tratamiento de datos personales y derechos fundamentales*, cit., pp. 148 ss.

[170] Vid., en tal sentido, la Sentencia de 9 de junio de 2004 de la Audiencia Nacional.

4. PRINCIPIOS INFORMADORES DE LA ACCIÓN DEL *HABEAS DATA*

En el Capítulo 4 de esta investigación se han apuntado los rasgos principales que caracterizan a la acción procesal, así como la proyección de los mismos a la acción de *habeas data*. La LOPRODA, al especificar los principios informadores que deben concurrir para el ejercicio de dicha acción en el seno de nuestro ordenamiento jurídico, ha incidido, desarrollado y precisado algunos de aquellos rasgos característicos. Procede, por tanto, abordar el análisis de estos principios informadores de la acción procesal de *habeas data* tal como se manifiestan en la normativa reguladora de esta acción en nuestro Derecho.

1) De acuerdo con la normativa española se configura la acción de *habeas data* como el ejercicio de un derecho *personalísimo*. Por tratarse de una especificación del derecho fundamental a la intimidad, que deriva del valor de la dignidad humana, el derecho a la protección de datos personales forma parte de los llamados derechos de la personalidad, cuyo ejercicio es de carácter personalísimo[171]. A ello, alude, expresamente, el artículo 23 del Reglamento.

La característica o requisito al que aquí se hace referencia significa que no se puede ejercer por otra persona que no sea su titular. El carácter personal implícito en el ejercicio de esta acción, no excluye el que la misma pueda ejercitarse a través de un representante legal. No en vano, los actos realizados por un representante legal, se asimilan a los realizados por el representado, siempre que dicha representación cumpla todos los requisitos exigidos para su validez[172].

Pueden distinguirse dos tipos de representación: legal y voluntaria. La primera, haría referencia a aquellos supuestos en los que el afectado o titular carezca de capacidad de obrar o de decidir. Por ejemplo, en el caso de los menores. La segunda, hace referencia a aquellos supuestos en los que el titular delegue voluntariamente y expresamente su representación. En los supuestos de representación voluntaria, como regla general, no se considerarán válidas las representaciones genéricas, pues su naturaleza va en contra del control que pueda tener el titular de los datos sobre los mismos. Esto implica que las condiciones de la representación han de constar por escrito, no considerándose

---

171 Cfr., PEREZ LUÑO, A.E. *Derechos humanos Estado de Derecho y Constitución*, cit., pp.323 ss.

172 Cfr.: ARENAS RAMIRO, M., "Comentario al Artículo 15. Derecho de acceso", cit. p. 1168.; PALOMAR OLMEDA, A. y GONZÁLEZ ESPEJO, P. (Dirs.), *Comentario al Reglamento de desarrollo de la Ley Orgánica 15/1999. de 13 de diciembre, de Protección de Datos de Carácter Personal*, Civitas & Thomson, Cizur Menor (Navarra), 2008, p. 256.

válidas las representaciones verbales, ya que éstas no ofrecen seguridad jurídica para conocer ni comprobar la voluntad de los titulares de la acción[173].

El Reglamento, en su artículo 23.2, regula de forma diversa si la representación se ejerce ante una persona pública o privada. Dicho artículo expresamente prescribe: "Cuando el responsable del fichero sea un órgano de las Administraciones públicas o de la Administración de Justicia, podrá acreditarse la representación por cualquier medio válido en derecho que deje constancia fidedigna, o mediante declaración en comparecencia personal del interesado".

Cuando se trate de la identificación del titular de los datos en servicios on line, el Reglamento exige la identificación a través de la firma electrónica.

Al tratarse del ejercicio de una acción personal se plantean, como problemas específicos, los casos en los que la representación deba referirse a las mencionadas personas que carecen o tienen la capacidad de obrar disminuida, como sucede en el caso de los menores o de determinados enfermos. Este tema será objeto de estudio al tratar de las modalidades especiales para el ejercicio del derecho de acceso. Entre las que se estudiarán *infra* el *habeas data* del menor y el *habeas data* sanitario.

Un caso que debe ser analizado aquí es el que hace referencia a los familiares de personas fallecidas. En estos supuestos, es evidente que los fallecidos no pueden ser titulares del derecho de acceso, en cuanto éste es un derecho personalísimo y concluye con la muerte de su titular. Así se desprende de cuanto dispone el artículo 2.4 del Reglamento, en el que se dice: "Este reglamento no será de aplicación a los datos referidos a personas fallecidas. No obstante, las personas vinculadas al fallecido, por razones familiares o análogas, podrán dirigirse a los responsables de los ficheros o tratamientos que contengan datos de éste con la finalidad de notificar el óbito, aportando acreditación suficiente del mismo, y solicitar, cuando hubiera lugar a ello, la cancelación de los datos".

Este precepto regula de forma que debe juzgarse satisfactoria la posibilidad de que los familiares de las personas fallecidas puedan ejercitar el derecho de acceso a los datos personales de aquellas, cuando existan circunstancias objetivas que así lo justifique.

2) La acción de *habeas data* se contempla en la LOPRODA y su Reglamento como el ejercicio de un derecho de carácter *universal*.

---

[173] Cfr.: LESMES SERRANO, C. (Coord.), *La Ley de Protección de Datos. Análisis y comentario de su jurisprudencia*, cit. pp. 327 ss.; ZABÍA DE LA MATA, J. (Coord.), *Protección de datos. Comentarios al Reglamento*, Lex Nova, Valladolid, 2008, pp. 262 ss.

La universalidad de esta acción se desprende del reconocimiento de su titularidad, no sólo a los ciudadanos españoles, sino también a los extranjeros cuyos datos personales se hallen comprendidos en el ámbito de aplicación de la norma. A este respecto, proclama el artículo 2.1 de la LORPODA que: "1. La presente Ley Orgánica será de aplicación a los datos de carácter personal registrados en soporte físico, que los haga susceptibles de tratamiento, y a toda modalidad de uso posterior de estos datos por los sectores público y privado.

Se regirá por la presente Ley Orgánica todo tratamiento de datos de carácter personal:

a) Cuando el tratamiento sea efectuado en territorio español en el marco de las actividades de un establecimiento del responsable del tratamiento.

b) Cuando al responsable del tratamiento no establecido en territorio español, le sea de aplicación la legislación española en aplicación de normas de Derecho internacional público.

c) Cuando el responsable del tratamiento no esté establecido en territorio de la Unión Europea y utilice en el tratamiento de datos medios situados en territorio español, salvo que tales medios se utilicen únicamente con fines de tránsito".

De modo inequívoco, se desprende del precepto reseñado que la titularidad de la acción de *habeas data* se amplía, con vocación de universalidad, a cuantas personas (de nacionalidad española o extranjera) se hallen comprendidas en las distintas situaciones tipificadas en la norma de referencia.

3) La acción de *habeas data* se halla también connotada por el carácter de la *generalidad*. El legislador español ha querido que su ámbito de ejercicio se extienda a todos los tipos de registros de datos que afecten a la vida cívica: informaciones de carácter penal, patrimonial, sanitario, fiscal, laboral... Por ello, existen modalidades de *habeas data* adaptadas a cada uno de los ámbitos jurídicos de su incidencia, en los que pueden hallarse límites y restricciones al principio de generalidad que informa su núcleo básico. Estas situaciones serán estudiadas en el Capítulo 6, al analizar las distintas modalidades sectoriales de ejercicio del *habeas data*.

Incide también en el reconocimiento general de esta acción el hecho de que su ejercicio sea *gratuito*, es decir, en el designio del legislador de remover los obstáculos de carácter económico que pudieran limitar o impedir el ejercicio de esta acción por la generalidad de los ciudadanos, en particular, por aquellos que poseen menos recursos económicos.

Para hacer efectiva la gratuidad de esta acción, el responsable del archivo no podrá exigir, al permitir el derecho de acceso, ningún tipo de tasas o prestación dineraria. Esta gratuidad se regula, de manera expresa, en el art. 17.2 de la LOPRODA, así como en el art. 24.2 y 3 de su Reglamento.

En función de ese principio de gratuidad, no se consideran medios necesarios para ejercitar la acción el empleo de: cartas certificadas o semejantes, como, por ejemplo, el burofax, los telegramas o los requerimientos notariales; la utilización de servicios de telecomunicaciones que impliquen un coste adicional al afectado, incluyendo en este sentido las llamadas telefónicas.

Todo ello se traduce en la obligación indirecta al responsable del tratamiento para que establezca un procedimiento gratuito al servicio de la acción de acceso a los titulares de los datos personales registrados. Al propio tiempo que evita que los responsables de los ficheros realicen cualquier tipo de práctica disuasoria respecto a los afectados que tuvieran interés en acceder a sus informaciones[174].

El Reglamento prescribe que si la entidad, a la que pertenece el responsable del fichero, dispone de un servicio de atención al cliente o un centro de reclamaciones, podrá ofrecer esta misma vía a los titulares de los datos personales para que ejerzan su derecho de acceso. En estos casos, el responsable deberá seguir el procedimiento de identificación que sigue con sus clientes habituales y deberá aceptar la solicitud del derecho de acceso siempre que el titular de los datos pueda acreditar su envío y recepción.

El Reglamento se dirige a favorecer, incluso desde la perspectiva empresarial, desde un punto de vista organizativo y de medios, la adecuada tutela de este derecho. En cualquier caso, no debe entenderse este carácter gratuito como la garantía de un "coste cero", sino que supone que el responsable del fichero no podrá exigir una contraprestación económica por el hecho de facilitar el ejercicio del derecho[175].

En la experiencia de ejercicio de esta acción se comprueba que, en la mayor parte de las ocasiones, se ejercita este derecho a través de la carta certificada con el fin de dejar constancia y de evitar posteriores problemas de prueba. En relación con la prueba de envío y recepción de la solicitud, así como de la contestación a la misma, hasta hace poco parecía corresponder por igual tanto al interesado como al responsable. Por ello, siempre parece aconsejable la utilización de medios que permitan comprobar el envío y la recepción de la solicitud de acceso. No obstante, el legislador no ha querido establecer

---

[174] ALMUZARA ALMAIDA, C., *Estudio práctico sobre la protección de datos de carácter personal,* Lex Nova, Valladolid, 2ª ed., 2008, pp. 126 ss.

[175] Cfr.: ALMUZARA ALMAIDA, C., *Estudio práctico sobre la protección de datos de carácter personal,* cit., pp.123 ss.; ARENAS RAMIRO, M., "Comentario al Artículo 15. Derecho de acceso", cit. p. 1176 ss.; ZABÍA DE LA MATA, J. (Coord.), *Protección de datos. Comentarios al Reglamento,* cit., 268 ss.

ningún mecanismo fijo, con el fin de evitar ante la multiplicidad de cauces existentes el uso de mecanismos tradicionales que impliquen un coste para el afectado.

Conviene, no obstante, advertir que el Reglamento introduce la novedad de invertir la carga de la prueba, siendo el responsable del tratamiento el que debe conservar la acreditación de haber cumplido con la respuesta a la solicitud de acceso, según expresamente dispone el artículo 25.5 de dicha norma.

A esta situación ha hecho referencia expresa la Sentencia de la Audiencia Nacional, de 17 de noviembre de 2000, en la que una empresa negaba en todo momento haber recibido ninguna comunicación. La Audiencia concluyó que "ante la negativa de la afectada, es carga del responsable del fichero el probar que ha contestado a la petición". Entiende la Sala que el responsable no ha acreditado la realización del envío de la contestación. Igualmente la Sentencia de la misma instancia, de fecha 6 de abril de 2005, determina que "si el responsable del fichero afirma que hizo la notificación, no cabe duda de que recae sobre él la carga de acreditar; la comunicación que dice haber realizado, sin que baste su mera afirmación". Esta se ha convertido ya en una jurisprudencia consolidada, desde la Sentencia de la Audiencia Nacional de 24 de enero de 2003, ratificada por la de 9 de mayo de 2003, y posteriormente por el Tribunal Supremo (Sentencia de 7 de noviembre de 2007) en la que se viene a reconocer que será suficiente para lograr la acreditación del envío de la respuesta, la aportación de indicios suficientes que den a entender que se ha cumplido el requisito[176].

Debe también reseñarse que la Resolución de la Agencia Española de Protección de Datos 24 de julio de 2009 estimó que "dado que el reclamante niega que ADM haya atendido su derecho de acceso y la entidad denunciada no ha aportado documento que acredite que haya facilitado los datos que contiene en sus archivos, de acuerdo con lo dispuesto en el artículo 15 de la LOPD, procede estimar el presente procedimiento de tutela de derechos".

4) El *habeas data* constituye una acción tutelada por vía *legal*; esa reglamentación legislativa reviste los caracteres de ser *autónoma*, *sumaria* y *simplificada*.

El derecho de acceso a los datos personales es un derecho autónomo, esto es, podrá ejercerse de forma independiente de los otros derechos ARCO (rectificación, cancelación y oposición). Es el titular de los datos el que decide en último

---

[176] Vid., en relación con esta jurisprudencia, los comentarios de: LESMES SERRANO, C. (Coord.), *La Ley de Protección de Datos. Análisis y comentario de su jurisprudencia*,cit., p. 331 ss.; PALOMAR OLMEDA, A. y GONZÁLEZ ESPEJO, P. (Dirs.), *Comentario al Reglamento de desarrollo de la Ley Orgánica 15/1999. de 13 de diciembre, de Protección de Datos de Carácter Personal*, cit., pp. 280 ss.

término si lo ejerce de forma conjunta o independiente respecto de sus otros derechos. Se deja así a la libre decisión del titular el ejercicio de uno u otro derecho. En ningún caso se establece como requisito, para el ejercicio de los derechos de rectificación o cancelación, haber ejercido previamente el derecho de acceso.

No obstante, no se puede negar que en ocasiones es necesario ejercer en primer lugar el derecho de acceso para poder ejercer el resto de los conocidos ARCO. En este sentido, en la Resolución de tutela de derechos de la Agencia Española de Protección de Datos, de fecha 12 de mayo de 2009, ante una reclamación contra la empresa Jazztel Telecom, SA por no haber atendido los derechos de acceso y cancelación de uno de sus clientes, y en el que la citada empresa había manifestado haber atendido el derecho de cancelación y haber omitido toda referencia al derecho de acceso también solicitado, la Agencia Española de Protección de Datos indicó que se había desatendido el derecho de acceso. La Agencia Española de Protección de Datos consideró que la argumentación de la empresa de no poder atender el derecho de acceso a los datos por haberlos cancelado previamente, no era admisible en el sentido de que el artículo 16.3 LOPRODA dispone el bloqueo de los datos tras su cancelación, debiéndose conservar los datos únicamente a disposición de las Administraciones Públicas, Jueces y Tribunales durante el plazo de prescripción de éstas. Así pues, fuera de estos casos excepcionales, habría que considerar, tal y como declaró la Agencia Española de Protección de Datos en su Informe 182/2003 que "no procede el acceso a los datos bloqueados en tanto el bloqueo es una forma de cancelación de los datos cuyo acceso está restringido a las personas mencionadas al efecto por la LOPRODA"[177].

El procedimiento de acceso se caracteriza también por las notas de sumariedad y simplicidad. Su regulación reglamentaria tiende a que el periodo de su tramitación sea breve.

Así, se desprende de cuanto dispone el artículo 24 del Reglamento en el que se prescribe que la tramitación del *habeas data* no admite ningún tipo de demora o dilaciones injustificadas y que dicha tramitación deberá iniciarse desde el momento en que el responsable reciba la petición de acceso.

Al propio tiempo, la mencionada norma prevé un cauce simplificado para que el titular de los datos pueda ejercitar su derecho de acceso, en tanto que

---

[177] Cfr.: ALMUZARA ALMAIDA, C., *Estudio práctico sobre la protección de datos de carácter personal,* cit., 126 ss.; ARENAS RAMIRO, M., "Comentario al Artículo 15. Derecho de acceso", cit. p. 1174 ss.; LESMES SERRANO, C. (Coord.), *La Ley de Protección de Datos. Análisis y comentario de su jurisprudencia,* cit. pp. 329 ss.; PALOMAR OLMEDA, A. y GONZÁLEZ ESPEJO, P. (Dirs.), *Comentario al Reglamento de desarrollo de la Ley Orgánica 15/1999. de 13 de diciembre, de Protección de Datos de Carácter Personal,* cit., pp. 264 ss.

esto supone una garantía para el ejercicio del mismo. El procedimiento no debe suponer la exigencia de unos trámites formales complejos que dificulten las actuaciones del derecho de acción por parte del afectado.

Para facilitar el ejercicio de esta acción, las disposiciones que la reglamentan tienden a establecer el máximo grado de flexibilidad en los requisitos relativos a su ejercicio.

Señala el artículo 25.4 del Reglamento que la respuesta a la solicitud de acceso deberá ser "legible e inteligible, sin utilizar claves o códigos que requieran el uso de dispositivos mecánicos específicos". Se advierte en esta norma el propósito del legislador de ofrecer los cauces más simplificados y accesibles al titular de la acción para que pueda ejercerla sin ningún tipo de formalismo injustificado.

La jurisprudencia ha subrayado el carácter antiformalista del procedimiento de ejercicio del derecho de acceso. En este sentido son de interés las sentencias de la Audiencia Nacional de 6 de julio de 2006 (JUR 2006/196878) y la de 27 de octubre de 2006 (JUR 2006\267481). En ambas decisiones la Audiencia Nacional desestimó el recurso interpuesto por la UNED frente a la Resolución sancionadora de la Agencia Española de Protección de Datos basada en una denegación del derecho de acceso por falta de requisitos formales. La denegación de la UNED se fundaba en que, en ambos casos, la solicitud que da origen al procedimiento de acceso no reunía los requisitos necesarios para ser considerada una solicitud de acceso a datos personales, pues se realizó en una reclamación de responsabilidad patrimonial contra la UNED y fuera del suplico de la misma. Escritos que posteriormente fueron completados por otros en los que se subsanaban las deficiencias apreciadas, a requerimiento de la UNED, y en el que no se hacía mención alguna a la solicitud de acceso a datos personales.

La Audiencia Nacional, al desestimar los recursos de la UNED, estableció en sus dos decisiones reseñadas que en ambos supuestos los afectados, perfectamente identificados, dirigieron escritos a la Universidad, de la que eran alumnos, solicitando acceder a sus datos personales. Señala asimismo la Audiencia Nacional que ni la Ley ni el Reglamento exigen mayores requisitos o formalidades que éstas, por lo que el motivo de impugnación presentado carece de consistencia. No contradice la anterior conclusión el hecho de que el ejercicio del derecho de acceso se contenga en un escrito cuya finalidad principal no es ejercitarlo, sino formular una reclamación de responsabilidad patrimonial, pues ninguna norma jurídica obliga a que el derecho de acceso se ejercite formalmente a través de escritos que tengan como finalidad principal esa.

Conviene recordar que en la regulación internacional del *habeas data*, en los términos de la XXI Conferencia Internacional de Autoridades de Protección de datos y Privacidad, celebrada los días 5, 6 Y 7 de noviembre de 2009, se indicó que "cualquier información que se proporcione al interesado deberá facilitarse de forma inteligible, empleando para ello un lenguaje claro y sencillo"[178].

5) La acción del *habeas data* se halla también connotada por su pretensión de *eficacia*. La dimensión teleológica de esta acción es, precisamente, la de obtener el acceso real a sus datos personales por parte del titular de la acción. El reconocimiento de la misma carecería de sentido de no poderse obtener este resultado. De ahí que la normativa de la LOPRODA y de su Reglamento se hallen orientadas a facilitar ese rasgo de eficacia.

No obstante, el legislador ha limitado temporalmente el ejercicio de esta acción. Así se desprende de cuanto dispone el artículo 15.3 LOPRODA que establece: "El derecho de acceso a que se refiere este artículo sólo podrá ser ejercitado a intervalos no inferiores a doce meses, salvo que el interesado acredite un interés legítimo al efecto, en cuyo caso podrán ejercitarlo antes".

En la Directiva 95/46/UE, se aludía a "periodicidad razonable y sin retrasos". El legislador español, al transponer esta Directiva, ha concretado ese plazo razonable en un periodo de doce meses.

Esta limitación responde a directrices internacionales sobre el ejercicio del derecho de acceso. En tal sentido, la mencionada XXI Conferencia Internacional de Autoridades de Protección de datos y Privacidad, celebrada los días 5, 6 Y 7 de noviembre de 2009, señalaron como uno de los principios rectores en relación con el derecho de acceso que "la legislación nacional aplicable podrá limitar el ejercicio reiterado de estos derechos, que obligaría a la persona responsable a responder múltiples solicitudes en intervalos cortos de tiempo, excepto en aquellos casos en los que el interesado haga constar en su solicitud un interés legítimo".

Se trata, con ello, de evitar que el responsable del fichero se vea acosado por personas "querulantes", que realice una reiteración de peticiones indebidamente justificadas o carentes de todo fundamento. Este tipo de prácticas podría conducir a un colapso en la actuación de los responsables de ficheros que, a la larga, supondría una limitación a la eficacia general del ejercicio normalizado y correcto de esta acción.

[178] Cfr. ARENAS RAMIRO, M., "Comentario al Artículo 15. Derecho de acceso", cit., p. 1179.

De acuerdo con la regulación legal, será el responsable del tratamiento quien considerará si existe o no un "interés legítimo" por parte del titular de los datos, para acortar los plazos de acceso. Esta circunstancia ha dado lugar a que, en algún sector de la doctrina, se considere que se otorga una facultad discrecional excesiva en favor del responsable del fichero, quien tenderá a considerar injustificada la abreviación del plazo.

Como circunstancia objetiva que legitime el interés legítimo por acortar el plazo de ejercicio de derecho de acceso, se considerará que existe cuando se ha producido algún cambio en los datos personales que exija su reflejo en el fichero[179].

En todo caso, será siempre necesario la invocación del interés por el afectado, como ha manifestado la Sentencia de la Audiencia Nacional, de 9 de noviembre de 2005.

5. PROCEDIMIENTO DE SUSTANCIACIÓN DEL *HABEAS DATA*

El procedimiento de sustanciación del *habeas data* puede realizarse en dos fases y ante dos instancias. En el caso de que, en la primera fase del procedimiento, el ejercicio de la acción de *habeas data* por parte del titular ante el responsable del fichero no sea satisfecha o lo sea insatisfactoriamente, puede recurrir, en la segunda fase del procedimiento, para la tutela de su derecho a la Agencia Española de Protección de Datos. Por ello, en los casos en que se deniegue total o parcialmente, o no se responda a la solicitud de acceso, el titular de la acción puede acceder a esa segunda fase del procedimiento para ejercer su derecho de tutela de sus datos personales ante la Agencia Española de Protección de Datos. Ésta actúa, por tanto, como una segunda instancia para la sustanciación del procedimiento de *habeas data*.

El procedimiento según el cual se desarrolla la tramitación de este recurso, por parte del titular de los datos personales, se halla regulado en el Título VII de la LOPRODA y en el Título IX de su Reglamento. El procedimiento por el que se sustancia esta acción es el mismo que regula la tutela de los demás derechos ARCO.

El procedimiento, en su segunda fase, se inicia, necesariamente y en toda ocasión, a instancia de parte. El procedimiento comienza cuando el titular de la acción da traslado al responsable del fichero de la denuncia de no haber

[179] Cfr. LESMES SERRANO, C., *La Ley de Protección de Datos. Análisis y comentario de su jurisprudencia*, cit., pp.349 ss.

obtenido respuesta a su petición y, por ello, le insta a que alegue, es decir, a que motive las causas por las cuales no la ha atendido. El plazo para que se tramite la consiguiente contestación por parte del responsable del fichero es de 15 días. Debe tenerse presente que el responsable del tratamiento, en la primera fase del procedimiento, tenía un plazo de un mes para contestar desde la recepción de la solicitud en la que se iniciaba el ejercicio del derecho de acceso.

Debe hacerse hincapié en que, tal como se ha indicado, el plazo para responder a la solicitud con la que se iniciaba el procedimiento en su primera fase, según establecen la LOPRODA (art.18) y su Reglamento (art.30), es de un mes como máximo, a contar desde que el responsable recibe la solicitud. Este plazo, según reiterada jurisprudencia, reasumida en la sentencia de la Audiencia Nacional de 26 de enero de 2006, comienza a contar desde el día siguiente a la recepción de la solicitud por el destinatario, es decir, por el responsable del fichero y no desde el momento en que se cursa la petición de acceso.

El titular de la acción, una vez obtenida la respuesta motivada del responsable del fichero o cuando éste no hubiera contestado a su requerimiento en el plazo precitado, podrá interponer su solicitud ante la Agencia Española de Protección de Datos. El plazo que tiene dicha Autoridad de control para resolver será de 6 meses; si pasado este período de tiempo no se ha tenido respuesta, se entenderá estimada la solicitud por silencio positivo. Este plazo de seis meses debe entenderse desde la fecha de iniciación del procedimiento.

La jurisprudencia ha interpretado, en los términos aquí expuestos, los requisitos para la sustanciación del procedimiento de *habeas data*. Así, se desprende de la Sentencia de la Audiencia Nacional, de 2 de febrero de 2002, y posteriormente la de 30 de junio de 2004, conforme a las cuales "Debe tenerse en cuenta a estos efectos que es después de dictado el acuerdo de iniciación cuando tiene lugar la instrucción del procedimiento sancionador y puede apreciarse la caducidad, pues el abandono o desidia en su ejercicio que comporta la caducidad, mal puede apreciarse cuando no se ha iniciado el procedimiento sancionador"[180].

En todo caso, el recurso ante la Agencia Española de Protección de Datos es siempre ulterior a la fase previa que debe sustanciarse ante el responsable del fichero. Este procedimiento, a través del cual se inicia la sustanciación del derecho de acceso, debe realizarse conforme al procedimiento normativa-

---

[180] Cfr.: ARENAS RAMIRO, M., "Comentario al Artículo 15. Derecho de acceso", cit., p.1190 ss.; LESMES SERRANO, C., *La Ley de Protección de Datos. Análisis y comentario de su jurisprudencia*, cit., p. 346 ss.

mente previsto en la LOPRODA, tal como prescribe su artículo 17, desarrollado por el artículo 25 del Reglamento.

En esta última disposición se contienen las exigencias formales de identificación del solicitante titular de los datos, así como la determinación precisa del objeto y alcance de su solicitud (art. 25.1). En el propio Reglamento se establece que: "El responsable del tratamiento deberá contestar la solicitud que se le dirija en todo caso, con independencia de que figuren o no datos personales del afectado en sus ficheros" (art.25.2).

En el caso de que la solicitud no reúna los requisitos referentes a la clara identificación del solicitante y del objeto de su solicitud, previstos en el apartado 1, el responsable del fichero deberá solicitar la subsanación de los mismos (art 25.3).

La respuesta deberá ser conforme con los requisitos previstos para cada caso en la LOPRODA y su Reglamento. Asimismo, corresponderá al responsable del fichero la prueba del cumplimiento del deber de respuesta al que se refiere el apartado 2, debiendo conservar la acreditación del cumplimiento de ese deber (art.25.4 y 5).

Se dispone también que el responsable del fichero deberá adoptar las medidas oportunas para garantizar que las personas de su organización que tienen acceso a datos de carácter personal puedan informar del procedimiento a seguir por el titular para el ejercicio de sus derechos (art. 25.6).

El Reglamento señala que el ejercicio de los derechos de acceso, rectificación, cancelación y oposición podrá modularse por razones de seguridad pública en los casos y con el alcance previsto en las Leyes (art. 25.7).

La doctrina entiende, al comentar la sustanciación de esta primera fase del procedimiento, que las actuaciones del responsable del fichero tendente a facilitar y garantizar el ejercicio del derecho de acceso, suponen una contraprestación o carga que debe asumir el responsable del tratamiento de datos como pago al beneficio que de dicho tratamiento obtiene. Esta obligación debe cumplirla con especial diligencia, debido a las irreparables, o difícilmente reparables, lesiones que el conocimiento y tratamiento de los datos personales puede llegar a provocar[181].

La jurisprudencia ha planteado también, en términos del restablecimiento de un equilibrio de posiciones, las cargas y exigencias que corresponden al responsable del fichero como una contrapartida al beneficio que obtiene del

[181] Cfr.: ARENAS RAMIRO, M., "Comentario al Artículo 15. Derecho de acceso", cit. p.1180; GARRIGA DOMÍNGUEZ, A., *La protección de los datos personales en el Derecho español*, cit., pp. 65 ss.

tratamiento de los datos personales, y que permite al titular de los mismos no quedar en una postura de indefensión o de debilitamiento de sus derechos. Este criterio ha sido argumentado en las Sentencias del Tribunal Supremo de 19 mayo 2010 (RJ 2010\3655) y la de 11 marzo 2011 (RJ\2011\2065), así como las sentencias de la Audiencia Nacional de 24 de mayo de 2002, de 9 de febrero de 2006 y de 6 de julio de 2006.

Para que el derecho de acceso pueda ejercitarse de acuerdo con las previsiones de la LOPRODA y de su Reglamento, es necesario que el responsable organice el tratamiento de los datos de forma que pueda facilitar, posteriormente, el ejercicio del derecho de acceso. Para ello, el responsable del fichero, desde el inicio de su actividad, debe tener presente las medidas y previsiones oportunas para poder facilitar el ejercicio del derecho de acceso por parte de los titulares que eventualmente lo soliciten.

Una cuestión que ha merecido especial interés por parte de la doctrina y la jurisprudencia es la que atañe al silencio o falta de respuesta por parte del responsable del fichero ante la consulta de los titulares de un derecho de acceso. En el caso de que dicho responsable sea persona privada, se entiende que si omite cualquier respuesta se podrá reclamar y denunciar esta situación ante la Agencia Española de Protección de Datos. Se considera que el silencio del responsable del fichero ante la petición de acceso debe entenderse negativo. En el caso de que el responsable del fichero pertenezca a las Administraciones Públicas, se plantea la cuestión de si esta medida atenta contra la regla general del silencio positivo previsto en la Ley de Régimen Jurídico de las Administraciones Publicas y conforme al cual, si la Administración no contesta, se entiende estimada la pretensión de la parte[182].

En lo que respecta al silencio por parte del responsable del fichero, conviene tener presente que el Tribunal Supremo ha proclamado con carácter general, que: "la falta de respuesta al derecho de acceso interesado por el recurrente no puede interpretarse que no sea suficiente para integrar el tipo previsto en el artículo 44.3.e) de la Ley Orgánica, toda vez que, de conformidad con el artículo 13, el derecho de acceso, una vez transcurrido el plazo de un mes, abre la simple posibilidad de interesar de la agencia el procedimiento de tutela de derechos, posibilidad que a juicio de la Sala no debe impedir que cuando ante una petición de acceso se contesta con el silencio se esté come-

---

[182] Cfr., por todos, LESMES SERRANO, C., *La Ley de Protección de Datos. Análisis y comentario de su jurisprudencia*, cit., pp. 332 ss. Por lo que se refiere a la jurisprudencia, pueden citarse las sentencias de la Audiencia Nacional de18 de octubre de 2002 y de 14 de diciembre de 2006. En ellas, se considera que el silencio del responsable del fichero abre la posibilidad del recurso ante a Agencia Española de Protección de Datos, porque de lo contrario el derecho fundamental del titular quedaría falto de eficacia.

tiendo una infracción de las previstas en el artículo 44.3.e) de la citada Ley" (STS de 19 mayo 2010 RJ 2010\3655).

Partiendo de tal circunstancia, si bien es cierto que en el párrafo siguiente del fundamento de derecho cuarto la Sala de instancia alude equivocadamente, como afirma el Sr. Abogado del Estado, a que en el escrito de denuncia formulado por la recurrente se hacía expresa mención a la posibilidad de que se iniciara el procedimiento de tutela de derechos, este error, aun siendo claro, no puede fundamentar como pretende el recurrente una solución anulatoria de la sentencia de instancia dada su irrelevancia, ya que ampliamente razona con anterioridad una correcta interpretación de lo dispuesto en el artículo 15 en relación con el 44.3.e) de la Ley Orgánica de Protección de Datos, por lo que, y ante un rechazo y desatención producto de la no respuesta positiva del ejercicio del derecho de acceso, entiende la Sala que procede la estimación del recurso.

El motivo, por tanto, ha de ser desestimado dada la irrelevancia del supuesto error en que incurre la sentencia, error que, por otro lado, no ha sido eficazmente combatido en esta casación a través del motivo que enjuiciamos en que solamente se denuncia la infracción del artículo 18 de la Ley Orgánica 15/1999 de Protección de Datos.

Cuando en la solicitud del titular existiera cualquier tipo de error, o insuficiencia, se prevé la posibilidad de subsanar tales fallos contenidos en la petición, cuando la misma no cumpla los requisitos exigidos.

En este supuesto, el responsable deberá solicitar la subsanación de los mismos. Aunque el Reglamento no lo señala expresamente, entiende Mónica Arenas Ramiro que: "en el caso de las Administraciones Públicas, esta petición de subsanación, sigue lo establecido en el artículo 71 LRJAP y concede un término de diez días para subsanar, con la advertencia de que si no se produce tal subsanación, se entenderá que el titular desiste de su derecho"[183].

En el supuesto de que el responsable acepte la solicitud, tendrá un plazo de diez días a contar desde el momento de la aceptación para comunicar al afectado la información solicitada, si no lo ha hecho en el momento de comunicar la aceptación del acceso. Esta información tendrá que ser, como mínimo, la relativa al contenido del derecho de acceso, esto es, la referente a los datos básicos del afectado, los resultantes de cualquier elaboración o proceso informático, así como la información disponible sobre el origen de los datos, los cesionarios de los mismos y la especificación de los concretos usos y finalidades para los que almacenaron los datos (Reglamento, art.29).

---

[183] ARENAS RAMIRO, M., "Comentario al Artículo 15. Derecho de acceso", cit., 1184.

El Reglamento exige que la contestación del responsable del Registro proporcione una información que, cualquiera que sea el soporte en que fuere facilitada, se ofrezca en forma legible e inteligible, sin utilizar claves o códigos que requieran el uso de dispositivos mecánicos específicos (art.29.3).

El medio de comunicación elegido dependerá, sin duda, de las posibilidades físicas del tratamiento. Antes de la entrada en vigor del Reglamento se planteaba si correspondía al afectado o al responsable del fichero elegir los posibles medios de recibir o proporcionar la información. Esta cuestión ha sido resuelta por el Reglamento en el sentido de que sea el titular que ejercita el derecho de acceso quien opte por el procedimiento que estime más oportuno[184].

El Reglamento regula, en su artículo 30, los supuestos que autorizan al responsable del fichero a denegar la solicitud de acceso. Entre tales supuestos se detalla: 1°) Cuando, como se ha tenido ocasión de exponer *supra,* el derecho ya se haya ejercitado en los doce meses anteriores a la solicitud, salvo que se acredite un interés legítimo al efecto.

2°) En los supuestos en que así lo prevea una Ley o una norma de derecho comunitario de aplicación directa o cuando éstas impidan al responsable del tratamiento revelar a los afectados el tratamiento de los datos a los que se refiera el acceso. Esta circunstancia se planteó en relación con la norma-

---

[184] El artículo 28 del Reglamento establece que: "1. Al ejercitar el derecho de acceso, el afectado podrá optar por recibir la información a través de uno o varios de los siguientes sistemas de consulta del fichero:

a) Visualización en pantalla.

b) Escrito, copia o fotocopia remitida por correo, certificado o no.

c) Telecopia.

d) Correo electrónico u otros sistemas de comunicaciones electrónicas.

e) Cualquier otro sistema que sea adecuado a la configuración o implantación material del fichero o a la naturaleza del tratamiento, ofrecido por el responsable.

2. Los sistemas de consulta del fichero previstos en el apartado anterior podrán restringirse en función de la configuración o implantación material del fichero o de la naturaleza del tratamiento, siempre que el que se ofrezca al afectado sea gratuito y asegure la comunicación escrita si éste así lo exige.

3. El responsable del fichero deberá cumplir al facilitar el acceso lo establecido en el Título VIII de este Reglamento.

Si tal responsable ofreciera un determinado sistema para hacer efectivo el derecho de acceso y el afectado lo rechazase, aquél no responderá por los posibles riesgos que para la seguridad de la información pudieran derivarse de la elección.

Del mismo modo, si el responsable ofreciera un procedimiento para hacer efectivo el derecho de acceso y el afectado exigiese que el mismo se materializase a través de un procedimiento que implique un coste desproporcionado, surtiendo el mismo efecto y garantizando la misma seguridad el procedimiento ofrecido por el responsable, serán de cuenta del afectado los gastos derivados de su elección".

tiva existente sobre prevención del blanqueo de capitales y de prevención y bloqueo de la financiación del terrorismo (Ley 12/ 2003, de 21 de mayo). Esta normativa prohíbe, entre otras conductas, al responsable de la entidad financiera informar al interesado acerca de la investigación de las operaciones realizadas o su comunicación al Servicio de Prevención del Blanqueo de Capitales. En relación con esta cuestión, la Agencia Española de Protección de Datos formuló un Informe, de fecha 10 de julio de 2003, en el que afirmaba que dichos ficheros se encontraban sometidos plenamente a la LOPRODA, y que si bien es cierto que para el tratamiento de los datos en estos casos existirá una habilitación legal para el tratamiento o comunicación de los datos sin contar con el consentimiento de los afectados, no existe una exclusión general de la aplicación de la LOPRODA. Posteriormente, en el año 2005, y consciente de la peculiaridad de estos ficheros, la Agencia Española de Protección de Datos afirmaba en su Informe 290/2005, de 1 de agosto de 2005 que "la posibilidad de revelación del estudio y comunicación de las operaciones a las que se refiere el artículo 4 de la Ley 12/2003, implicará una limitación al haz de derechos y facultes impuesto por la Ley Orgánica 15/1999".

El responsable del fichero informará, en todo caso, al afectado de su derecho a recurrir esta resolución denegatoria ante la Agencia Española de Protección de Datos o, en su caso, de las autoridades de control de las Comunidades Autónomas, conforme a lo dispuesto en el artículo 18 de la LOPRODA.

El derecho de acceso también será denegado cuando la solicitud ha sido formulada por una persona distinta del interesado y no está acreditado que actúe en su representación (Reglamento, art.23.3).

Como todos los derechos y libertades fundamentales, el *habeas data* está sujeto a determinados *límites* en su ejercicio. Tales limitaciones, tal como se desprende del artículo 25.7 del Reglamento, se hayan justificadas por la necesidad de salvaguardar intereses generales, tales como la seguridad del Estado, la defensa y la seguridad pública; o si éstos están destinados a fines históricos, científicos o estadísticos.

Conforme a la LOPRODA, el *habeas data* puede denegarse cuando se pretenda el acceso a datos contenidos en ficheros de titularidad pública gestionados por las Fuerzas y Cuerpos de Seguridad con fines policiales y dicho acceso ponga en peligro la defensa del Estado, la seguridad pública, la protección de los derechos y libertades de terceros y las investigaciones que se estén realizando. De igual modo, se denegará el acceso cuando este tenga por objeto información contenida en ficheros de la Hacienda Pública y se obstaculice con ello el cumplimiento de las obligaciones tributarias.

Conviene advertir que estas limitaciones sólo afectan a los ficheros de titularidad pública. En el supuesto de que se trate de ficheros de titularidad privada, sólo se podrá denegar en los casos ya estudiados en los que esté prevista normativamente la posibilidad de tal denegación.

El legislador, a través de estos límites, ha pretendido ponderar la tutela del derecho a la protección de datos con la garantía y defensa de intereses generales y colectivos. Así, la seguridad pública; la defensa del Estado; la protección de terceros; las necesidades de investigación; el ámbito de la Hacienda Pública cuando lo que se pretende es obstaculizar las actuaciones administrativas tendentes a asegurar el cumplimiento de las obligaciones tributarias, sobre todo cuando el afectado sea objeto de actuaciones inspectoras, todos estos supuestos implican límites al ejercicio de este derecho personal de acceso. No huelga insistir en que estas limitaciones al ejercicio de un derecho fundamental se basan, en numerosas ocasiones, en conceptos jurídicos indeterminados, que han de ser aplicados de modo que impliquen lo que la doctrina constitucionalista denomina "restricción menor posible" del derecho fundamental afectado[185].

6. EL *HABEAS DATA* EN LA JURISPRUDENCIA CONSTITUCIONAL

En los epígrafes anteriores de este Capítulo se ha hecho referencia a la jurisprudencia del Tribunal Supremo, de la Audiencia Nacional y a las resoluciones de la Agencia Española de Protección de Datos, que se han estimado más relevantes para la tutela del *habeas data*. No puede, sin embargo, soslayarse que esta acción procesal se halla destinada a la protección del derecho fundamental a la intimidad. Por ello, resultan también de la mayor importancia las decisiones de nuestro Tribunal Constitucional, que han hecho referencia expresa a la tutela del derecho de acceso de los ciudadanos a las informaciones que les conciernen. Se ha preferido un estudio conjunto de estas sentencias para delimitar mejor el significado y alcance constitucional del *habeas data*.

Evidencia el interés y la atención prestados por el TC español en cuanto atañe a la tutela de la libertad informática y del *habeas data* la propuesta de uno de sus miembros, el magistrado, y posteriormente Presidente del TC y catedrático de Derecho Constitucional don Manuel Jiménez de Parga y Cabrera, tendente a la elaboración por parte de la justicia constitucional de esas categorías iusfundamentales, que no han sido reconocidas, expresamente, en la CE. Legitima esta tesis la exigencia de no dejar indefensos los nuevos intereses o

[185] PÉREZ LUÑO, A.E., *Derechos humanos, Estado de Derecho y Constitución*, cit., pp.330 ss.

necesidades básicas no previstos formalmente en los textos constitucionales. Entre esos nuevos derechos deben incluirse la libertad informática y el *habeas data*, destinada a su tutela procesal. El profesor y magistrado Jiménez de Parga se muestra decididamente partidario de las normas constitucionales que, como la norteamericana y en época más reciente la argentina o la portuguesa, prevén una cláusula abierta al proclamar sus catálogos de derechos fundamentales; frente al modelo de cláusula cerrada, que es el más frecuente en el Derecho constitucional comparado y al que responde nuestra Ley de leyes. En los modelos de cláusula cerrada o *númerus clausus*, incumbe a la jurisprudencia constitucional llenar ese vacío. En aras de ello, propugna la elaboración por parte del TC del derecho a la libertad informática, a partir del valor de la dignidad humana reconocido en el art. 10.1 CE, del propio art.18. 4 CE, así como de otros derechos fundamentales y de los tratados internacionales sobre la materia[186].

Estimo que este planteamiento se inscribe en una concepción generacional de los derechos humanos, en cuyo seno la libertad informática y la acción procesal de *habeas data* representan categorías conformadoras de los denominados "derechos de la tercera generación". Una concepción generacional de los derechos, tal como se ha tenido ocasión de exponer *supra* en el Capítulo III. 4, implica reconocer que el catálogo de las libertades nunca se hallará completo, sino abierto a nuevas necesidades y situaciones que merezcan la protección jurídica reforzada que los derechos fundamentales implican. Una sociedad libre y democrática deberá mostrarse siempre sensible y abierta a la aparición de nuevas necesidades, que fundamenten nuevos derechos. Mientras esos derechos no hayan sido reconocidos en el ordenamiento jurídico nacional y/o internacional, actuarán como categorías reivindicativas, prenormativas y axiológicas. En esa fase, su tutela tendrá que operar por vía pretoriana, es decir, corresponde a los tribunales nacionales e internacionales hacerse cargo de estas exigencias jurídicofundamentales, en tanto el legislador no las asuma y promulgue en los consiguientes textos normativos.

En el Capítulo anterior se ha tenido ocasión de aludir a que la doctrina germana ha calificado a la Sentencia sobre la Ley del Censo de Población de "Sermón de la Montaña" en materia de protección de datos personales. En esa línea de lenguaje metafórico evangélico, la doctrina española ha califica-

---

[186] Voto particular del magistrado Manuel Jiménez de Parga y Cabrera a la STC 290/2000. Puntualiza este constitucionalista, que aunque comparte el fallo de la sentencia, entiende que el TC debería haber elaborado expresamente ese nuevo derecho a la libertad informática, que no aparece incluido, al menos de forma expresa, en el texto de 1978.

do de Sentencia del "Buen Samaritano"[187], a la decisión de nuestro Tribunal Constitucional 254/1993 de 20 de Julio. En ella el TC reconoce y ampara expresamente el derecho de los ciudadanos a tener acceso a los datos personales que les conciernen y se hallan registrados en archivos informatizados administrativos. Esta decisión tuvo como antecedentes las Sentencias de la Audiencia Territorial de Pamplona (Sala de lo Contencioso-Administrativo) de 7 de Febrero de 1989 y del Tribunal Supremo (Sala Tercera) de 30 de Abril de 1990, que habían desestimado el acceso de un ciudadano a sus datos personales incluidos en archivos automatizados de la Administración del Estado, alegando la falta de desarrollo legislativo del Convenio europeo de protección de datos personales.

Frente a esas sucesivas denegaciones del *habeas data*, es decir, del acceso a los datos personales, basadas en una motivación que metafóricamente pudiera calificarse de "farisáica" y "levítica", el TC actuó en este supuesto como un "Buen Samaritano".

La sentencia del TC se mueve en un doble plano argumentativo: 1) De un lado, acoge la dimensión positiva del derecho a la intimidad, reconocido en el artículo 18 de la CE como facultad de control sobre los datos relativos a la propia persona. Acepta también, de manera explícita, por vez primera, las nociones de "libertad informática" y *habeas data*, como integrantes de la garantía de la intimidad frente a la informática consagrada en el art. 18.4 CE (FJ 7).

El otro aspecto principal de ese fallo reside en la reafirmación por parte del TC de su doctrina tendente a reconocer la aplicación inmediata de los derechos fundamentales, en este caso del *habeas data*, que dimana del art. 18.4 CE, sin que sea necesaria una *interpositio legislatoris*, es decir, un desarrollo legislativo, para su plena eficacia (FJ 6). El TC estima que el cumplimiento o no por los poderes públicos de los tratados internacionales, en particular del Convenio europeo de 1981, es independiente para asegurar la protección de los derechos fundamentales establecida en el art. 53.3 de la CE (FJ 5). De lo que implícitamente se infiere que el TC no cuestiona la plena incorporación del Convenio europeo al ordenamiento jurídico español, en virtud del art.96.1 de la CE, y su plena eficacia; a lo que, por otra parte, también sería de aplicación su propia jurisprudencia impugnatoria de la *interpositio legislatoris* en materia de derechos fundamentales. Tesis que se corrobora por la expresa llamada del TC, apoyándose en el art. 10.2 CE, al Convenio como cauce para configurar el sentido y alcance de la libertad informática y del *habeas data* derivadas del art. 18.4 de la CE.

---

[187] Cfr., PÉREZ LUÑO, A.E., *Derechos humanos, Estado de Derecho y Constitución*, cit., pp.388-389 ss.

Esta sentencia pionera de la tutela constitucional del *habeas data* en nuestro ordenamiento jurídico ha tenido un desarrollo jurisprudencial por parte del TC en otras decisiones, que también merecen ser reseñadas.

Entre las más relevantes de esa línea jurisprudencial, merece ser destacada la STC 11/1998, que declaró contrario a los derechos a la libertad sindical y a la protección de datos personales (art. 28 CE), en relación con el art. 18.4 CE, el uso por una empresa del dato de la afiliación sindical, incluido en un fichero automatizado, para detraer haberes de los trabajadores con ocasión de una huelga promovida por determinado sindicato. Esta doctrina jurisprudencial ha sido reiterada en otras Sentencias del propio TC, entre las que merecen destacarse la STC 33/1998, la STC 35/1998 y, de modo especial, la STC 94/1998. En esta última se consideró que, la utilización de un dato sensible, que había sido recabado con una determinada finalidad, al utilizarse para otra radicalmente distinta, implicaba un grave menoscabo del legítimo ejercicio del derecho de libertad sindical (art.28.1 CE) y de la libertad informática (art.18.4 CE). Asimismo, debe ser reseñada la STC 202/1999, en la que, con ocasión de la denegación a un trabajador de la cancelación de sus datos médicos en un fichero informatizado de una entidad de crédito sobre bajas por incapacidad temporal, se apreció que el almacenamiento sin cobertura legal en soporte informático de los diagnósticos médicos del trabajador sin mediar su consentimiento expreso constituía una desproporcionada restricción del derecho fundamental a la protección de datos personales. En todas estas decisiones, aunque no se haga una referencia expresa al *habeas data*, existe una garantía implícita de cuanto supone esta acción procesal como medio necesario para poder ejercer plenamente el derecho a la libertad informática que la jurisprudencia del TC se propone garantizar.

CAPÍTULO VI
MODALIDADES SECTORIALES DEL *HABEAS DATA*

SUMARIO: 1. Planteamiento.- 2. El *habeas data* sanitario.- 3. El *habeas data* del menor.- 4. El *habeas data* en los archivos de titularidad pública.- 5. El *habeas data* en los ficheros de titularidad privada.- 6. Aproximación al régimen jurídico del *habeas data* en las Comunidades Autónomas.

1. PLANTEAMIENTO

En el ordenamiento jurídico español la acción procesal de *habeas data* adquiere algunas características especiales que afectan a su ejercicio. Se trata de ámbitos o sectores del Derecho en los que el procedimiento de *habeas data* se halla sometido a unas reglas especiales, que constituyen aplicaciones peculiares de las reglas generales que regulan el régimen general estudiado en el Capítulo anterior.

Estas modalidades especiales del *habeas data* hacen referencia a la especial sensibilidad de los datos que son objeto de acceso, como ocurre en los supuestos del *habeas data* sanitario; o a la situación personal de los sujetos a quienes conciernen los datos sobre los que debe ejercerse el derecho de acceso, tal como ocurre con las peculiares circunstancias en las que se encuentran los menores de edad.

Se dan también razones específicas, que contribuyen a establecer modalidades sectoriales del *habeas data.* Se cuentan entre estas modalidades determinados ficheros de titularidad pública, que se rigen por una regulación específica, debiendo estar a lo que en dicha regulación se establezca. Asimismo existen determinados ficheros de titularidad privada que presentan características especiales, las cuales merecen ser tomadas en consideración.

En las reflexiones subsiguientes se aludirá a las principales modalidades sectoriales de *habeas data*, aludiendo a los motivos que las justifican y al régimen jurídico de su regulación.

2. EL *HABEAS DATA* SANITARIO

Como se ha indicado en el Capítulo primero, la intimidad es un derecho que tiene por objeto el control de los datos personales que conciernen a los titulares de derechos fundamentales. En el seno de esos datos ocupan un lugar relevante, hasta el punto de considerarse como informaciones especialmente sensibles, todos los datos que hacen referencia a la salud de cada persona[188].

A efectos de la garantía del *habeas data* cabría admitir la existencia de un derecho de acceso por parte de cada ciudadano a su historia clínica. Se ha indicado que, en el seno de una sociedad tecnológicamente avanzada, cada sujeto va forjando, desde su nacimiento hasta su muerte, un amplio y, en ocasiones, complejo y prolijo historial de informaciones médicas. En la medida en que la asistencia sanitaria se ha convertido en uno de los derechos sociales más importantes cuya tutela exigen los miembros de las sociedades avanzadas, se ha ampliado de modo muy considerable el número de datos médicos relativos a cada ciudadano. Por ello, uno de los factores para medir el grado de desarrollo de un Estado sería el de la amplitud de informaciones relativas a la salud de sus ciudadanos[189].

En la actualidad, en el marco de la teoría de las libertades, ha surgido una tensión entre la exigencia de los poderes públicos de utilizar la transmisión de datos médicos, especialmente de los que hacen referencia a enfermedades contagiosas, o de aquellos que pueden ser utilizados para el desarrollo de avances en la investigación científica y el deseo de los ciudadanos de mantener una reserva sobre las informaciones que les conciernen.

La legislación y la jurisprudencia de los Estados de derecho con un importante desarrollo tecnológico tiende a establecer una ponderación de bienes, de modo que los avances médicos no supongan una agresión al derecho individual a la intimidad, pero sin consagrar como absoluto un derecho al control

---

188 . Las relaciones entre la teoría de los derechos humanos y las cuestiones que conciernen al derecho a la salud y a la bioética, han sido objeto de las distintas colaboraciones incluidas en las obras colectivas: MARCOS DEL CANO, A. Mª., *Bioética y derechos humanos*, UNED, Madrid, 2011.; MARTÍNEZ MORAN, N., (ed.), *Biotecnología, Derecho y dignidad humana*, Comares, Granada, 2003.

189 PEREZ LUÑO, A.E., "La tutela de los datos personales biomédicos", en su vol., *Los derechos humanos en la sociedad tecnológica*, Universitas, Madrid, 2012, pp. 89 ss.

y acceso de los datos personales que impidiera hacer efectivo el derecho social y colectivo a la salud.

El art. 18 de la Ley 41/2002 de Autonomía del Paciente establece que el enfermo tiene el derecho de acceso a la documentación de la historia clínica y a obtener copia de los datos que figuran en ella.

Este derecho había sido ya recogido tanto en la Ley 14/1986, de 25 de abril, General de Sanidad, como en el Real Decreto 63/1995, de 20 de enero, de ordenación de las prestaciones sanitarias del Sistema Nacional de Salud. La Ley de Autonomía del Paciente establece, sin embargo, dos limitaciones: la primera, hace referencia a que este derecho de acceso no es derecho absoluto, puesto que se halla limitado por los derechos de terceras personas a la confidencialidad de los datos que constan recogidos en esa historia clínica; la segunda, se refiere a aquellos casos en los que los profesionales que hayan participado en la elaboración de esos datos clínicos opongan al derecho de acceso la reserva de sus anotaciones subjetivas.

Otro supuesto en el que podrá limitarse el derecho de acceso del paciente a su historia clínica es el de la existencia de un *estado de necesidad terapéutica*, entendiéndose por tal la facultad del médico para actuar profesionalmente sin informar antes al paciente, cuando por razones objetivas el conocimiento de su propia situación pueda perjudicar su salud de manera grave. Cuando se produzca esta situación, el médico dejará constancia razonada de las circunstancias en la historia clínica y comunicará su decisión a las personas vinculadas al paciente por razones familiares o de hecho[190].

Conviene advertir que la limitación referente a las anotaciones subjetivas ha planteado algunos problemas, puesto que la Ley no incluye su definición. Esta noción constituye un concepto jurídico indeterminado que debe interpretarse de manera restrictiva, ya que las anotaciones subjetivas suponen un límite al derecho de acceso a la historia clínica. No resulta fácil distinguir las anotaciones subjetivas del diagnóstico o juicio clínico que refleje el estado de salud del paciente y que necesariamente tiene que ser subjetivo, puesto que el personal sanitario tiene siempre la condición de sujeto[191].

---

190 ALVAREZ, S., *Derechos fundamentales y protección de datos genéticos*, Diykinson, Madrid, 2007, passim.

191 Cfr.: CANTERO RIVAS, R., "La historia clínica en el proceso: su aportación por los pacientes" en La historia clínica, Comares, Granada, 2002, pp. 87 ss.; HERNANDO, P., SEOANE, J. A y DE ASIS, J. F., "La reserva de las anotaciones subjetivas ¿derecho o privilegio?" en *Revista de Calidad Asistencial*, núm. 21, 2006, pp. 26 ss.; MALEM SEÑA, J., "Privacidad y mapa genético", en *Isonomía*, n. 2., 1995, pp.23 ss.; TRONCOSO REIGADA, A "La confidencialidad de la historia clínica" en *Cuadernos de Derecho Público*, n. 27, enero-abril 2006, pp.53 ss.

Un supuesto que merece atención especial es el que hace referencia a los menores y el derecho de acceso a su historia clínica. Se trata de una cuestión que plantea importantes problemas a los centros sanitarios y sobre la que debe establecerse una pauta sobre la edad a la que los menores pueden acceder a sus datos de salud, tema que ha sido objeto de distintas interpretaciones.

En primer lugar, el Real Decreto 1720/2007 de 21 de diciembre, que desarrolla reglamentariamente la LOPRODA, establece en su art. 13 que "Podrá procederse al tratamiento de los datos de los mayores de catorce años con su consentimiento, salvo en aquellos casos en los que la Ley exija para su prestación la asistencia de los titulares de la patria potestad o tutela. En el caso de los menores de catorce años, se requerirá el consentimiento de los padres o tutores".

A su vez, la ya mencionada Ley de Autonomía del Paciente establece en su art. 9.3 que: "Cuando el paciente menor de edad no sea capaz intelectual ni emocionalmente de comprender el alcance de la intervención [...] el consentimiento lo dará el representante legal del menor después de haber escuchado su opinión si tiene doce años cumplidos. Cuando se trate de menores no incapaces ni incapacitados, pero emancipados o con dieciséis años cumplidos, no cabe prestar el consentimiento por representación. Sin embargo, en caso de actuación de grave riesgo, según el criterio del facultativo, los padres serán informados y su opinión será tenida en cuenta para la toma de la decisión correspondiente".

Se desprende de estas normas que no existe un criterio único a la hora de establecer, en un determinado límite de edad, quien está facultado para acceder a la historia clínica de un menor. Parece claro que los mayores de 16 años y los menores emancipados están facultados para acceder a su propia historia clínica. Sin embargo, el debate se produce respecto al derecho que pueden tener sus padres o representantes legales para acceder a la misma. De las normas mencionadas se infiere que el menor tendrá que autorizarlo expresamente. Los padres o representantes serán informados únicamente en el caso de actuaciones de grave riesgo en las que podrán tener acceso a la historia clínica.

De conformidad con las previsiones legales la decisión sobre el acceso a la información médica debe ser adoptada por el facultativo responsable de la asistencia del menor, que deberá valorar, por un lado, la conveniencia de comunicar a los padres la enfermedad o tratamiento, para que ellos, titulares de la patria potestad, puedan ejercitar correctamente sus deberes y velar por la salud de sus hijos. El ejercicio de esta facultad, puede entrar en tensión con la confidencialidad que se crea entre el médico y paciente cuya ruptura en muchos casos podría ir en contra de la asistencia sanitaria del menor, ya que éste podría mostrarse reticente a volver a la consulta del doctor o a seguir un tratamiento. Por otro lado, valorar en un momento dado qué se entiende por una actuación de grave riesgo, puede resultar complicado en tanto que la implicación de los padres o representantes es distinta a la de un facultativo.

En el caso de los menores de 16 años, parece lo más razonable que se permita a los representantes legales o progenitores el acceso a la historia clínica, sin perjuicio de que en aras de una madurez suficiente el menor pueda acceder a su propia historia clínica, no considerando adecuado que se permita que los menores puedan dejar constancia en la historia, la prohibición del acceso a sus padres[192].

Se impone por tanto, una ponderación de bienes que, por un lado, garantice a los padres el ejercicio de sus funciones tutelares para con sus hijos menores de edad; pero, al propio tiempo, que tutele la capacidad de decisión del menor hasta donde ello sea posible. No huelga recordar que los derechos que el menor puede ejercer por sí mismo, de acuerdo con las leyes y sus condiciones de madurez, deben ser plenamente garantizados. Por ello, considerando que el acceso a la historia clínica es un derecho personalísimo, se entiende, de conformidad con lo dispuesto en la legislación civil, que el paciente a partir de 14 años goza de condiciones de discernimiento y madurez suficientes para realizar por sí mismo actos en la vida civil relativos a la conservación de su salud.

No obstante, es necesario recordar que la Agencia Española de Protección de Datos emitió el informe 114/2008 en el que sostiene que: "disponer de la información sanitaria de los hijos es fundamental para poder velar adecuadamente por la salud de los mismos, por ello, entendemos que el Código Civil habilita la cesión de la información sanitaria a quienes ostenten la patria potestad". En este sentido, conviene recordar que no puede afirmarse una presunción general de capacidad de los menores de edad en materia que afecte a su vida o a su integridad física, ya que una cosa es que se dé mayor participación al menor en algunas esferas y otra cosa muy distinta es que se le atribuya al menor la capacidad completa de decisión y la facultad exclusiva para exigir información excluyendo a los padres[193].

---

[192] Cfr.: GARCÍA GARNICA, M. C., El ejercicio de los derechos de la personalidad del menor no emancipado, Aranzadi, Cizur Menor, (Navarra), 2004, passim.; DE LORENZO, R. Y ESCUDERO GONZÁLEZ, M., "El derecho de acceso a la historia clínica y la seguridad del paciente", en *Comentario a la Ley Orgánica de Protección de Datos de Carácter Personal,* dirigidos por TRONCOSO REIGADA, A., Civitas & Thomson Reuters, Cizur Menor (Navarra), 2010, pp. 1196 ss.

[193] DE LORENZO, R. Y ESCUDERO GONZÁLEZ, M., "El derecho de acceso a la historia clínica y la seguridad del paciente", cit., p. 1208.; TRONCOSO REIGADA, A "La confidencialidad de la historia clínica", cit., passim.

Un aspecto de especial interés es el que se refiere al acceso a *informaciones médicas con fines judiciales*. Prescribe el art. 16.3 de la Ley 41/2002 de Autonomía del Paciente que: "El acceso a la historia clínica con fines judiciales, [...] se rige por lo dispuesto en la Ley Orgánica 15/1999, de Protección de Datos de Carácter Personal, y en la Ley 14/1986, General de Sanidad, y demás normas de aplicación en cada caso. [...] Se exceptúan los supuestos de investigación de la autoridad judicial en los que se considere imprescindible la unificación de los datos identificativos con los clínico-asistenciales, en los cuales se estará a lo que dispongan los jueces y tribunales en el proceso correspondiente. El acceso a los datos y documentos de la historia clínica queda limitado estrictamente a los fines específicos de cada caso".

La LOPRODA establece en su articulado que si bien la regla general para la comunicación de datos exige la obtención del consentimiento del interesado, éste no será necesario cuando la comunicación tenga por destinatario al Defensor del Pueblo, el Ministerio Fiscal o los Jueces o Tribunales o el Tribunal de Cuentas, en el ejercicio de sus funciones.

Por ello, ante el requerimiento de un órgano judicial a un médico o centro sanitario para que se aporte la historia clínica de un paciente, se produce una colisión entre el derecho a la protección de datos y el derecho a la tutela judicial efectiva, reconocido en el párrafo segundo del art. 24 de nuestra Constitución.

En tales situaciones habrá que optar también por una ponderación de bienes, si bien el hecho de que el legislador contemple el ejercicio de las actuaciones judiciales como una excepción expresa a la tutela de los datos personales, parece que debe interpretarse como un reconocimiento de la prevalencia de dichas actuaciones judiciales frente a la intimidad. Así, lo ha reconocido, de modo explícito, la Agencia Española de Protección de Datos, que ha sustentado que: "el legislador ha creado un sistema en que el derecho a la protección de datos cede en aquellos supuestos en los que el propio legislador (constitucional u ordinario) haya considerado la existencia de motivos razonados y fundados que justifiquen la necesidad del tratamiento de datos, incorporando dichos supuestos a normas de, al menos, el mismo rango que la que regula la materia protegida" (Resolución, E/00918/2007).

Ricardo de Lorenzo y Marta Escudero González han recordado un supuesto en el que la Agencia Española de Protección de Datos ante la alegación de una paciente de que un centro médico al que ella misma había denunciado, por un tratamiento médico recibido, había aportado en un procedimiento judicial su historial clínico, sin su consentimiento. La Agencia en estos casos viene considerando que la falta de comunicación del historial clínico puede implicar una merma de la utilización por el demandado de los medios de prueba pertinentes para su defensa, por lo que en este caso el derecho a la tutela judicial efectiva prevalece sobre el derecho a la protección de datos[194].

En numerosos procedimientos judiciales el valor probatorio de los datos sanitarios y, en particular de las historias clínicas, tiene una relevancia decisiva en los procedimientos por responsabilidad profesional. Esas informaciones permitirán comprobar si la conducta del médico se adecuó a la buena práctica profesional o si el médico cumplió con la obligación legal de informar y obtener el consentimiento del paciente en los casos necesarios. En estos supuestos, ante un requerimiento judicial, las instituciones sanitarias tienen el deber de cooperar con la justicia y dar respuesta a la petición efectuada.

Resulta evidente, por tanto, la obligación de aportar la historia clínica cuando existe un requerimiento judicial, porque de no hacerlo así se estaría conculcando el deber de colaborar con la Administración de Justicia. Esta exigencia no significa que se vacíe de contenido el principio de confidencialidad de datos sanitarios. En función de tal principio, no siempre deberá facilitarse la totalidad de la historia clínica, sino sólo aquella información que sea pertinente a los efectos de un procedimiento judicial. Por tal motivo, los jueces deberían especificar y limitar el contenido de las informaciones sanitarias que requieren a los efectos de la causa que se está enjuiciando, para que se produzca un acceso a los datos médicos imprescindibles y no se conculque el principio de calidad que es uno de los principios sobre los que se sustenta la LOPRODA y que establece que sólo se recogerán los datos adecuados, pertinentes y no excesivos para finalidades determinadas[195].

Resulta de especial interés para poder calibrar el grado de eficacia de las normas de tutela de la privacidad de los ciudadanos en la esfera médica, así como el ejercicio de la ponderación de bienes entre este derecho y otros derechos constitucionales, la jurisprudencia constitucional. En lo que concierne a nuestro ordenamiento jurídico, tienen especial relevancia las decisiones referidas a esta materia procedentes del Tribunal Constitucional. Nuestro máximo intérprete de la Constitución se ha referido en algunas de sus decisiones a esta materia. Ahora bien, su referencia expresa al reconocimiento del derecho de acceso de los ciudadanos a sus datos médicos, objeto del *habeas data* sanitario, ha sido más escasa.

---

[194] DE LORENZO, R. Y ESCUDERO GONZÁLEZ, M., "El derecho de acceso a la historia clínica y la seguridad del paciente", cit., p. 1213.

[195] TRONCOSO REIGADA, A "La confidencialidad de la historia clínica", cit., pp. 21 ss.

Entre las decisiones más relevantes puede aludirse a la STC 202/1999, en la que, con ocasión de la denegación a un trabajador del acceso y de la cancelación de sus datos médicos en un fichero informatizado de una entidad de crédito sobre bajas por incapacidad temporal, se apreció que el almacenamiento sin cobertura legal en soporte informático de los diagnósticos médicos del trabajador sin mediar su consentimiento expreso constituía una desproporcionada restricción del derecho fundamental a la protección de datos personales.

Son muy relevantes las sentencias de nuestro TC en las que se otorga el amparo a personas que han sufrido determinadas consecuencias negativas en su relación laboral, motivadas por la utilización indebida o ilegítima de datos sanitarios. Entre tales decisiones cabe citar la STC 196/2004. El supuesto que motiva esta decisión del TC es la extinción de la relación laboral acordada por Iberia, Líneas Aéreas de España, respecto a una de sus empleadas, fundada en la no aptitud de la recurrente para el trabajo conforme a los resultados del reconocimiento médico que le fue realizado. La solicitante de amparo sostuvo que no autorizó el reconocimiento médico que se le practicó, con el objeto y la finalidad a la que se destinó la averiguación del consumo de drogas para la extinción de su contrato de trabajo; que no fue informada de la realización de esas pruebas concretas; que no existe amparo legal para la intromisión en la intimidad que se ha producido con la detección de esos datos, sin su conocimiento ni consentimiento. La Sentencia del Tribunal Superior de Justicia de las Islas Baleares de 14 de enero de 2000 (AS 2000, 392) realizó una ponderación de los intereses en conflicto, otorgando primacía al interés de la empresa en la prevención de riesgos laborales frente al derecho a la intimidad sanitaria de la trabajadora. No hubo según el Tribunal Superior de Justicia de las Islas Baleares lesión del art. 18.1 CE, particularmente cuando se ha verificado la confidencialidad de los datos obtenidos al no haberse comunicado a la empresa la causa específica de la no aptitud de la trabajadora, transmitiéndosele únicamente la existencia de una razón que, conforme a los controles médicos, excluía su aptitud para la contratación. El TC advierte que los hechos probados declaran que a la recurrente no se le comunicó ni por la empresa ni por sus servicios médicos cuál era la información buscada con los análisis médicos y, en concreto, que no se le informó de que se analizaría su consumo de estupefacientes. Esa circunstancia, ciertamente, no equivale a que existiera resistencia por parte de Iberia, a informar a la demandante, caso de que ésta lo hubiera solicitado, ni tampoco supone que ésta no tuviera posibilidades de acceder a dicho conocimiento a través de sus representantes o directamente dirigiéndose a los servicios médicos o por otros cauces. Ahora bien, estima el TC, que Iberia, tenía la obligación de informar expresamente a la trabajadora de esa analítica concreta, toda vez que, si bien no afectaba a la intimidad corporal, sí tenía como objeto datos sensibles que lo imponían, pues el hecho de haber consumido en algún momento algún género de drogas, pese a que en nuestro ordenamiento es una conducta en sí misma impune, provoca a menudo un juicio social de reproche en sectores significativos de la comunidad. Por ello, los datos mismos que quedaban comprometidos, por su naturaleza, obligaban a una información previa y expresa, tendente a asegurar la libre decisión. Esa obligación incumplida por la empresa se intensifica si tenemos en cuenta el elemento de la imprevisibilidad. En efecto, ni probó, ni se fundamentó por el Tribunal Superior de Baleares, la concurrencia de alguna justificación, por razón del riesgo inherente al trabajo de la necesidad de practicar esa analítica en el concreto puesto de trabajo de la empleada. Así pues, no era previsible dicha prueba, sin que pudiera servir para llenar esa patente laguna la idea que recoge la Sentencia recurrida sobre el interés de la empresa en conocer el estado psicofísico de sus trabajadores, pues dicho interés, ni inspira la configuración legal de los reconocimientos médicos de vigilancia de la salud en el trabajo, ni desde luego puede conformar, de manera genérica o indiscriminada, una justificación suficiente para la penetración en ámbitos de la esfera íntima de los trabajadores. En consecuencia, el fallo del TC se pronunció en los siguientes términos: "que al haberse invadido la esfera privada de la recurrente sin contar con habilitación legal para ello y sin consentimiento eficaz de la titular del derecho, actuando sin autorización sobre ámbitos que exigían una información expresa y previa al consentimiento, con vulneración por tanto del art. 18.1 CE, es procedente el otorgamiento del amparo. Debiendo recordarse que, según constante doctrina de este Tribunal (entre otras, SSTC 38/1981, de 23 de noviembre [RTC 1981, 38], 114/1989, de 22 de junio [RTC 1989, 114], 186/1996, de 25 de noviembre [RTC 1996, 186], 1/1998, de 12 de enero [RTC 1998, 1], 57/1999, de 12 de abril [RTC 1999, 57], 20/2002, de 28 de enero [RTC 2002, 20], o 49/2003, de 17 de marzo [RTC 2003, 49]), la reparación de la lesión de un derecho fundamental que hubiese sido causado por el despido laboral, debe determinar la eliminación absoluta de sus efectos, es decir, la nulidad del mismo".

En la STC 70/2009 se planteó un supuesto de cese de actividad profesional. Se trataba del recurso de amparo motivado por haber utilizado la Administración gallega (a través de la Consellería de Educación e Ordenación Universitaria de la Xunta de Galicia) un informe médico particular en que se revelaba un padecimiento psicológico del recurrente para decidir sobre su jubilación por incapacidad permanente total, desconociéndose cómo llegó a la Administración dicho informe, pero sabiéndose con certeza que no fue con la autorización del interesado.

El TC, estimó que: "Dentro de ese ámbito propio y reservado frente a la acción y el conocimiento de los demás que preserva el derecho a la intimidad contenido en el art. 18.1 CE, se comprende, sin duda, la información relativa a la salud física o psíquica de una persona, en la medida en que los datos que a la salud se refieren constituyen un elemento importante de su vida privada (en este sentido STEDH de 10 de octubre de 2006 [TEDH 2006, 57], caso L.L. c. Francia, 32)". El TC, invoca también la jurisprudencia del Tribunal Europeo de Derechos Humanos que establece que, teniendo en cuenta que el respeto al carácter confidencial de la información sobre la salud constituye un principio esencial del sistema jurídico de todos los Estados parte en la Convención, la legislación interna debe prever las garantías apropiadas para impedir toda comunicación o divulgación de datos de carácter personal relativos a la salud contraria a las garantías previstas en el art. 8 del Convenio europeo de derechos humanos (RCL 1999, 1190, 1572) (SSTEDH caso Z. c. Finlandia de 25 de febrero de 1997 [TEDH 1997, 13], 95, y caso L.L. c. Francia, de 10 de octubre de 2006, 44). De ahí, que el TC señale que: "La información relativa a la salud física o psíquica de una persona, en suma, es no sólo una información íntima (SSTC 202/1994, de 4 de julio [RTC 1994, 202], F. 2; y 62/2008, de 26 de mayo [RTC 2008, 62], F. 2), sino además especialmente sensible desde este punto de vista y por tanto digna de especial protección desde la garantía del derecho a la intimidad (art. 6 del Convenio núm. 108 del Consejo de Europa, de 28 de enero de 1981 [RCL 1985, 2704], para la protección de las personas con respecto al tratamiento automatizado de datos de carácter personal, así como el art. 8 de la Directiva 95/46/CE del Parlamento Europeo y del Consejo, de 24 de octubre de 1995 (LCEur 1995, 2977), relativa a la protección de las personas físicas en lo que respecta al tratamiento de datos personales y a la libre circulación de estos datos). El derecho a la intimidad queda así relevantemente afectado cuando, sin consentimiento del paciente, se accede a datos relativos a su salud o a informes relativos a la misma" (FJ 2).

En la STC 159/2009 se admite el recurso de amparo tendente a impugnar la Sentencia dictada por la Sección Tercera de la Sala de lo Contencioso-Administrativo del Tribunal Superior de Justicia del País Vasco, por la que, estimándose el recurso de apelación interpuesto por el Ayuntamiento de San Sebastián contra la Sentencia del Juzgado Contencioso-Administrativo núm. 1 de esta ciudad, se revoca dicha Sentencia, y se declara la conformidad a derecho de la Resolución municipal de 25 de febrero de 2004, por la que se excluía al recurrente del proceso selectivo para dotar plazas de agentes de la Guardia Municipal por estar incurso en causa de exclusión médica. El demandante de amparo imputa a la Sentencia impugnada la vulneración de su derecho fundamental a la intimidad personal (art. 18.1 CE [RCL 1978, 2836]). La lesión se habría producido como consecuencia de la divulgación de información relativa a su estado de salud (entre el facultativo de la Academia Vasca y el Ayuntamiento de San Sebastián) sin habilitación legal, por lo que la inmisión en su derecho a la intimidad personal no puede considerarse constitucionalmente legítima. Aduce que la Sala del Tribunal Superior de Justicia del País Vasco no ha aplicado correctamente la doctrina constitucional sobre los requisitos que deben concurrir para legitimar una intromisión en el derecho a la intimidad. La representación procesal del Ayuntamiento de San Sebastián solicitó la denegación del recurso de amparo por considerar que la afectación del derecho a la intimidad fue legítima. Por su parte, el Ministerio Fiscal estimó la procedencia de la demanda, pues, a su juicio, la injerencia en el derecho a la intimidad del recurrente no supera el juicio de necesidad ni el juicio de proporcionalidad estricto, ya que el Ayuntamiento dispuso de otros medios más adecuados para la protección del fin público que pretendía. En efecto, el recurrente superó las pruebas médicas siendo declarado apto. El TC, consideró, que a la vista de esos antecedentes resultaba claramente desproporcionado que el Ayuntamiento utilizara información sobrevenida y obtenida de forma irregular y no contrastada (pues el Ayuntamiento no realizó ninguna prueba tendente a corroborar ese dato) para adulterar el resultado final al que había llevado la superación de las diversas pruebas por el demandante. En este supuesto se ha producido, según estima el TC, la atribución de consecuencias jurídicas a una información que ha sido obtenida con infracción del art. 18.1 CE (RCL 1978, 2836), y que contradecía los hechos resultantes del proceso selectivo municipal que se llevó a cabo. Por ello, la decisión excluyente del Ayuntamiento, debía calificarse de absolutamente desproporcionada. No se supera, en opinión del TC, el juicio estricto de proporcionalidad, sobre todo cuando queda acreditado en autos que durante todo el tiempo en el que el demandante mantuvo la relación con el Ayuntamiento no cursó baja médica alguna. Por ello, el TC concluyó decidiendo que: "se ha vulnerado el derecho a la intimidad del demandante, lo que conduce al otorgamiento del amparo".

En estos pronunciamientos se ha ido perfilando una doctrina del TC que, en lo que concierne a la tutela del *habeas data* sanitario, permite avanzar las siguientes consecuencias:

1ª) El TC entiende que los datos personales biomédicos constituyen un aspecto, de especial sensibilidad, como manifestación del derecho a la intimidad garantizado por el artículo 18.1 CE, el cual deriva su fundamento axiológico del valor de la dignidad humana proclamado en el artículo 10.1 CE.

2ª) Asimismo, el TC entiende que cuando la agresión a la intimidad sanitaria se ha producido a través de la utilización de bases de datos, procederá la aplicación de los instrumentos de tutela reconocidos en la Ley 15/1999 (LOPRODA), que desarrolla el artículo 18.4 CE. Procederá, en consecuencia, la tutela del *habeas data* sanitario previsto en dicha norma.

3ª) Cualquier limitación del derecho a la intimidad biosanitaria deberá realizarse mediante un juicio de proporcionalidad o de aplicación del principio de la restricción menor posible, para evitar que las facultades que dimanan del derecho a la intimidad biosanitaria, en particular el *habeas data* sanitario, queden vacías de contenido, y en caso de duda deberá aplicarse el principio *in dubio pro libertate* o el principio *favor libertatis*, por el que deberá prevalecer la garantía del derecho fundamental más allegado a la libertad y dignidad de la persona.

4ª) Que cuando de la violación de la intimidad biosanitaria se derivan consecuencias negativas en el plano profesional o laboral de sus titulares, el reconocimiento en el proceso de amparo de tal violación comporta la nulidad de tales consecuencias negativas.

Conviene insistir, en lo que atañe al alcance de la consecuencia 2ª aquí expuesta que las violaciones de datos personales sanitarios realizadas por usos indebidos o abusivos de las TIC (Tecnologías de la Información y de la Comunicación), el TC mantiene una postura jurisprudencial dirigida a extraer del mencionado art.18.4 CE, así como de su desarrollo a través de la Ley Orgánica 15/1999 (LOPRODA) una doble consecuencia en orden al sistema constitucional de garantía de los derechos fundamentales: 1) de una parte, un *instituto de garantía* o *derecho instrumental* tendente a tutelar el pleno ejercicio de todos los derechos fundamentales, en particular de la intimidad y, por tanto, de su dimensión sanitaria, frente a cualquier abuso informático; 2) de otra, como un *derecho autónomo* a la *libertad informática*, también en la esfera sanitaria, entendida como el poder de control de los ciudadanos de las informaciones que les conciernen, y que se desglosa en los denominados "derechos Arco" (Acceso, Rectificación, Cancelación y Oposición), de sus datos personales, cuyo principal procedimiento de tutela consiste en el ejercicio de la acción de *habeas data;* dicha acción en el ámbito que nos ocupa, se manifiesta como *habeas data* sanitaria.

Los progresos en la esfera biomédica no están exentos de riesgos. La etapa actual de desarrollo biotecnológico, junto a avances indiscutibles, ha generado nuevos fenómenos de agresión a los derechos y libertades. Entre esas libertades agredidas se halla el derecho a la intimidad relativa a los datos personales sanitarios. Para evitar esos riesgos, la doctrina, la legislación y la jurisprudencia de los países con mayor grado de desarrollo tecnológico tienden al reconocimiento del derecho a la *libertad informática* y a la facultad de autodeterminación en la esfera informativa, en sus proyecciones a los datos personales sanitarios. Este nuevo derecho tiene por objeto la tutela de la intimidad de los datos sanitarios procesados a través de las nuevas tecnologías; o también de aquellos que tienen su origen en ámbitos de experimentación biotecnológicos. El *habeas data* sanitario sería la acción procesal que, como se ha tenido ocasión de exponer en estas reflexiones, se hallaría dirigido a garantizar el reconocimiento del derecho a la intimidad en el ámbito biomédico.

3. EL *HABEAS DATA* DEL MENOR

En el parágrafo anterior, se ha tenido ocasión de comentar la situación específica que reviste la tutela de los datos personales sanitarios cuando hacen referencia a los menores. El ejercicio de la acción procesal de *habeas data* plantea problemas y situaciones peculiares cuando los datos cuya privacidad es objeto de tutela corresponden a personas menores de edad.

Al estudiar la protección jurídica de los menores, el procesalista José Martín Ostos, ha recordado certeramente que: "la condición del menor puede justificar un *más* de tutela jurídica y de garantías, nunca un *menos*; así pueden sintetizarse las novedades y las perspectivas de un sector de la justicia que, aunque sea de menores, no por ello tiene que ser menor"[196].

Este principio tutelar ha estimulado la posibilidad de proponer una lectura en clave de garantía de los derechos de los niños del célebre principio *Maxi/Min,* que sintetiza la teoría de la Justicia de John Rawls. Tal principio se traduce en la exigencia del máximo grado de protección para los menos aventajados. De modo análogo se podría predicar una versión especial del principio *Maxi/Min,* enunciado en los siguientes términos: "garantía de la máxima protección jurídica, para los que tienen menos edad"[197].

En el Derecho comparado de la protección de menores se ha consagrado el principio fundamental del: "interés superior del niño". Este principio ha hallado eco en algunas normas y documentos recientes relacionados con la tutela jurídica reforzada de los datos personales del menor. Entre las disposiciones legales sobre la materia, debe hacerse alusión al artículo 13 del Reglamento de 2007 que desarrolla nuestra Ley de Protección de Datos Personales (LOPRODA), que establece las garantías básicas para el: "Consentimiento para el tratamiento de Datos de menores de edad". Entre los documentos recientes sobre esta materia, conviene también hacer referencia a: la *Resolución sobre protección de la privacidad en los servicios de Redes Sociales,* que data de octu-

[196] MARTÍN OSTOS, J., *Jurisdicción de menores,* Bosch, Barcelona, 1994, p. 145.

[197] PEREZ LUÑO, A.E., "La protección de datos personales del menor en Internet", en su vol., *Los derechos humanos en la sociedad tecnológica,* cit., pp. 129 ss.

bre de 2008 y que contiene las conclusiones de la Conferencia Internacional de Autoridades de Protección de Datos y Privacidad; al texto sobre *Security Issues and Recommentations for Online Social Network*, elaborado, en el año 2009, por la European Network and Information Security Agency; así como la recomendación/Guía sobre *Derechos de Niños y Niñas y Deberes de los Padres y Madres*, debida a la Agencia Española de Protección de Datos, publicada en el año 2009. En este documento se contienen una serie de recomendaciones dirigidas a los menores y a sus padres, para la utilización de Internet. Se alude a la conveniencia de una navegación conjunta de los padres y sus hijos en el ciberespacio, para prevenir riesgos y evitar que los niños puedan transmitir informaciones o imágenes personales en la Red, sin las debidas garantías. Se fomenta así la comunicación entre los padres e hijos en el uso de Internet. El documento se desglosa en una serie de recomendaciones, expresadas en un lenguaje coloquial y accesible a los niños, para que cuando estos utilicen de manera personal y autónoma la Red, lo hagan en entornos personalizados y cuentas de usuarios limitadas o restringidas. Se alude también a la posibilidad de utilizar filtros que impidan el acceso a páginas de contenido inadecuado. Asimismo, la Guía de la Agencia Española de Protección de Datos recomienda el respeto de la privacidad de los menores por parte de sus representantes legales y educadores, evitando, salvo en casos estrictamente necesarios, la monitorización de su ordenador, el uso de videovigilancia o la geolocalización mediante el móvil.

El texto más relevante sobre el particular es el *Documento de trabajo 1/08 sobre la protección de datos personales de los niños*, elaborado por el Grupo de trabajo de protección de datos, previsto por el artículo 29 de la Directiva 95/46/CE, para promover el desarrollo y actualización de su articulado. Se trata de un órgano consultivo independiente e integrado por expertos de la UE sobre protección de los datos y la vida privada. Dicho documento fue adoptado el 18 de febrero de 2008.

Este texto construye su sistema de garantías sobre dos principios: el principio *subjetivo*, en virtud de cual se dirige a la tutela de los derechos de un sector especial de personas: los menores de edad y, para tal efecto tiene presente los rasgos informadores de la Convención sobre los Derechos del Niño de la ONU promulgado en el año 1989; y el principio *objetivo*, porque su ámbito de tutela se concreta en un aspecto básico de los derechos del menor: sus datos personales, y para establecer su sistema de garantías se funda en la ya mencionada Directiva 95/46 CE.

El sistema tutelar de este Documento se basa en unas directrices fundamentadoras de la tutela reforzada del menor, en unos principios y derechos relativos a la protección de datos y en unas políticas de actuación.

Respecto a los primeros, se debe hacer mención a los siguientes:

1) *Interés superior del niño.* De acuerdo con el ya mencionado principio básico inspirador de la protección jurídica de los menores, se entiende que el niño al no haber alcanzado todavía la plena madurez física y psicológica, necesita más protección que los adultos. Su objetivo es mejorar las condiciones de los niños y pretende reforzar el derecho de los niños al desarrollo de su personalidad. Las entidades, públicas o privadas, que tomen decisiones relativas a los menores deben respetar este principio. También se aplica a los progenitores y a otros representantes de los niños, ya sea en el momento de la comparación de sus respectivos intereses o en representación del niño. Normalmente, los representantes de los niños deberían aplicar este principio, pero cuando haya un conflicto entre los intereses de los niños y sus representantes, los Jueces, el Ministerio Fiscal o las Agencias de Protección de Datos deberán decidir lo más conveniente para la tutela de ese interés superior del menor.

No es ocioso recordar que la Constitución española proclama, desde su promulgación en 1978, que los niños deberán gozar de la protección prevista en los acuerdos internacionales que velan por la defensa de sus derechos (art.39.4). Al interpretar y aplicar este texto nuestro Tribunal Constitucional ha indicado que en el ordenamiento jurídico español "opera una recepción genérica de esas normas de protección" (STC 36/1991, FJ 5. vid., también las SSTC 71/1990 y 36/1991).

El TC, en el ejercicio de la ponderación de bienes y derechos, ha acogido la tesis del interés superior del niño, al estimar la prevalencia del derecho a la intimidad de los menores cuando se haya en conflicto con el derecho a la libertad de expresión (SSTC 62/1982; 49/1984). Asimismo ha invocado, de forma expresa, la Convención de los derechos de los niños de la ONU para declarar la prevalencia del derecho a la intimidad del niño respecto al principio de la publicidad de los procesos de menores (STC 71/1990); o para determinar la prevalencia del derecho de los acogedores de los menores en régimen de preadopción frente a sus padres biológicos, para evitar el maltrato o desatención de los menores y en función de lo previsto en la Convención de los derechos del niño (art. 9) (STC. 124/2002). El interés superior del niño justifica también el carácter tuitivo y trato legal preferente de las normas que regulan determinados aspectos de su situación jurídica sin que ello suponga vulneración del principio de igualdad (STC 55/1994). Diversas sentencias del TC se remiten al artículo 12 de la Convención de la ONU para establecer la necesidad de la tutela efectiva de los derechos del niño, en especial de su derecho a ser oído en el proceso (SSTC. 221/2002; 71/2004 y 152/2005). Si bien, el TC señala que el derecho a la audiencia del menor en el procedimiento "no se trata de un derecho absoluto e incondicionado y debe circunscribirse exclusivamente a la naturaleza del procedimiento" (STC, 22/2008, FJ 7).

2) *Derecho a la intimidad.* En su condición de ser humano, el niño tiene derecho a la intimidad. El artículo 16 de la Convención de las Naciones Unidas sobre los Derechos del niño dispone que ningún niño será objeto de injerencias arbitrarias o ilegales en su vida privada, su familia, su domicilio o su correspondencia, ni de ataques ilegales a su honra y a su reputación. Este derecho debe ser respetado por todos incluso por los representantes del niño.

No huelga advertir, que el respeto del derecho a la intimidad debe ser promovido también en lo que afecta a la relación de los niños con otros niños. Como es notorio, muchos de los atentados a los datos personales de menores, así como determinados acosos contra su libertad, su integridad o su imagen, tienen como autores a otros niños. En las Redes Sociales el menor es, por tanto, sujeto activo y sujeto pasivo de las violaciones de su intimidad. Urge promover una *Paideia,* es decir, una educación y cultura cívica en los menores para garantizar la consciencia del valor de la intimidad como un bien jurídico que debe ser respetado en ellos y en todos los demás. Ese derecho a la intimidad del menor tendría que hallarse protegido por el consiguiente *habeas data* del menor. No obstante, ese ejercicio del derecho de acceso, por tratarse de los menores está sujeto a determinadas peculiaridades, que plantean el problema de su representación.

3) *Representación.* Los niños, por ser menores de edad, tienen limitada su capacidad de obrar. Por tal motivo muchas de sus actuaciones deben ser realizadas por quienes ostentan su representación legal. Ello no implica que la condición jurídica del representante tenga una prioridad absoluta o incondicional sobre el niño, porque el interés superior de este puede, en ocasiones, conferirle derechos relativos a la protección de datos que puedan anular los derechos de los progenitores o representantes. La necesidad de representación tampoco implica que no deba consultarse a los niños, a partir de cierta edad, en cuestiones relativas a ellos. Si el tratamiento de los datos del niño comenzó con el consentimiento de su representante, el niño en cuestión, al alcanzar la mayoría de edad, podrá revocar ese consentimiento. Si desea que continúe el tratamiento, el interesado deberá dar su consentimiento explícito cuando se exija. En este aspecto, debe recordarse que los derechos a la protección de datos pertenecen al niño y no a su representante, que se limita a ejercerlos, siempre en beneficio del menor.

4) *Intereses en conflicto: intimidad y el interés superior del niño.* El principio del interés superior del niño puede hallarse en tensión con el ejercicio de

su derecho a la intimidad. *Prima facie,* el principio exige que se proteja la intimidad del niño del mejor modo posible, dando efecto en la mayor medida posible a los derechos de protección de datos del niño. No obstante, pueden surgir ocasiones en que el interés superior del niño y su derecho a la intimidad parezcan estar en conflicto. En tales casos, los derechos de protección de datos pueden tener que ceder al principio del interés superior. Tal es el caso de los datos médicos, a cuyas peculiaridades de tutela se ha tenido ocasión de aludir con detenimiento en el apartado anterior de este Capítulo, ya que las autoridades sanitarias o los servicios sociales podrían necesitar información pertinente en casos de abusos a menores o negligencia. De manera similar, un profesor puede divulgar datos personales de un menor a un trabajador social para proteger al niño, física o psicológicamente. En casos extremos, el principio del interés superior del niño puede también entrar en conflicto con el requisito del consentimiento de su representante. En este caso, debe prevalecer el interés superior del niño (por ejemplo, si está en peligro la integridad física o mental del menor).

5) *Derecho a ser consultado.* De manera gradual, los niños van siendo capaces de contribuir a la toma de decisiones que les afectan. A medida que crecen, se les debe consultar más regularmente sobre el ejercicio de sus derechos, incluyendo los relativos a la protección de sus datos personales. Esta obligación de consulta se concreta en tener en las opiniones propias del niño. Este derecho a ser consultado puede aplicarse a muy distintas cuestiones, como la geolocalización, el uso de las imágenes del niño y otros.

Nuestro sistema de protección de la intimidad del menor establece como criterio jurídico determinante de su grado de madurez el cumplimiento de la edad de 14 años. El haberlos cumplido faculta al menor para prestar válidamente su consentimiento para que sean tratados sus datos personales (art.13.1 del Reglamento). Mientras que los menores de dicha edad precisan siempre del consentimiento de sus representantes legales.

En lo referente a la tutela de la intimidad del menor se plantea, de modo inevitable, la tensión entre los principios del paternalismo y la autonomía. El primero exige que los padres educadores y autoridades promuevan siempre el interés superior del niño, aún en contra de la voluntad de este. El fundamento de tal actitud se cifra en la falta o en la insuficiencia de madurez del menor para defender adecuadamente sus propios intereses. El principio de autonomía exigirá, por el contrario, respetar siempre que sea posible la libre decisión del niño para decidir sobre los asuntos que le conciernen. El derecho comparado del menor ha mostrado creciente sensibilidad hacia la propuesta de medidas jurídicas en las que la minoría de edad no se contemple como un periodo global e indistinto. Se tiende, por el contrario, a distinguir determinadas fases y consiguientemente diferentes grados de madurez en el desarrollo del menor. Todo ello, dirigido a ampliar la autonomía del niño en cuanto sea posible, restringiendo determinadas formas de paternalismo que, los avances de la psicología y la sociología infantil reputan improcedentes. La autonomía y libertad de decisión del menor en relación con sus datos personales entra en conflicto, en otras ocasiones, con el principio de la solidaridad social, en función de exigencias sanitarias, educativas o de persecución de la criminalidad.

Respecto a los principios y derechos en los que se concreta la *protección de los datos de los niños*, el documento de los expertos de la UE reproduce, básicamente, el articulado de la Directiva 95/46 CE. Se proyectan, de este modo, los principios sobre calidad, lealtad, proporcionalidad y pertinencia, y seguridad de los datos a la esfera de los menores. De igual modo se acogen los principales derechos relativos a la protección de datos formulados por la Directiva y que hacen referencia a la información, el acceso, la oposición, comunicación conservación y eliminación de los datos. Se configura de este modo la acción que entiendo podría denominarse de *habeas data* del menor en relación con las informaciones que le concierne. La acción procesal de *habeas data* del menor tiene, por tanto, por objeto su acceso a los datos que le afectan.

La relevancia jurídica del *habeas data* del menor se pone de relieve cuando se considera que entre las diversas modalidades de datos personales ocupan un lugar relevante, hasta el punto de considerarse como informaciones especialmente sensibles, todos los datos que hacen referencia a los menores. Desde la perspectiva de la tutela del derecho a la intimidad se configura un derecho de información, acceso y control por parte de los menores o, en su caso, de sus representantes legales a aquellos datos que les conciernen (*habeas data*). En el seno de una sociedad tecnológicamente avanzada cada sujeto va forjando, desde su nacimiento, a través de su infancia y de su madurez hasta su muerte, un amplio y, en ocasiones, complejo y prolijo, catálogo de informaciones. En la medida en que la minoría de edad es un periodo insoslayable en el devenir de cada persona que llega a la edad adulta y dado que, en ese periodo, la intimidad se ejerce en el seno de circunstancias específicas, su tutela exige mecanismos jurídicos adecuados. El *habeas data* del menor representa uno de los principales instrumentos de protección jurídica de esa esfera de derechos y libertades del niño.

Con plena consciencia de esa peculiaridad, el Documento de expertos de la UE otorga especial relevancia al tratamiento del derecho de acceso del menor. En la mayor parte de ocasiones, son los representantes legales quienes ejercen ese derecho de acceso, siempre en interés del niño. En función del grado de madurez del niño, puede ejercerse en su lugar o junto con él. En determinadas ocasiones el menor puede ejercer este derecho por sí mismo. Así, por ejemplo, cuando se trata de derechos muy personales (como, por ejemplo, en el campo de la salud), los niños, como ya se ha tenido ocasión de estudiar *supra*, pueden incluso pedir a sus médicos que no divulguen sus datos médicos a sus representantes. Éste podría ser el supuesto en el que un adolescente diera datos sexuales a un médico o a una línea de ayuda, excluyendo de manera explícita a sus representantes de dicha información. También podría darse este caso, cuando un menor no confía en sus representantes y se pone en contacto con un servicio de bienestar juvenil, por ejemplo, si consume drogas o tiene tendencias suicidas.

El documento de la UE plantea la cuestión de si los representantes deben tener acceso a dichos datos y si el menor puede oponerse. Para determinar si prevalece el derecho del niño a la intimidad frente al derecho de acceso del representante, deben estudiarse cuidadosamente los intereses de todas las partes implicadas. En este análisis, el interés superior del niño es de especial importancia. En el caso de acceso a datos médicos, la apreciación del médico puede ser pertinente para evaluar la oportunidad de acceso por parte del representante legal.

Como pauta general, los criterios para las condiciones de acceso no serán únicamente la edad del niño, sino también si los datos en cuestión fueron proporcionados por los progenitores o por el niño, lo que también es un dato indiciario de su grado de madurez y autonomía. Los datos incluidos en los ficheros escolares de los alumnos deberán estar sujetos a la más rigurosa confidencialidad, de conformidad con el principio general de la Directiva 95/46/CE, artículo 16.

El tratamiento de datos de naturaleza especial deberá estar sujeto a requisitos de seguridad especiales. Los siguientes son ejemplos de dicho tipo de datos, a tenor de cuanto dispone el Documento de la UE de referencia: procedimientos disciplinarios; constancia de casos de violencia; tratamientos médicos en el colegio; orientación escolar; educación especial de menores discapacitados; ayudas sociales a alumnos pobres.

Deberá proporcionarse acceso a los datos a los representantes de los alumnos (y a los propios alumnos, si ya son maduros). Dicho acceso deberá estar estrictamente regulado y limitado a las autoridades escolares, inspectores de colegios, personal sanitario y cuerpos y fuerzas de seguridad.

Una atención peculiar reviste cuanto atañe al acceso a las *calificaciones escolares*. Supone un problema especial la publicación de los resultados escolares por Internet, que es un método cómodo de comunicarlos a las personas interesadas. Los riesgos inherentes a este modo de comunicación exigen que el acceso a los datos sólo sea posible con salvaguardias especiales. Esto puede lograrse utilizando un sitio web seguro o contraseñas personales asignadas a los representantes legales o, cuando ya sean maduros, a los niños. Las modalidades del derecho de acceso serán diferentes, en función del grado de madurez del niño. Es probable que, en la escuela primaria, el acceso sea ejercido fundamentalmente por los representantes, mientras que en la escuela secundaria los alumnos del colegio también puedan acceder a los datos ellos mismos.

Existe una tendencia creciente a usar *circuito cerrado de televisión (CCTV)* en los colegios por motivos de seguridad. No hay una solución para todos los aspectos de la vida escolar y para todas las zonas de los colegios. La capacidad del CCTV para afectar a las libertades personales supone que su instalación en los colegios exige un cuidado especial. Esto supone que sólo debería instalarse cuando sea necesario y si no está disponible otro medio menos intrusivo de lograr el mismo objetivo. La decisión de instalar un CCTV deberá estar precedida de un debate exhaustivo entre los profesores, los progenitores y los representantes de los alumnos, teniendo en cuenta los objetivos indicados para la instalación y la adecuación de los sistemas propuestos.

Respecto a las *páginas Web* de los colegios, debe hacerse notar que las mismas se convierten en la herramienta principal para las comunicaciones externas. Los colegios deben ser conscientes de que divulgar información personal exige un cumplimiento más riguroso de los principios fundamentales de protección de datos, en concreto, la proporcionalidad y minimización de los datos; adicionalmente, se recomienda la puesta en marcha de mecanismos de acceso restringido con vistas a proteger la información personal en cuestión (es decir, conexión con nombre de usuario y contraseña).

El Documento de la UE hace expresa referencia al uso de *Videoteléfonos* en los colegios. Los colegios pueden desempeñar un papel fundamental en el establecimiento de precauciones para el uso de MMS, grabación de audio y vídeo cuando se trata de datos personales relativos a terceros sin el conocimiento de los interesados. Los colegios deberían advertir a los estudiantes de que la circulación no limitada de grabaciones de vídeo, grabaciones de audio y fotografías digitales puede causar infracciones graves del derecho a la intimidad de los interesados y la protección de datos personales.

Se trata, en definitiva, de garantizar un acceso pertinente y controlado a los datos del menor. Al propio tiempo que se promueve en los representantes legales y autoridades educativas la consciencia de su responsabilidad dirigida a formar a los menores en una cultura de respeto a los propios datos y a los datos personales ajenos.

El Documento sobre la protección de los datos personales de los niños elaborado por los expertos de la UE contiene una serie de *políticas de actuación*, que constituyen las directrices para asegurar la operatividad y eficacia de las medidas enunciadas en su texto.

Para el logro de sus objetivos se recomienda a las autoridades educativas para que promuevan en los centros de enseñanza una cultura orientada a la formación de los menores para que lleguen a ser ciudadanos autónomos de la Sociedad de la Información. Para ello, es necesario que aprendan desde una edad temprana a valorar la importancia de la intimidad y la protección de datos. Estos conceptos les permitirán tomar decisiones informadas posteriormente sobre qué información desean divulgar, a quién y en qué condiciones. El documento de la UE aboga para que la protección de datos sea incluida sistemáticamente en los planes escolares, en función de la edad de los alumnos y la naturaleza de las asignaturas impartidas.

No debería darse nunca la circunstancia de que, por razones de seguridad y paternalismo, los niños se enfrenten a un control excesivo que reduzca su autonomía[198]. En este contexto, es necesario hallar el equilibrio entre la protección de la intimidad y la intimidad de los niños y su seguridad. Los legisladores, los jueces, las agencias de protección de datos o de protección del menor, los líderes políticos y las organizaciones educativas deberían, en sus respectivas áreas de competencia, tomar medidas eficaces para tratar estas cuestiones.

Una estrategia eficaz, en este contexto, puede ser la formulación de acuerdos entre las Agencias de Protección de Datos, Ministerios de Educación y otros organismos responsables, definiendo condiciones claras y prácticas de cooperación mutua en esta área para fomentar la noción de que la protección de datos es un derecho fundamental. Se debería concienciar a los niños, en concreto, de que ellos mismos deben ser los primeros protectores de sus datos personales. Ésta es un área donde puede demostrarse la eficacia de una cultura del respeto a la intimidad, uno de cuyos aspectos más importantes reside en el acceso a los datos personales. De cuanto se ha expuesto en relación con el Documento de la UE, se desprende la conveniencia de formar y fomentar en los menores su capacidad para acceder a los datos personales que les conciernen. Siempre que los menores posean el grado de madurez necesario para

---

[198] HIERRO, L., "La intimidad de los niños: un test para el derecho a la intimidad", en el vol. col., a cargo de J.M. SAUCA, *Problemas actuales de los derechos fundamentales,* Universidad Carlos III de Madrid & Boletín Oficial del Estado, Madrid, 1994, pp. 389 ss. Para un planteamiento general de la problemática de los derechos de los menores, vid., la obra de Ignacio CAMPOY, *La fundamentación de los derechos de los niños,* Instituto de Derechos Humanos Bartolomé de las Casas de la Universidad Carlos III de Madrid & Dykinson, Madrid, 2006.

un ejercicio eficaz de este derecho, podrán ejercitarlo por sí mismos; en los supuestos en los que tal madurez, de modo especial en los menores de catorce años, no se haya plenamente conseguido, deberán ser sus padres o tutores legales quienes ejerzan esta facultad en favor del menor.

La reglamentación española del *habeas data* del menor, lamentablemente, no acoge los principios expuestos que informan el Documento de la UE. Por el carácter personalísimo del derecho de acceso a datos personales y su reconocimiento, se plantean cuestiones específicas en lo que afecta a su ejercicio por parte de los menores. Para el caso de los menores, el Reglamento que desarrolla la LOPRODA exige, como para los incapacitados, que la acción procesal de acceso a los datos personales que les conciernen, sea ejercitada por el representante legal del mismo. Así se desprende de cuanto prescribe el artículo 23.2 de dicha norma reglamentaria. En este caso, a diferencia de lo que ocurre con el consentimiento, no se da la posibilidad de actuar por sí solo al menor, ni aunque tenga más de catorce años.

El Reglamento no sigue en esta materia lo que hasta la fecha venía siendo el criterio de la Agencia Española de Protección de Datos: analizar caso por caso, es decir, indagar en cada circunstancia concreta la posibilidad de que sea el menor, en aquellos casos en que por su madurez pueda asumir el ejercicio personal del acceso a sus datos, o en los supuestos en los que tal madurez no ha sido plenamente probada, reconocer el ejercicio de la acción a sus padres o representantes legales.

La Agencia Española de Protección de Datos en sus actuaciones parte del principio de que la minoría de edad no supone una causa de incapacidad y habrá que tener en cuenta en todo momento el grado y condiciones de madurez del menor. Así, en la ejecutoria de la Agencia, puede reseñarse el Informe de 8 de noviembre de 2004 en el que atribuía el ejercicio del acceso a los titulares de la patria potestad o tutela a las calificaciones escolares de los menores. La Agencia consideró que dicho acceso se encontraba amparado por la normativa civil, y más concretamente, por lo dispuesto para la patria potestad o tutela en los artículos 154 y 269 del Código Civil, que impone a los padres el deber de educación del menor o incapacitado.

En otro Informe del mismo año (409/2004), pero en relación con el derecho de acceso de los menores a las historias clínicas, de la Agencia Española de Protección de Datos, diferencia entre menores de catorce años y mayores de edad. La Agencia considera que es determinante la existencia de un grado de madurez acreditada, teniendo en cuenta el artículo 162.2 del Código Civil, que exceptúa de la representación legal del titular de la patria potestad "los actos referidos a derechos de la personalidad u otros que el hijo, de acuerdo con las leyes con sus condiciones de madurez, pueda realizar por sí mismo".

La Agencia Española de Protección de Datos, en definitiva, sostiene que hay que analizar caso por caso, valorando la capacidad de decisión del menor, sin que la representación legal pueda sustituir a la formación y manifestación de su voluntad.

La doctrina ha puesto de relieve la incongruencia del Reglamento, que permite al menor un poder de disposición sobre sus datos personales, o sea, el ejercicio de una autodeterminación informativa, para que consienta a su tratamiento, pero no se le permita el ejercicio de su derecho de acceso a los datos que le conciernen, es decir, que le impide en todas las ocasiones el ejercicio de la acción procesal de *habeas data*[199].

4. EL *HABEAS DATA* EN LOS ARCHIVOS DE TITULARIDAD PÚBLICA

El derecho a la protección de los datos personales se explicita en un conjunto de facultades que se hacen operativas a partir de la acción procesal de *habeas data.* Como se ha indicado en el Capítulo IV, esta acción, en su acepción amplia, protege a las cuatro facultades o derechos ARCO: Acceso, Rectificación, Cancelación y Oposición. Estas facultades tienen uno de sus principales ámbitos de proyección en el sector público. Es notorio, en la historia de las libertades, que la principal amenaza contra los derechos individuales procede de actuaciones abusivas o arbitrarias del poder público. Por ello, una de las principales garantías derivadas del reconocimiento del derecho a la libertad informática o a la protección de los datos personales es la que dimana de la posibilidad de su ejercicio respecto a los ficheros de titularidad pública. No obstante, con el tránsito desde el Estado liberal al Estado social de Derecho, incumben a los poderes públicos la previsión de una serie de prestaciones y servicios públicos que son imprescindibles para que puedan realizarse los derechos económicos, sociales y culturales.

Esta peculiaridad de las tareas vinculadas a intereses generales y colectivos que cumplen los ficheros de titularidad pública es lo que los diferencia de los ficheros de titularidad privada. Se ha señalado, al respecto, que en el caso de los sujetos particulares como corporaciones o empresas, no parece lógico defender la existencia de supuestos de exención al derecho de acceso fundamentados en la onerosidad que su ejercicio relativamente limitada en

---

[199] MARI, J. y VIIASAU, M. (eds.), *El Reglamento de protección de datos de carácter personal. Aspectos clave,* Editorial UOC, Barcelona, 2008, pp. 40 ss. ; PALOMAR OLMEDA, A. y GONZALEZ ESPEJO, P. (Eds.), *Comentario al Reglamento de desarrollo de la Ley Orgánica 15/1999, de 13 de diciembre, de Protección de Datos de Carácter Personal (aprobado por RD 1720/2007, de 21 de diciembre,* Thomson/ Civitas, Zizur Menor, Navarra, 2008, pp 258 ss.

el artículo 15.3 de la LOPRODA puede suponer para los mismos, por la frecuencia de su ejercicio o el elevado número de sujetos que lo ejercen y, sobre todo, por la posible colisión del acceso con otros derechos o valores constitucionales. Pero, no parece lógico defender idéntica postura en relación con las Administraciones Públicas. Estas elaboran datos personales de los ciudadanos para el cumplimiento de funciones y el ejercicio de potestades que benefician el interés general, por lo que la previsión de límites al ejercicio del derecho de acceso debe hallarse siempre justificado por inequívocas razones de interés público[200].

El ejercicio de este derecho permite a los titulares de los datos personales desplegar un control sobre las Administraciones públicas que los han elaborado, los conservan y los usan, sobre los fines a los que se destinan y sobre la exactitud y proporcionalidad de los mismos. Esa posibilidad de control, representa en definitiva, la expresión máxima del contenido de este derecho fundamental y respecto de cuyo ejercicio no cabe situar al margen a las Administraciones Públicas.

En efecto, como se ha indicado *supra,* éstas poseen datos personales de los ciudadanos para el cumplimiento de funciones y el ejercicio de potestades de interés público. Por este motivo, ha señalado Manuel Fernández Salmerón que: "la previsión de límites (siempre proporcionados) al derecho de acceso deberían entenderse como justificados. Todo ello, sin perjuicio de la necesaria proporcionalidad en su configuración, que deberá tener en cuenta siempre la presencia de valores constitucionales atendibles, y partiendo de la plausible circunstancia de que el acceso es, tal vez, el derecho cuyo ejercicio menos excepciones debe soportar en el ámbito público"[201].

La LOPRODA consagra su artículo 22 a establecer el régimen jurídico de los ficheros de las fuerzas y cuerpos de seguridad. Dicho artículo se desglosa en los apartados siguientes:

1) El apartado primero de dicho artículo establece que los ficheros creados por las Fuerzas y Cuerpos de Seguridad que contengan datos de carácter personal que, por haberse recogido para fines administrativos, deban ser objeto de registro permanente, estarán sujetos al régimen general de la presente Ley.
2) En su apartado segundo se prescribe que la recogida y tratamiento para fines policiales de datos de carácter personal por las Fuerzas y Cuerpos de Seguridad sin consentimiento de las personas afectadas están limita-

---

[200] Cfr. FERNANDEZ SALMERON, M., *La protección de datos personales en las* Administraciones Públicas, Thomson & Civitas, Cizur Menor (Navarra), 2003, pp. 339 ss.

[201] Ibíd., p. 340.

dos a aquellos supuestos y categorías de datos que resulten necesarios para la prevención de un peligro real para la seguridad pública o para la represión de infracciones penales, debiendo ser almacenados en ficheros específicos establecidos al efecto, que deberán clasificarse por categorías en función de su grado de fiabilidad.

3) Se prevé, en el apartado tercero, que la recogida y tratamiento por las Fuerzas y Cuerpos de Seguridad de los datos, a que hacen referencia los apartados 2 y 3 del artículo 7, podrán realizarse exclusivamente en los supuestos en que sea absolutamente necesario para los fines de una investigación concreta, sin perjuicio del control de legalidad de la actuación administrativa o de la obligación de resolver las pretensiones formuladas en su caso por los interesados que corresponden a los órganos jurisdiccionales. Conviene tener presente que en el artículo 7, en el que se regulan los datos personales especialmente protegidos, se establece en su apartado 2, que de conformidad con lo dispuesto en el artículo 16.2 de la Constitución, nadie podrá ser obligado a declarar sobre su ideología, religión o creencias. Cuando en relación con estos datos se proceda a recabar el consentimiento a que se refiere el apartado siguiente, se advertirá al interesado acerca de su derecho a no prestarlo. Sólo con el consentimiento expreso y por escrito del afectado podrán ser objeto de tratamiento los datos de carácter personal que revelen la ideología, afiliación sindical, religión y creencias. Se exceptúan los ficheros mantenidos por los partidos políticos, sindicatos, iglesias, confesiones o comunidades religiosas y asociaciones, fundaciones y otras entidades sin ánimo de lucro, cuya finalidad sea política, filosófica, religiosa o sindical, en cuanto a los datos relativos a sus asociados o miembros, sin perjuicio de que la cesión de dichos datos precisará siempre el previo consentimiento del afectado. Por su parte, el apartado 3, de dicho artículo 7, dispone que los datos de carácter personal que hagan referencia al origen racial, a la salud y a la vida sexual sólo podrán ser recabados, tratados y cedidos cuando, por razones de interés general, así lo disponga una ley o el afectado consienta expresamente.

4) En el cuarto y último apartado de este artículo, se prescribe que los datos personales registrados con fines policiales se cancelarán cuando no sean necesarios para las averiguaciones que motivaron su almacenamiento.

A estos efectos, se considerará especialmente la edad del afectado y el carácter de los datos almacenados, la necesidad de mantener los datos hasta la conclusión de una investigación o procedimiento concreto, la resolución judicial firme, en especial la absolutoria, el indulto, la rehabilitación y la prescripción de responsabilidad.

La LOPRODA, establece una regulación específica para el ejercicio de los derechos ARCO en los ficheros de titularidad pública. Para ello, prescribe, en su artículo 23, un régimen especial constituido por las:

> "Excepciones a los derechos de acceso, rectificación y cancelación
>
> 1. Los responsables de los ficheros que contengan los datos a que se refieren los apartados 2, 3 y 4 del artículo anterior podrán denegar el acceso, la rectificación o cancelación en función de los peligros que pudieran derivarse para la defensa del Estado o la seguridad pública, la protección de los derechos y libertades de terceros o las necesidades de las investigaciones que se estén realizando.
>
> 2. Los responsables de los ficheros de la Hacienda Pública podrán, igualmente, denegar el ejercicio de los derechos a que se refiere el apartado anterior cuando el mismo obstaculice las actuaciones administrativas tendentes a asegurar el cumplimiento de las obligaciones tributarias y, en todo caso, cuando el afectado esté siendo objeto de actuaciones inspectoras.
>
> 3. El afectado al que se deniegue, total o parcialmente, el ejercicio de los derechos mencionados en los apartados anteriores podrá ponerlo en conocimiento del Director de la Agencia de Protección de Datos o del organismo competente de cada Comunidad Autónoma en el caso de ficheros mantenidos por Cuerpos de Policía propios de éstas, o por las Administraciones tributarias autonómicas, quienes deberán asegurarse de la procedencia o improcedencia de la denegación". Al comentar el artículo 23 de la LOPRODA indica el magistrado Joaquín Bayo Delgado que: "la excepción a los derechos de acceso, rectificación y cancelación no se aplica a los llamados datos administrativos (DNI, pasaporte, etc.) que gestiona la policía"[202].

Este autor señala también que la excepción en la LOPRODA está formulada en términos muy amplios. La regulación Marco del derecho de acceso, en dicha Ley, es más precisa en relación con la excepción, básicamente recogida para los mismos supuestos, pero con mención de la necesidad de tener en cuenta los intereses legítimos del interesado y del carácter necesario y proporcionado de la medida, es decir, evoca los criterios recogidos en artículo 8 de la Convención Europea de Derechos Humanos y su interpretación jurisprudencial. Añade además que la denegación o limitación debe comunicarse al interesado, con los motivos materiales o jurídicos en que se basa, salvo que, a su vez, esa comunicación sea contraria a los propios motivos que la fundan[203].

Joaquín Bayo Delgado ha puesto de relieve que la intervención del Director de la Agencia de Protección de Datos competente (estatal, o autonómica si se trata de una policía autonómica) se halla prevista en el artículo 23.3. Dicha

---

[202] BAYO DELGADO, J., "Comentarios a los artículos 22, 23 y 24, en *Comentario a la Ley Orgánica de Protección de Datos de Carácter Personal,* dirigidos por TRONCOSO REIGADA, A., cit., p. 1349.

[203] Ibíd.

intervención tendrá lugar a iniciativa del interesado, quien debe acudir en queja a la autoridad de supervisión si su derecho de acceso, es denegado. En tal supuesto el supervisor deberá asegurarse de la procedencia o improcedencia de la denegación. De todo ello, informará al interesado que ha solicitado su intervención. Los artículos 17.3 y 18 de la LORPODA se pueden considerar como más garantistas, ya que obligan a la autoridad que deniega el acceso, rectificación, bloqueo, marcado o cancelación a informar al interesado que puede acudir a la autoridad de supervisión o a los tribunales. Además, esos artículos prevén que los derechos de acceso, rectificación, bloqueo o cancelación sean ejercidos ante la autoridad de supervisión sin previa petición al responsable del tratamiento[204].

En el artículo 24 de la LOPRODA se regulan "otras excepciones a los derechos de los afectados". Bajo ese rótulo se dispone que:

> "1. Lo dispuesto en los apartados 1 y 2 del artículo 5 no será aplicable a la recogida de datos cuando la información al afectado *impida o dificulte gravemente el cumplimiento de las funciones de control y verificación de las Administraciones públicas* o cuando afecte a la Defensa Nacional, a la seguridad pública o a la persecución de infracciones penales *o administrativas.*
>
> 2. Lo dispuesto en el artículo 15 y en el apartado 1 del artículo 16 no será de aplicación si, ponderados los intereses en presencia, resultase que los derechos que dichos preceptos conceden al afectado hubieran de ceder ante razones de interés público o ante intereses de terceros más dignos de protección. Si el órgano administrativo responsable del fichero invocase lo dispuesto en este apartado, dictará resolución motivada e instruirá al afectado del derecho que le asiste a poner la negativa en conocimiento del Director de la Agencia de Protección de Datos o, en su caso, del órgano equivalente de las Comunidades Autónomas".

El artículo 5.1 y 2, al que hace referencia el apartado primero del artículo 24, prescribe, en relación con el derecho a información en la recogida de datos lo siguiente:

> "1. Los interesados a los que se soliciten datos personales deberán ser previamente informados de modo expreso, preciso e inequívoco:
>
> a) De la existencia de un fichero o tratamiento de datos de carácter personal, de la finalidad de la recogida de éstos y de los destinatarios de la información.
>
> b) Del carácter obligatorio o facultativo de su respuesta a las preguntas que les sean planteadas.
>
> c) De las consecuencias de la obtención de los datos o de la negativa a suministrarlos.

---

204 Ibíd.

d) De la posibilidad de ejercitar los derechos de acceso, rectificación, cancelación y oposición.

e) De la identidad y dirección del responsable del tratamiento o, en su caso, de su representante.

Cuando el responsable del tratamiento no esté establecido en el territorio de la Unión Europea y utilice en el tratamiento de datos medios situados en territorio español, deberá designar, salvo que tales medios se utilicen con fines de trámite, un representante en España, sin perjuicio de las acciones que pudieran emprenderse contra el propio responsable del tratamiento.

2. Cuando se utilicen cuestionarios u otros impresos para la recogida, figurarán en los mismos, en forma claramente legible, las advertencias a que se refiere el apartado anterior".

Por lo que hace referencia a las remisiones del apartado segundo de dicho artículo 24, conviene recordar que el artículo 15 se refiere a la regulación del derecho de acceso, mientras que el 16.1 regula el ejercicio de los derechos de rectificación y cancelación. Este apartado segundo del artículo 24 fue declarado inconstitucional y nulo por fallo de TC (Sala Pleno), sentencia núm. 292/2000, de 30 noviembre 2000.

En opinión de Emilio Guichot la sentencia del TC motivó la nulidad de este apartado: "por su abstracción y por carecer de fundamento constitucional"[205].

Por su parte, Manuel Fernández Salmerón estima que las argumentaciones esgrimidas por el TC, tienen como núcleo de su motivación el fundamento siguiente: "el reproche del Alto Tribunal no se endereza a proscribir genéricamente la posibilidad de excepciones debidamente explicitadas a los derechos de los afectados. El verdadero núcleo de la decisión es sin embargo, de nuevo, el incumplimiento formal llevado a cabo por el legislador, que ha desatendido el deber que le impone el artículo 53.1 CE de regular el ejercicio de los derechos fundamentales, remitiendo a la Administración Pública, sin el previo establecimiento de unos criterios mínimamente razonables para su aplicación, una capacidad altamente discrecional para determinar los supuestos en que puede excepcionarse el ejercicio de los derechos de protección de datos personales"[206].

Este autor explicita su criterio al considerar que este pronunciamiento del TC vino a poner de manifiesto la necesidad de establecer garantías jurídicas que impidan el menoscabo de la tutela de la protección de datos personales.

---

[205] GUICHOT, E., *Datos personales y Administración Pública*, Thomson/Civitas, Cizur Menor, Navarra, 2005, pp. 409 ss.

[206] FERNANDEZ SALMERON, M. *La protección de los datos personales en las Administraciones Públicas*, cit., p. 341.

De ahí, que la decisión de referencia se halle dirigida a impedir los excesos del legislador en la necesaria previsión de supuestos de exoneración del deber de proveer a las solicitudes de acceso[207]. Entiendo que estas dos opiniones doctrinales son complementarias. En ambas se manifiesta lo que, a mi entender constituye el motivo de una regulación especial de los ficheros de titularidad pública: la necesidad de conjugar la garantía del derecho fundamental a la protección de datos, con el interés público. Esta exigencia podrá legitimar determinadas limitaciones de la libertad informática y, consiguientemente, del *habeas data*. No obstante, la legitimidad de esas limitaciones deberá hallarse claramente fundamentada en el interés público, deberá considerarse como una situación excepcional y deberá regularse con las garantías que nuestro sistema constitucional, *ex* artículo 53 CE, impone para cualquier limitación de los derechos fundamentales.

5. EL *HABEAS DATA* EN LOS FICHEROS DE TITULARIDAD PRIVADA

La LOPRODA dedica sus artículos 25 y 26 a la regulación de los Ficheros de titularidad privada. En la Ley no se definen estos ficheros, pero esta laguna ha sido colmada por el Reglamento, que en su artículo 5 define a dichos ficheros privados en los siguientes términos: "los ficheros de los que sean responsables las personas, empresas o entidades de derecho privado, con independencia de sus recursos económicos, así como los ficheros de los que sean responsables las corporaciones de derecho público, en cuanto dichos ficheros no se encuentren estrictamente vinculados al ejercicio de potestades de derecho público que a las mismas atribuye su normativa específica".

Para el ejercicio del derecho de acceso en los ficheros de titularidad privada, plantea una problemática especialmente importante cuanto se refiere a los *ficheros de solvencia patrimonial y de crédito*. Estos ficheros han sido creados por las entidades dedicadas a suministrar informaciones referentes a la situación económica y financiera. Su objeto estriba, por tanto, en ofrecer datos referentes al cumplimiento de las obligaciones pecuniarias y a la situación patrimonial de las personas, para ayudar a definir el grado de riesgo que comporta la realización de determinadas operaciones financieras crediticias con dichos sujetos[208].

---

207 Ibíd.

208 Cfr., PRATS ALBENTOSA, L., "Ficheros de información sobre solvencia patrimonial y crédito", en el vol., col., a cargo de MARTINEZ MARTINEZ, R., *Protección de datos. Comentarios al Reglamento de Desarrollo de la LOPD,* Tirant lo Blanch, Valencia, pp. 220 ss. En relación con los datos referentes a la identificación de los deudores en los procedimientos concursales, vid., GONZÁLEZ

Dichos archivos han sido regulados por el artículo 29 de la propia LOPRODA, en los siguientes términos:

> "1. Quienes se dediquen a la prestación de servicios de información sobre la solvencia patrimonial y el crédito sólo podrán tratar datos de carácter personal obtenidos de los registros y las fuentes accesibles al público establecidos al efecto o procedentes de informaciones facilitadas por el interesado o con su consentimiento.
>
> 2. Podrán tratarse también datos de carácter personal relativos al cumplimiento o incumplimiento de obligaciones dinerarias facilitados por el acreedor o por quien actúe por su cuenta o interés. En estos casos se notificará a los interesados respecto de los que hayan registrado datos de carácter personal en ficheros, en el plazo de treinta días desde dicho registro, una referencia de los que hubiesen sido incluidos y se les informará de su derecho a recabar información de la totalidad de ellos, en los términos establecidos por la presente Ley.
>
> 3. En los supuestos a que se refieren los dos apartados anteriores, cuando el interesado lo solicite, el responsable del tratamiento le comunicará los datos, así como las evaluaciones y apreciaciones que sobre el mismo hayan sido comunicadas durante los últimos seis meses y el nombre y dirección de la persona o entidad a quien se hayan revelado los datos.
>
> 4. Sólo se podrán registrar y ceder los datos de carácter personal que sean determinantes para enjuiciar la solvencia económica de los interesados y que no se refieran, cuando sean adversos, a más de seis años, siempre que respondan con veracidad a la situación actual de aquéllos".

A los efectos de este estudio, conviene señalar que el apartado 3 del precitado artículo 29 señala que en cualquier supuesto de tratamiento de datos de carácter personal de solvencia patrimonial y crédito o los datos sobre cumplimiento o incumplimiento de obligaciones dinerarias, siempre que sea solicitado por el interesado, deberá el responsable del tratamiento comunicarle tales datos, así como las evaluaciones y apreciaciones que sobre el mismo hayan sido comunicadas durante los últimos seis meses y el nombre y dirección de la persona o entidad a quien se hayan revelado los datos.

A tenor de la doctrina, este apartado se halla inspirado en la Instrucción 1/1998 de la Agencia Española de Protección de Datos. En esa instrucción se establece que el régimen de los derechos ARCO, es decir, los de acceso, rectificación, cancelación y oposición, deberán regirse, para los ficheros privados, por el régimen establecido en la Directiva 95/46 UE, en cuyo texto se inspira el artículo 29 de la LOPRODA[209].

CANO, I., *El nuevo tratamiento procesal de la insolvencia y la fase común del proceso concursal*, Tirant lo Blanch, Valencia, 2006, pp. 148 ss.

[209] Cfr., PLANA, M.C., "Ficheros sobre solvencia patrimonial y crédito", en *Comentarios al Reglamento de desarrollo de la Ley* Orgánica 15/1999 de 13 de diciembre, de Protección de Da-

A su vez, según se desprende del apartado 2 del artículo 44 del Reglamento se establece que el interesado podrá ejercer su derecho frente al titular del fichero común o al de cualquier otra entidad participante en el sistema de información crediticia. Para Mª del Carmen Plana la fórmula utilizada en el Reglamento resulta muy útil, ya que antes solo se hacía referencia al acreedor y de este modo se amplía el ámbito y también porque en ocasiones se desconoce el titular del fichero común "e incluso no se sabe la deuda que ha motivado la inclusión en el fichero"[210].

Cuando la solicitud se dirija al titular del fichero común, éste deberá comunicar al afectado todos los datos relativos al mismo que obren en el fichero, facilitando las evaluaciones y apreciaciones que sobre el afectado se hayan comunicado en los últimos seis meses y el nombre y dirección de los cesionarios. El precepto deja muy claro que todas las informaciones deben ser dadas al interesado.

En el caso de que el afectado ejerza su derecho de acceso a cualquier otra entidad participante en el sistema, tales entidades están obligadas a comunicarle todos los datos relativos al mismo a los que ella pueda acceder, así como la identidad y dirección del titular del fichero común, para que pueda ejercitar, si así lo desea, el ejercicio de su derecho.

El Reglamento de Desarrollo de la LOPRODA no fija un plazo especial para que las solicitudes de acceso en el ámbito de los ficheros de morosos sean resueltas. De suerte que deberá ser observado el tiempo determinado en el artículo 29 de esta ley, que establece que el responsable del fichero resolverá sobre la solicitud de acceso en el plazo máximo de un mes a contar desde la recepción de la solicitud.

Una vez ejercitado su derecho de acceso, el titular de los datos podrá ejercitar también sus facultades de rectificación y cancelación. El Reglamento prevé tres supuestos en los cuales puede el afectado ejercer su derecho, tales supuestos son los siguientes: a) dirigir la solicitud al titular del fichero común; b) a quien haya facilitado los datos al fichero común y c) a otra entidad participante en el sistema que no hubiera facilitado al fichero común los datos.

En el primer caso, el titular del fichero deberá tomar las medidas necesarias para trasladar dicha solicitud a la entidad que haya facilitado los datos para que ésta la resuelva. Si tal entidad no contesta, éste deberá proceder por su cuenta la rectificación necesaria o la cancelación cautelar del dato en un

---

tos de Carácter Personal, a cargo de PALOMAR OLMEDA, A., y GONZALES ESPEJO, P., cit., pp. 414 ss.

[210] Ibíd., p. 414.

plazo de siete días. Ahora bien, en opinión de Pablo Pascual Huerta, son dos los plazos que debe atender el responsable del fichero: uno de siete días para proceder a la rectificación o la cancelación, establecido en el citado artículo 44, y otro para la contestación al afectado del procedimiento adoptado, que serían de diez días, según el artículo 16.1 de la LOPRODA y 32.2 del Reglamento[211].

Esta interpretación parece razonable, a tenor de una interpretación literal y lógico-sistemática de las normas que la motivan.

En cualquier caso, la redacción de este precepto reglamentario no fue muy afortunada. No es muy clara en determinar cuándo se empieza a contar el plazo de los siete días. Si es desde la solicitud del afectado o desde el acuse de recibo de la entidad del traslado efectuado por el titular del fichero. Si se acoge la primera opción, habrá que convenir con Pascual Huerta en que deberían utilizarse los dos períodos: el de siete días para el traslado y espera de contestación de la entidad; y el otro, del régimen general, de 10 días para resolver la solicitud y comunicarla al interesado. Esta tal vez sea la mejor interpretación, ya que de otro modo, siete días no sería suficiente para que se produzca la respuesta de la entidad, para proceder a la rectificación y para comunicar los datos al interesado.

Debe juzgarse como un rasgo positivo de la Ley el que haya facilitado de manera significativa la relación inmediata del afectado con los responsables de los archivos patrimoniales y de crédito. No obstante, pudiera estimarse que no ha sido acertada la opción del legislador de exigir que el titular del fichero rectifique datos, basándose únicamente en la solicitud del interesado, que es lo que ocurre cuando no recibe respuesta de la entidad. Pudiera entenderse que con ello, se puede generar una cierta inseguridad jurídica. En todo caso, la medida legislativa se justifica si se tiene presente que los datos allí insertados son especiales, teniendo en cuenta que no necesitan del consentimiento del afectado para que se proceda a su tratamiento. Quizás, para ponderar las garantías del titular de los datos y la seguridad de los ficheros, se hubiera podido optar por una solución intermedia: la de exigir antes de la rectificación, una medida menos definitiva como, por ejemplo, el bloqueo de los datos o su cancelación cautelar.

En el supuesto de que quien reciba una solicitud de acceso, rectificación o cancelación de los datos sea una entidad que no ha sido la responsable de facilitar los datos al fichero, ésta deberá informar al afectado tal hecho, en un plazo máximo de diez días debiendo además proporcionarle la identidad y

---

[211] PASCUAL HUERTA, P., "Ficheros de Información sobre Solvencia Patrimonial y Crédito", en ZABIA DE LA MATA, J. (coord). *Protección de Datos. Comentarios al Reglamento*, cit., p. 415.

dirección del titular del fichero común para que en su caso, puedan ejercitar sus derechos ante el mismo.

Cuando la solicitud sea dirigida directamente a quien haya facilitado los datos al fichero común deberá, en un plazo también de diez días, si así procede, para rectificar o cancelar los datos de su propio fichero y notificar al titular del fichero común los cambios que hubiere producido dando asimismo respuesta al interesado en los términos previstos en el artículo 33 del Reglamento.

El Reglamento ha reforzado las garantías jurídicas del titular de datos al facilitar el ejercicio de los derechos del afectado. En particular, entraña una garantía para el ejercicio de esta versión de *habeas data,* al imponer la obligación de permitir el derecho de acceso y los demás derechos ARCO ante todas las entidades participantes del sistema, de información patrimonial y/o crediticia, aunque no sean las responsables directas de haber suministrado la información que aparece en esos ficheros.

De cuanto se ha expuesto se desprende que el régimen jurídico establecido para el acceso a estos ficheros es el general, que se regula en el artículo 15 de la LOPRODA a cuyo análisis sistemático se ha dedicado el Capítulo anterior de este estudio.

En los ficheros de referencia, no obstante, el régimen general previsto en la Ley para el ejercicio del derecho de acceso ha sido objeto de las especificaciones previstas en su Reglamento. En efecto, a tenor de cuanto dispone el Reglamento, tal como se ha tenido ocasión de exponer *supra,* el ejercicio del derecho de acceso en los ficheros de solvencia patrimonial y crédito, permite, que la persona concernida pueda dirigirse a cualquiera de las entidades que han contribuido a elaborar el fichero. Ahora bien, esa actuación puede dar lugar a dos supuestos:

1º) Si la petición se dirige al responsable del fichero, éste estará obligado a satisfacer, en cualquier caso, la solicitud del derecho. Deberá notificar al interesado todos los datos relativos al mismo que obren en el fichero, así como las evaluaciones y apreciaciones que sobre el afectado se hayan comunicado en los últimos seis meses, y el nombre y dirección de los cesionarios.

2º) Si la petición se dirige a las personas y entidades a las que el responsable del fichero presta el servicio, estas entidades únicamente deberán comunicar al afectado aquellos datos relativos al mismo que les hayan sido comunicados y a facilitar la identidad del responsable común, para que en su caso, se pueda ejercitar el citado derecho ante el mismo [212].

---

[212] Cfr: PALOMAR OLMEDA, A. y GONZALEZ ESPEJO, P. (Eds.), *Comentario al Reglamento de desarrollo de la Ley Orgánica 15/1999, de 13 de diciembre, de Protección de Datos de Carácter Personal*

En el marco de esta regulación, se plantean algunos problemas sobre lo que debe entenderse por "evaluaciones y apreciaciones", esto es, el contenido de la información a suministrar al afectado. Ese contenido dependerá de la información comunicada a terceros. Así, si la información comunicada es la procedente de una mera consulta del fichero, se comunicará tal circunstancia al titular de los datos. Ahora bien, si se ha comunicado alguna otra información o apreciación subjetiva, la información facilitada al afectado deberá incluir también todos los datos sobre el solicitante a los que pueda acceder, así como la identidad y dirección del titular del fichero común, con el fin de que el afectado pueda ejercitar plenamente y en toda su extensión su derecho de acceso.

En la esfera de la regulación de los ficheros de titularidad privada se inscriben también los ficheros de *publicidad y prospección comercial*. En las sociedades actuales desarrolladas ha adquirido gran importancia comercial y económica la elaboración de ficheros de datos personales destinados a la recopilación de direcciones, reparto de documentos, publicidad, venta a distancia, prospección comercial y otras actividades análogas. Estos ficheros utilizarán nombres y direcciones u otros datos cuando éstos figuren en fuentes accesibles al público o hayan sido facilitados por el propio interesado o con su consentimiento[213].

La LOPRODA establece la regulación de estos ficheros en su artículo 30, en el que se prescribe que:

> "1. Quienes se dediquen a la recopilación de direcciones, reparto de documentos, publicidad, venta a distancia, prospección comercial y otras actividades análogas, utilizarán nombres y direcciones u otros datos de carácter personal cuando los mismos figuren en fuentes accesibles al público o cuando hayan sido facilitados por los propios interesados u obtenidos con su consentimiento.
>
> 2. Cuando los datos procedan de fuentes accesibles al público, de conformidad con lo establecido en el párrafo segundo del artículo 5.5 de esta Ley, en cada comunicación que se dirija al interesado se informará del origen de los datos y de la identidad del responsable del tratamiento, así como de los derechos que le asisten.
>
> 3. En el ejercicio del derecho de acceso los interesados tendrán derecho a conocer el origen de sus datos de carácter personal, así como del resto de información a que se refiere el artículo 15.

(aprobado por RD 1720/2007, de 21 de diciembre, cit., pp. 1191 ss.; ZABÍA DE LA MATA, V., (Coord.), *Protección de datos. Comentarios al Reglamento*, Lex Nova, Valladolid, 2008, pp. 135 ss.

213 Cfr., ALMUZARA ALMAIDA, C., Estudio práctico sobre la protección de datos de carácter personal, 2ª ed., Lex Nova, Valladolid, 2008, pp. 1192 ss.; PENDÓN MELÉNDEZ, M.a. y GALLEGO HIGUERAS, G.F., "Comentario a los artículos 30 y 31", en *Comentario a la Ley Orgánica de Protección de Datos de Carácter Personal*, ed. a cargo de TRONCOSO REIGADA, A., cit., pp. 1626 ss.

4. Los interesados tendrán derecho a oponerse, previa petición y sin gastos, al tratamiento de los datos que les conciernan, en cuyo caso serán dados de baja del tratamiento, cancelándose las informaciones que sobre ellos figuren en aquél, a su simple solicitud"[214].

El ejercicio del derecho de acceso respecto a esos ficheros referentes a la publicidad e información comercial, tienen como principal aspecto peculiar que en ellos, por regla general, el *habeas data* se ejercerá ante el encargado del tratamiento, que será además quien estará obligado a contestar. Así, se dispone, en el artículo 50.2 del Reglamento, que "si el derecho se ejercitase ante una entidad que hubiese encargado a un tercero la realización de una campaña publicitaria, aquélla estará obligada, en el plazo de diez días, desde la recepción de la comunicación de la solicitud, a comunicar la solicitud al responsable, a fin de que el mismo otorgue al afectado su derecho en el plazo de diez días desde la recepción de la comunicación".

Debe tenerse presente que el plazo para contestar al derecho por parte del responsable se limita a diez días. Un sector de la doctrina considera que dicho plazo es el más oportuno, pues si se otorgara al responsable del fichero el plazo de un mes, tras los diez días que tuvo el encargado para comunicarle la solicitud de acceso, se afectaría al garantismo implícito en el derecho de acceso. Ello supondría exigir al afectado un doble ejercicio del derecho y la aceptación de que no se le va a responder en un mes, sino en más tiempo[215].

---

[214] El Reglamento desarrolla este precepto en su artículo 45, en el que se prescribe: "Datos susceptibles de tratamiento e información al interesado.

1. Quienes se dediquen a la recopilación de direcciones, reparto de documentos, publicidad, venta a distancia, prospección comercial y otras actividades análogas, así como quienes realicen estas actividades con el fin de comercializar sus propios productos o servicios o los de terceros, sólo podrán utilizar nombres y direcciones u otros datos de carácter personal cuando los mismos se encuentren en uno de los siguientes casos:

a) Figuren en alguna de las fuentes accesibles al público a las que se refiere la letra j) del artículo 3 de la Ley Orgánica 15/1999, de 13 de diciembre y el artículo 7 de este Reglamento y el interesado no haya manifestado su negativa u oposición a que sus datos sean objeto de tratamiento para las actividades descritas en este apartado.

b) Hayan sido facilitados por los propios interesados u obtenidos con su consentimiento para finalidades determinadas, explícitas y legítimas relacionadas con la actividad de publicidad o prospección comercial, habiéndose informado a los interesados sobre los sectores específicos y concretos de actividad respecto de los que podrá recibir información o publicidad.

2. Cuando los datos procedan de fuentes accesibles al público y se destinen a la actividad de publicidad o prospección comercial, deberá informarse al interesado en cada comunicación que se le dirija del origen de los datos y de la identidad del responsable del tratamiento así como de los derechos que le asisten, con indicación de ante quién podrán ejercitarse.

A tal efecto, el interesado deberá ser informado de que sus datos han sido obtenidos de fuentes accesibles al público y de la entidad de la que hubieran sido obtenidos".

[215] Vid., PALOMAR OLMEDA, A. y GONZÁLEZ ESPEJO, P. (Dirs.), Comentario al Reglamento de desarrollo de la ley Orgánica 15/ 1999, cit., pp. 461 ss.

No obstante, otros autores entienden que se debe tender a homogeneizar plazos. Según la opinión de estos comentaristas del Reglamento, hay que interpretar que tras el plazo de diez días inicial, se infiere que hay otros diez días para los derechos de rectificación y cancelación, y de treinta días para el de acceso[216].

En los ficheros de publicidad y prospección comercial es donde posee mayor importancia la existencia de servicios de atención al cliente, es decir, de medios puestos a disposición del titular de los datos para ejercer su derecho de acceso a las informaciones que le conciernen contenidas en tales ficheros.

Se desprende de cuanto se ha expuesto que la finalidad de la regulación establecida en el artículo 30 de la LOPRODA y en su desarrollo reglamentario es la admitir una excepción al régimen general del artículo 5.4 de la LOPRODA, en cuya virtud cuando los datos de carácter personal no hayan sido recabados del interesado (como sucede, obviamente, cuando éstos provienen de una fuente accesible al público) el responsable del fichero o su representante deben informarle, de forma expresa, precisa e inequívoca, de la correspondiente recogida u obtención de los datos. No huelga recordar, que el régimen jurídico del sistema de fuentes accesibles al público opera de forma que el responsable del fichero pueda prescindir del consentimiento previo del interesado cuando realice las actividades comerciales previstas para el funcionamiento de esos ficheros (artículo 6.2 y 30.1 LOPRODA).

Esta excepción, ya contemplada en el artículo 5.5 de la LOPRODA, se reitera en el artículo 30.2 de la Ley. También se exime al titular del fichero de la obligación de facilitar al interesado la información previa a la recogida misma de los datos prevista en el artículo 5.1 de la LOPRODA, puesto que la información no ha sido requerida a los interesados sino obtenida por otros cauces. A partir de estos supuestos, el artículo 30.2 de la LOPRODA supone, por tanto, una reiteración (en parte literal) de lo dispuesto en su artículo 5.5, cuya finalidad es la de garantizar que el interesado recibe una información más específica sobre los extremos del fichero correspondiente y los datos propios que en él figuran.

Gracias a esta excepción, se establece un equilibrio entre las ventajas que se conceden a las empresas de prospección comercial en la forma de obtener tales datos y el reforzamiento de la información del interesado que le permita la mejor garantía de sus derechos.

---

[216] Cfr., V. CHAVFLÍ, E., "El Estatuto del Encargado del Tratamiento en el Reglamento de desarrollo de la LOPD", en MARI, J., y VILASAU M., (Coord.), *El Reglamento de protección de datos de carácter personal. Aspectos clave*, Editorial Universidad Oberta de Catalunya, Barcelona, 2008, pp. 145 ss.

El Reglamento exige la necesaria identificación de la persona responsable ante la que puede ejercer su derecho. Esta garantía es importante, pues con frecuencia no será la propia empresa que comercializa sus productos y servicios, aquella a la que se refiere la publicidad o la promoción que recibe el interesado, la que haya obtenido los correspondientes datos de carácter personal y haya procedido a su tratamiento. Con frecuencia, las campañas de publicitarias se confían a un tercero, resultando necesario evitar al interesado la labor, muchas veces imposible en la práctica, de identificar al responsable a quien dirigirse con eficacia para ejercer sus derechos y, en particular, su acción de *habeas data.*

Ese derecho de información se refuerza en virtud de lo preceptuado en el artículo 30.4 de la LOPRODA que obliga a facilitar al interesado referencias sobre el origen de sus datos de carácter personal obligación igualmente recogida en el artículo 45.2 del Reglamento, que añade, además, la obligación de informar acerca de la entidad de la que se hubieran obtenido los datos, según dispone el párrafo segundo del citado precepto[217].

6. APROXIMACIÓN AL RÉGIMEN JURÍDICO DEL *HABEAS DATA* EN LAS COMUNIDADES AUTÓNOMAS

El *habeas data,* tal como se ha tenido ocasión de exponer a lo largo de este trabajo, constituye un instrumento de garantía del derecho fundamental a la intimidad. Por ello, su significación y regulación normativa se inscribe de pleno en el estatuto de los derechos fundamentales. Esta circunstancia debe tenerse presente al tratar de las referencias a esta institución contenidas en la normativa estatutaria autonómica.

Los Estatutos de las Comunidades Autónomas españolas al regular la garantía de la intimidad tienen que tener como obligado punto de referencia lo previsto en el artículo 18 de la Constitución que reconoce, en su apartado 1, el derecho a la intimidad personal y familiar y que, en el apartado 4, prevé la garantía de tales derechos ante posibles abusos tecnológicos, en los siguientes términos: "La Ley limitará el uso de la informática para garantizar el honor y la intimidad personal y familiar de los ciudadanos y el pleno ejercicio de sus derechos".

El Tribunal Constitucional en la sentencia 290/2000, de 30 de noviembre, establece las pautas básicas del reparto de competencias entre el Estado y las

[217] Cfr., PENDÓN MELÉNDEZ, M.A y GALLEGO HIGUERAS, G.F., "Comentario a los artículos 30 y 31", cit., pp. 1656 ss.

Comunidades Autónomas, en la materia del derecho fundamental a la intimidad y a la protección de datos personales.

Un aspecto básico de esta sentencia radica en la función de garantía del derecho fundamental a la intimidad, entendido como protección de datos personales, que según la interpretación del TC, se encomienda, básicamente, a partir de las Leyes Orgánicas que han desarrollado el artículo 18.4 CE (primero la LORTAD y actualmente al LOPRODA), a la Agencia estatal de protección de datos. A tenor del Tribunal Constitucional: "al dar cumplimiento al mandato contenido en el artículo 18.4 CE, el legislador, sin excluir en modo alguno el recurso último a los órganos jurisdiccionales para la tutela de los derechos individuales, como se determina en los apartados 2 a 5 del artículo 17 LORTAD, no ha querido sin embargo que la protección de datos personales frente al uso de la informática se lleve a cabo exclusivamente en la vía judicial, esto es, cuando ya se ha producido una lesión del derecho fundamental. Por el contrario, ha querido, que dicha protección se lleve a cabo mediante el ejercicio por la Agencia de Protección de Datos, con carácter básicamente preventivo, de las funciones de control de los ficheros tanto de titularidad pública como privada que la LORTAD le atribuye y, en su caso, a través de las reclamaciones de los afectados ante la Agencia de Protección de Datos (art. 17.1), las que provocarán la posterior actuación de este órgano" (FJ 9).

A juicio del Tribunal Constitucional "el objeto de la Ley cuyos preceptos se han impugnado no es el uso de la informática, sino la protección de los datos personales" (FJ 11). Esto, en definitiva, significa que la LORTAD establece límites al uso de la informática en cumplimiento del mandato del art. 18.4 CE, tales límites han de ser los mismos en todo el territorio nacional *ex* art. 81 CE. Pues si los derechos fundamentales y las libertades públicas que nuestra Constitución reconoce son "fundamento del orden político" (art. 10.1 CE) y, por tanto, constituyen el estatuto jurídico básico de los ciudadanos, sólo mediante esa proyección general es posible garantizar la protección de los derechos a que se refiere el art. 18.4 CE, con independencia de que tales límites a la informática también contribuyen a la salvaguardia del específico derecho fundamental a la protección de datos personales" (FJ 14). En definitiva el TC concluye que es la garantía de los derechos fundamentales exigida por la Constitución así como la de la igualdad de todos los españoles en su disfrute la que justifica que la Agencia de Protección de Datos y el Registro Central de Protección de Datos pueden ejercer las funciones y potestades de garantía de la protección de datos, respecto a los ficheros informatizados que contengan datos personales y sean de titularidad privada radicados en todo el territorio nacional (cfr., FJ 15).

La jurisprudencia del TC ha precisado que el alcance de la consagración estatutaria del derecho a la protección de datos personales es su alcance jurídico, al establecer el significado jurídico que debe atribuirse a la regulación estatutaria autonómica de los derechos fundamentales.

En particular, son relevantes sobre este punto la sentencias 247/2007, de 12 de diciembre, sobre el recurso de inconstitucionalidad formulado por el Gobierno aragonés contra la reforma aprobada del Estatuto valenciano de 2006 y la sentencia n. 31/2010, de 28 de junio, sobre el Estatuto catalán.

En la sentencia 247/2007, el Tribunal Constitucional precisa que los Estatutos de Autonomía no pueden establecer por sí mismos derechos en sentido estricto, sino directrices, objetivos o mandatos a los poderes públicos autonómicos. En consecuencia a juicio del Tribunal Constitucional: "los derechos constitucionales no pueden ser objeto de regulación por los Estatutos de Autonomía", pero ello no impide que se puedan reproducir derechos constitucionales en dichos Estatutos, y por ello, si el legislador autonómico va más allá de la mera reproducción e incide en los derechos fundamentales, tales previsiones, aparte de su eficacia propia, solo serán legítimas si, además, guardan alguna relación con alguna de las competencias asumidas por la Comunidad Autónoma, pues en caso contrario incurrirían en inconstitucionalidad (FJ 15).

Esta doctrina se corrobora y desarrolla en la sentencia 31/2010, de 28 de junio, sobre el nuevo Estatuto catalán. En la misma, el Tribunal Constitucional insiste en la diferencia entre los derechos fundamentales constitucionales y los derechos estatutarios: "Derechos fundamentales son, estrictamente, aquellos que, en garantía de la libertad y de la igualdad, vinculan a todos los legisladores, esto es, a las Cortes Generales y a las Asambleas legislativas de las Comunidades Autónomas, sin excepción. Esa función limitativa sólo puede realizarse desde la norma común y superior a todos los legisladores, es decir, desde la Constitución, norma suprema que hace de los derechos que en ella se reconocen un límite insuperable para todos los poderes constituidos y dotado de un contenido que se les opone por igual y con el mismo alcance sustantivo en virtud de la unidad de las jurisdicciones (ordinaria y constitucional) competentes para su definición y garantía. Derechos, por tanto, que no se reconocen en la Constitución por ser fundamentales, sino que son tales, justamente, por venir proclamados en la norma que es expresión de la voluntad constituyente" (FJ 16).

El TC contrapone, claramente, los derechos fundamentales a los derechos estatutarios: "Los derechos reconocidos en Estatutos de Autonomía han de ser, por tanto, cosa distinta. Concretamente, derechos que sólo vinculen al legislador autonómico, como así se desprende, inequívocamente, del propio Estatuto recurrido, cuyo art. 37.1 EAC, también impugnado y sobre el que más adelante habremos de pronunciarnos en particular, circunscribe, por principio, a los poderes públicos de Cataluña, y según la naturaleza de cada derecho a los particulares, el ámbito de los obligados por los derechos reconocidos en los capítulos I, II, y III del título I; y derechos, además, materialmente vinculados al ámbito competencial propio de la Comunidad Autónoma, circunstancia expresamente detallada, según veremos, en el arto 37.4 EAC. Ahora bien, bajo la misma categoría "derecho" pueden comprenderse realidades normativas muy distintas, y será a éstas a las que haya de atenderse, más allá del puro *nomen*, para concluir si su inclusión en un Estatuto es o no constitucionalmente posible. En efecto, ya en la propia Constitución bajo el término "derecho" se comprenden tanto verdaderos derechos subjetivos como cláusulas de legitimación para el desarrollo de determinadas opciones legislativas, si bien en ambos casos se trata siempre, al cabo, de mandatos dirigidos al legislador, bien imponiéndole un hacer o una omisión que se erigen en objeto de una pretensión subjetiva exigible ante los Tribunales de justicia; bien obligándole a la persecución de un resultado sin prescribirle específicamente los medios para alcanzarlo y sin hacer de esa obligación el contenido de ningún derecho subjetivo, que sólo nacerá, en su caso, de las normas dictadas para cumplir con ella. Normas, en definitiva, que prescriben fines sin imponer medios o, más precisamente, que proveen a la legitimación de la ordenación política de los medios públicos al servicio de un fin determinado" (FJ 16).

Teniendo presente estas directrices del TC se puede aludir a algunas regulaciones contenidas en los Estatutos de Autonomía, que al promediar la primera década de nuestro siglo fueron renovados incluyéndose en casi todos ellos la alusión a la protección de datos personales.

Entre las excepciones a esa pauta general de garantía estatutaria de los datos personales, se puede aludir al Proyecto de Estatuto del país vasco, que fue rechazado por las Cortes Generales en enero de 2005. En dicho Proyecto, sólo se hacía una referencia general a la protección estatutaria de los derechos fundamentales. Y lo mismo ocurre con el Estatuto de la Comunidad Autónoma valenciana, que fue aprobado por la Ley Orgánica 1/2006 de 10 de abril, que no contiene referencia explícita al derecho de protección de datos personales.

Por el contrario, todos los demás Estatutos renovados, como el catalán, el balear, el andaluz, el aragonés y el castellano-leonés, consagran el derecho a la protección de datos personales respecto de los ficheros públicos autonómicos, es decir, los ficheros de las Administraciones autonómicas y de sus organismos dependientes.

Puede citarse como ejemplo el artículo 31 del Estatuto catalán, aprobado por la Ley Orgánica 6/2006 de 19 de julio, en el que se proclama el derecho a la protección de los datos personales en estos términos: "Todas las personas tienen derecho a la protección de los datos personales contenidos en los ficheros que son competencia de la Generalitat y el derecho a acceder a los mismos, a su examen y a obtener su corrección. Una autoridad independiente, designada por el Parlamento, debe velar por el respeto de estos derechos en los términos que establecen las leyes". Como se advierte existe en esta norma un reconocimiento expreso de la acción de *habeas data* respecto a los ficheros de carácter público dependientes de la Generalitat[218].

El artículo 28 del Estatuto balear, aprobado por Ley Orgánica 1/2007 de 28 de febrero, prescribe la siguiente normativa referente a los datos personales y ficheros: "Todas las personas tienen derecho al acceso, la protección, la corrección y la cancelación de sus datos personales que figuren en los ficheros de titularidad de las Administraciones públicas de la Comunidad Autónoma y de los entes u organismos de cualquier clase vinculados o dependientes de las mismas". Se desprende de este precepto la recepción del *habeas data* en su sentido más amplio comprensivo de todos los derechos ARCO.

Debe también mencionarse cuanto postula el artículo 32 del Estatuto andaluz aprobado por Ley Orgánica 2/2007, de 19 de marzo, en relación con la protección de datos personales. En dicho artículo se prescribe que: "Se garantiza el derecho de todas las personas al acceso, corrección y cancelación de sus datos personales en poder de las Administraciones públicas andaluzas". Como se advierte en este texto, su regulación sigue la pauta del Estatuto balear, al reconocer el *habeas data,* en su sentido acepción genérica, integradora de las facultades ARCO.

El artículo 16 del Estatuto aragonés, Ley Orgánica 5/2007 de 20 de abril, hace referencia a un conjunto de libertades, entre las que se incluye el *habeas data,* en cuanto que se establece que: "Todas las personas tienen derecho a la protección de sus datos personales contenidos en las bases de datos de las Administraciones Públicas y empresas públicas aragonesas y las empresas privadas que trabajen o colaboren con ellas. Igualmente, tendrán derecho a acceder a los mismos, a su examen y a obtener su corrección y cancelación". Se advierte en esta norma la ampliación del derecho de acceso no sólo a los archivos de la Administración Pública aragonesa, sino también a las empresas públicas de Aragón y a las privadas que trabajen o colaboren con ellas. Asi-

---

[218] MALARET I GARCÍA, E., "La protecció de dades a l'Estatut d'Autonomia de Catalunya", en el vol. col. *La protecció de dades en els estats federals i plurinacionals,* Autoritat Catalana de Protecció de Dades, Barcelona, 2010, pp. 101 ss.

mismo este Estatuto sigue la pauta de los que amplían el derecho de acceso a todos los derechos ARCO.

Por su parte, el Estatuto para Castilla y León aprobado por Ley Orgánica 14/2007 de 30 de noviembre, incluye, en su artículo 12.d), entre los derechos a una buena administración el referente: "A la protección de los datos personales contenidos en ficheros dependientes de la Administración autonómica, garantizándose el acceso a dichos datos, a su examen y a obtener, en su caso, la corrección y cancelación de los mismos. Mediante ley de las Cortes podrá crearse la Agencia de Protección de Datos de la Comunidad de Castilla y León para velar por el respeto de estos derechos en el marco de la legislación estatal aplicable"[219].

Conviene recordar que en el Estatuto de la Comunidad de Madrid aprobado por Ley Orgánica de 3/1983 de 25 de febrero, no existe ninguna norma específica que haga referencia a la protección de datos personales. No obstante, en virtud del RD 155/2001 de 20 de septiembre fue creada la agencia de Protección de Datos de la Comunidad de Madrid. En el art. 5 de dicha norma se establecen sus competencias, entre las que cabe mencionar: vigilar el cumplimiento de la legislación sobre protección de datos en la Administración Pública de la Comunidad de Madrid; Proteger a los ciudadanos en lo referente a los derechos de información, acceso, rectificación y cancelación de datos de carácter personal en la Administración Pública de la Comunidad de Madrid; Difundir los derechos reconocidos por la legislación referente al tratamiento informatizado de datos de carácter personal; Realizar la Publicidad de los ficheros de datos de carácter personal de la Administración de la Comunidad de Madrid, a cuyo efecto publicará anualmente una relación de los mismos; Ordenar la cancelación de los ficheros cuando no se ajusten a las disposiciones legales; Ejercer la potestad sancionadora; Colaborar con la Agencia de Protección de Datos estatal y con las demás Agencias de protección de datos de las Comunidades Autónomas.

La Agencia de Protección de Datos de la Comunidad Autónoma de Madrid editó a partir del año 2006 la *Revista Española de Protección de Datos* que ha visto interrumpida su publicación por causas inmediatamente relacionadas con la crisis económica que actualmente aqueja a nuestro país[220].

---

[219] Cfr. Sobre el sistema estatutario de protección de datos personales: VICUÑA DE NICOLÁS, I., TRONCOSO REIGADA, A. y RUBÍ NAVARRETE, J., "La cooperación entre agencias en España: mesa redonda", en el vol. col. *La protecció de dades en els estats federals i plurinacionals*, cit., pp. 63 ss.

[220] Cfr., TRONCOSO REIGADA. A., "Presentación" de la *Revista Española de Protección de Datos*, 2006, n.1. pp. 7 ss.

Ha puesto de relieve David Ordóñez Solís la circunstancia de que: "En la formulación del derecho a la protección de datos personales como derecho estatutario se parte de distintos enfoques en función de cada Estatuto: en unos casos se expresa como manifestación del derecho fundamental; en otros se trata como constitutivo del servicio público; o, en fin, se considera que es parte del derecho a una buena administración"[221].

Desde el punto de vista de la garantía jurisdiccional del *habeas data*, el problema de los derechos estatutarios ha quedado en gran medida resuelto, por cuanto sostiene la doctrina del TC, en especial por las argumentaciones sustentadas en su ya comentada, *supra*, decisión 31/2010.

La tesis mantenida por el TC representa una clara opción hermenéutica en favor del carácter unitario de nuestro sistema constitucional de derechos fundamentales, ya que en el Estado autonómico existe una única Constitución, sin que ello impida desarrollos legislativos por parte de los entes autónomos, y, asimismo, existe una unidad de jurisdicción. Según las propias palabras del TC: "En el Estado autonómico, en efecto, la diversificación del ordenamiento en una pluralidad de sistemas normativos autónomos no se verifica ya en el nivel de la constitucionalidad con la existencia de una pluralidad de Constituciones (federal y federadas), sino que, a partir de una única Constitución nacional, sólo comienza en el nivel de la legalidad. Los sistemas normativos que en ese punto se configuran producen normas propias, a partir del ejercicio de unas potestades legislativa y ejecutiva también propias. Sin embargo, la función jurisdiccional, mediante la que tales normas adquieren forma y contenido definitivos, es siempre, y sólo, una función del Estado. En definitiva, si el Estado autonómico arranca con una Constitución única, concluye con una jurisdicción también única, conteniéndose la diversidad de órganos y funciones en las fases del proceso normativo que media entre ambos extremos. La unidad de la jurisdicción y del Poder Judicial es así, en el ámbito de la concreción normativa, el equivalente de la unidad de la voluntad constituyente en el nivel de la abstracción" (FJ. 42)[222].

---

[221] ORDOÑEZ SOLIS, D., *Privacidad y protección judicial de los datos personales*, Bosch, Barcelona, 2011, p. 114.

[222] Sobre la tensión entre unidad y pluralismo en el sistema constitucional de los derechos fundamentales reconocidos por la CE, vid., PEREZ LUÑO, A.E., *Los derechos fundamentales*, Tecnos, Madrid. 10ª ed., 2011, pp. 126 ss.

CAPÍTULO VII
LA EVOLUCIÓN NORMATIVA DE LA PROTECCIÓN DE DATOS DE CARÁCTER PERSONAL EN EL ÁMBITO EUROPEO

1. EL HABEAS DATA EN EL CONSEJO DE EUROPA

El Consejo de Europa es una organización internacional que fue creada en el año 1949. La finalidad prioritaria del Consejo fue promover entre los Estados miembros la cooperación política y la protección de los derechos y libertades de sus ciudadanos. Un año después de su creación, en 1950, el Consejo promulga el Convenio Europeo de Derechos Humanos (CEDH). Ha señalado el profesor Antonio Truyol y Serra que: "contrasta con la lentitud de la elaboración de los Pactos sobre derechos humanos de la ONU la rapidez con que la finalidad esencial del Consejo de Europa comenzó a llevarse al plano de las normas jurídico-positivas: el 4 de noviembre de 1950 se firmó en Roma el Convenio Europeo para la protección de los derechos humanos y de las libertades fundamentales"[223].

Se ha puesto de relieve la importancia histórica del Convenio al ser el primer texto en el que se reconoce la personalidad internacional de los individuos, es decir, gracias a este texto se posibilita que los ciudadanos puedan plantear demandas ante los Estados, por violación de sus derechos humanos.

En opinión del Catedrático de Derecho de la Universidad de Salamanca Lorenzo Bujosa Vadell, el Convenio obedece a un planteamiento de subsidiaridad: "no está destinado a reemplazar los sistemas nacionales de protección de los derechos humanos, sino que crea una garantía internacional suplementaria que se añade a las vías existentes en el ordenamiento interno de cada Estado"[224]. El Convenio no desconoce el principio de la soberanía estatal, ya que permite al Estado demandado la posibilidad de reparar la violación de un derecho, a través de su jurisdicción interna antes de que el asunto sea plantado ante un tribunal internacional. Se pretende con ello que, por su mayor cercanía a los hechos controvertidos por parte de los órganos jurisdiccionales internos, actúen como jueces naturales de los casos controvertidos.

Según sostiene Bujosa Vadell, "la regla de la subsidiariedad, que aparece positivada en el artículo 26 CEDH como exigencia del agotamiento de los recursos internos, cuyo paralelo lo tenemos en el Derecho español en relación con las funciones de amparo del TC [arto 44. a) LOTC] 8"[225].

Recuerda, no obstante, el Catedrático Bujosa Vadell, que: esta regla no es de aplicación estricta, pues el propio TEDH (STEDH de 18 de enero de 1978 -Caso Irlanda contra Reino Unido-) (159), ha afirmado que en caso de existir una práctica administrativa establecida con pruebas suficientes no es necesario esperar al agotamiento de las vías internas si la repetición de actos análogos forma un conjunto o "sistema" y hay tolerancia oficial al respecto[226].

En el art. 8, de ese Convenio, referido al respeto de la vida privada y familiar, se afirma:

---

[223] TRUYOL Y SERRA, A., *Los derechos humanos*, Tecnos, Madrid, 4ª ed., 2000, p.54.

[224] BUJOSA VADELL, L., *Las sentencias del Tribunal europeo de derechos humanos y el ordenamiento español*, Tecnos, Madrid, 1997, p. 25.

[225] Ibíd., p.26.

[226] Ibíd.

1."toda persona tiene derecho al respeto de su vida privada y familiar, de su domicilio y de su correspondencia.

2. No podrá haber injerencia de la autoridad pública en el ejercicio de este derecho salvo cuando esta injerencia esté prevista por la ley y constituya una medida que, en una sociedad democrática, sea necesaria para la seguridad nacional, la seguridad pública, el bienestar económico del país, la defensa del orden y la protección de las infracciones penales, la protección de la salud o de la moral, o la protección de los derechos y las libertades"[227].

1.1. El Consejo de Europa ante el impacto tecnológico en las libertades

Al igual que los Estados Unidos de Norteamérica, Canadá y Japón, los países miembros del Consejo de Europa se incorporan, en la década de los años 60, al desarrollo tecnológico, en especial a los avances de la cibernética y de la informática. Estos avances supondrán un importante progreso en la eficacia de los medios de control y de gestión de los poderes públicos. No obstante, estas ventajas engendraron tal como se ha tenido ocasión de estudiar en el inicio de esta investigación, nuevos riesgos para las libertades y, en particular, para el derecho a la intimidad.

Estas circunstancias y riesgos fueron tomados en consideración por el Consejo de Europa. En su seno, para el estudio de estas nuevas amenazas tecnológicas para los derechos y libertades, se crea en 1967 una Comisión Consultiva dedicada al estudio de las tecnologías de la información y de su potencial agresividad hacia los derechos de las personas[228].

Los trabajos de esa Comisión prepararon la elaboración por parte de la Asamblea del Consejo de Europa de la Resolución 509, de 31 de enero de 1968, sobre: los derechos humanos y los nuevos logros científicos y técnicos, en la que se analizan las principales amenazas que para el derecho a la vida privada, garantizado en el art. 8 del Convenio, suponen determinados abusos en la utilización de las Nuevas Tecnologías.

En los años 1973 y 1974 el Comité de Ministros del Consejo de Europa aprobó sendas Resoluciones referentes a la tutela del derecho a la vida pri-

---

227 Se toma esta traducción de TRUYOL SERRA, A., *Los derechos humanos,* cit., p. 178.

228 ESTADELLA YUSTE, O., *La protección de la intimidad frente a la transmisión internacional de datos personales,* Tecnos, Madrid, 1995, pp. 163 ss.; SÁNCHEZ BRAVO, A., *La protección del derecho a la libertad informática en la Unión Europea,* con Prólogo de A. E. Pérez Luño, Publicaciones de la Universidad de Sevilla, Sevilla, 1998, pp. 164 ss.

vada frente a la utilización indebida de bancos de datos electrónicos en los sectores público y privado.

1.2. El habeas data en el Convenio 108

Los trabajos del Consejo de Europa, así como la experiencia normativa de sus resoluciones, permitieron a este organismo la formulación el 28 de enero de 1981 del Convenio número 108 para la protección de las personas con respecto al tratamiento automatizado de los datos de carácter personal, que entró en vigor el 1 de octubre de 1985, tras la ratificación de cinco Estados (Suecia, Noruega, Francia, Alemania y España). Fue elaborado por un comité de expertos gubernamentales del Comité Europeo de Cooperación Jurídica y tomaron parte en los trabajos preparatorios observadores de la OCDE y cuatro de sus Estados miembros no europeos (Australia, Canadá, Japón y Estados Unidos), de Finlandia, de la Conferencia de La Haya de Derecho Internacional Privado y de las Comunidades Europeas. Se trata del primer acuerdo jurídico internacional elaborado con vocación universal para la protección de datos personales[229].

El Convenio sirvió de ejemplo para la normativa de la Unión Europea en materia de protección de datos, como se tendrá oportunidad de analizar *infra*. La UE incorporó los principios del Convenio núm. 108 a su propia normativa e impulsó la adopción, el 15 de junio de 1999, de una enmienda al Convenio que permite la adhesión de la UE al mismo[230].

En la opinión de Emilio Guichot: "El Convenio trató de garantizar un estándar mínimo de protección, ampliable por las legislaciones nacionales, ante el incremento del flujo interfronterizo de datos personales sujetos a procesamiento automático, que ya se dejaba sentir a principios de los ochenta. El objetivo era compatibilizar la garantía del derecho fundamental al respeto de la vida privada y el libre flujo informativo dentro del territorio de todos ellos"[231].

El Convenio extendió su protección a cualquier tratamiento de datos, público o privado, de carácter automatizado, previendo, a un tiempo, que su ámbito de aplicación pudiera ampliarse a cualquier técnica de procesamiento

[229] ARENAS RAMIRO, M., *El derecho fundamental a la protección de datos personales en Europa*, Tirant lo Blanch, Valencia, 2006, pp.162 ss.

[230] Cfr., GUERRERO PICÓ, M.C., *El impacto de Internet en el Derecho Fundamental a la Protección de Datos de Carácter Personal*, Thomson & Civitas, Madrid, 2006, pp. 33 ss.

[231] GUICHOT, E., *Datos personales y Administración Pública*, Thomson & Civitas, Madrid, 2005, p. 29.

(también a los procedimientos no automatizados) y a los datos de personas jurídicas y entes sin personalidad. El resultado que se pretendía alcanzar se cifraba en la armonización de los Derechos de los Estados partes, en lo que hace referencia a la protección de la intimidad y a sus posibles restricciones.

Para el análisis del texto del Convenio resulta de gran interés su Exposición de Motivos que lo precede. Proclama dicha Exposición de Motivos: "Los Estados miembros del Consejo de Europa, signatarios del presente Convenio. Considerando que el fin del Consejo de Europa es llevar a cabo una unión más íntima entre sus miembros, basada en el respeto particularmente de la preeminencia del derecho así como de los derechos humanos y de las libertades fundamentales; Considerando que es deseable ampliar la protección de los derechos y de las libertades fundamentales de cada uno, concretamente el derecho al respeto a la vida privada, teniendo en cuenta la intensificación de la circulación a través de las fronteras de los datos de carácter personal que son objeto de tratamientos automatizados; Reafirmando al mismo tiempo su compromiso a favor de la libertad de información sin tener en cuenta las fronteras; Reconociendo la necesidad de conciliar los valores fundamentales del respeto a la vida privada y de la libre circulación de la información entre los pueblos". De acuerdo con su art. 1, la finalidad del Convenio estriba en "garantizar, en el territorio de cada Parte, a cualquier persona física sean cuales fueren su nacionalidad o su residencia, el respeto de sus derechos y libertades fundamentales, concretamente su derecho a la vida privada, con respecto al tratamiento automatizado de los datos de carácter personal correspondientes a dicha persona", esto es, lo que el propio convenio llama la "protección de datos".

Las garantías básicas establecidas por el Convenio se cifran en el derecho a la información y al consentimiento por parte de las personas concernidas, es decir, por los titulares de aquellos datos que son objeto de tratamientos informatizados. Con respecto al derecho a ser informado se reconoce, en el art. 8, al titular de los datos el derecho a conocer la existencia de aquellos ficheros que contengan datos personales que le afecten, así como su finalidad y la identidad de la persona responsable de los mismos.

Con respecto al consentimiento del titular para el tratamiento de sus datos, el Convenio no lo exige expresamente, aunque parece que pretenden armonizar el libre flujo de información con la protección de la vida privada. Por ello, no impide la libertad de tratamiento de datos sin consentimiento del interesado, siempre que se respeten una serie de garantías. Asimismo, prohíbe el tratamiento de datos sensibles, que, no obstante, podrá anularse si el Derecho del Estado del que es ciudadano el titular de los datos, dispone de garantías adicionales. Dichas garantías consistirán en la exigencia de consentimiento o de previsión legal amparada en algún fundamento constitucional y articulada de forma que se evite o minimice el riesgo de atentado contra la libertad e igualdad de los ciudadanos derivados del tratamiento de este tipo de datos (art.9).

Debe hacerse constar que el Convenio no reconoce expresamente el *habeas data,* al no existir una alusión expresa al derecho de acceso en su texto, pero se ha señalado que como en la normativa de protección de datos es esta una garantía esencial, que corresponde al núcleo de este derecho "habrá que concluir confirmando su existencia"[232].

Debe inferirse, de una lectura lógica del texto del Convenio 108, que el reconocimiento del derecho a la información por parte del titular de los datos supone un reconocimiento implícito del derecho de acceso. No tendría sentido informar a los interesados de la existencia de datos personales que les conciernen, si dicha información no se completase con la posibilidad de acceder a esos datos. De otro lado, el *habeas data* es *conditio sine qua non* para el ejercicio de todo el sistema de garantías previsto en el propio Convenio. El Convenio reconoce, en efecto, los principios básicos referentes a la necesidad de un tratamiento leal y legítimo de los datos personales. Asimismo, establece que los datos personales archivados deberán responder a los principios de finalidad, veracidad y seguridad. Se reconocen también expresamente los derechos de rectificación y cancelación de los datos errónea o indebidamente procesados; es decir, el derecho a rectificar o cancelar los datos, cuando no se respeta el principio de calidad, en cualquiera de sus manifestaciones. El Convenio se remite también a las garantías específicas previstas por las distintas normativas de los Estados miembros para la protección reforzada de los datos sensibles. Asimismo, el Convenio reconoce al titular de los datos el derecho a recurrir, ante la negativa del responsable del fichero, a organismos especializados en la protección de datos o ante los tribunales.

Todo este sistema garantista presupone para su eficaz ejercicio el reconocimiento del *habeas data,* ya que sin la previa posibilidad del acceso a los datos sería inviable el ejercicio de todo el ulterior sistema de garantías y derechos.

Los derechos y las garantías establecidos en el Convenio 108 no son absolutos, sino que pueden ser excepcionados por la legislación nacional cuando la restricción constituya una medida necesaria en una sociedad democrática para la protección de la seguridad del Estado, de la seguridad pública, para los intereses monetarios del Estado o para la represión de infracciones penales; para la protección de la persona concernida y de los derechos y libertades

---

232 ARENAS RAMIRO, M., *El derecho fundamental a la protección de datos personales en Europa,* cit., p. 164.

de otras personas. Estas excepciones se formulan de forma expresa en los párrafos segundos de los artículos 6, 8, 10 y 11 del Convenio.

Al hacer balance de la relevancia del Convenio 108 para la protección de los datos personales en el espacio europeo, se ha señalado que "en la valoración global de este texto, estimamos que a favor suya... prevé que los Estados protejan a las personas frente a injerencias de los poderes públicos y contra abusos del sector privado; es un instrumento flexible; la generalidad de sus términos favorece la vigencia de las pautas que proporciona, sin que quede lastrado por la concreta tecnología empleada para realizar el tratamiento; es el único texto mundial de protección de datos personales jurídicamente vinculante; no admite la formulación de reservas, lo que tiende a garantizar una equivalencia en la protección asegurada por las Partes, en particular en lo que respecta al *núcleo duro* del Convenio"[233].

No obstante, estas ventajas y avances se ven contrapuntados por algunas deficiencias que han sido también objeto de crítica por parte de la doctrina. Se indica al respecto que aunque su relevancia es innegable, y así se reconoce unánimemente, también es cierto que "no es directamente aplicable; no integra normas para resolver conflictos de ley aplicable, cuestión que no se juzga primordial (quizás por una previsión demasiado optimista en el éxito del Convenio y por la creencia de que ese núcleo duro se garantizaría miméticamente en numerosos Estados); el margen de elección que da a los Estados puede dificultar la constatación de si existe un nivel de protección equivalente que permita realizar una transferencia internacional y utilizarse para escamotear garantías a los ciudadanos (v. gr., deja a su elección proteger los datos personales que obran en ficheros manuales, por lo que éstos podrían utilizarse para consignar datos sensibles); no se dirige a los encargados del tratamiento; prescinde de la referencia expresa al consentimiento de la persona concernida; crea un Comité Consultivo pero no le reconoce un papel relevante (sería conveniente que pudiera examinar la situación fáctica de tutela en los Estados Parte, que formulara dictámenes vinculantes)" [234].

2. EL *HABEAS DATA* EN LA UNIÓN EUROPEA

En la Unión Europea (UE), desde los inicios del desarrollo tecnológico, se suscitó el interés por conjugar el aprovechamiento económico de esos

[233] GUERRERO PICÓ, M.C., *El impacto de Internet en el Derecho Fundamental a la Protección de Datos de Carácter Personal*, cit., 40.

[234] Ibíd., pp. 40-41. Vid., sobre los logros y límites del Convenio, ARENAS RAMIRO, M., *El derecho fundamental a la protección de datos personales en Europa*, cit., pp.172 ss.

avances con la protección de los derechos fundamentales de los ciudadanos miembros de la UE. Esa sensibilidad por la protección de los datos personales frente a abusos informáticos tuvo como modelo, tal como se ha tenido ocasión de comentar *supra,* la acción tutelar del Consejo de Europa. El proceso de garantía de los datos personales en la UE, no se ha caracterizado por su progresión lineal, sino por sus continuos avances y retrocesos[235].

En el marco del Derecho de la UE, tradicionalmente ha prevalecido la protección del componente económico del intercambio de datos de carácter personal, pero sin que ello haya significado un descuido de ciertas garantías de seguridad surgidas a raíz de la creación de un espacio común sin fronteras. Progresivamente la evolución del sistema jurídico europeo se ha traducido como veremos posteriormente, hacia la promulgación de una Directiva específica para la protección de datos personales y la proclamación en el art. 8 de la Carta de Derechos Fundamentales de la Unión Europea del derecho a la protección de datos de carácter personal, derecho que posteriormente se incluirá en dos preceptos del Tratado por el que se instituye una Constitución para Europa[236].

2.1. El enfoque del *habeas data* en la UE

En 1973 un documento interno de la Comisión Europea se hizo cargo de la inquietud que, con respecto a los derechos de las personas, suscitaba el empleo de la informática y contemplaba la necesidad de alcanzar un consenso político para evitar futuras divergencias legislativas, entre los países miembros de la UE. Igualmente, desde el Parlamento Europeo se interpeló al Consejo de las Comunidades Europeas sobre la protección de la vida privada de los ciudadanos comunitarios. En concreto, se le interrogó acerca de las iniciativas previstas en orden a la reglamentación estricta del derecho de acceso a las informaciones personales. Ésta será la institución que adopte una posición más beligerante en contra de posibles abusos y que más activamente busque la adopción de un elenco de medidas concretas.

En 1974 se aprobó, tomando como referencia el Informe Mansfield de la Comisión Jurídica, la Resolución del Parlamento Europeo, de 21 de febrero de 1975, sobre la protección de los derechos de la persona ante el desarrollo

---

[235] Cfr., GUERRERO PICÓ, M.C., *El impacto de Internet en el Derecho Fundamental a la Protección de Datos de Carácter Personal,* cit., pp. 55 ss.

[236] Cfr., ARENAS RAMIRO, M., *El derecho fundamental a la protección de datos personales en Europa,* cit., pp. 227 ss.

de los progresos técnicos en el ámbito de la informática. En ella se instaba a adoptar una Directiva sobre libertad individual e informática, al objeto de asegurar a los ciudadanos comunitarios la mejor protección frente a abusos en el tratamiento de sus datos y de evitar la elaboración de legislaciones nacionales contradictorias. El Parlamento Europeo creó, una comisión para analizar estas cuestiones e invitó a la Comisión Europea a cooperar en los trabajos preparatorios, invitación que le volverá a reiterar a través de la Resolución de 8 de abril de 1976.

Con fecha de 18 de mayo de 1977, se instituyó en el seno de la Comisión Jurídica del Parlamento la Subcomisión "Informática y derechos de la persona" y, el 8 de mayo de 1979, el Parlamento Europeo aprobó, sobre la base esta vez del Informe Bayerl, la Resolución sobre la protección de los derechos de la persona ante el desarrollo de los progresos técnicos en el ámbito de la informática[237].

2.2. El sistema de información Schengen

Entre los estadios preparatorios que conducirán a la UE a promulgar una norma propia en materia de protección de datos personales, debe consignarse la acción política tendente a la abolición de las fronteras en el interior del espacio europeo. La libre circulación de personas y la consiguiente abolición de las fronteras se hallaban presentes en el propósito fundacional y en toda la trayectoria de la UE. Ahora bien, esta finalidad no debía implicar una merma de seguridad; se requería, por tanto, la adopción de ciertas medidas que la garantizasen.

Con fecha de 14 de junio de 1985 Alemania, Bélgica, Francia, Holanda y Luxemburgo adoptan un acuerdo relativo a la supresión gradual de controles en las fronteras comunes, el Acuerdo de Schengen y el 19 de junio de 1990, su Convenio de aplicación. Al sistema Schengen se van adhiriendo paulatinamente otros Estados miembros. El acuerdo de Schengen regula, además del control del cruce de fronteras interiores y exteriores, las peticiones de asilo y la cooperación policial y judicial penal. Todo ello se concreta en un sistema de información común: el Sistema de Información Schengen[238].

---

[237] Cfr., GUERRERO PICÓ, M.C., *El impacto de Internet en el Derecho Fundamental a la Protección de Datos de Carácter Personal,* cit., pp. 57 ss.; SÁNCHEZ BRAVO, A., *La protección del derecho a la libertad informática en la Unión Europea,* cit., 67 ss.

[238] Cfr., GUERRERO PICÓ, M.C., *El impacto de Internet en el Derecho Fundamental a la Protección de Datos de Carácter Personal,* cit., pp. 57 ss.; SÁNCHEZ BRAVO, A., *La protección del derecho a la libertad informática en la Unión Europea,* cit., pp.162 ss.

Las autoridades designadas por las Partes podrán consultar este sistema de redes informáticas que incluye datos concernientes a: personas buscadas para su detención a efectos de extradición (art. 95), nacionales de países terceros que estén incluidos en la lista de no admisibles en un Estado Schengen (art. 96), personas desaparecidas (art, 97), testigos y personas citadas para comparecer ante las autoridades judiciales (art. 98), personas o vehículos registrados a efectos de vigilancia (art. 99) y objetos buscados con vistas a su incautación o como pruebas en un procedimiento penal (art. 100).

En lo que respecta a las personas se regulan una serie de categorías de datos personales, cuyo registro se permite. Tales datos conciernen a los siguientes aspectos: el nombre y los apellidos (en su caso, también los alias, pero registrados por separado), los rasgos físicos particulares, objetivos e inalterables, la primera letra del segundo nombre, la fecha y el lugar de nacimiento, el sexo, la nacionalidad, la indicación de si están armadas o son violentas, el motivo de la inscripción y la conducta que debe observarse. Conviene advertir que en el sistema Schengen según se dispone en el art. 94.3 no se autorizan informaciones referentes a datos sensibles, es decir a aquellos a los que alude el art. 6 del Convenio número 108 del Consejo de Europa.

En los arts. 102-118 del Convenio de aplicación del sistema Schengen articulan el elenco de garantías que protegen a las personas concernidas frente a la recogida, tratamiento y transmisión de sus datos de carácter personal por parte del sistema. Tales preceptos consagran los principios de exactitud, actualidad, licitud, limitación temporal y adecuación a los fines perseguidos y reconoce expresamente el *habeas data*, al garantizar el derecho de acceso, así como los de rectificación y cancelación que podrá ejercitar el titular de los datos concernidos.

No obstante debe hacerse notar que en el sistema Schengen se hallan previstas un amplio número de excepciones no siempre justificadas y que, redactadas de manera indeterminada, no permiten garantizar la proporcionalidad de ese régimen de excepciones y limitaciones. Los Estados también habrán de cumplir ciertas medidas de seguridad.

El Convenio de aplicación crea la Autoridad de Control Común Schengen, compuesta por dos representantes de cada autoridad nacional de control. Es la encargada de verificar que las tareas encomendadas a la unidad de apoyo técnico del sistema Schengen se llevan a cabo de conformidad con lo dispuesto en el Convenio de aplicación Schengen y el Convenio 108 del Consejo de Europa.

Por último, el art. 117 establece que cada Parte contratante adoptará, a más tardar en el momento de la entrada en vigor del Convenio de aplicación, las disposiciones nacionales pertinentes para conseguir un nivel de protección de los datos de carácter personal que sea, al menos, igual al resultante de los principios del Convenio 108 del Consejo de Europa.

La transmisión de datos de carácter personal prevista en el marco del sistema Schengen no podrá realizarse hasta que esas disposiciones hayan entrado en vigor en el territorio de las Partes contratantes afectadas por la transmisión. Éste será, uno de los motivos principales que impulsó a nuestro legislador a decidirse de una vez por todas a promulgar nuestra primera ley de protección de datos (la LORTAD de 5/1992 de 29 de octubre), cumpliendo de este modo el mandato contenido en el art. 18.4 CE[239].

2.3. El *habeas data* en la Directiva 95/46

El progresivo desarrollo de las Nuevas Tecnologías (NT) y de las Tecnologías de Información y Comunicación (TIC) en el espacio europeo, así como sus impactos en las esferas social, económica, política y jurídica, determinaron la adopción de la Directiva 95/46/CE, norma marco sobre protección de datos en el ámbito comunitario. La Directiva, se puede considerar como un desarrollo y perfeccionamiento del Convenio 108 del Consejo de Europa. Ahora bien, su finalidad no es exactamente la misma, ya que la Directiva pretende conjugar la protección de los derechos de las personas, con la libertad circulación de información personal en el contexto, del mercado interior.

La finalidad del texto Europeo se pone de manifiesto desde su inicio. Así, en el art. 1 de la Directiva 95/46/CE establece que: "l. Los Estados miembros garantizarán, con arreglo a las disposiciones de la presente Directiva, la protección de las libertades y de los derechos fundamentales de las personas físicas, y, en particular, del derecho a la intimidad, en lo que respecta al tratamiento de los datos personales. 2. Los Estados miembros no podrán restringir ni prohibir la libre circulación de datos personales entre los Estados miembros por motivos relacionados con la protección garantizada en virtud del apartado 1".

La Directiva puede considerase como un texto normativo claro, preciso y flexible. La elección de este instrumento normativo implica que, si bien se van a definir los principios que imperativamente delimitarán la protección de los datos de carácter personal, al mismo tiempo se concede un ámbito propio de decisión a los Estados miembros. Ellos serán los que elijan el medio jurídico a través del cual se realizará el cumplimiento de los fines de la Directiva, sin excluir, además, que puedan optar por un reforzamiento de las garantías si

---

[239] Cfr., PEREZ LUÑO, A.E., *Derechos humanos Estado de derecho y Constitución*, Tecnos, Madrid, 10ª ed., 2010, pp. 385 ss.

lo estiman oportuno (considerando 10 y arts. 1.2 y 5). Por tanto, la Directiva otorga un amplio margen de discrecionalidad a los Estados miembros de la UE, para la articulación y adaptación de su contenido en el Derecho interno de cada uno de ellos.

Al comentar el significado y alcance de la Directiva ha señalado Abel Téllez Aguilera, que existe una coincidencia básica en el desarrollo legislativo de la Directiva por parte de los Estados Europeos. Esa coincidencia versaría sobre un "núcleo duro", constituido por el reconocimiento de los principios de finalidad, proporcionalidad y calidad de los datos, así como por los derechos de acceso, rectificación, cancelación y oposición. Sin embargo, aprecia diferencias en cuanto a la efectividad de esos principios y garantías jurídicas, en la aplicación práctica de la normativa de protección de datos en los diversos países de la UE[240].

Para la clarificación y precisión de las categorías normativas incluidas en su contenido, la Directiva enuncia en el art. 2 una serie de definiciones jurídicas referidas al objeto del tratamiento y a los sujetos del mismo. No se trata de la lista del Convenio 108, sino que partiendo de aquélla y de las existentes en las leyes ya promulgadas de los Estados miembros, se actualiza y amplía. Comprende los términos: datos de carácter personal, tratamiento de datos de carácter personal, fichero de datos de carácter personal, responsable del tratamiento, encargado del tratamiento, tercero, destinatario y consentimiento del interesado.

La Directiva otorga especial relevancia a la noción de "tratamiento" en lugar de hacerlo en la de "fichero", con ello se alude a todas las fases del procesamiento de datos, desde la recogida de la información a su uso y divulgación posterior. Se ha señalado que este cambio supone un tránsito desde el significado estático de las garantías de tutela de los datos personales, basadas sólo en la calidad de los datos y en su lugar de almacenamiento, a un sistema dinámico, propio de las nuevas generaciones de leyes de protección de datos, cuyo sistema de tutela se centra en su utilización y difusión[241].

2.3.1. *Principios inspiradores de la directiva*

La Directiva, atribuye especial énfasis a regular los principios básicos que deberán respetar todos los tratamientos de datos personales en el espacio de la UE. Entre tales principios deben reseñarse los siguientes:

---

[240] TÉLLEZ AGUILERA, A., *La protección de datos en la Unión Euripea*, Edisofer, Madrid, 2002, pp. 333 ss.

[241] Cfr., PEREZ LUÑO, A.E., *Derechos humanos, Estado de Derecho y Constitución*, cit., pp. 392 ss. Y la bibliografía allí citada.

1) Principios de calidad de los datos (art. 6).

La Directiva prescribe que todo tratamiento ha de adecuarse al principio de lealtad y licitud. A partir de ahí especifica que la recogida de datos personales debe responder a fines determinados, explícitos y legítimos, y que éstos no podrán ser tratados posteriormente de manera incompatible con tales fines. El objetivo de este principio es lograr que la determinación de los fines del tratamiento, antes de la recogida de los datos, sea lo más precisa posible, afín de que dichos tratamientos se inscriban plenamente en los cauces normativos previstos por la Directiva.

La STJCE de 20 de mayo de 2003 declaró el efecto directo del art. 6.1,c), que es el que establece este principio. Todo ciudadano europeo puede invocarlo ante los órganos jurisdiccionales nacionales para evitar la aplicación de normas de Derecho interno contrarias a dichas disposiciones. Se establece también que los datos no se conservarán durante más tiempo que el preciso para realizar los fines que motivaron la recogida o tratamiento. Esta limitación no afecta a los datos almacenados con fines históricos, estadísticos o científicos. Transcurrido ese lapso, no se conservarán en forma que permita identificar al individuo.

Se halla relacionado con este principio, el de *proporcionalidad* de la información. Este principio exige que la información personal sea adecuada, pertinente y no excesiva con relación a los fines del tratamiento. En este sentido, los datos deberán ser exactos y estar actualizados para que en cada momento respondan con fidelidad a la situación real del sujeto. De no cumplirse esta previsión, se prevé un procedimiento de rectificación o cancelación de los mismos.

2) Principios sobre la legitimación del tratamiento de los datos de carácter personal (art. 7)

Para que un tratamiento de datos personales resulte legítimo serán necesarias las condiciones siguientes: a) que el interesado preste su consentimiento inequívoco (expreso o tácito, porque la Directiva no condiciona su forma); b) que el tratamiento sea necesario para la ejecución de un contrato en el que el interesado sea parte o bien para la aplicación de medidas precontractuales adoptadas a petición de éste; c) que sea preciso para cumplir una obligación jurídica a la que esté sujeto el responsable del tratamiento; d) que se requiera para proteger el interés vital del interesado; e) que deba hacerse para cumplir una misión de interés público o inherente al ejercicio del poder público conferida al responsable del tratamiento o a un tercero a quien se comuniquen los datos; f) que sea preciso para la satisfacción del interés legítimo perseguido por el responsable del tratamiento o por el tercero o terceros a los que se comuniquen los datos (v. gr., los ficheros de solvencia patrimonial y morosidad), siempre que no se considere prevalente el interés o los derechos y libertades fundamentales del interesado.

3) Garantía reforzada para los datos sensibles (art. 8)

La Directiva refuerza la garantía de los denominados "datos sensibles", es decir, aquellos que se refieren al origen racial o étnico, las opiniones políticas, las convicciones religiosas o filosóficas, la pertenencia a sindicatos o aspectos referidos a la salud o la sexualidad. Estos datos son considerados "sensibles", por su inmediata relación con la dignidad e intimidad de las personas, así como con su libertad ideológica y su identidad. Tales datos merecen una garantía reforzada, para evitar decisiones discriminatorias o especialmente perjudiciales para sus titulares. Su tratamiento está prohibido, aunque la regla admite numerosas excepciones.

Así, podrán tratarse si: a) el interesado prestó su consentimiento explícito (a no ser que lo prohíba la legislación nacional); b) el tratamiento tenga que realizarse para respetar las obligaciones y derechos específicos del responsable del tratamiento en materia de Derecho laboral (si se prevé en la legislación estatal y con las garantías adecuadas); c) el tratamiento es requerido para salvaguardar el interés vital del interesado u otra persona (v. gr, si él está física o jurídicamente incapacitado); d) el tratamiento se efectúa en el curso de sus actividades legítimas y con las debidas garantías por una fundación, asociación o cualquier organismo sin fin de lucro cuya finalidad sea política, filosófica, religiosa o sindical, siempre que concierna exclusivamente a sus miembros o personas que mantengan contactos regulares con ellas (no obstante, no se cederán a terceros sin consentimiento de los titulares); e) se tratan datos que el interesado haya hecho manifiestamente públicos o es algo necesario para el reconocimiento, ejercicio o defensa de un derecho en un procedimiento judicial. La prohibición general tampoco operará en contextos relacionados con la salud: cuando el tratamiento se deba a la prevención o el diagnóstico médico, la prestación de asistencia sanitaria o tratamientos médicos o la gestión de servicios sanitarios. Y será así cuando se realice por un profesional sanitario sujeto al secreto profesional o una persona ligada a una obligación equivalente.

La Directiva permite también a los Estados establecer un régimen más amplio de excepciones. Están autorizados a hacerlo, implantando las garantías adecuadas, a través de su legislación o mediando una decisión de su autoridad de control. Su proceder habrá de estar motivado por relevantes razones de interés público y deberán notificarlo a la Comisión. La norma de la UE, alude de forma explícita, a dos categorías especiales de datos:

1ª) Los relativos a infracciones, condenas penales o medidas de seguridad. Su tratamiento estará sometido al control de la autoridad pública. No obstante, podrá realizarse también por otros sujetos si hay previstas garantías específicas en el Derecho nacional y el Estado no lo impide. El registro completo de las condenas penales sólo puede efectuarse bajo el control de los poderes públicos y queda a la voluntad de los Estados miembros someter a ese control a los datos relativos a sanciones administrativas o procesos civiles.

2ª) La identificación numérica de los ciudadanos. No se prohíbe la existencia de un número de identificación único para cada ciudadano de los Estados europeos. Los Estados podrán fijar las condiciones en que éste podrá ser objeto de tratamiento. De cualquier modo, independientemente de la opción que tomen, su tratamiento no escapa al control de la Directiva 95/46/ UE.

Debe tenerse presente que la posibilidad de admitir un identificador único había suscitado un amplio debate en Europa, en relación con su legalidad y legitimidad, y se trata de una cuestión relevante en las políticas de tutela de los datos personales.

Conviene recordar que en Francia, al promediar la década de los años setenta del pasado siglo, se elaboró un proyecto del Instituto Nacional de Estadística, por el que se pretendía atribuir a cada ciudadano un "número de identificación único" para todas sus relaciones con la administración. La fatal coincidencia, para los propugnadores del sistema, de que sus siglas respondieran a la palabra SAFARI, contribuyó a sensibilizar a partidos políticos, medios de comunicación y ciudadanos ante la amenaza de verse convertidos en las piezas a cobrar en el "safari informático". El proyecto fue finalmente suspendido y supuso una eficaz llamada de atención sobre la peligrosidad de las técnicas de *over-all computer*, o sea, del cruce de ficheros que permiten un control exhaustivo de la población, así como el trazado de un completo perfil de las personas[242].

En España, nuestro máximo intérprete de la Constitución, en su STC 143/1994, de 9 de Mayo, admitió la constitucionalidad del NIF. La tesis central del TC reside en sostener que el RD 338/1990 regulador del NIF es un instru-

---

[242] Cfr. NORA, S., MINC, A., *La informatización de la sociedad*, Fondo de Cultura Económica, México, 1982, pp. 32 ss.; PÉREZ LUÑO, A.E., LOSANO, M., y GUERRERO MATEUS, M.F., *Libertad informática y leyes de protección de datos personales*, Centro de Estudios Constitucionales, Madrid, 1989, pp. 137 ss.

mento para la lucha contra la defraudación fiscal. A juicio del TC, no puede admitirse un derecho absoluto e incondicionado a la reserva de los datos económicos de los contribuyentes con relevancia fiscal, ya que de admitirse se haría imposible la consecución de los fines del sistema tributario previstos por el art. 31.1 CE. Al ser legítima la finalidad perseguida "tampoco puede considerarse la norma como desproporcionada o contraria al contenido general del derecho, habida cuenta de la estricta relación de causa a efecto existente entre el contenido de la información y la finalidad descrita; del carácter restrictivo y teológicamente orientado a operaciones sujetas a tributación con que se concibe la carga de informar del NIF" (FJ 6). Con ello, el TC desvía la cuestión nuclear que se debate tras la implantación del NIF, es decir, su contribución a conformar un sistema de "identificador único" en el ámbito administrativo. Porque no se discute el derecho de la Administración a evitar el fraude fiscal atribuyendo números de identificación a los ciudadanos, sino que ese identificador sea el mismo que el existente para otras relaciones administrativas; y lo que precisamente, se debate es que el NIF y otros documentos de identificación administrativa (por ejemplo, el nº de registro del personal de los Profesores de los Cuerpos del Estado) coincida con el nº del (DNI), con un dígito final. En el Derecho comparado de la protección de datos se tiende a considerar que los riesgos subyacentes al "identificador único", no pueden ser del todo anulados por normas que regulen el "cruce de ficheros". El inevitable margen de "porosidad" de estas normas deja siempre resquicios para las agresiones a la intimidad. Esta decisión del TC, desde el punto de vista de la tutela de la libertad informática conformadora del contenido del art.18.4 CE, ha sido considerada "regresiva", al no impedir la práctica implantación en España del "identificado único"[243].

4) Tratamientos con fines periodísticos, de expresión artística o literaria (art. 9)

La garantía de los datos personales no puede ser considerada, al igual que cualquier derecho fundamental, como un bien absoluto, exento de límites. Por ello, la norma europea no ignora la posibilidad de que la protección de datos entre en conflicto con otros valores y derechos fundamentales. En función de ello, la Directiva permite a los Estados establecer excepciones al régimen general si los datos son tratados con fines periodísticos, de expresión artística o literaria. Las excepciones sólo versarán sobre las disposiciones de los capítulos II (condiciones generales de licitud de los tratamientos), IV (transferencias internacionales) y VI (autoridad de control), prácticamente todo el sistema protector de la Directiva.

---

[243] Cfr., PEREZ LUÑO, A.E., *Derechos humanos Estado de derecho y Constitución*, cit., p.436.

De esas premisas se desprende que si en la preparación de las noticias o de reportajes con fines periodísticos se emplea un tratamiento de datos de carácter personal, valiéndose de sistemas de bases de datos o de tratamientos de textos, el redactor o el medio de comunicación en cuanto responsables del tratamiento no tendrán que atenerse a las limitaciones estrictas establecidas en la norma. Lo mismo ocurrirá si en el proceso de elaboración de una obra literaria, en todo o en parte, se utilizan técnicas de procesos de textos o se hace acopio previo de datos personales reales. Cada Estado miembro establecerá la regulación que estime más oportuna para la ponderación de esos bienes o derechos.

5) Confidencialidad y seguridad del tratamiento (arts. 16 y 17)

Una garantía básica para la seguridad y confidencialidad de los tratamientos consiste en restringir el acceso a los datos personales a sus encargados o a terceros legitimados, es decir, que actúen bajo instrucciones del responsable del tratamiento o por imperativo legal.

Todos los responsables del tratamiento están obligado a aplicar las medidas técnicas y de organización adecuadas para proteger los datos personales contra su destrucción (accidental o ilícita), su pérdida, alteración, difusión o acceso no autorizados (en particular cuando haya una transmisión de datos dentro de una red) y contra cualquier otro tratamiento ilícito. Las medidas de protección y las obligaciones de seguridad que conciernen al responsable del tratamiento se hacen extensivas al encargado del mismo, que habrá de estar vinculado a aquél por medio de un contrato.

La responsabilidad de adecuar el tratamiento de datos personales a los principios expuestos y que constituyen el nervio de la Directiva, compete al responsable del archivo. Tales principios deberán ser respetados, aun en el caso de que los datos personales archivados, lo hayan sido con el consentimiento de sus titulares.

El sistema garantista que inspira la Directiva 95/46/ UE se basa en las condiciones de licitud del tratamiento. En este aspecto, supone un cambio con respecto a la propuesta de Directiva de 1990, que centraba su función tutelar en el consentimiento[244]

---

[244] Sobre los principios informadores de la Directiva, vid.: ARENAS RAMIRO, M., *El derecho fundamental a la protección de datos personales en Europa*, cit., pp. 275 ss.; GUERRERO PICÓ, M.C., *El impacto de Internet en el Derecho Fundamental a la Protección de Datos de Carácter Personal*, cit., pp. 72 ss.; SÁNCHEZ BRAVO, A., *La protección del derecho a la libertad informática en la Unión Europea*, cit., pp. 181 ss.

2.3.2. Derechos reconocidos: el habeas data

La Directiva 95/46, junto a los principios hasta aquí comentados, establece una serie de derechos, que constituyen las garantías subjetivas básicas puestas a disposición de las personas concernidas.

1) El derecho a la información (arts. 10 y 11).

Siguiendo la pauta habitual en el derecho comparado de la protección de datos personales, la Directiva proclama como derecho preliminar de los titulares el de ser informados de la existencia de un tratamiento en el que existen informaciones que les conciernen.

Este derecho es condición necesaria para todo el sistema de tutela de los datos personales. En efecto, no se podrían ejercitar los restantes derechos ARCO, si previamente el titular no ha obtenido información sobre la existencia de tales datos que le afectan.

El responsable del tratamiento o su representante deberán advertir a la persona de quien recaben sus datos de los siguientes extremos:

a) su identidad (la de ambos)

b) los fines del tratamiento

c) suplementariamente, cuando sea preciso para garantizar un tratamiento leal de los datos, comunicarán, por ejemplo, quiénes son los destinatarios o las categorías de destinatarios de los datos, el carácter obligatorio o no de su respuesta más las consecuencias de una negativa a ella y la existencia de los derechos de acceso y rectificación.

En todos aquellos casos en los que los datos no hayan sido obtenidos de sus titulares, se informará a estos de su procedencia. Asimismo, cuando se proceda a comunicar a un tercero datos personales, se deberá informar previamente a los titulares de tal transferencia.

La obligación de informar no será necesaria, adoptando las garantías pertinentes, cuando se trate de un tratamiento con fines estadísticos o de investigación histórica o científica, cuando la información al interesado resulte imposible o exija esfuerzos desproporcionados o el registro o la comunicación a un tercero estén expresamente prescritos por ley.

Se ha puesto de relieve, como un debilitamiento del sistema garantista previsto en la Directiva, el que ésta: "debería haber especificado en qué condiciones pudiera entenderse que el esfuerzo es *desproporcionado*, pues al no hacerlo puede abrir el camino a tratamientos ilegítimos"[245].

2) El derecho de acceso: el habeas data y los restantes derechos ARCO: (art. 12)

La Directiva responsabiliza a los Estados miembros del cumplimiento de la obligación de garantizar al interesado el derecho a obtener del responsable del tratamiento libremente, sin restricciones, con una periodicidad razonable y sin retrasos ni gastos excesivos, la confirmación de la existencia o no de tratamientos de datos que le conciernan, los fines de tales tratamientos, las categorías de datos que constan y los destinatarios o las categorías de destinatarios a quienes se comunicarán dichos datos.

En esos términos plantea la Directiva el reconocimiento del derecho del *habeas data*. A efectos de tal reconocimiento, la Directiva prescribe también que el responsable tendrá que poner en conocimiento y a disposición de los titulares de los datos, de forma inteligible, qué datos son objeto de tratamiento y su origen, así como el sistema, *software* o programa lógico empleado en los tratamientos automatizados que los contengan. Esta exigencia resulta imprescindible en todos los casos en que se vayan a adoptar decisiones automatizadas.

En lo que hace referencia al ejercicio de los derechos de rectificación, cancelación y oposición, es decir, de los restantes derechos ARCO, el titular dispondrá de la facultad de su ejercicio cuando los datos procesados no se ajusten a las disposiciones de la Directiva. Esta circunstancia se producirá en el caso de que los datos objeto de tratamiento sean incompletos o inexactos o cuando haya transcurrido el plazo que legitimaba su archivo, produciéndose entonces una aplicación de la garantía del "derecho al olvido".

El ejercicio de los derechos de rectificación, cancelación y oposición, se notificará después a los terceros a quienes se hayan comunicado los datos, a no ser que resulte imposible o suponga un esfuerzo desproporcionado. El artículo14 de la Directiva no reconoce en términos generales, el derecho de oposición, aunque a tenor de su formulación, tampoco cabe concluir que lo circunscribe únicamente a los dos supuestos que, expresamente, enuncia.

El primero de ellos se refiere a que el titular puede oponerse a que sus datos sean objeto de tratamiento, al menos en los supuestos del art. 7.e y f de la propia Directiva. Se trata de aquellos casos en los que existe un interés público o inherente al ejercicio de un poder público o es un tratamiento necesario

---

[245] GUERRERO PICÓ, M.C., *El impacto de Internet en el Derecho Fundamental a la Protección de Datos de Carácter Personal*, cit., p. 76.

para satisfacer un interés legítimo del responsable, en cualquier momento y por razones legítimas propias de su situación particular, salvo que el Estado decida no permitirlo.

El segundo supuesto, alude a la facultad del titular para oponerse, previa petición y sin gastos, al tratamiento de sus datos destinado a la prospección. Antes de que dichos datos se comuniquen por vez primera a terceros o se usen en nombre de éstos (también a efectos de prospección) deberá informársele y ofrecerle expresamente la posibilidad de oponerse, igualmente sin gastos, a dicha comunicación o utilización.

3) El derecho a no verse sometido a una decisión basada en tratamientos automatizados de datos (art. 15)

Las personas tienen el derecho a no verse sometidas a una decisión que tenga efectos jurídicos sobre ellas o les afecte de manera significativa y se base sólo en un tratamiento automatizado de datos destinado a evaluar determinados aspectos de su personalidad, es decir, que no tipifique perfiles de personalidad: rendimiento laboral, crédito, fiabilidad, conducta... Esta cláusula general tiene algunas excepciones. Las mismas afectan a los supuestos en que: a) dicha decisión se adopte en el marco de la celebración o ejecución de un contrato hecho a petición del interesado o cuando éste tenga la posibilidad de defender su punto de vista para salvaguardar su interés legítimo; b) esa valoración esté autorizada por una ley que establezca medidas que garanticen el interés legítimo del interesado.

4) El derecho a una indemnización (art. 23)

El titular de datos que sufra un perjuicio como consecuencia de un tratamiento ilícito o de una acción incompatible con las disposiciones nacionales adoptadas en aplicación de la Directiva, tiene derecho a obtener del responsable del tratamiento la reparación del perjuicio sufrido. La responsabilidad objetiva de dicho responsable podrá excluirse si demuestra que no se le puede imputar el hecho que ha provocado el daño. Así en aquellos casos en los que existe una por responsabilidad de la propia persona perjudicada o en supuestos de fuerza mayor.

5) El derecho a un sistema de garantías: recursos y sanciones (arts. 22 y 24)

Aparte de la existencia de un recurso administrativo ante la autoridad nacional de protección de datos (art. 28), se podrá acudir a la vía judicial en caso de violación de los derechos de los interesados. Corresponde a los Estados establecer las medidas adecuadas para garantizar la plena aplicación de la Directiva, fijando las sanciones que deben aplicarse en el supuesto de incumplimiento de las normas establecidas. De no existir esta prevención, el sistema de garantías de la Directiva no estaría completo y se hallaría ante el riesgo de quedar falto de eficacia.

Aparte de las excepciones puntuales a las que la propia Directiva 95/46/UE se refiere, junto al reconocimiento de estos derechos el art. 13 faculta a los Estados la posibilidad de establecer límites al principio de calidad de los datos, información, acceso, rectificación y cancelación y a la obligación de dar publicidad a los tratamientos. Podrán hacerlo cuando constituya una medida necesaria para la salvaguarda de: a) la seguridad del Estado; b) la defensa; c) la seguridad pública; d) la prevención, investigación, detección y represión de infracciones penales o de la deontología en las profesiones reglamentadas; e) un interés económico y financiero importante de un Estado miembro o de la Unión Europea, incluidos los asuntos monetarios, presupuestarios y fiscales; f) una función de control, de inspección o reglamentaria relacionada, aunque sólo sea ocasionalmente, con el ejercicio de la autoridad pública en los casos de seguridad pública, infracciones penales e interés económico; g) la protección del interesado o de los derechos y libertades de otras personas. Estas limitaciones se hallan legitimadas por el principio básico en el sistema de derechos y libertades, de que no existe ningún derecho fundamental absoluto y a que su ejercicio ha de compatibilizarse con el de otros derechos o intereses que deben protegerse debidamente.

De igual modo, sin perjuicio del establecimiento de las garantías legales apropiadas, los Estados podrán, si manifiestamente no existe ningún riesgo de atentado contra la vida privada del interesado, limitar mediante disposición legislativa los derechos de acceso, rectificación y cancelación cuando los datos vayan a ser exclusivamente tratados con fines de investigación científica o estadística.

6) Las autoridades de control y el Grupo del art. 29

Para completar su sistema de garantías, así como para la implementación y actualización permanente de su contenido, la Directiva 95/46 UE prevé la existencia, en cada Estado de una o más autoridades públicas que se encarguen de velar por la aplicación en su territorio de la normativa adoptada en aplicación de la Directiva (art. 28.1).

La Directiva no establece un modelo institucional con perfiles delimitados con precisión. En el texto normativo europeo se alude simplemente a un órgano especializado e independiente, es decir, no inserto en la estructura de la Administración estatal. Esas autoridades, por tanto, deberán ejercer sus funciones sin sometimiento por parte de cualquier ente u organismo público.

El carácter independiente de la institución, ha sido objeto de un amplio debate doctrinal, en el que también se ha tomado en consideración las condiciones de elección, cese y responsabilidades de esas autoridades; circunstancias que quedan abiertas en el texto de la Directiva[246].

Estas autoridades tendrán poderes de investigación e intervención, así como la competencia para dar traslado al Poder Judicial de las infracciones constitutivas de delito en materia de infracciones contra la intimidad o la protección de datos personales, de las que tenga conocimiento. Sus decisiones serán siempre susceptibles de recurso ante la jurisdicción, competente, cuando los titulares de los datos estimen que no han sido protegidos debidamente sus derechos. Entre ellos, reviste particular importancia la lesión del derecho al *habeas data*, es decir, la falta de una tutela efectiva por parte de esas Autoridades de control del derecho de acceso de los ciudadanos a los datos que les conciernen.

Uno de los aspectos más novedosos y relevantes de la Directiva fue la creación del Grupo de la protección de las personas en lo que respecta al tratamiento de datos de carácter personal, previsto en su art. 29 y que, se denomina a partir de entonces, Grupo del art. 29. Dicho Grupo está formado por un representante de la autoridad o autoridades de control designadas por cada Estado miembro, un representante de la autoridad o autoridades creadas por las instituciones y organismos comunitarios y un representante de la Comisión, institución que ejerce las funciones de secretaría. Tomará sus decisiones por mayoría simple de los representantes de las autoridades de control y tiene naturaleza eminentemente consultiva. El Grupo actuará de forma independiente, dicha independencia se considera garantizada por la elección de sus representantes que no son designados por los Gobiernos, y por el sistema de

---

246 Sobre la estructura de las Autoridades de Control en la Directiva 95/46, vid.: ARENAS RAMIRO, M., *El derecho fundamental a la protección de datos personales en Europa*, cit., pp. 287 ss.; GUERRERO PICÓ, M.C., *El impacto de Internet en el Derecho Fundamental a la Protección de Datos de Carácter Personal*, cit., pp. 92 ss.; SÁNCHEZ BRAVO, A., *La protección del derecho a la libertad informática en la Unión Europea*, cit., pp. 190 ss. En relación con la estructura y funciones de la Agencia de Protección de Datos española, vid.: CASCAJO CASTRO, J.L., "Tratamiento automatizado de los datos de carácter personal", en el vol. col. a cargo de J.M. Sauca, *Problemas actuales de los derechos fundamentales*, Universidad Carlos III de Madrid & Boletín Oficial del Estado, Madrid, 1994, pp. 374 ss.; DE ASÍS ROIG, A., "La actividad sancionadora de la Agencia de Protección de Datos", en *Actualidad Informática Aranzadi*, 1997, n.22, pp.1 ss.; MARTÍN CASALLO, J.J., "Agencia de Protección de Datos: qué es y qué finalidad persigue", en *Actualidad Informática Aranzadi*, 1994, n.13, pp. 1 ss.

adopción de sus actos, que no se halla mediatizado por ninguna instancia a la que dicho Grupo se halle subordinado.

Las funciones principales del Grupo son las siguientes:

1ª) Estudiar toda cuestión relativa a la aplicación de las disposiciones nacionales de transposición con vistas a contribuir a la aplicación homogénea de la Directiva;

2ª) Emitir dictámenes destinados a la Comisión sobre el nivel de protección existente dentro de la UE en los países terceros;

3ª) Asesorar a la Comisión sobre cualquier proyecto de modificación de la Directiva, otras medidas adicionales o específicas y los proyectos de medidas comunitarias que afecten a los derechos y libertades de las personas físicas en lo que respecta al tratamiento de sus datos;

4ª) Elaborar informes y dictámenes sobre los códigos de conducta europeos (art. 30).

Este órgano consultivo puede actuar por iniciativa propia, formulando recomendaciones, o a instancia de la Comisión. Por tanto, no se trata de un órgano de cooperación entre Estados, sino que se le atribuyen funciones de control y vigilancia de la aplicación y cumplimiento de las disposiciones de la Directiva.

2.4. La protección de datos personales en las directivas sobre regulación de las telecomunicaciones y en los reglamentos de la UE

La UE ha mostrado interés y sensibilidad por la regulación de las NT y las TIC en aspectos que, como el de las telecomunicaciones, tienen por objeto inmediato la regulación de determinados sectores tecnológicos. La UE ha querido, con ello, concretar su sistema de garantías de la tutela de los datos personales en determinados ámbitos o sectores tecnológicos, como el de las telecomunicaciones, en los que ha considerado necesario establecer una regulación específica.

La Directiva 97/66/ UE del Parlamento Europeo y del Consejo, de 15 de diciembre de 1997, constituye una norma sectorial, que hace referencia al tratamiento de los datos de carácter personal y a la protección de la intimidad en el ámbito de las telecomunicaciones. Esta Directiva precisa y completa a la Directiva 95/46/UE, en lo referente a las implicaciones o impactos que para los datos personales y la intimidad de las personas pueden derivarse del uso de los sistemas de telecomunicación.

Como es sabido, las Tecnologías de la Información y de la Comunicación (TIC) plantean problemas específicos y su impacto en la esfera de las libertades es cada vez más extenso e intenso. De ahí, que deba considerarse como un acierto de la inquietud legislativa de la UE la promulgación de este texto normativo.

La Directiva 97/66 UE ha sido, a su vez, objeto de una revisión y actualización, siendo sustituida por la Directiva 2002/58/UE del Parlamento Europeo y del Consejo, de 12 de julio, relativa al tratamiento de los datos de carácter personal y a la protección de la intimidad, en el sector de las comunicaciones electrónicas, más conocida como Directiva sobre la privacidad.

La doctrina (en concreto, autores como Mónica Arenas Ramiro y Luis Rebollo Delgado), coincide en afirmar que la Directiva 97/66/UE sobre Protección de Datos y Telecomunicaciones quedó muy pronto obsoleta. Las nuevas tecnologías y el enorme crecimiento experimentado por Internet han revolucionado el mundo de las comunicaciones electrónicas y han provocado la necesidad de establecer mecanismos de tutela de los datos personales acorde con los usos y desarrollos de la Red. Esta nueva situación motivó la exigencia de adaptar la anterior Directiva a la evolución de los mercados y de las tecnologías para que los ciudadanos gocen de una protección de sus derechos, que corresponda a los nuevos retos de las tecnologías utilizadas. Para ello, la UE aprobó la Directiva 2002/58[247].

El art. 4 de la Directiva 2002/58/UE exige del proveedor de servicios de comunicaciones, electrónicas que adopte las medidas técnicas y de gestión adecuadas al riesgo existente, para preservar la seguridad de sus servicios. Si es necesario, deberá establecer una colaboración con el proveedor de la red pública de comunicaciones, para mejor garantía de la seguridad de los datos e informaciones vehiculadas por las Redes de telecomunicación. Los abonados a la red tienen el derecho a ser informados acerca de si existe un riesgo particular de violación de la seguridad de la red. La seguridad y confidencialidad de las redes son las principales garantías que pretende asegurar la Unión Europea a los usuarios de redes de telecomunicación.

Los Estados miembros han de garantizar la confidencialidad de las comunicaciones y de los datos de tráfico asociados a las mismas, prohibiendo la intervención o la vigilancia sobre ellos realizada por personas distintas de los usuarios sin su consentimiento (art. 5). Esta prescripción no impide que se proceda al almacenamiento técnico necesario para la conducción de una comunicación ni tampoco se aplicará a la grabación legal de las comunicaciones y de los datos de tráfico asociados a ellas cuando se realicen en el marco

---

[247] ARENAS RAMIRO, M., *El derecho fundamental a la protección de datos personales en Europa*, cit., 280. ; REBOLLO DELGADO, L., *Derechos fundamentales y protección el, datos*, Dykinson, Madrid, 2004, pp. 138 ss.

de una práctica comercial lícita, con el fin de aportar pruebas de una transacción o de cualquier otra comunicación comercial. En el apartado tercero de este artículo encuentran acomodo algunas de las previsiones más novedosas e importantes para los usuarios de la Red, como son las dirigidas a regular el empleo del spyware, web bugs y las cookies, utilizados recurrentemente para monitorizar el comportamiento del internauta y cuyo empleo se autoriza sólo cuando sean precisos desde el punto de vista técnico o cuando el usuario lo consienta.

En lo que hace referencia a los datos de tráfico de abonados y usuarios, el art. 6 establece que el proveedor de la red pública de comunicaciones o del servicio de comunicaciones electrónicas disponible al público deberá eliminarlos o hacerlos anónimos cuando ya no se requieran a los efectos de transmitir una comunicación.

Según indica Mª del Carmen Guerrero Picó "la transposición de la Directiva 2002/58/ UE está provocando la transformación de la legislación de los Estados miembros en lo referente a las comunicaciones electrónicas. Aunque en otras ocasiones la Comisión se ha mostrado benevolente frente al incumplimiento de la transposición. ahora no se muestra favorable a tolerar el retraso, sobre todo por la urgencia en lograr un marco jurídico común frente al *spam*"[248].

Para complementar la regulación del flujo de datos y las telecomunicaciones, así como para facilitar la aplicación de la normativa europea en esta materia, la UE promulgó el Reglamento nº 45/2001, del Parlamento Europeo y del Consejo, de 18 de diciembre, relativo a la protección de las personas físicas en lo que respecta al tratamiento de datos de carácter personal por las instituciones y los organismos comunitarios y a la libre circulación de estos datos. En esta norma se crea un organismo independiente para controlar la aplicación del sistema de garantías previsto en las Directivas. Su capítulo IV está dedicado a la "protección de los datos personales y de la intimidad en el contexto de las redes internas de telecomunicación". En él se consagra el principio de seguridad (art. 39), y de confidencialidad de las comunicaciones (art. 36). Se establecen ciertas prevenciones sobre los datos sobre tráfico y facturación (art. 37), que se deberán eliminar o que se harán anónimos en cuanto termine la comunicación o conexión. En el art. 38 se prescribe que los datos personales contenidos en las guías de usuarios de forma impresa o electrónica, así como el acceso a dichas guías, quedarán limitados a los necesarios para los fines específicos de las guías, encomendándose a las institucio-

[248] GUERRERO PICÓ, M.C., *El impacto de Internet en el Derecho Fundamental a la Protección de Datos de Carácter Personal*, cit., p. 380.

nes y organismos comunitarios la adopción de medidas para impedir que sean utilizados para fines de venta directa. Se trata, por tanto, de la aplicación del principio de finalidad, una de las garantías claves de los sistemas normativos de protección de datos y que expresamente se hallaba reconocido en la propia Directiva 95/46[249].

Este planteamiento garantista de la seguridad y confidencialidad, así como el deseo de perfeccionar la estructura del organismo independiente de control, se corrobora con la aprobación del Reglamento (UE) n° 460/ 2004 del Parlamento Europeo y del Consejo, de 10 de marzo de 2004, por el que se crea la Agencia Europea de Seguridad de las Redes y de la información.

En las Directivas y Reglamentos hasta aquí examinados no existe una regulación específica del derecho de acceso. Por tanto, hay que entender que el régimen jurídico del *habeas data* y el ejercicio de este procedimiento en el seno de la UE, sigue siendo el establecido en la Directiva 95/46. Determinadas garantías de confidencialidad y seguridad, previstas en estas normas, podrán tener una incidencia indirecta o refleja en el ejercicio del procedimiento de *habeas data,* o, en determinadas ocasiones, podrán utilizarse como cauces normativos que permitan adoptar el régimen general previsto en la Directiva 95/46 en el ámbito de las telecomunicaciones, y, en particular, en todo cuanto concierne a la posibilidad de ejercitar determinadas modalidades del derecho de acceso en la Red. Por ello, puede auspiciarse una interpretación sistemática de la Directiva 95/46 con las Directivas y Reglamentos ulteriores, tendente a posibilitar una aplicación actualizada y previsora de los nuevos impactos del fenómeno de Internet, en lo que concierne a la garantía europea del *habeas data.*

2.5. El *habeas data* en la propuesta de reglamento y directiva sobre la protección de las personas físicas en lo que respecta al tratamiento de datos personales de 2012

En el año 2012, en el seno de las instancias legislativas de la UE, se elaboró el nuevo marco jurídico propuesto por la Comisión Europea en materia de protección de datos que constaba de dos propuestas legislativas: una propuesta de Reglamento del Parlamento Europeo y del Consejo relativo a la protección de las personas físicas en lo que respecta al tratamiento de datos personales y a la libre circulación de estos datos (Reglamento general de protección de datos), y una propuesta de Directiva del Parlamento Europeo y del Consejo relativa a la protección de las personas físicas en lo que respecta al tratamiento

[249] Cfr., REBOLLO DELGADO, L., *Derechos fundamentales y protección el, datos*, cit., pp. 141 ss.

de datos personales por las autoridades competentes a efectos de la prevención, investigación, detección y enjuiciamiento de infracciones penales o la ejecución de sanciones penales, y a la libre circulación de estos datos.

Estos Proyectos fueron el antecedente de la regulación definitiva de estas materias por parte de la UE. Por ello, resulta conveniente ofrecer una visión general de cuánto supusieron como antecedente de los textos definitivos, para la regulación del *habeas data* en el seno de la UE. Por ello, se avanzarán algunas reflexiones relativas al contenido y alcance de ambos Proyectos.

Como se ha expuesto en las páginas anteriores, el texto básico de la legislación hasta ahora vigente de la UE en materia de protección de datos, es la Directiva 95/46. Que fué actualizada y completada por las Directivas y Reglamentos a los que también se ha tenido ocasión de aludir *supra.*

Asumiendo el derecho a la protección de datos proclamado en el art. 8 de la Carta de Niza, el artículo 16.1, del Tratado de Funcionamiento de la Unión Europea (TFUE), introducido por el Tratado de Lisboa, establece el principio según el cual toda persona tiene derecho a la protección de los datos de carácter personal que le conciernan. Además, con el artículo 16.2, del TFUE, el Tratado de Lisboa introdujo una base jurídica específica para la adopción de normas relativas a la protección de datos de carácter personal.

La Comisión, a través de una serie de estudios sobre la vigencia de las normas de protección de datos en el espacio europeo, comprobó que, si bien el marco jurídico actual sigue siendo adecuado por lo que respecta a sus objetivos y principios, no ha evitado, sin embargo, la fragmentación en cómo se aplica en la Unión la protección de datos de carácter personal. Tal situación ha generado inseguridad jurídica y la percepción generalizada de la opinión pública de que existen riesgos significativos, especialmente por lo que se refiere a la actividad *on line.* De ahí, que estimó que había llegado el momento de establecer un marco más actualizado, sólido y coherente en materia de protección de datos en la UE, con una aplicación estricta que permita el desarrollo de la economía digital en el mercado interior, otorgue a los ciudadanos el control de sus propios datos y refuerce la seguridad jurídica y práctica de los operadores económicos y las autoridades públicas.

La propuesta de Reglamento del Parlamento Europeo y del Consejo relativo a la protección de las personas físicas en lo que respecta al tratamiento de datos personales y a la libre circulación de estos datos (Reglamento general de protección de datos)[250], establece una serie de disposiciones normativas

---

[250] Propuesta de Reglamento del Parlamento Europeo y del Consejo relativo a la protección de las personas físicas en lo que respecta al tratamiento de datos personales y a la libre circula-

básicas para la regulación de la protección de datos personales en el espacio europeo.

En lo que concierne a la regulación del *habeas data,* el Proyecto de Reglamento establece los siguientes presupuestos normativos.

El derecho de acceso se halla englobado en el ámbito de los "Derechos del interesado", al que se consagra el Capítulo III de dicha norma. Así, dentro de la Sección 1 (Transparencia y modalidades), el artículo 11 introduce la obligación para los responsables del tratamiento de ofrecer información transparente y de fácil acceso y comprensión, inspirada especialmente en la Resolución de Madrid relativa a estándares internacionales sobre protección de datos personales y privacidad.

El artículo 12 obliga al responsable del tratamiento a arbitrar procedimientos y mecanismos para que puedan ejercerse los derechos de los interesados, incluidos los medios para presentar solicitudes electrónicas, con la obligación de responder a la solicitud del interesado en un plazo determinado, y de motivar las denegaciones.

El artículo 13 establece derechos a favor de los destinatarios, basados en el artículo 12, letra e), de la Directiva 95/46, y ampliados a todos los destinatarios, incluidos los corresponsables y coencargados del tratamiento.

La Sección 2 relativa a la Información y acceso a los datos se inicia con el artículo 14. En dicho artículo se profundiza en las obligaciones de información del responsable del tratamiento en relación con el interesado, sobre la base de los artículos 10 y 11 de la Directiva 95/46, y dispone el suministro de información adicional al interesado, incluso sobre el periodo de conservación de los datos, el derecho a presentar una reclamación, en relación con las transferencias internacionales y con la fuente de la que proceden los datos. Asimismo, mantiene las posibles excepciones de la Directiva 95/46, es decir, no habrá tal obligación si el registro o la comunicación están expresamente previstos por ley.

Basándose en el artículo 12, letra a), de la Directiva 95/46, el artículo 15 dispone el derecho de acceso del interesado a sus datos personales y añade nuevos elementos, como la obligación de informar a los interesados sobre el periodo de conservación, los derechos de rectificación y supresión y a interponer una reclamación. El reconocimiento expreso, en dicho artículo del *habeas data* se halla previsto en los siguientes términos:

---

ción de estos datos (Reglamento general de protección de datos), Comisión Europea, Bruselas, 25/01/2012, COM (2012) 11 final, 2012/0011 (COD).

"Artículo 15. Derecho de acceso del interesado

1. Los interesados que lo soliciten tendrán derecho a obtener del responsable del tratamiento, en cualquier momento, confirmación de si se están tratando o no datos personales que les conciernen. En caso de que se confirme el tratamiento, el responsable facilitará la siguiente información:

a) los fines del tratamiento;

b) las categorías de datos personales de que se trate;

c) los destinatarios o las categorías de destinatarios a quienes van a comunicarse o han sido comunicados los datos personales, en particular los destinatarios establecidos en terceros países;

d) el plazo durante el cual se conservarán los datos personales;

e) la existencia del derecho a solicitar del responsable del tratamiento la rectificación o supresión de datos personales relativos al interesado o a oponerse al tratamiento de dichos datos;

f) el derecho a presentar una reclamación ante la autoridad de control y los datos de contacto de la misma;

g) la comunicación de los datos personales objeto de tratamiento, así como cualquier información disponible sobre su origen;

h) la importancia y las consecuencias previstas de dicho tratamiento, al menos en el caso de las medidas contempladas en el artículo 20.

2. El interesado tendrá derecho a que el responsable del tratamiento le comunique los datos personales objeto de tratamiento. Cuando el interesado haga la solicitud en formato electrónico, la información se facilitará en ese mismo formato, a menos que el interesado solicite que se proceda de otro modo.

3. La Comisión estará facultada para adoptar actos delegados, de conformidad con lo dispuesto en el artículo 86, a fin de precisar los criterios y requisitos aplicables a la comunicación al interesado del contenido de los datos personales contemplada en el apartado 1, letra g).

4. La Comisión podrá especificar formularios y procedimientos normalizados para solicitar y dar acceso a la información contemplada en el apartado 1, en particular con miras a la verificación de la identidad del interesado y la comunicación a este de los datos personales, habida cuenta de las necesidades y características específicas de los distintos sectores y situaciones de tratamiento de datos. Dichos actos de ejecución se adoptarán con arreglo al procedimiento de examen contemplado en el artículo 87, apartado 2".

Se ha transcrito *in extenso* el texto de este artículo, porque se aprecia el esfuerzo del legislador europeo por concretar, actualizar y perfeccionar lo dispuesto en la Directiva 95/46, asumiendo las posteriores Directivas y las regulaciones reglamentarias de la UE en materia de protección de datos. De acuerdo con el texto del Proyecto de Reglamento, debe tenerse presente que en caso de que se solicite ejercitar el derecho de acceso, por parte de sus titulares, el responsable del tratamiento debe estar facultado para solicitar al interesado información adicional que le permita localizar los datos de carácter personal que esa persona busca. Asimismo, deben arbitrarse fórmulas para facilitar al interesado el ejercicio de sus derechos en virtud del presente Reglamento, incluidos los mecanismos para solicitar de forma gratuita, entre otras cosas, el acceso a los datos, su rectificación y supresión, y para ejercer el derecho de oposición. El responsable del tratamiento debe estar obligado a responder a las solicitudes del interesado en un plazo determinado y, en el supuesto de que no las atienda, a explicar sus motivos.

Los principios de tratamiento leal y transparente exigen que el interesado sea informado, entre otras cosas, de la existencia de la operación de tratamiento y sus fines, del plazo de conservación de los datos, de la existencia del derecho de acceso, rectificación o supresión y del derecho a presentar una reclamación. Cuando los datos se obtengan de los interesados, estos también deben ser informados de si están obligados a facilitarlos y de las consecuencias en caso de que no lo hicieran. También se infiere de la normativa proyectada que el responsable del tratamiento deberá utilizar todas las medidas razonables para verificar la identidad de los interesados que soliciten acceso, en particular en el contexto de los servicios en línea y los identificadores en línea. Los responsables del tratamiento no deben conservar datos personales con el único propósito de poder responder a posibles solicitudes. En definitiva, para reforzar aún más el control sobre sus propios datos y su derecho de acceso, se halla previsto que los titulares puedan ejercitar su derecho, cuando los datos personales se sometan a tratamiento por medios electrónicos, en un formato estructurado y de uso habitual, a obtener una copia de los datos que les conciernan, también en formato electrónico de uso habitual. Asimismo se debe autorizar a los interesados a transmitir de una aplicación automatizada, como una red social, a otra aquellos datos que hayan facilitado. Tal debe ser el caso cuando el interesado haya facilitado los datos al sistema automatizado de tratamiento, dando su consentimiento o en cumplimiento de un contrato.

La propuesta de Directiva del Parlamento Europeo y del Consejo de 2012, tenía por objeto la protección de las personas físicas en lo que respecta al tratamiento de datos personales por las autoridades competentes a efectos de la prevención, investigación, detección y enjuiciamiento de infracciones penales o la ejecución de sanciones penales, y a la libre circulación de estos datos[251].

[251] Propuesta de Directiva del Parlamento Europeo y del Consejo relativa a la protección de las personas físicas en lo que respecta al tratamiento de datos personales por las autoridades competentes a efectos de la prevención, investigación, detección y enjuiciamiento de infracciones penales o la ejecución de sanciones penales, y a la libre circulación de estos datos), Comisión Europea, Bruselas, 25/01/2012, COM (2012) 10 final, 2012/0010 (COD).

El nuevo marco jurídico propuesto por la Comisión Europea en materia de protección de datos completa la propuesta legislativa del Reglamento, cuyo texto se ha tenido ocasión de analizar *supra*, con una propuesta de Directiva. En relación con esta última propuesta, relativa al uso de datos personales en el marco de cooperación policial y judicial en materia criminal, la entrada en vigor del Tratado de Lisboa en el 2009, permite el establecimiento de un marco de protección de datos que garantiza un alto nivel de protección de los derechos de los individuos a la vez que se respeta la naturaleza específica del ámbito de cooperación policial y judicial en materia criminal.

El nuevo marco europeo de protección de datos propuesto se dirige a regular el tratamiento de los datos personales tanto en el ámbito nacional como en el ámbito europeo, lo que reducirá las diferencias de legislación en los distintos Estados miembros y facilitará el intercambio de información entre las autoridades policiales y judiciales nacionales.

El tratamiento de datos por las autoridades policiales y judiciales en materia criminal se encuentra actualmente regulado por la Decisión Marco 2008/977/JHA, de fecha anterior a la entrada en vigor del Tratado de Lisboa. La Comisión no tiene poder para imponer sus reglas al tratarse de una Decisión Marco, lo que ha contribuido a dificultar su implementación. Además, el ámbito de aplicación de la Decisión Marco se encuentra limitado a los intercambios de información entre los distintos Estados Miembros, lo que significa que el tratamiento de datos personales realizado fuera de la finalidad de intercambio de información supranacional no está cubierto por la normativa europea de protección de datos.

Para la garantía del *habeas data* resulta de especial importancia el artículo 12 del Proyecto de Directiva. Se trata de un texto en el que se establece la obligación de los Estados miembros de garantizar el derecho del interesado a acceder a sus datos personales. El artículo se halla manifiestamente inspirado en el artículo 12, letra a), de la Directiva 95/46 UE, no obstante, se puede considerar una innovación de este texto el que haga referencia explícita a determinados elementos para la información de los interesados relativos al periodo de conservación, sus derechos de rectificación, supresión o restricción y a presentar una reclamación.

Dicho artículo 12 aparece formulado en los siguientes términos:

"Derecho de acceso del interesado

1. Los Estados miembros reconocerán el derecho del interesado a obtener del responsable del tratamiento confirmación de si se están tratando o no datos personales que le conciernen. En caso de que se

confirme el tratamiento, el responsable facilitará la siguiente información:

a) los fines del tratamiento;

b) las categorías de datos personales de que se trate;

c) los destinatarios o las categorías de destinatarios a quienes se han comunicado los datos personales, en particular los destinatarios establecidos en terceros países;

d) el plazo durante el cual se conservarán los datos personales;

e) la existencia del derecho a solicitar del responsable del tratamiento la rectificación, supresión o limitación del tratamiento de datos personales relativos al interesado;

f) el derecho a presentar una reclamación ante la autoridad de control y los datos de contacto de la misma;

g) la comunicación de los datos personales objeto de tratamiento, así como cualquier información disponible sobre su origen;

2. Los Estados miembros reconocerán el derecho del interesado a obtener del responsable del tratamiento una copia de los datos personales objeto de tratamiento".

Estas propuestas legislativas, hallaron su fundamento en el artículo 16, apartado 2, del Tratado de Lisboa, que es una nueva base jurídica específica para la adopción de normas relativas a la protección de las personas físicas con respecto al tratamiento de datos de carácter personal por parte de las instituciones, órganos y organismos, y por los Estados miembros en el ejercicio de las actividades comprendidas en el ámbito de aplicación del Derecho de la Unión, y de normas relativas a la libre circulación de estos datos.

Como balance del proyecto de Directiva de la UE, se puede afirmar que dicha propuesta, tiene por objeto garantizar un nivel uniforme y elevado de protección de los datos, reforzando así la confianza mutua entre las autoridades policiales y judiciales de los distintos Estados miembros y facilitando la libre circulación de datos y la cooperación entre las autoridades policiales y judiciales.

2.6. El *habeas data* en el Reglamento 2016/679 UE, en la Directiva 2016/680 UE y en la Directiva 2016/681

El 27 de abril de 2016 el Parlamento y el Consejo de la UE aprobaron tres textos normativos básicos para la protección y el tratamiento de los datos personales en el seno de la UE. Se trata del Reglamento 2016/679 relativo a la protección de las personas físicas en lo que respecta al tratamiento de datos personales y a la libre circulación de estos datos (Reglamento General de protección de datos) y por el que se deroga la Directiva 95/46/CE; la Directiva 2016/680 relativa a la protección de las personas físicas en lo que respecta al tratamiento de datos personales por parte de las autoridades competentes para fines de prevención, investigación, detección o enjuiciamiento de infracciones penales o de ejecución de sanciones penales, y a la libre circulación de dichos datos y por la que se deroga la Decisión Marco 2008/977/JAI del Consejo; y la Directiva 2016/681 relativa a la utilización de datos del registro de nombres de los pasajeros (PNR) para la prevención, detección, investigación y enjuiciamiento de los delitos de terrorismo y de la delincuencia grave.

El primer aspecto que merece atención es el referente a la aplicación del Reglamento. En efecto, tal como prescribe su artículo 94, la derogación de la Directiva 95/46 tendrá efecto a partir del 25 de mayo de 2018. No obstante, el art. 99 del Reglamento establece que su vigencia comenzará a partir de los 20 días de su publicación en el Diario Oficial de la Unión Europea, que tuvo lugar el pasado 4 de mayo de 2016, aunque en dicho artículo se reitera lo previsto en el mencionado art. 94 sobre su aplicación y plenos efectos a partir de la fecha de 25 de mayo de 2018.

Por lo que respecta a la Directiva 2016/ 680, conviene reseñar que su art. 63 prescribe que los Estados miembros adoptarán y publicarán, a más tardar el 6 de mayo de 2018, las disposiciones legales, reglamentarias y administrativas necesarias para dar cumplimiento a lo establecido en ella. Comunicarán inmediatamente a la Comisión el texto de dichas disposiciones y las aplicarán a partir del 6 de mayo de 2018.

Tras más de veinte años de vigencia de la Directiva 95/46, en el que ha cumplido una función relevante para la tutela de los datos personales en el ámbito europeo, se ha culminado ahora el proceso de su necesaria renovación para adaptar la normativa de la UE a las nuevas exigencias y requerimientos de nuestro tiempo.

Para cumplir con ese reto con fecha de 17 de diciembre de 2015 el Comité de Libertades Civiles del Consejo y del Parlamento de la UE, aprobó con 48 votos a favor, 4 votos en contra y 4 abstenciones, una redacción definitiva de los textos del Reglamento y las Directivas de protección de datos. En dicha redacción los aspectos más innovadores respecto a los Proyectos aquí estudiados son los que hacen referencia a un reforzamiento de la posición de los particulares frente a los datos personales almacenados por sociedades multinacionales, con inclusión expresa de su oposición a que esos datos puedan ser utilizados o transmitidos al margen de los supuestos que han autorizado la inclusión en sus ficheros, así como el reconocimiento expreso del derecho al olvido.

Representa un rasgo novedoso de la nueva normativa su propósito de garantizar que el responsable del tratamiento de datos personales responda de la seguridad de la red y de la información, es decir la capacidad de una red o de un sistema de información para resistir, en un nivel determinado de confianza, a acontecimientos accidentales o acciones ilícitas o malintencionadas que comprometan la disponibilidad, autenticidad, integridad y confidencialidad de los datos personales conservados o transmitidos, y la seguridad de los servicios conexos ofrecidos por, o accesibles a través de, estos sistemas y redes, por parte de autoridades públicas, equipos de respuesta a emergencias informáticas (CERT), equipos de respuesta a incidentes de seguridad informática (CSIRT), proveedores de redes y servicios de comunicaciones electrónicas y proveedores de tecnologías y servicios de seguridad. Con todo ello, se refuerzan también las garantías de los titulares de los datos personales frente a nuevas formas de agresión a los equipos informáticos que pudieran redundar en una vulneración de los datos que les conciernen.

El Reglamento ahora aprobado, trata de arbitrar fórmulas para facilitar al interesado el ejercicio de sus derechos, incluidos los mecanismos para solicitar y, en su caso, obtener de forma gratuita, en particular, el acceso a los datos personales y su rectificación o supresión, así como el ejercicio del derecho de oposición. El responsable del tratamiento también debe proporcionar instrumentos para que las solicitudes se presenten por medios electrónicos, en particular cuando los datos personales se tratan por medios electrónicos.

Se obliga al responsable del tratamiento a responder a las solicitudes del interesado sin dilación indebida y a más tardar en el plazo de un mes, y a explicar sus motivos en caso de que no fuera a atenderlas.

El *habeas data* se configura en el Reglamento, como un derecho de los interesados a acceder a los datos personales recogidos que le conciernan y a ejercer la acción procesal tutelar de ese derecho con facilidad y a intervalos razonables, con el fin de conocer y verificar la licitud del tratamiento. Ello incluye el derecho de los interesados a acceder a datos relativos a la salud, por ejemplo los datos de sus historias clínicas que contengan información como diagnósticos, resultados de exámenes, evaluaciones de facultativos y cualesquiera tratamientos o intervenciones practicadas. Todo interesado debe, por tanto, tener el derecho a conocer y a que se le comuniquen, en particular, los fines para los que se tratan los datos personales, su plazo de tratamiento, sus destinatarios, la lógica implícita en todo tratamiento automático de datos personales y, por lo menos cuando se base en la elaboración de perfiles, las consecuencias de dicho tratamiento. Si es posible, el responsable del tratamiento debe estar facultado para facilitar acceso remoto a un sistema seguro que ofrezca al interesado un acceso directo a sus datos personales.

Este derecho no debe afectar negativamente a los derechos y libertades de terceros, incluidos los secretos comerciales o la propiedad intelectual y, en particular, los derechos de propiedad intelectual que protegen programas informáticos. No obstante, estas consideraciones no deben tener como resultado la negativa a prestar toda la información al interesado. Si trata una gran cantidad de información relativa al interesado, el responsable del tratamiento debe estar facultado para solicitar que, antes de facilitarse la información, el interesado especifique la información o actividades de tratamiento a que se refiere la solicitud.

Al igual que en la Propuesta de Reglamento, en el texto definitivo, ahora comentado, el *habeas data* aparece regulado en el art. 15, con ligeras variantes respecto a su redacción anterior. Se halla incluido en la Sección 2 (Información y acceso a los datos personales) del Capítulo III en el que se consagran los: "Derechos del interesado". La redacción definitiva de este artículo es la siguiente:

> "Derecho de acceso del interesado
>
> 1. El interesado tendrá derecho a obtener del responsable del tratamiento confirmación de si se están tratando o no datos personales que le conciernen y, en tal caso, derecho de acceso a los datos personales y a la siguiente información:
>
> a) los fines del tratamiento;
>
> b) las categorías de datos personales de que se trate;
>
> c) los destinatarios o las categorías de destinatarios a los que se comunicaron o serán comunicados los datos personales, en particular destinatarios en terceros u organizaciones internacionales;
>
> d) de ser posible, el plazo previsto de conservación de los datos personales o, de no ser posible, los criterios utilizados para determinar este plazo;
>
> e) la existencia del derecho a solicitar del responsable la rectificación o supresión de datos personales o la limitación del tratamiento de datos personales relativos al interesado, o a oponerse a dicho tratamiento;
>
> f) el derecho a presentar una reclamación ante una autoridad de control;
>
> g) cuando los datos personales no se hayan obtenido del interesado, cualquier información disponible sobre su origen;
>
> h) la existencia de decisiones automatizadas, incluida la elaboración de perfiles, a que se refiere el artículo 22, apartados 1 y 4, y, al menos en tales casos, información significativa sobre la lógica aplicada, así como la importancia y las consecuencias previstas de dicho tratamiento para el interesado.

> 2. Cuando se transfieran datos personales a un tercer país o a una organización internacional, el interesado tendrá derecho a ser informado de las garantías adecuadas en virtud del artículo 46 relativas a la transferencia.
>
> 3. El responsable del tratamiento facilitará una copia de los datos personales objeto de tratamiento. El responsable podrá percibir por cualquier otra copia solicitada por el interesado un canon razonable basado en los costes administrativos. Cuando el interesado presente la solicitud por medios electrónicos, y a menos que este solicite que se facilite de otro modo, la información se facilitará en un formato electrónico de uso común.
>
> 4. El derecho a obtener copia mencionado en el apartado 3 no afectará negativamente a los derechos y libertades de otros".

Los principales rasgos innovadores que se aprecian en la nueva redacción del artículo, se refieren, básicamente, a los siguientes aspectos. Se añade en el apartado c) del nuevo texto una referencia expresa a las "organizaciones internacionales" como destinatarias de la transferencia de datos.

En el apartado d) del texto definitivo se sustituye la exigencia de un plazo taxativo de conservación de los datos personales, por la mera posibilidad de establecer ese plazo, exponiendo los criterios para determinar dicho plazo.

En el apartado f), la Propuesta preveía el derecho a presentar una reclamación ante la autoridad de control y los datos de contacto de la misma. En el Reglamento aprobado se suprime la necesidad de aportar los datos de contacto de la autoridad de control.

En el apartado h) se hace alusión expresa a que el responsable del tratamiento informe de la posibilidad de que los datos del interesado puedan utilizarse para la toma de decisiones automatizadas, incluida la elaboración de perfiles.

En el apartado 2 del mencionado art. 15 del Reglamento 2016/679, se incluye una cláusula de garantía muy importante que hace referencia a que cuando se transfieran datos personales a un tercer país o a una organización internacional, el interesado tendrá derecho a ser informado de las garantías adecuadas en virtud del artículo 46, en el que dichas garantías se especifican, relativas a la transferencia. Con ello, se refuerza el dominio de los titulares de datos personales sobre los mismos y se extiende la tutela de su *habeas data* al conocimiento de cualquier transferencia de sus datos a nivel internacional.

Un aspecto novedoso de la redacción del Reglamento, antes no incluido en la Propuesta, consiste en la posibilidad de que el responsable pueda percibir a partir de la segunda copia de los datos personales objeto de tratamiento facilitados a los interesados, un canon razonable basado en los costes administrativos de dichas copias. Con ello se pretende evitar la petición abusiva de copias por parte de los titulares. Estos tienen derecho a la información, pero no a que se les suministren cuantas copias deseen, a costa del responsable del tratamiento.

Una importante limitación incluida en el Reglamento se refiere a que el derecho a obtener la copia de los datos personales objeto de tratamiento por parte de los interesados, no afectará negativamente a los derechos y libertades de otros.

El Reglamento inscribe el *habeas data* en el marco de los derechos ARCO, estableciendo una regulación sistemática y armonizada de estos derechos y de su ejercicio ante los nuevos desarrollos tecnológicos, en especial, ante la enorme difusión de las redes sociales. Así, basándose en el artículo 12, letra b), de la Directiva 95/46, el artículo 16 establece el derecho del interesado a la rectificación.

El artículo 17 establece el derecho del interesado al olvido y de supresión. Asimismo elabora y especifica el derecho de supresión que se establece en el artículo 12, letra b), de la Directiva 95/46 y establece las condiciones del derecho al olvido, incluida la obligación del responsable del tratamiento que haya difundido los datos personales de informar a los terceros sobre la solicitud del interesado de suprimir todos los enlaces a los datos personales, copias o réplicas de los mismos. También integra el derecho a que se restrinja el tratamiento en determinados casos, evitando la ambigüedad del término "bloqueo".

La actualidad y repercusión mediática del denominado "caso Google", Sentencia del 13 de mayo de 2014 del Tribunal de Justicia de la UE, que será analizada *infra* al exponer la jurisprudencia del Tribunal de Luxemburgo, ha motivado un especial interés del legislador europeo en la regulación del "derecho al olvido".

Así, el Reglamento establece que los interesados deben tener derecho a que se rectifiquen los datos personales que le conciernen y un "derecho al olvido" si la retención de tales datos infringe el presente Reglamento o el Derecho de la Unión o de los Estados miembros aplicable al responsable del tratamiento. En particular, los interesados deben tener derecho a que sus datos personales se supriman y dejen de tratarse si ya no son necesarios para los fines para los que fueron recogidos o tratados de otro modo, si los interesados han retirado su consentimiento para el tratamiento o se oponen al tratamiento de datos personales que les conciernen, o si el tratamiento de sus datos personales incumple de otro modo el presente Reglamento.

Este derecho es pertinente en particular si el interesado dio su consentimiento siendo niño y no se es plenamente consciente de los riesgos que implica el tratamiento, y más tarde quiere suprimir tales datos personales, especialmente en internet. El interesado debe poder ejercer este derecho aunque ya no sea un niño. Sin embargo, la retención ulterior de los datos personales debe ser lícita cuando sea necesaria para el ejercicio de la libertad de expresión e información, para el cumplimiento de una obligación legal, para el cumplimiento de una misión realizada en interés público o en el ejercicio de poderes públicos conferidos al responsable del tratamiento, por razones de interés público en el ámbito de la salud pública, con fines de archivo en interés público, fines de investigación científica o histórica o fines estadísticos, o para la formulación, el ejercicio o la defensa de reclamaciones.

Para una mayor garantía jurídica del "derecho al olvido" en el entorno *online*, el derecho de supresión debe ampliarse de tal forma que el responsable del tratamiento que haya hecho públicos datos personales esté obligado a indicar a los responsables del tratamiento que estén elaborando tales datos personales que supriman todo enlace a ellos, o las copias o réplicas de tales datos. Al proceder así, dicho responsable debe tomar medidas razonables, teniendo en cuenta la tecnología y los medios a su disposición, incluidas las medidas técnicas, para informar de la solicitud del interesado a los responsables que estén tratando los datos personales.

El artículo 20 introduce el derecho del interesado a la portabilidad de los datos, es decir, a transferir datos de un sistema de tratamiento electrónico a otro, sin que se lo impida el responsable del tratamiento. A modo de condición previa y con el fin de seguir mejorando el acceso de las personas físicas a sus datos personales, establece el derecho de obtener del responsable esos datos en un formato electrónico estructurado y de uso habitual.

El artículo 21 establece el derecho de oposición del interesado. Se basa en el artículo 14 de la Directiva 95/46, con algunas modificaciones, especialmente por lo que respecta a la carga de la prueba y su aplicación en el marketing directo.

El artículo 22 se refiere al derecho del interesado a no ser objeto de una medida basada en la elaboración de perfiles, a los que ya se ha aludido *supra*. Con modificaciones y salvaguardias adicionales, se basa en el artículo 15, apartado 1, de la Directiva 95/46 en materia de decisiones individuales automatizadas, y toma en consideración la Recomendación del Consejo de Europa sobre la elaboración de perfiles[252].

Como es norma habitual en el Derecho comparado de protección de datos, el ejercicio del *habeas data*, así como de los restantes derechos ARCO, no

[252] Vid., Recomendación del Consejo de Europa CM/Rec (2010) 13.

se halla exento de algunos límites y restricciones. La legitimidad de estas limitaciones, debe establecerse de manera clara e inequívoca, para evitar que la remisión a ellas pudiera servir de *alibi* para prácticas restrictivas injustificadas de la libertad informática o para vaciarla de contenido.

El artículo 23 aclara la facultad otorgada a la Unión o a los Estados miembros de mantener o introducir restricciones a los principios establecidos en los derechos de los interesados previstos en los artículos 12 a 22. Esta disposición se basa en el artículo 13 de la Directiva 95/46 y en las obligaciones que emanan de la Carta de Niza y el Convenio Europeo para la Protección de los Derechos Humanos y las Libertades Fundamentales, interpretados por el Tribunal de Justicia de la Unión Europea y el Tribunal Europeo de Derechos Humanos.

En la medida en que en una sociedad democrática sea necesario y proporcionado para salvaguardar la seguridad pública, incluida la protección de la vida humana especialmente en respuesta a catástrofes naturales u ocasionadas por el hombre, la prevención, investigación, y el enjuiciamiento de infracciones penales o de violaciones de normas deontológicas en las profesiones reguladas, otros intereses públicos de la Unión o de un Estado miembro, especialmente un importante interés económico o financiero de la Unión o de un Estado miembro, o la protección del interesado o de los derechos y libertades de otros, el Derecho de la Unión o la legislación de los Estados miembros pueden imponer restricciones a determinados principios y a los derechos de información, acceso, rectificación y supresión o al derecho a la portabilidad de los datos, al derecho a oponerse, a las medidas basadas en la elaboración de perfiles, así como a la comunicación de una violación de datos personales a un interesado y a determinadas obligaciones afines de los responsables del tratamiento.

Inspirado en el artículo 28, apartado 4, de la Directiva 95/46/CE, el artículo 77 del Reglamento, establece el derecho de cualquier interesado a presentar una reclamación ante una autoridad de control. Asimismo especifica los organismos, organizaciones o asociaciones que pueden presentar una reclamación en nombre del interesado o, en caso de violación de los datos personales, con independencia de la reclamación de un interesado.

El artículo 78 se refiere al derecho de recurso judicial contra una autoridad de control. Se basa en la disposición general del artículo 28, apartado 3, de la Directiva 95/46/CE. Establece específicamente un recurso judicial por el que se obliga a la autoridad de control a actuar a raíz de una reclamación y aclara la competencia de los órganos jurisdiccionales del Estado miembro en que esté establecida la autoridad de control. Asimismo ofrece la posibilidad de que la autoridad de control del Estado miembro en el que resida el interesado, ejercite, en nombre del interesado, una acción ante los órganos jurisdiccionales de otro Estado miembro en el que esté establecida la autoridad de control competente.

Desde el punto de vista procedimental, debe hacerse referencia a los artículos 79, 80 y 81 del nuevo Reglamento que establece normas comunes para los procedimientos judiciales, incluidos los derechos de los organismos, organizaciones o asociaciones de representar a los interesados ante los tribunales, el derecho de las autoridades de control a ejercitar acciones legales y de los órganos jurisdiccionales a ser informados sobre los procedimientos paralelos en otro Estado miembro, y pudiendo suspender en tal caso el procedimiento[253]. Los Estados miembros están obligados a garantizar la celeridad de las actuaciones judiciales[254].

El artículo 82 establece el derecho a indemnización y responsabilidad. Se basa en el artículo 23 de la Directiva 95/46/UE, amplía este derecho a los daños y perjuicios causados por los encargados del tratamiento y aclara la responsabilidad de los corresponsables y coencargados del tratamiento.

El artículo 85 obliga a los Estados miembros a adoptar exenciones y excepciones a las disposiciones específicas del Reglamento cuando resulte necesario para conciliar el derecho a la protección de los datos de carácter personal con el derecho a la libertad de expresión. Se basa en el artículo 9 de la Directiva 95/46/UE, tal como ha sido interpretado por el Tribunal de Justicia de la UE en la sentencia de 16 de diciembre de 2008, Satakunnan Markkinapörssi y Satamedia.

El Reglamento obliga a los Estados miembros a establecer salvaguardias específicas para el tratamiento y acceso del público a documentos oficiales (artículo 86), así como las condiciones para categorías especiales de datos, entre ellos los referentes a datos laborales (artículo 88) y tratamiento del número nacional de identidad (artículo 87). Conviene tener presente al respecto la polémica suscitada en la doctrina y en la jurisprudencia sobre protección de

---

253 Este texto se funda y trae causa del artículo 5, apartado 1, de la Decisión Marco 2009/948/JAI del Consejo, de 30 de noviembre de 2009, sobre la prevención y resolución de conflictos de ejercicio de jurisdicción en los procesos penales, DO L 328 de 15.12.2009, p. 42, Y el artículo 13, apartado 1, del Reglamento citado anteriormente en este trabajo, (UE) n° 1/2003 del Consejo, de 16 de diciembre de 2002, relativo a la aplicación de las normas sobre competencia previstas en los artículos 81 y 82 del Tratado, DO L 1de 4.1.2003, p.1.

254 En función del artículo 18, apartado 1, de la Directiva 2000/31/UE del Parlamento Europeo y del Consejo, de 8 de junio de 2000, relativa a determinados aspectos jurídicos de los servicios de la sociedad de la información, en particular el comercio electrónico en el mercado interior ("Directiva sobre el comercio electrónico"), DO L 178 de 17.7.2000, p. 1.

datos, por toda la temática referida al "identificador único", es decir, a la posibilidad de utilizar con fines de control social los documentos de identidad[255].

Son también objeto de garantías especiales y excepciones en cuanto al régimen general de su tutela, el tratamiento de datos personales con fines históricos, estadísticos y de investigación científica (artículo 89). Asimismo se establecen normas específicas sobre protección de datos de las Iglesias y Asociaciones religiosas (artículo 91).

Se ha realizado una exposición detallada de los artículos del Reglamento referidos a la garantía de la protección de datos, porque aunque alguno de ellos no hacen referencia inmediata al derecho de acceso (*habeas data*), conforman el marco normativo en el que dicha institución se engloba y debe ser interpretada, de conformidad con un método sistemático de interpretación. Por ello, estos artículos aquí reseñados, constituyen el ámbito normativo básico para la aplicación de las garantías del *habeas data* en el seno de la UE.

La Directiva 2016/680 relativa a la protección de las personas físicas en lo que respecta al tratamiento de datos personales por parte de las autoridades competentes para fines de prevención, investigación, detección o enjuiciamiento de infracciones penales o de ejecución de sanciones penales, y a la libre circulación de dichos datos y por la que se deroga la Decisión Marco 2008/977/JAI del Consejo, permite el establecimiento de un marco de protección de datos que garantiza un alto nivel de protección de los derechos de los individuos a la vez que se respeta la naturaleza específica del ámbito de cooperación policial y judicial en materia criminal.

Como se ha expuesto al analizar la Propuesta de esta Directiva, su finalidad principal se cifra en conseguir que los datos personales utilizados dentro del ámbito de cooperación policial y judicial en materia criminal, sean tratados de modo que se garantice un nivel adecuado de seguridad y confidencialidad, en particular impidiendo el acceso sin autorización a dichos datos o el uso no autorizado de los mismos y del equipo utilizado en el tratamiento, teniendo en cuenta el desarrollo técnico existente y la tecnología, los costes de ejecución con respecto a los riesgos y la naturaleza de los datos personales que deban protegerse.

El *habeas data* se encuentra reconocido en esta Directiva en su Capítulo III, referente a los derechos del interesado. A diferencia de la Propuesta de Directiva, en la que el derecho de acceso venia regulado en su art. 12, en el texto definitivo aparece en el art. 14, formulado en los siguientes términos:

---

[255] Sobre esta cuestión vid. PEREZ LUÑO, A.E., *Derechos humanos, Estado de Derecho y Constitución*, cit, pp. 378 ss.

"Derecho de acceso del interesado a los datos personales

Con sujeción a lo dispuesto en el artículo 15, los Estados miembros reconocerán el derecho del interesado a obtener del responsable del tratamiento confirmación de si se están tratando o no datos personales que le conciernen y, en caso de que se confirme el tratamiento, acceso a dichos datos personales y la siguiente información:

a) los fines y la base jurídica del tratamiento;

b) las categorías de datos personales de que se trate;

c) los destinatarios o las categorías de destinatarios a quienes hayan sido comunicados los datos personales, en particular los destinatarios establecidos en terceros países o las organizaciones internacionales;

d) cuando sea posible, el plazo contemplado durante el cual se conservarán los datos personales o, de no ser posible, los criterios utilizados para determinar dicho plazo;

e) la existencia del derecho a solicitar del responsable del tratamiento la rectificación o supresión de los datos personales relativos al interesado, o la limitación de su tratamiento;

f) el derecho a presentar una reclamación ante la autoridad de control y los datos de contacto de la misma;

g) la comunicación de los datos personales objeto de tratamiento, así como cualquier información disponible sobre su origen".

Las principales diferencias que se aprecian en el texto de la Directiva, con respecto a la redacción contenida en la Propuesta, versan sobre los siguientes aspectos:

1) En el texto definitivo al aludir al tratamiento, se añade la expresión "base jurídica".
2) Se añade en el apartado c) del nuevo texto una referencia expresa a las "organizaciones internacionales" como destinatarias de la transferencia de datos.
3) En el apartado d) del texto definitivo se sustituye la exigencia de un plazo taxativo de conservación de los datos personales, por la mera posibilidad de establecer ese plazo, exponiendo los criterios para determinar dicho plazo.

El nuevo marco regulatorio europeo establecido por esta Directiva pretende asegurar una protección de datos consistente y de alto nivel para mejorar la confianza mutua entre las autoridades policiales y judiciales de los diferentes Estados miembros de la UE, contribuyendo así a una mayor libertad de flujo de datos y una efectiva colaboración entre las autoridades policiales y judiciales.

El artículo 15 establece que los Estados miembros podrán adoptar medidas legislativas que restrinjan el derecho de acceso, si así lo exige la naturaleza específica del tratamiento de datos en los ámbitos policial y de la justicia penal, y sobre la información del interesado relativa a una restricción de acceso.

En el art. 16 se establecen los distintos supuestos y modalidades del ejercicio del derecho de rectificación o supresión de datos personales y limitación de su tratamiento. A su vez, en el art. 17 se prescribe que, cuando se restrinja el acceso directo, el interesado debe ser informado de la posibilidad de recurrir al acceso indirecto a través de la autoridad de control, que debe ejercer el derecho en su nombre y ha de informar al interesado del resultado de sus verificaciones.

Desde el punto de vista procesal posee también interés incuestionable cuanto dispone el artículo 18 en relación con la tutela del derecho de acceso, respecto con datos utilizados en procedimientos penales. En dicho texto se prescribe que los Estados miembros dispondrán que los derechos de información, acceso, rectificación, supresión y limitación del tratamiento reconocidos en la Directiva, se ejercerán de conformidad con las normas nacionales de enjuiciamiento cuando los datos personales figuren en una resolución judicial o en un registro tratado en el curso de investigaciones y procedimientos penales.

En este artículo se establece, por tanto, que cuando los datos personales se sometan a tratamiento en el transcurso de investigaciones y procedimientos penales, los derechos de información, acceso, rectificación, supresión y restricción del tratamiento pueden ejercerse de conformidad con las normas nacionales relativas a los procedimientos judiciales.

En el artículo 29 se establecen medidas tendentes a garantizar la seguridad de los datos. Entre ellas, tiene especial incidencia para el objeto de esta investigación, lo previsto en el artículo 29.2, cuando prevé que en lo referente al tratamiento automatizado de datos, cada Estado miembro dispondrá que el responsable o el encargado del tratamiento, a raíz de una evaluación de los riesgos, implementará medidas destinadas a:

- Art.29.2.a) denegar el acceso a personas no autorizadas a los equipamientos utilizados para el tratamiento de datos personales (control de acceso a los equipamientos);
- Art.29.2.e) garantizar que las personas autorizadas a utilizar un sistema de tratamiento automatizado de datos solo puedan tener acceso a los datos para los que han sido autorizados (control del acceso a los datos);

Por último, la Directiva al enumerar las funciones de las autoridades de control prescribe, en su artículo 46, la obligación de los Estados miembros de establecer las funciones de esas autoridades. De modo especial, se alude en dicho artículo a la necesidad de que se regule la admisión a trámite y la investigación de las reclamaciones y el fomento de la sensibilización de la opinión pública sobre riesgos, normas, garantías y derechos. Cuando se deniegue o restrinja el acceso directo, una función propia de las autoridades de control en el contexto de esta Directiva es el ejercicio del derecho de acceso por cuenta de los interesados y de verificación de la licitud del tratamiento de datos.

La Directiva pretende, que cuando los Estados miembros hayan adoptado medidas legislativas que restrinjan, total o parcialmente, el ejercicio del *habeas data,* el interesado tenga derecho a solicitar que la autoridad nacional de control competente verifique la licitud del tratamiento. El interesado debe ser informado de este derecho. Cuando el acceso sea ejercido por la autoridad de control a petición del interesado, este debe ser informado del curso de su solicitud, por la autoridad de control, como mínimo, de que se han llevado a cabo las verificaciones necesarias y del resultado en cuanto a la licitud del tratamiento en cuestión.

Reiterando cuanto se dispone en el Reglamento sobre el principio de tratamiento leal de los datos personales, la Directiva tiende a consagrar como garantía del interesado, que sea informado, entre otras cosas, de la existencia de la operación de tratamiento y sus fines, del plazo de conservación de los datos, de la existencia del derecho de acceso, rectificación o supresión y del derecho a presentar una reclamación. Cuando los datos se obtengan de los interesados, estos también deben ser informados de si están obligados a facilitarlos y de las consecuencias, en caso de que no lo hicieran.

No es ocioso reiterar que esta Directiva, al igual que el Reglamento, hallaron su fundamento en el artículo 16, apartado 2, del Tratado de Lisboa, que es una nueva base jurídica específica para la adopción de normas relativas a la protección de las personas físicas con respecto al tratamiento de datos de carácter personal por parte de las instituciones, órganos y organismos, y por los Estados miembros en el ejercicio de las actividades comprendidas en el ámbito de aplicación del Derecho de la Unión, y de normas relativas a la libre circulación de estos datos.

En definitiva, esta nueva Directiva de la UE, se propone garantizar un nivel uniforme y elevado de protección a las personas físicas titulares de los datos. Al propio tiempo, desea conjugar esta finalidad garantista con el reforzamiento de la confianza mutua entre las autoridades policiales y judiciales de los distintos Estados miembros y facilitando la libre circulación de datos y la cooperación entre las autoridades policiales y judiciales.

En la misma fecha que el Reglamento y la Directiva ya analizados, la UE promulgó la Directiva 2016/681 relativa a la utilización de datos del registro de nombres de los pasajeros (PNR) para la prevención, detección, investigación y enjuiciamiento de los delitos de terrorismo y de la delincuencia grave. Este texto normativo tiene su antecedente en el "Programa de Estocolmo: una Europa abierta y segura que sirva y proteja al ciudadano", que data del año 2010 y fue elaborado por el Consejo Europeo.

El objeto de esta nueva Directiva consiste entre otras cosas, en garantizar la seguridad, proteger la vida y la seguridad de los ciudadanos y crear un marco jurídico para la protección de los datos PNR en lo que respecta a su tratamiento por las autoridades competentes.

En este texto se establecen algunas garantías básicas en materia de protección de datos. Entre ella, reviste especial interés la que en el ámbito del tratamiento de los datos PNR, hace referencia a que los Estados miembros velarán para que el responsable de la protección de datos tenga acceso a todos los datos tratados por la UIP (unidad única de información sobre los pasajeros). Si el responsable de la protección de datos considera que el tratamiento de un dato cualquiera no ha sido lícito, podrá remitirlo a la autoridad nacional de control (art. 6.7).

La Directiva establece, en su art. 10.1, que Europol tendrá derecho a solicitar datos PNR o el resultado del procesamiento de dichos datos a las UIP de los Estados miembros dentro de los límites de sus competencias y para el desempeño de sus funciones.

Tiene especial relevancia, a efectos de la tutela de los datos personales, cuanto proclama el art. 12. En cuyo apartado 1 se prescribe que: "Los Estados miembros se asegurarán de que los datos PNR proporcionados por las compañías aéreas a la UIP se conservan en una base de datos de la Unidad durante un plazo de cinco años a partir de su transmisión a la UIP del Estado miembro en cuyo territorio tenga su punto de aterrizaje u origen el vuelo".

Este artículo aparece como una cláusula que corrobora el interés de la UE por garantizar el derecho al olvido estableciendo un plazo máximo para la conservación de los datos. Para reforzar esta garantía en el apartado 2 de dicho art. 12 se dispone que al finalizar un plazo de seis meses desde la transmisión de datos PNR mencionada en el apartado 1, todos los datos PNR deberán ser despersonalizados mediante enmascaramiento de los siguientes elementos que podrían servir para identificar directamente al pasajero al que se refieren los datos PNR:

a) nombre(s) y apellido(s), incluidos los de otros pasajeros que figuran en el PNR y número de personas que figuran en el PNR que viajan juntas;

b) dirección y datos de contacto;

c) todos los datos sobre el pago, incluida la dirección de facturación, en la medida en que contengan información que pueda servir para identificar directamente al pasajero al que se refiere el PNR, o a cualquier otra persona;

d) información sobre viajeros asiduos;

e) observaciones generales, en la medida en que contengan información que pueda servir para identificar directamente al pasajero al que se refiere el PNR, y

f) toda la API (información anticipada sobre los pasajeros) recopilada.

Señala también el apartado 3 del art. 12 que al finalizar el período de seis meses mencionado en el apartado 2, solo se permitirá la divulgación de los datos PNR completos cuando:

a) se crea razonablemente que es necesario a los efectos establecidos en el artículo 6, apartado 2, letra b), y

b) haya sido aprobado por:

   i) una autoridad judicial, u

   ii) otra autoridad nacional competente para verificar si se cumplen las condiciones para la divulgación conforme al derecho nacional, con sujeción a la información y revisión a posteriori del responsable de la protección de datos de la UIP.

Asimismo se contempla en el apartado 4 del art. 12 que los Estados miembros se asegurarán de que los datos PNR sean suprimidos de modo permanente al finalizar el período a que se refiere el apartado 1. Esta obligación se entenderá sin perjuicio de aquellos casos en que se hayan transferido datos PNR específicos a una autoridad competente y se estén utilizando en el marco de un asunto específico a efectos de prevenir, detectar, investigar o enjuiciar los actos de terrorismo o delitos graves, en cuyo caso la conservación de los datos por la autoridad competente se regirá por el derecho nacional.

La disposición más importante de esta Directiva en relación con la garantía del *habeas data* se haya incluida en su art. 13. En dicho artículo se establece la plena garantía de los derecho ARCO consagrados por las normas de la UE y de los Estados que la integran (art. 13.1). Por tanto el *habeas data* está plenamente consagrado en este artículo. Se desprende de ello que medidas de seguridad y el tratamiento de la información policial con vistas a evitar posibles acciones criminales, en ningún momento podrán menoscabar las garantías de protección de datos establecidas en el marco de la UE.

En el apartado 4 de dicho art. 13 se afirma también que los Estados miembros prohibirán el tratamiento de datos PNR que revele el origen racial o étnico, las opiniones políticas, las creencias religiosas o filosóficas, la pertenencia a un sindicato, la salud, la vida sexual o la orientación sexual de una persona. En el caso de que la UIP reciba datos PNR que revelen tal información, los suprimirá inmediatamente.

En definitiva, se ofrece una garantía general del sistema consistente en la obligación de los Estados de la UE para velar por que sus UIP apliquen las medidas y los procedimientos técnicos y organizativos adecuados para garantizar el elevado nivel de seguridad correspondiente a los riesgos que entrañen el tratamiento y las características de los datos PNR (art. 13.7).

Como balance de las nuevas disposiciones de la UE en materia de protección de datos puede afirmarse que el Parlamento y el Consejo europeos han tratado de establecer unas medidas y mecanismos de garantía de los datos personales y en particular del *habeas data* tratando que las mismas no se vean afectadas por la necesidad de los Estados de responder a los atentados terroristas y las actividades de la criminalidad internacional organizada. La grave inquietud cívica y política que motivaron los últimos atentados terroristas perpetrados en Europa por organizaciones vinculadas al fundamentalismo islámico han creado un síndrome de alarma entre los ciudadanos de Europa. Hace algunos años el sociólogo alemán Ulrich Beck[256] definió a las sociedades actuales como "sociedad del riesgo". En los momentos actuales parece que nos hallamos ante una situación en la que podría hablarse de unas "sociedades del miedo". Esta nueva circunstancia obliga a los poderes públicos europeos a tomar medidas de protección y seguridad, pero ese tipo de medidas no puede vaciar de contenido las garantías de la libertad que constituyen el fundamento axiológico de la propia UE. Por ello, en los textos aquí analizados se advierte esa búsqueda de un equilibrio adecuado entre las medidas de seguridad que requieren las sociedades actuales para luchar contra el terrorismo y la criminalidad y la tutela de las libertades que, en las sociedades tecnológicas europeas, tiene un capítulo de decisiva importancia en la garantía de los datos personales y, en concreto del *habeas data*.

2.7. La protección de datos personales en la Carta de Niza: su incorporación al Tratado de Lisboa

La tutela europea de los datos personales no se ha circunscrito a fuentes jurídicas tales como las Directivas o los Reglamentos, sino que, en cuanto

---

[256] BECK, U., *La sociedad del riesgo mundial: en busca de la seguridad perdida*, Trad. Cast., Paidós, Barcelona, 2008.

uno de los aspectos más importantes y novedosos del actual catálogo de los derechos fundamentales, se ha incluido también entre aquellos textos que se integran en el bloque o núcleo constitucional de la propia UE. Ahora bien, la garantía de estos derechos se ha registrado de manera progresiva y, por tanto, la protección de los datos personales se ha hallado directamente implicada en los esfuerzos dirigidos a la construcción de un Derecho constitucional europeo, es decir, en la elaboración paulatina de una Constitución para Europa.

Se ha reiterado, durante mucho tiempo, la idea de que la construcción económica de Europa era un proceso necesario y preliminar para la construcción política de Europa. Se pensaba que la formación de la unidad europea a partir de la puesta en común de los procesos económicos era la vía más segura para alcanzar, posteriormente, la unificación política de Europa. El proceso integrador de Europa, iniciado tras la postguerra mundial, tuvo su germen en la Comunidad Europea del Carbón y del Acero (CECA), se vertebró luego a través del Mercado Común y culminó en la actual Unión Europea.

Este proceso, de inequívoca orientación económica, se consideró como la vía más sólida para edificar, sobre cimientos realistas y no sobre ensoñaciones utópicas, el edificio europeo[257].

Esta circunstancia determinó que, durante muchos años, el Tribunal de Justicia de Luxemburgo rechazara aquellas alegaciones, tendentes a invocar derechos fundamentales protegidos por las Constituciones internas. Esta tendencia jurisprudencial cambió de rumbo al declinar la década de los años sesenta. A partir de entonces se produce en las decisiones de este Tribunal una progresiva tendencia hacia la tutela de los derechos. La argumentación del Tribunal de Justicia se basó en la tesis de que las libertades están comprendidas en los principios generales del Derecho comunitario y motivando esa orientación jurisprudencial en la presencia de los derechos fundamentales en el constitucionalismo de todos los Estados de Derecho integrados en Europa. Asimismo, se invocó la adhesión de los Estados comunitarios a los Tratado y Convenios internacionales relativos a la protección de los derechos humanos y entre ellos, al Convenio Europeo de Derechos Humanos, del Consejo de Europa[258].

Las instituciones europeas fueron también conscientes de las limitaciones que presenta un sistema de protección de los derechos exclusivamente preto-

---

[257] Cfr., en relación con todo ello, la reciente obra de: PEREZ LUÑO, A.E., DE CARRERAS, F., LIMBERGER, T. y GONZALEZ-TABLAS, R., *La construcción europea*, Fundación Coloquio Jurídico Europeo, Madrid, 2013, passim.

[258] Sobre el reconocimiento de las garantías procesales en el marco europeo, vid., LLORENTE SÁNCHEZ-ARJONA, M., *Las garantías procesales en el espacio europeo de justicia penal,* Tirant lo Blanch, Valencia, 2014, passim.

riano. Por eso, se hizo evidente la necesidad de incluir paulatinamente derechos y libertades en los Tratados constitutivos europeos a partir del Acta Única Europea (1986), el Tratado de Maastricht (1992) y el Tratado de Ámsterdam (1997).

No huelga recordar que el art 6.2 del Tratado de la Unión Europea de Maastricht dice así: "La Unión respetará los derechos fundamentales tal y como se garantizan en el Convenio Europeo para la Protección de los Derechos Humanos y de las Libertades Fundamentales firmado en Roma el 4 de noviembre de 1950, y tal y como resultan de las tradiciones constitucionales comunes a los Estados miembros como principios generales del Derecho Comunitario".

Se ha indicado, muchas veces, con referencia expresa a la UE, que se trata de una organización institucional económica y política democrática que carece de Constitución[259]. Una Constitución democrática es inconcebible sin el reconocimiento de una tabla de derechos y libertades. Por ello, el Consejo y el Parlamento europeos fueron conscientes de la necesidad de dotar a la UE de un texto normativo en el que se explicitaran los principales derechos fundamentales de los ciudadanos europeos.

La idea de dotar a la Unión Europea de un catálogo propio de derechos fundamentales toma cuerpo en las sesiones del Consejo Europeo de Colonia y Tampere en 1999. Aprovechando esta coyuntura, el Grupo de Trabajo del art. 29, que como se ha visto *supra* fue creado por la Directiva 95/46, a través de su Dictamen 4/99, de 7 de septiembre, recomienda la inclusión del derecho fundamental a la protección de datos en el futuro catálogo europeo de derechos fundamentales.

El grupo observa que: "algunos países europeos han integrado un derecho fundamental a la protección de datos en su constitución. En otros países la protección de datos ha adquirido estatuto de derecho fundamental a través de la jurisprudencia. En sus decisiones y sentencias, la Comisión Europea y el Tribunal Europeo de Derechos Humanos han elaborado y definido un derecho fundamental basándose en distintos derechos humanos vinculados a la protección de datos de carácter personal. Por último, un nuevo artículo (286) del Tratado de la Unión Europea dispone que los actos comunitarios relativos a la protección de las personas físicas en lo que concierne al tratamiento de los datos de carácter personal son aplicables, a partir del 1 de enero de 1999,

---

[259] Cfr.: DE CARRERAS SERRA, F., "Por una Constitución Europea", en el vol. col., *Derechos humanos y constitucionalismo ante el Tercer Milenio,* ed. a cargo de A.E. PÉREZ LUÑO, Marcial Pons, 1996, Madrid, pp. 225 ss.; DÍEZ-PICAZO, L., ¿Una Constitución sin declaración de derechos? "Reflexiones constitucionales sobre los derechos fundamentales en la Comunidad Europea", en *Revista Española de Derecho Constitucional,* n. 32, 1991, pp. 135 ss.

a las instituciones y órganos de la Unión Europea. La integración de la protección de datos de carácter personal entre los derechos fundamentales europeos haría aplicable esta protección en el conjunto de la Unión y pondría de relieve la importancia creciente de la protección de estos datos en la Sociedad de la Información".

La sugerencia surgió efecto y en el catálogo de derechos fundamentales de la UE si incluyó el derecho a la protección de datos personales. De este modo, cuando el 7 de diciembre de 2000 se proclama en Niza la Carta de los Derechos Fundamentales de la Unión Europea[260] (en adelante, CDF o Carta de Niza) su art. 8 consagrará, en los siguientes términos, el derecho a la protección de datos personales:

> "1. Toda persona tiene derecho a la protección de los datos de carácter personal que la conciernan.
>
> 2. Estos datos se tratarán de modo leal, para fines concretos y sobre la base del consentimiento de la persona afectada o en virtud de otro fundamento legítimo previsto por la ley. Toda persona tiene derecho a acceder a los datos recogidos que la conciernan y a su rectificación.
>
> 3. El respeto de estas normas quedará sujeto al control de una autoridad independiente".

El reconocimiento de este derecho muestra el arraigo y el protagonismo que está alcanzando en los Ordenamientos nacionales de los Estados miembros. De la lectura de la Carta se puede concluir que éste es uno de los derechos fundamentales que se explicitan con mayor amplitud y que aparece deslindado del reconocimiento del derecho a la vida privada y familiar, que se halla consagrado en el artículo 7 de la Carta de Niza. Se trata de una tendencia del Derecho comparado constitucional tendente a dotar de mayor autonomía y especificidad el derecho a la protección de datos, respecto al derecho a la intimidad en cuyo seno se forjaron sus prístinas manifestaciones[261].

En cuanto al contenido del precepto, se proclaman en él, cómo aspectos básicos, o, si se quiere, como contenido esencial del mismo[262] los principios

---

[260] Sobre la Carta de Niza, vid., entre otros, los trabajos de: MANGAS MARTÍN, A., (Dir), *Carta de los derechos fundamentales de la Unión Europea*, (vol.col,) Fundación BBVA, Bilbao, 2008; PEREZ LUÑO, A.E., "La Carta de los Derechos Fundamentales de la Unión Europea: Una aproximación desde la Filosofía del Derecho" en *Anuario de Derecho Europeo*, 2002, vol. 2, pp. 313 ss.

[261] Vid., sobre ello, RUIZ MIGUEL, C., "El derecho a la protección de los datos personales en la Carta de Derechos Fundamentales de la Unión Europea: Análisis crítico", *Revista de Derecho Comunitario Europeo*, 2003, pp. 7 ss.

[262] Se ha considerado a los principios básicos de la protección de datos como elementos configuradores del contenido esencial de tal derecho. Vid., en tal sentido, GUERRERO PICÓ, M.C., *El impacto de Internet en el Derecho Fundamental a la Protección de Datos de Carácter Personal*, cit., p. 105.

de: lealtad, finalidad y consentimiento. Asimismo, se exige el principio de licitud o fundamento legal del tratamiento.

En la Carta de Niza se reconoce expresamente el *habeas data* y se conjuga su protección con otro de los derechos ARCO, como es el derecho a la rectificación, en cambio no se alude expresamente a los derechos de cancelación y oposición. El derecho de acceso viene explícitamente reconocido en la plenitud de su alcance y de sus implicaciones. Se desprende de ello, que los autores de la Carta de Niza desearon establecer, de forma nítida lo que es la garantía nuclear del sistema de protección de datos personales, es decir, el *habeas data.*

Al comentar el significado del derecho de acceso en el texto del art.8 de la Carta, ha señalado José Martín y Pérez de Nanclares que: "Se trata, pues, de una relevante garantía para proteger al particular frente a eventuales usos ilegales de los datos que se hayan recogido sobre él"[263]. Este comentarista considera que el derecho de información, que no se halla expresamente reconocido en el art. 8, debe entenderse implícitamente asumido, en la regulación explícita del derecho de acceso. A su entender, de este modo, se garantiza el derecho de información de cada persona sobre los datos recogidos que le conciernan. En opinión de Martín y Pérez de Nanclares, "este es un derecho previo al propio consentimiento del particular para el tratamiento de los datos en cuestión, ya que sin conocimiento suficiente del contenido de los datos difícilmente podría hablarse de un consentimiento en sentido propio. Así, toda persona disfruta del derecho de acceso a los datos que le conciernan y sean objeto de tratamiento, para cerciorarse, en particular, de su exactitud y de la licitud de su tratamiento"[264].

Conviene insistir en el hecho de que la Carta de Niza establece una regulación básica o, si se quiere, de mínimos del derecho a la protección de datos. No se alude en el art. 8, *in extenso,* a algunos principios y derechos reconocidos en la Directiva 95/46 UE, en el Convenio 108 del Consejo de Europa o en el Constitucionalismo europeo comparado de protección de datos. Así, no se incluyen, a parte de los derechos de cancelación y oposición, una alusión expresa, como se ha indica *supra,* al derecho de información, el principio de calidad, o el principio de seguridad. Tampoco se incluye una mención al régimen especial de los datos sensibles.

En todo aquello en lo que no existe una regulación expresa del art.8 de la Carta de Niza, debe entenderse que es de aplicación lo dispuesto en la Direc-

---

[263] MATIN Y PEREZ DE NANCLARES, J., "Comentario al artículo .Protección de datos de carácter personal", en el vol., col., a cargo de MANGAS MARTÍN, A., *Carta de los derechos fundamentales de la Unión Europea,* cit., p. 236.

[264] Ibíd.

tiva 95/46 o en las demás Directivas y Reglamentos en cuanto atañe a regulación de los datos personales en el ámbito de las telecomunicaciones.

La Carta de Niza exige la creación de una autoridad independiente que vele por el respeto efectivo del derecho a la protección de datos. Garantía institucional que ya se hallaba presente en la Directiva 95/46/UE y en el art. 286 del Tratado de la UE. Esta garantía institucional es considerada por los órganos legislativos de la UE, en toda su actividad normativa dirigida a la protección de datos, como la instancia más adecuada para la tutela de este derecho fundamental de los ciudadanos europeos. Ello se debe a la accesibilidad para los titulares del derecho, la celeridad de sus actuaciones y la eficacia de las mismas. Al propio tiempo, que se consigue evitar la masificación de procesos en la vía jurisdiccional ordinaria que, sin embargo, será la competente para resolver los eventuales recursos presentados por disconformidad con las resoluciones de dicha instancia.

No huelga advertir respecto a la ubicación sistemática del art. 8 en el seno del sistema de clasificación de derechos utilizado por la Carta de Niza, que se ha observado, por parte de la doctrina, una circunstancia peculiar. Así, se ha aludido al encuadre en el Capítulo II de la Carta, referente a la libertad, del derecho a la intimidad, denominado aquí vida privada y familiar, (art. 7) así como a la protección de datos personales (art. 8). En la teoría de los derechos fundamentales, así como en algunos textos constitucionales y declaraciones internacionales, estos derechos, al igual que los referentes al honor y a la imagen, se entroncan en el ámbito de facultades que dimanan del derecho a la integridad moral y que, por eso mismo, se consideran especificaciones del valor de la dignidad humana. Por ello, de haberse seguido este planteamiento tradicional en los sistemas de clasificación de los derechos y libertades, la vida privada y la protección de datos hubieran debido incluirse en el Capítulo I de la Carta, que es el dedicado al valor de la dignidad[265].

El valor principal del artículo 8 de la Carta de Niza, más allá de su carácter esquemático y de las posibles discusiones sobre su ubicación, reside en la importancia que este texto ha asumido en el proceso constitucional de la UE. En efecto, la Carta de Niza fue integrada en la Declaración de derechos que conformaba la parte inicial del Proyecto de Constitución Europea, elaborado por la Convención para el Futuro de Europa, que fue presidida por Valéry Giscard d'Estaing en 2003. El texto de la Carta fue reafirmado en Estrasburgo el año 2007, y a partir del 2009 se integra en el texto del Tratado de Lisboa, por lo que ha pasado a ser derecho vigente de la UE.

---

[265] Cfr., PEREZ LUÑO, A.E., "La Carta de los Derechos Fundamentales de la Unión Europea: Una aproximación desde la Filosofía del Derecho", cit., pp. 317 ss.

3. LA PROTECCIÓN DEL *HABEAS DATA* POR LOS TRIBUNALES EUROPEOS

Como se ha tenido ocasión de reiterar a lo largo de esta investigación, la protección de datos personales exige complementar los instrumentos de tutela internos con instrumentos de tutela que operen a nivel internacional. Las garantías establecidas en el espacio europeo constituyen un evidente ejemplo de esta tendencia.

En la sociedad global la internacionalización de los mecanismos de tutela de los derechos y libertades, se ha traducido en una serie de declaraciones y textos dirigidos a concretar dicha protección. Ahora bien, la garantía eficaz de estos derechos se ha traducido en la creación de unos órganos jurisdiccionales tendentes a asegurar la vigencia de esos textos normativos y acuerdos europeos.

Las dos principales instancias jurisdiccionales europeas son el Tribunal Europeo de Derechos Humanos (TEDH) del Consejo de Europa radicado en la ciudad francesa de Estrasburgo y el Tribunal de Justicia de la Unión Europea cuya sede se halla situada en Luxemburgo.

Estas instancias jurisdiccionales internacionales suponen una importante innovación con respecto a la concepción de los tribunales heredada del pasado. A ello se ha referido Lorenzo Bujosa Vadell cuando indica que "estos nuevos órganos son, en principio, elementos extraños a la estructura orgánica constitucional del Estado, que, como es sabido, desde la Baja Edad Media y a través del Antiguo Régimen había ido concentrando la función de la administración de justicia, haciendo de la jurisdicción en el Estado liberal una potestad exclusivamente estatal. Frente a ese consagrado monopolio jurisdiccional del Estado aparecen pues unos órganos supraestatales dirigidos también a administrar justicia en relación precisamente, con elementos constitucionales básicos: los derechos fundamentales de los ciudadanos. De ahí, los recelos de la soberanía estatal ante estos controles internacionales"[266].

3.1. El Tribunal Europeo de Derechos Humanos

El Tribunal Europeo de Derechos Humanos se constituyó el 21 de enero de 1959. De conformidad con el artículo 38 del Convenio se halla integrado por un número de magistrados igual al de miembros del Consejo de Europa,

[266] BUJOSA VADELL L., *Las sentencias del Tribunal europeo de derechos humanos y el ordenamiento español*, cit., pp. 19-20.

elegidos, según el artículo 39, por la Asamblea Consultiva por mayoría de votos emitidos de una lista de personas presentada por los miembros del Consejo de Europa.

Debe destacarse, en palabras de Lorenzo Bujosa Vadell, "la importancia de la implantación de un órgano judicial que ejerce una jurisdicción supranacional con competencia para resolver las controversias sobre la interpretación y aplicación del Convenio que le sometan quienes estén habilitados"[267]. Señala también este autor, la importancia que reviste el carácter vinculante de las decisiones de este Tribunal, para aquellos Estados parte que se han sometido a su jurisdicción. De este modo, se pretende otorgar a los derechos humanos una protección internacional adecuada de carácter jurisdiccional a través de un órgano en mayor o menor medida independiente, tanto desde el punto de vista de la independencia individual de los jueces, como de la independencia colegial del Tribunal[268].

Con una sólida argumentación, el profesor Bujosa Vadell, sostiene que el Tribunal de Estrasburgo "es claramente un órgano jurisdiccional, no sólo por su denominación, por su composición o estructura, sino principalmente porque ejercita la potestad jurisdiccional, entendida como potestad constitucional, ejercida exclusiva y excluyentemente, por Tribunales independientes, previa y legalmente establecidos, dirigida a la satisfacción irrevocable de los intereses jurídicos socialmente relevantes, satisfacción que en este caso, se produce en principio a través de la declaración, por medio de la sentencia, de la violación o no del derecho fundamental en cuestión"[269].

Se ha indicado en distintos momentos de esta investigación que la garantía del derecho a la protección de datos personales y, en concreto, el *habeas data*, ha sido desarrollada con una decisiva intervención pretoriana. Han sido, los tribunales quienes han desarrollado y han dado concreción a las medidas normativas incluidas en Declaraciones y Constituciones dirigidas a la protección de este derecho.

En el Consejo de Europa, también ha sido el Tribunal Europeo de Derechos Humanos de Estrasburgo, quien, a partir de la Convención de Roma y del Convenio 108, ha ido configurando los perfiles de tutela de los datos personales a través de su jurisprudencia[270].

---

[267] BUJOSA VADELL, L., *Las sentencias del Tribunal europeo de derechos humanos y el ordenamiento español*, p. 51.

[268] Ibíd, pp. 51-52.

[269] Ibíd, pp. 52-53.

[270] Cfr.: CARRILLO SALCEDO, J.A., *El Convenio Europeo de Derechos Humanos*, Tecnos, Madrid, 2003, pp. 51 ss.; GARZÓN CLARIANA, G., "La protección de los datos personales y la función normativa del Consejo de Europa", en *Revista de Instituciones Europeas*, vol.8, n.1, 1981, pp. 9 ss.

3.2. La jurisprudencia del Tribunal de Estrasburgo

Puede considerarse como la primera decisión del TEDH, en relación con la protección de datos personales, la referente al caso Leander contra Suecia, que data de 1987[271]. En este caso se trataba de comprobar si las autoridades suecas habían transgredido el derecho a la vida privada, consagrado en el artículo 8 del Convenio del ciudadano Torsten Leander. Este ciudadano había ocupado un puesto público en el Museo Naval de Karlskrona, considerado dentro de un perímetro militar. Dicho ciudadano fue cesado en su empleo porque, tras una investigación policial de sus antecedentes personales se comprobó que había sido miembro del partido comunista, de un sindicato militar y había viajado por países socialistas. Tras la denuncia del ciudadano Leander por violación de su privacidad, el TEDH, comprobó que se había transgredido la privacidad del demandante y se le había negado su derecho de acceso a los datos personales en los que se fundamentó su cese. No obstante, consideró que la medida se hallaba justificada por razones de seguridad, era proporcionada, prevista legalmente y necesaria en una sociedad democrática, por lo que desestimó la demanda.

En el caso de Z contra Finlandia de 25 de febrero de 1997 [272], el TEDH condenó al Estado finés por la demanda presentada por la ciudadana Z. Se trataba de una enferma de sida cuyos datos médicos no habían sido objeto de tratamiento con las debidas garantías de seguridad y confidencialidad. El Tribunal de Estrasburgo apoyándose en el art. 8 de la Convención y en el Convenio 108, concluyó que los datos sanitarios, por constituir informaciones sensibles, debían ser tratados con especiales cautelas, que faltaban en el supuesto de referencia.

El TEDH se ocupó también de un supuesto de violación de la privacidad y de los datos personales, en el caso Amann contra Suiza[273]. El demandante, adscrito al personal diplomático de la Embajada Rusa en Berna, había sido objeto de escuchas telefónicas por parte de la policía suiza, sin que tales injerencias en su vida privada contasen con cobertura legal. El Sr. Amann deseó acceder a las informaciones personales que le concernían registradas por la policía suiza. Su derecho de acceso fue sólo parcialmente reconocido, ya que

---

[271] STEDH de 26 de marzo de 1987, Leander contra Suecia, n. 9248/81. En relación con la jurisprudencia del TEDH, vid.: ARENAS RAMIRO, M., *El derecho fundamental a la protección de datos personales en Europa*, cit., pp. 110 ss.; ORDOÑEZ SOLIS, D., *Privacidad y protección judicial de los datos personales*, Bosch, Barcelona, 2011, pp. 35 ss.; RUIZ MIGUEL, C., *El derecho a la protección de la vida privada en la Jurisprudencia del TEDH*, Cívitas, Madrid, 1994, passim.

[272] STEDH de 25 de febrero de 1997, Z. Contra Finlandia, Rec. n.9/1996.

[273] STEDH de 16 de febrero de 2000, Amann contra Suiza, Rec., n.27798/95.

se le enviaron sólo algunas de las informaciones registradas. Tras un proceso ante los tribunales suizos consiguió la cancelación de sus datos, pero no la indemnización por el daño que estas injerencias indebidas habían causado a su derecho a la privacidad. El Tribunal de Estrasburgo reconoció las razones que asistían al Sr. Amann, por violación de su intimidad y de sus datos personales, según tales derechos son reconocidos en la Convención y en el Convenio 108. En efecto, el TEDH concluyó que se había realizado por parte de la policía suiza una intromisión ilegal en la vida privada del Sr. Amann, que se le había denegado el *habeas data,* al no haber podido tener un acceso completo a sus datos, y que se había producido un almacenamiento de los mismos carente de la necesaria previsión legal. Por todo ello, la sentencia establece la reparación moral en favor del demandante, pero no le concede la indemnización monetaria solicitada, por estimar que tal reconocimiento constituye una satisfacción equitativa y suficiente, aunque impuso las costas del proceso a Suiza.

La protección de los datos personales constituye también el objeto del caso Rotaru contra Rumania[274]. Aurel Rotaru tuvo conocimiento de que los servicios de información rumano habían recabado datos sobre su vida privada durante la etapa del régimen comunista. Tras la implantación de la democracia en Rumania, dichos servicios mantenían esas informaciones que contenían determinados datos falsos. El ciudadano rumano demandó el acceso a tales datos así como su cancelación y exigió una indemnización por los daños que para su honor e imagen se derivaban de las informaciones falsas mantenidas en dichos archivos. Dándose la circunstancias, de que por falta de seguridad en esos archivos, alguna de esas informaciones habían trascendido al conocimiento público. El Tribunal de Estrasburgo, admitió esta demanda y condenó al Estado rumano, al considerar que sus autoridades habían vulnerado la Convención y el Convenio 108 del Consejo de Europa.

Gran interés y actualidad entraña la sentencia del TEDH en relación con el caso Peck contra el Reino Unido[275]. En dicha decisión se concluye que la grabación fotográfica de imágenes de un ciudadano en un espacio público, no viola las normas europeas sobre privacidad y protección de dato. Por contra, cuando la grabación visual es continuada y sistemática, puede afectar al contenido de dichos derechos, siempre que no exista una norma legal que por razones de seguridad, lo haga necesario en una sociedad democrática. En este supuesto no se planteó directamente la problemática del *habeas data,* pero es interesante por las conexiones de la garantía de este derecho con otros aspectos de la protección de datos que fueron tratados en dicha sentencia.

---

[274] STEDH de 4 de mayo de 2000, Rotaru contra Rumanía Rec. n. 28341/95.

[275] STEDH de 28 de enero de 2003, Peck contra el Reino Unido Rec. n. 44647/98.

En la sentencia del TEDH en el caso S. y Marper contra el Reino Unido[276], se reitera el carácter sensible de los datos biosanitarios, tal como había sido declarado en el caso Z contra Finlandia en el que se ha aludido *supra*. Entre las informaciones integradas en el derecho a la vida privada, *ex* artículo 8 de la Convención y la noción de protección de datos que se desprende del Convenio 108, debe figurar las informaciones referentes a datos dactilares, muestras celulares y de ADN. El Tribunal de Estrasburgo reconoce en esta decisión el derecho de acceso, rectificación cancelación y oposición que incumbe a la persona concernida por ese tipo de informaciones.

A los efectos del objeto de esta investigación tiene especial importancia el caso Haralambie contra Rumania[277]. En este supuesto el Tribunal de Estrasburgo establece y desarrolla lo que podría considerarse como núcleo básico del *habeas data* europeo. En efecto, en esta decisión se plantea, y constituye su centro de gravedad, el derecho de acceso que correspondía al ciudadano rumano Haralambie a los archivos policiales, en los que constaban informaciones personales que afectaban a su vida privada y habían sido recabados durante la etapa del régimen comunista. Tras la instauración del Estado de Derecho las autoridades policiales no sólo no destruyeron esos datos, sino que dificultaron su acceso al ciudadano concernido.

El TEDH, a partir del artículo 8 de la Convención y del Convenio 108, consideró que toda persona tiene derecho a acceder a los datos personales que le conciernen y a solicitar la rectificación de los erróneos, y en su caso, a la cancelación de aquellos que hubieran sido indebidamente registrados o hubiera pasado el tiempo que legitimaba su tratamiento. El TEDH reconoce así el *derecho al olvido* de aquellas informaciones que, aunque pudieron ser legalmente recabadas en un determinado momento, pasado el tiempo han perdido la razón que legitimaba su tratamiento. De este modo, ninguna persona puede ser "prisionera de su pasado", en particular, cuando esos datos pretéritos pueden condicionar su situación presente, sin causa, razonable que lo justifique.

En esta sentencia, además, los magistrados de Estrasburgo señalaron que las informaciones policiales sobre las que se deseaba ejercitar la acción de *habeas data*, habían sido elaboradas con fines de control ideológico, para amedrentar a la población y garantizar su actitud sumisa ante un sistema político totalitario. Todo lo cual condujo a una sentencia que reconocía plenamente el derecho de acceso invocado por el demandante.

---

[276] STEDH de 4 de diciembre de 2008, S y Marper contra el Reino Unido Rec. n. 30562/04 y 30566/04.

[277] STEDH de 27 de octubre de 2009, Haralambie contra Rumania, Rec. n. 21737/03.

Por la sentencia C.C contra España[278], se condenó al Estado Español al pago de una indemnización por violación del artículo 8 del Convenio Europeo de Derechos Humanos. Las circunstancias que motivaron esta decisión, hacían referencia a que en el procedimiento civil seguido contra su compañía de seguros el recurrente había solicitado, la supresión de cualquier mención a su nombre en los actos de procedimiento en razón de la enfermedad que padecía, una infección del sida.

El Tribunal de Estrasburgo consideró, respecto a la actuación de los tribunales españoles y en relación con el acceso del público a los datos de carácter personal, que las autoridades nacionales competentes gozan de un cierto margen para establecer un justo equilibrio entre la protección de la publicidad de los procedimientos judiciales, necesaria para preservar la confianza de los tribunales y juzgados, y la protección de los intereses de las partes o de terceras personas a que tales datos se mantengan confidenciales. La amplitud del margen de apreciación en la materia está en función de factores tales como la naturaleza y la importancia de los intereses en juego y la gravedad de la injerencia.

En el supuesto que nos ocupa, el Tribunal de Estrasburgo argumentó que la sustitución de nombres y apellidos del recurrente, por sus iniciales en los actos del procedimiento accesibles al público y en la sentencia habría sido satisfactoria. Esta solución habría permitido evitar los problemas que se presentaron posteriormente en relación con el acceso de datos personales sensibles a terceros.

El TEDH concluyó, en su fallo, que habida cuenta de las circunstancias concurrentes en el caso, el principio de publicidad de las actuaciones judiciales debió ponderarse de manera que no implicase una violación de la privacidad de datos sanitarios especialmente sensibles, como los que concernían al recurrente.

Desde el punto de vista de las garantías procesales del derecho a la protección de datos, posee gran interés la sentencia del Tribunal Europeo en el caso de Uzukauskas[279]contra Lituania. El Tribunal de Estrasburgo, proclamó el principio de la igualdad de medios y posiciones como uno de los elementos constitutivos de un proceso justo. Dicho principio de igualdad procesal exige que cada parte en el proceso tenga una oportunidad razonable de defenderse en el litigio en condiciones que no lo sitúen en una desventaja sustancial respecto de la otra parte así como la oportunidad de que las partes conozcan y puedan debatir cualquier prueba que se presente, es decir, se trata del recono-

---

278 STEDH de 6 de octubre de 2009, C.C contra España Rec. n. 1425/06.

279 SETDH de 6 de julio de 2010, Uzukauskas contra Lituania, Rec.n. 16965/04.

cimiento de los principios probatorio y contradictorio de manera que puedan contribuir a la justa decisión del tribunal.

La proyección de estos principios a la protección de datos personales, la plantea el TEDH argumentando que la facultad para aportar una prueba no es un derecho absoluto. En los procedimientos judiciales puede haber una concurrencia de intereses, tales como la seguridad nacional o la necesidad de proteger a los testigos de potenciales represalias o mantener en secreto métodos policiales de investigación criminal, que deben ser ponderados en relación con los derechos de defensa. En algunos casos puede resultar necesario impedir que una prueba sea conocida por la defensa con el fin de preservar derechos fundamentales de cualquier persona o salvaguardar un importante interés público. Ahora bien, solo son admisibles de acuerdo con el artículo 6.1 del Convenio aquellas medidas restrictivas de los derechos de defensa que sean estrictamente necesarias en una sociedad democrática.

En el caso examinado por el Tribunal Europeo el recurrente se quejaba de que su nombre había sido incluido en una lista de un registro sin razón alguna y para demostrar que no había estado implicado en ninguna actividad criminal planteaba una acción de *habeas data*, al exigir el acceso a dicho registro que, en realidad, era la única prueba de la que podía valerse. Por esa razón, el Tribunal Europeo consideró que la denegación de acceso a tal prueba, tanto por parte de la policía lituana como de los tribunales nacionales, vulneraba el *habeas data* del ciudadano recurrente, así como la garantía procesal de un juicio justo.

Diversas decisiones del Tribunal de Estrasburgo hacen referencia y reiteran su doctrina ya expuesta sobre la especial protección de la confidencialidad de los datos personales biosanitarios por la especial sensibilidad del objeto al que tales datos se refieren, así como existen también otras sentencias en las que se exigen garantías de seguridad para los datos personales registrados en los archivos judiciales y, en particular, en los que hacen referencia a antecedentes penales[280]. La *ratio decidendi* de estas sentencias no tiene por objeto inmediato el reconocimiento de la acción de *habeas data*, pero en el *obiter dicta* de estas decisiones existen argumentos relevantes que contribuyen a confirmar la creciente sensibilidad del Tribunal de Estrasburgo por la garantía de los datos personales, uno de cuyos principales elementos constitutivos es el derecho de acceso.

---

[280] Vid., sobre ello, por todas, las STEDH de 17 de diciembre de 2009, Gardel contra Francia, Rec. n. 16428/05.

3.3. El Tribunal de Justicia de la Unión Europea

En el sistema institucional de la Unión Europea no existe una estricta división de poderes. Sus principales instituciones son: el Consejo Europeo, encargado de la ejecución de la normativa comunitaria; la Comisión Europea, con competencias legislativas; el Parlamento Europeo; y el Tribunal de Justicia de las Comunidades Europeas (en adelante, TJUE), con funciones propiamente jurisdiccionales.

El TJUE es la instancia jurisdiccional suprema cuya función es garantizar el respeto del Derecho de la UE en la interpretación y aplicación de los Tratados y de las demás normas emanadas de la Unión. El TJUE está compuesto por un número de jueces igual al de los Estados miembros, que son asistidos por ocho abogados generales. Tanto los jueces como los abogados generales son designados de común acuerdo por los Gobiernos de los Estados miembros y nombrados por un período de seis años, procediéndose cada tres años a su renovación. El TJUE, con sede en Luxemburgo, funciona de modo permanente, por regla general en sesión plenaria, aunque puede constituir Salas de tres, cinco o siete jueces (siempre número impar) con el fin de conocer determinados asuntos en función de su importancia.

En la actividad jurisdiccional del TJUE tiene creciente importancia la tutela que otorga a los derechos fundamentales, aunque sometida a determinados límites, pues el Tribunal sólo puede controlar la aplicación del Derecho comunitario y los conflictos que esa aplicación pueda provocar, sobre todo, cuando los derechos en juego presentan una importante incidencia social y económica. No obstante, en la medida en que la normativa de la UE incide directamente en materias relacionadas con la protección de los derechos fundamentales, como ocurre en el caso de la protección de datos personales, su jurisprudencia en este ámbito adquiere mayor relevancia[281].

Como es notorio, la Unión Europea no contó con una Declaración de Derechos Fundamentales hasta la promulgación de la Carta de Niza en el año 2000. No obstante, el Tribunal de Justicia adoptó desde 1974, una vez que todos los Estados miembros de las Comunidades Europeas adquirieron la condición de partes en el Convenio Europeo de Derechos Humanos, una jurisprudencia conforme a la cual la referencia convencional sería el Convenio de 1950 y su inspiración derivaría de la jurisprudencia del Tribunal Europeo de Estrasburgo. Por ello, en opinión de David Ordóñez Solís: "Esta asunción del Convenio Europeo y de la jurisprudencia de Estrasburgo se hizo por la vía de

---

[281] Cfr., por todos, RODRÍGUEZ IGLESIAS, G.C., y LINÁN NOGUERAS, J.D. (eds), *El Derecho Comunitario Europeo y su aplicación judicial*, Civitas, Madrid, 2002, pp. 342 ss.

la consideración de los derechos fundamentales como principios comunes a los Derechos de los Estados miembros"[282].

3.4. La Jurisprudencia del Tribunal de Luxemburgo

En la jurisprudencia del Tribunal de Luxemburgo en materia de protección de datos personales se pueden distinguir dos etapas fundamentales, que hacen referencia al "antes" y al "después" de la promulgación de la Directiva 95/46 UE. Antes de que se aprobase esa Directiva, se plantearon ante el TJUE diversos casos relacionados con datos personales de ciudadanos comunitarios. En estas primeras sentencias, el Tribunal de Luxemburgo no reconoció un derecho de protección de datos personales autónomo respecto del derecho a la vida privada, por tanto, sus referencias aluden genéricamente a la protección de la vida privada sin mención específica de los datos personales.

El primer caso relativo a la protección de datos personales resuelto por el TJUE es el conocido caso *Stauder*[283]. Esta Sentencia puede considerase como un hito histórico en la jurisprudencia de Luxemburgo. Fue la primera en la que el Tribunal reconoció que los derechos fundamentales son principios generales del Derecho comunitario. El caso trataba sobre una Decisión de la Comisión relativa a la venta de mantequilla a precio reducido a cambio de un cupón que se entregaba a personas en determinadas situaciones socio-económicas. En la aplicación de esa Decisión, y para controlar que sólo se beneficiaban de la citada ayuda las personas que tenían derecho a ella, en Alemania los cupones eran nominativos, es decir, debían indicar el nombre del beneficiario. Un ciudadano alemán argumentó que revelar su nombre y condición económica era contrario a su dignidad y a su privacidad personal.

Planteó, por ello, ante el TJ un recurso que cuestionó si la revelación del nombre del beneficiario a los vendedores era compatible con los principios generales del Derecho comunitario. El TJ afirmó que los Estados tenían un cierto margen de apreciación para interpretar y aplicar la Decisión, y que una aplicación e interpretación como la alemana no contenía ningún elemento que perjudicase los derechos fundamentales como parte integrante de los principios generales del Derecho comunitario cuyo respeto asegura el propio TJ.

En el caso aludido, aunque el TJ no hizo una referencia expresa a un derecho a la protección de datos personales, sí admitió, siguiendo la jurispru-

[282] ORDOÑEZ SOLIS, D., *Privacidad y protección judicial de los datos personales*, cit., p. 84.
[283] STJ de 12 de noviembre de 1969, caso Stauder.

dencia del Tribunal de Estrasburgo, que el nombre es un dato de las personas que forma parte de su vida privada. Por tanto, aun sin una referencia expresa a un derecho de protección de datos personales, el TJ admitió, de modo implícito, que la publicación de los nombres de las personas beneficiadas por la Decisión, es decir, un aspecto de sus datos personales, constituía una dimensión de su intimidad.

A partir de este caso, ante el TJCE se presentarán nuevas demandas relacionadas con datos personales que el Tribunal resolverá de forma diferente.

Se plantearon ante el TJ demandas que el Tribunal resuelve sin pronunciarse sobre la protección de los datos personales:

En 1985, en el caso Stanley George Adams se trató el tema de la transferencia o cesión de datos personales y la divulgación de los mismos. En este caso un sujeto, el Sr. George Adams, solicitó la anulación de una Decisión de la Comisión relativa a prácticas anticompetencia en la que se desvelaba información contenida en unos documentos y que hacía posible identificar al demandante como la fuente de información relativa a las prácticas anticompetencia perseguidas. El TJ no estimó la demanda al no poder establecer el demandante una relación directa entre el perjuicio causado y la actividad llevada a cabo por parte de la Comisión[284].

En 1987, en el caso Strack, el TJ analizó el acceso a los datos médicos contenidos en el expediente personal de un funcionario de las Instituciones europeas. En este caso, en el que se denegaba a la viuda del funcionario el acceso al expediente personal del difunto, el TJ hizo depender el derecho de acceso a los datos médicos del secreto médico y de la necesidad de respetarlo. El Tribunal de Luxemburgo no se pronunció sobre el derecho de acceso a los datos personales, es decir, sobre el reconocimiento de un *habeas data* comunitario, al desestimar la demanda interpuesta alegando que los expedientes personales de los funcionarios sólo contienen datos relativos a la carrera administrativa y, excepcionalmente, datos médicos que puedan afectar a dicha carrera, y que para solicitar datos médicos ajenos a esa carrera administrativa se tendría que haber seguido un procedimiento especial, el cual no se siguió[285].

Frente a esa jurisprudencia restrictiva, en otras decisiones el TJ resolvió algunos recursos en los que incluyó la protección de datos personales como principios generales del Derecho comunitario, aunque no se refiere a él expresamente. Y comienza a aplicar el "test de proporcionalidad" del TEDH para comprobar si ciertas medidas están o no justificadas, pero sin referirse

[284] STJ de 7 de noviembre de 1985 caso Stanley George Adams.
[285] STJ de 7 de octubre de 1987 caso Strack.

expresamente a tal derecho. En este momento la actividad del TJ se centra en la defensa de la libre circulación de mercancías, personas, servicios y capitales dentro del mercado único, y los casos relativos a datos personales que se le plantean al Tribunal se refieren, o bien a los límites a la libre circulación de los mismo, consecuencia de alguna de las cuatro libertades citadas, o bien, en el marco de la defensa de la competencia, a las facultades de investigación de las instituciones comunitarias frente a la libre disposición de los datos personales por parte de su titular.

En relación con los poderes de investigación sobre prácticas anticompetencia de las Instituciones, en especial de la Comisión, se presentaron numerosas demandas entre las que destaca el caso *National Panasonic*[286], en el que se reconoce expresamente la garantía jurisdiccional del derecho a la vida privada. Ese derecho se considera privativo de las personas físicas, ya que como se desprende del caso Hoechst[287], el TJ niega que las personas jurídicas puedan ser titulares del derecho a la vida privada.

En relación con la protección especial de los datos sensibles, en concreto de datos relacionados con la salud, tiene interés la decisión del TJ en el caso *Comisión* contra *República Federal de Alemania*[288]. Este caso se refiere a unas medidas de control establecidas por la República Federal de Alemania por las que determinadas personas enfermas, debían suministrar datos personales acerca de su identificación y su situación sanitaria, para que se les permitiera importar determinados fármacos. Algunas de estas personas consideraron que esa medida constituía una violación de sus datos personales sanitarios. El TJ concluyó que el objetivo de controlar esas informaciones personales perseguían un interés público, pretendían proteger la salud pública y, por tanto esas medidas eran proporcionadas al fin perseguido.

Poco antes de la aprobación de la Directiva 95/46, el Tribunal de Luxemburgo realizó dos nuevos pronunciamientos relativos a la protección de datos personales. El primero, es el caso Capogrande[289], en el que esta funcionaria de la Comisión europea, se negó a facilitar sus datos personales, a la propia Comisión, por estimar que no se garantizaba su derecho a que tales datos no fueran transmitidos a terceros. El Tribunal de Luxemburgo desestimó esta pretensión al considerar como una obligación de todo funcionario el aportar los datos personales necesarios para la prestación de sus servicios y sin entrar en el tema de la posible cesión a terceros de estos datos.

---

[286] STJ de 26 de junio de 1980, caso *National Panasonic.*

[287] STJ de 21 de noviembre de 1989, caso Hoechst.

[288] STJ de 8 de abril de 1992, caso *Comisión* contra *República Federal de Alemania.*

[289] STJ de 21 de abril de 1994, caso Capogrande.

El otro supuesto es el caso X. contra Comisión[290], se cuestionó de nuevo el tratamiento de datos sanitarios, pero aquí entró en juego un elemento nuevo: el consentimiento. La Comisión consideró que un sujeto no era apto para ser funcionario tras someterle, sin su consentimiento, a una prueba indirecta de detección del SIDA. Aquí el TJ toma como "fuente de inspiración" la jurisprudencia del TEDH y, como en casos anteriores, sigue refiriéndose expresamente a un derecho a la vida privada de cuyo ámbito protegido formaría parte el derecho a la protección de datos personales. El TJ reconoce en este caso, siguiendo la doctrina del TEDH, que es cierto que el ámbito de la vida privada se reduce en cuanto la misma se pone en contacto con la vida pública y que las restricciones que la vida privada pueda sufrir deben responder a objetivos de interés general y no constituir, en relación con el fin que persiguen, una intervención desmesurada e intolerable que afecte a la esencia de los derechos, es decir, no ser desproporcionadas.

El TJ concluyó que, aunque las pruebas médicas previas a la contratación sirvan a un interés legítimo de las Instituciones, dicho interés no justifica que se realicen en contra de la voluntad del interesado y que el derecho a la vida privada exige respetar la oposición del interesado a facilitar sus datos sanitarios más sensibles.

En esta sentencia cabe destacar que el TJ considera el reconocimiento de que los datos relativos a la salud son especialmente sensibles ya que forman parte de la vida privada. Proclama también el derecho del titular de los datos a su disposición, negando la existencia de un consentimiento tácito y afirmando que el interesado debe tener acceso a la información suficiente para pronunciarse sobre la causa de su posible trasmisión y que el consentimiento del titular debe ser completo. Asimismo, el Tribunal de Luxemburgo invoca el principio de proporcionalidad, en orden a comprobar si se ha producido una injerencia y tomando para ello como punto de referencia las injerencias previstas en el artículo 8.2 de la Convección de Roma de 1950.

Tras la promulgación, en el año 1995, de la Directiva de protección de datos personales de la UE, habrá que aguardar al año 1999, para comprobar su aplicación por parte del TJ. En efecto, en el caso Adidas[291]. En dicho supuesto el TJ aplicó la Directiva de 1995, interpretándola y fundamentando sus argumentaciones de conformidad con la normativa y la jurisprudencia del Consejo de Europa en materia de protección de datos. Pudo así establecer como principios tutelares de los datos personales en el seno de la UE: el de finalidad, es decir, que los datos no pueden ser utilizados al margen de los

[290] SJT de 8 de abril de 1992, caso Comisión contra República Federal de Alemania.
[291] STJ de 14 de octubre de 1999 caso Adidas.

fines que justificaron su registro y el del consentimiento, a tenor del cual para la elaboración de datos personales se requiere el consentimiento de los afectados. Se reconoció también el derecho de acceso (*habeas data*) de los titulares a las informaciones que les conciernen. Se trata, por tanto, de una decisión que reforzó y actualizó la tutela de los datos personales en la UE.

Con posterioridad, en el caso The Queen and the Ministry of Agriculture, Fischeries and Food[292], se planteó el acceso y la cesión de datos personales a terceros. En este caso se invocaron ante el TJ cuestiones prejudiciales sobre la interpretación de un Reglamento comunitario por el que se establecía un sistema de gestión y control de ayudas comunitarias basado en la creación de bases de datos de los solicitantes, con el fin de evitar el fraude en las concesiones. El TJ condicionó el acceso a los datos personales por parte de terceros, a la existencia de un interés legítimo, sin que se pudiera hacer depender el acceso a los datos y su cesión de la voluntad del sujeto que los había proporcionado. Así, en este caso, el TJ ponderó el interés de la persona que había proporcionado los datos y el interés de la persona que solicitaba el acceso a los mismos, y concluyó, apoyándose para ello en lo establecido en la Directiva 95/46/CE sobre Protección de Datos Personales, sobre los tratamientos legítimos de datos personales, que se tenía que haber autorizado la comunicación de los datos por parte de su titular, al ser la misma necesaria para satisfacer el interés legítimo del demandante, y que dicha información comunicada debía ser, además, exacta y completa.

En el año 2001, en el caso D. y Reino de Suecia[293] contra Consejo relativo a la denegación por parte del Consejo de una asignación familiar a un funcionario sueco que había inscrito en el Registro una relación de pareja con otro nacional del mismo sexo, el TJ hizo frente a la cuestión de la cesión o transmisión de datos personales. En este caso, aunque el TJ hace suya la jurisprudencia del Tribunal de Estrasburgo y considera que una transmisión de datos personales erróneos o falsos supone una injerencia en la vida privada, pues la información debe ser exacta y completa, el TJ concluyó que en el presente caso no se había producido ninguna transmisión de datos erróneos pues la inscripción efectuada en el Registro no había producido efectos, al no considerarse las uniones de hecho entre personas del mismo sexo equiparables al matrimonio, no había cambiado el estado civil de los demandantes y, en definitiva, no se habían modificado los datos en su contenido.

---

[292] STJ de 14 de octubre de 2000, caso The Queen and the Ministry of Agriculture, Fischeries and Food.

[293] STJCE de 31 de mayo de 2001, caso D. y Reino de Suecia contra Consejo.

En el caso sobre patentes biotecnológicas, caso Países Bajos contra Parlamento y Consejo[294], en el que no se podía comprobar si el donante o el receptor de los productos obtenidos mediante procedimientos biotecnológicos había prestado su consentimiento y tenía acceso a sus informaciones personales implicadas en ese procedimiento. El TJ reconoce que el consentimiento es el elemento esencial del derecho del sujeto a disponer de sí mismo, la esencia del derecho a la protección de datos, es la libre disposición de los datos por parte del individuo. Pero, como en otras ocasiones, el TJ eludió en su fallo, el tema de la protección de datos personales y se centró en analizar la normativa que regulaba la materia y su origen, aplicando el principio de proporcionalidad y concluyendo que en los casos como el que nos ocupa, de transposición de normativa europea, las autoridades nacionales disponen de un margen de discrecionalidad amplio, sujeto siempre a control del TJ, dentro del cual se había actuado en esta ocasión.

En el 2002, en un caso sobre registros de datos personales elaborados por empresas, el caso LVM, el TJ se refirió a la finalidad de los datos obtenidos a través del registro y a que los mismos no podían ser utilizados con otra finalidad de aquella para la que fueron recogidos[295].

El Tribunal de Luxemburgo ha creado en los últimos años, una importante jurisprudencia sobre el derecho a la protección de datos personales en el marco del Derecho de la Unión Europea. Dicha jurisprudencia se manifiesta, con especial importancia, en dos decisiones dictadas en el 2003. Se trata del caso Österreichischer Rundfunk[296] y Lindqvist[297].

La sentencia de 20 de mayo de 2003, Österreichischer Rundfunk, permite al Tribunal de Justicia responder a tres reenvíos prejudiciales remitidos por el Tribunal Constitucional y por el Tribunal Supremo austriacos. En esta decisión se aborda la problemática de la divulgación de datos relativos a los ingresos de empleados de determinadas entidades públicas.

En el supuesto de referencia se había planteado un litigio que enfrentaba al Tribunal de Cuentas con varios organismos públicos, como la Radiotelevisión pública, la Cámara de comercio o el Banco central, sujetos al control externo de cuentas, en las otras dos cuestiones planteadas, en esta ocasión, ante el Tribunal Supremo, dos empleados de la Radiotelevisión pública austriaca habían solicitado a los tribunales medidas cautelares de suspensión del envío de la documentación reclamada por el Tribunal de Cuentas.

---

[294] STJ de 9 de octubre de 2001, caso Países Bajos contra Parlamento y Consejo.

[295] STJ de 15 de octubre de 2002 caso LVM.

[296] STJ de 20 de mayo de 2003, Österreichischer Rundfunk.

[297] STJ de 6 de noviembre de 2003, Lindqvist.

Estas cuestiones planteaban si de conformidad con la Directiva 95/46/ UE, se podían divulgar los datos referidos a los empleados de empresas públicas a los meros efectos del control financiero. El Tribunal de Justicia constató que en los supuestos enjuiciados se aplicaba la Directiva, algunas de sus disposiciones podían ser invocadas directamente por los particulares pero, en principio y salvo que los tribunales austriacos llegasen a otra conclusión, la normativa nacional no sería contraria a la Directiva si se demostraba que la amplia divulgación del importe de los ingresos anuales, cuando estos superaban un límite determinado, y de sus perceptores, personas empleadas por entidades públicas, fuese necesaria y apropiada para lograr el objetivo de buena gestión de los recursos públicos. En este caso, por tanto, más que la problemática del *habeas data*, es decir, del derecho de acceso del ciudadano a los datos que le conciernen, se trata de un problema de lo que se ha denominado "cibertransparencia", es decir del acceso público a datos personales, en concreto financieros, de quienes desempeñan funciones públicas[298].

Respecto a la sentencia de 6 de noviembre de 2003 sobre el caso Lindqvist, ha sido analizada *supra*, en el Capítulo IV.1 de esta investigación, por su importancia para el significado y alcance de la protección de datos y el *habeas data* en la jurisprudencia europea sobre la materia. Por ello, parece ocioso reiterar aquí lo ya expuesto.

Conviene insistir en la idea de que el Tribunal de Luxemburgo en su jurisprudencia en materia de protección de datos personales, al aplicar la normativa de la UE sobre la materia, ha tenido siempre presente para la interpretación la elaboración argumentativa y el propio desarrollo de sus decisiones, a la jurisprudencia emanada del Tribunal de Estrasburgo.

Así, por ejemplo, en la ya mencionada sentencia Österreichischer Rundfunk se basa en lo que significa la Directiva 95/46/ UE para la protección de las libertades y de los derechos fundamentales de las personas físicas, y, en particular, del derecho a la privacidad, en lo que respecta al tratamiento de los datos personales. Pero en sus argumentaciones el TJ fundamenta la garantía del derecho a la vida privada tal y como ha sido interpretado por el Tribunal de Estrasburgo. El Tribunal de Luxemburgo sostiene que el artículo 8 del CEDH, al tiempo que enuncia, en su apartado 1, el principio de no injerencia de la autoridad pública en el ejercicio del derecho a la vida privada, admite, en su apartado 2, que una injerencia de este tipo es posible en tanto en

---

[298] LIMBERGER, T. Y LOPES SALDANHA, J.M., "Cibertransparencia en la Administración Pública: La importancia de la Cultura presupuestaria para concretización de los derechos sociales", en el vol., col., a cargo de REYES, P. *Ciudadanas 2020. El gobierno de la información*, Instituto Chileno de Derecho y Tecnologías, Santiago, 2011, pp. 113 ss.

cuanto esté prevista por la ley y constituya una medida que, en una sociedad democrática, sea necesaria para la seguridad nacional, la seguridad pública, el bienestar económico del país, la defensa del orden y la prevención del delito, la protección de la salud o de la moral, o la protección de los derechos y libertades de los demás.

Por lo que se refiere a la existencia de la injerencia, el Tribunal de Justicia constata: la recogida de datos nominales sobre los ingresos profesionales de un individuo, para comunicárselos a terceros, está comprendida en el ámbito de aplicación del artículo 8 del CEDH. El Tribunal Europeo de Derechos Humanos declaró, a este respecto, que los términos "vida privada" no debían interpretarse restrictivamente y que ninguna razón de principio permite excluir las actividades profesionales del concepto de vida privada. Por tanto, el principio de transparencia no es suficiente para anular el derecho a la tutela de sus datos personales de las autoridades o funcionarios públicos. Habrá que establecer una ponderación de bienes para permitir que el principio de la transparencia no traspase determinados ámbitos de la privacidad de los servidores públicos.

En la jurisprudencia más reciente del Tribunal de Justicia, se debe mencionar la sentencia del caso, Satakunnan Markkinapörssi y Satamedia[299]. El supuesto hace referencia a un reenvío prejudicial del Tribunal Supremo administrativo finés que planteaba si la recogida por la empresa Markkinapörssi de datos públicos de la administración fiscal era conforme con el derecho a la protección de datos y con la Directiva 95/46/UE. La finalidad de la recogida de datos era publicar anualmente extractos en las ediciones regionales de un periódico que se dedica a la información personal de carácter fiscal; también Markkinapörssi acordó transmitir estos datos en un disco a otra empresa, Satamedia, que mediante mensajes de texto remitía algunas de estas informaciones por vía telefónica a quien lo solicitase y abonase unos dos euros.

El Tribunal de Justicia, después de considerar aplicable al caso concreto la Directiva 95/46/UE, analizó si el tratamiento y la publicación de tales datos de carácter personal pueden considerarse admisibles en concepto de actividad periodística. Para ello, el Tribunal de Justicia recuerda que la finalidad de la Directiva es permitir la libre circulación de datos personales y garantizar la protección de las libertades y de los derechos fundamentales de las personas físicas, y, en particular, del derecho a la intimidad, en lo que respecta al tratamiento de dichos datos. Por tanto, dicho objetivo no puede alcanzarse sin tener en cuenta que los referidos derechos fundamentales han de conciliarse, en una cierta medida, con el derecho fundamental a la libertad de expresión.

---

[299] STJ de 16 de diciembre de 2008, Satakunnan Markkinapörssi y Satamedia.

El Tribunal de Luxemburgo procedió a ponderar la garantía de la protección de la privacidad y la libertad de expresión, prevista en el artículo 9 de la Directiva, es una función que incumbe a los Estados miembros. Estas excepciones, como señala el Tribunal comunitario, deben establecerse exclusivamente con fines periodísticos o de expresión artística o literaria que están comprendidos dentro del derecho fundamental de la libertad de expresión artística o literaria, sólo en la medida en que resulten necesarias para conciliar el derecho a la intimidad con las normas que rigen la libertad de expresión.

El TJ señaló las pautas interpretativas que debe seguir el juez finés, para tener en cuenta la importancia que tiene la libertad de expresión en toda sociedad democrática, procede, por una parte, interpretar ampliamente los conceptos relacionados con ella, entre ellos el de periodismo. Para obtener una ponderación equilibrada de los dos derechos fundamentales, la protección del derecho fundamental a la intimidad exige que las excepciones y restricciones a la protección de los datos previstas en la Directiva, se establezcan dentro de los límites de lo que resulte estrictamente necesario.

En definitiva, el TJ concluyó que corresponde al juez finés determinar si el tratamiento de datos personales se realiza exclusivamente con fines periodísticos, es decir, si estas actividades se ejercen con la única finalidad de divulgar al público, por cualquier medio de transmisión, información, opiniones o ideas. El Tribunal de Justicia precisa que tales actividades no están reservadas a las empresas de medios de comunicación y que pueden ejercerse con ánimo de lucro.

En esta decisión el TJ no se plantea expresamente el derecho de acceso a sus datos personales registrados por parte de las empresas que ejercen esa labor informativa. No obstante, la referencia continua del TJ a la Directiva 95/46, como marco básico de garantía normativa de los datos personales, permite inferir que el Tribunal luxemburgués estima, de modo implícito, que esas empresas informativas debían permitir, en toda circunstancia, el acceso a sus datos personales por parte de las personas concernidas en sus archivos de datos.

En la reciente jurisprudencia del Tribunal de Justicia de la UE, ha despertado especial interés jurídico, cívico y mediático, su Sentencia del 13 de mayo de 2014, referente al denominado "caso Google". Dicha sentencia tuvo origen en la reclamación que el Sr. Costeja González presentó contra La Vanguardia Ediciones y frente a Google Spain y Google Inc. (en adelante "Google"), ante la Agencia Española de Protección de Datos (AEPD). Su reclamación se basaba en que, cuando un internauta introducía su nombre en el motor de búsqueda de Google, obtenía como resultado vínculos hacia dos páginas del periódico La Vanguardia del año 1998, en las que figuraba un anuncio de una subasta de inmuebles relacionada con un embargo por deudas a la Seguridad Social.

Dicha reclamación fue desestimada por la AEPD en lo que afectaba a La Vanguardia y en cambio fue estimada en relación con Google. Esta empresa americana interpuso dos recursos ante la Audiencia Nacional que, tras acumularlos, decidió suspender el procedimiento y plantear al Tribunal de Justicia de la UE unas cuestiones prejudiciales sobre la aplicabilidad del Derecho Comunitario a este supuesto.

En relación con dichas cuestiones, la sentencia del tribunal de la UE estableció que la actividad llevada a cabo por los motores de búsqueda debe calificarse como "tratamiento de datos personales" cuando la información a la que acceden contenga datos personales. De conformidad con la legislación europea (Directiva 95/46), la actividad de un motor de búsqueda consistente en hallar información publicada o puesta en internet por terceros, indexada de manera automática, almacenada temporalmente y puesta a disposición de los internautas según un orden de preferencia determinado debe calificarse como "tratamiento de datos", y dicho motor deberá ser considerado "responsable del tratamiento".

El Tribunal de Luxemburgo consideró que, siempre que concurran ciertos requisitos y previa solicitud del interesado, el responsable de un motor de búsqueda está obligado a eliminar de la lista de datos obtenida, tras una búsqueda efectuada a partir del nombre de la persona concernida, todos los datos personales de dicha persona, vinculados a páginas web publicadas por terceros y que contienen información relativa a esa persona, incluso en el supuesto de que esos datos no se borren previa o simultáneamente de esas páginas web y aún cuando la publicación en dichas páginas sea en sí misma lícita.

El Tribunal Europeo consideró que la persona concernida tiene derecho a que la información que le afecta y publicada legalmente por terceros no se ponga a disposición del público en general mediante su inclusión en una lista de resultados, debido a que esos datos o información pueden perjudicarle o que, simplemente, el interesado desee que esos datos e información se olviden tras un determinado lapso de tiempo. Un supuesto distinto es que, por razones concretas (tales como la naturaleza de los datos publicados o la condición de la persona afectada), la injerencia en el derecho del afectado esté justificada por el interés preponderante del público a conocer y tener acceso a esa información. Por ello, Google tras la sentencia del Tribunal de Luxemburgo, se ha apresurado a habilitar un procedimiento para que los interesados puedan ejercitar su derecho de oposición, pero justifican las excepciones a acceder a dicho derecho en función de fines de interés público o social. Entre los ejemplos puestos por la empresa californiana, se alude a la denegación cuando se trate de datos relativos a estafas financieras, negligencia profesional, condenas penales o corrupción de funcionarios públicos... Con estos ejemplos la empresa norteamericana justifica las restricciones ante determinadas demandas, en función a situaciones que producen alarma social y que, por tanto, la opinión pública rechaza el "olvido" de esos comportamientos.

La importancia de esta sentencia para la garantía del *habeas data* europeo, estriba en su contribución a la tutela del derecho de oposición y, por tanto, de un derecho "al olvido", en el seno de todos los Estados que forman parte de la UE. Como se tuvo ocasión de exponer en las páginas dedicadas a la delimitación conceptual del *Habeas data*, esta categoría, en su acepción amplia no se limita al reconocimiento del derecho al acceso, sino que se extiende a los denominados derechos "ARCO" (Acceso, Rectificación, Cancelación, Oposición), por ello, toda la temática relativa al derecho de oposición y, consiguientemente, al denominado derecho al "olvido", se inscribe de pleno en el ámbito teórico y en la incidencia práctica del *habeas data*.

No huelga tampoco recalcar, que esta sentencia especifica quien tiene la responsabilidad y la obligación, de retirar la información o los enlaces a informaciones que puedan ser lesivas para las personas y que, además, carezcan de relevancia informativa.

El Tribunal de la UE se planteó, también, si el derecho del perjudicado llega al punto de generar la obligación de retirar la información publicada en la fuente o si aquel derecho alcanza solamente a la obligación del motor de búsqueda de no posibilitar enlaces a aquellas fuentes o noticias que perjudiquen el derecho del recurrente, aun cuando dicha información sea totalmente lícita. En este aspecto, la sentencia opta por la segunda interpretación. Por ello, la sentencia obliga al motor de búsqueda a "ocultar" siempre que concurran ciertas circunstancias y previa solicitud del interesado, no poniendo a disposición del resto de internautas aquella información que contenga datos personales. En principio, dicha obligación no será extensible al responsable de la fuente de información publicada, pues éste, si los datos publicados son veraces y lícitos, se halla amparado por el derecho de libertad de expresión e información. Con ello, el Tribunal de Luxemburgo coincide con la resolución de la AEPD, que como se ha indicado *supra* sancionó a Google, pero no a La Vanguardia.

Especial relevancia tiene también a los efectos de la tematica tratada en esta obra, la Sentencia del Tribunal de Justicia de la UE, de fecha 6 de octubre de 2015, referente al denominado caso “Europa vs Facebook”.

Los antecedentes de este supuesto parten de la denuncia del ciudadano europeo Max Schrems contra Facebook por vulnerar la reglamentación europea de protección de datos personales que fue presentada ante la Agencia de Protección de Datos de la Republica de Irlanda.

Motivó esta demanda el hecho de que Maximillian Schrems, ciudadano austriaco, era usuario de Facebook desde 2008. Como ocurre con los demás usuarios que residen en la UE, los datos proporcionados por Schrems a Facebook fueron transferidos total o parcialmente de la filial irlandesa de dicha red social a servidores situados en territorio de los Estados Unidos, donde fueron objeto de tratamiento. El demandante consideró que dicho tratamiento vulneraba la protección europea de sus datos personales.

Dicha Agencia la desestimó por entender en su Decisión de 26 de julio de 2000 que la Comisión Europea había considerado que, en el marco del régimen denominado de “puerto seguro”, Estados Unidos garantiza un nivel adecuado de protección de los datos personales transferidos.

El demandante, tras la denegación de la Agencia, la reprodujo ante el Tribunal Supremo (High Court) Irlandes. Dicho Tribunal planteó, con fecha 17 de julio de 2014, una cuestión prejudicial ante el Tribunal de la UE relativa a la interpretación de la legislación europea al respecto.

En su Sentencia el Tribunal de Luxemburgo ha establecido que el artículo 25, de la Directiva 95/46 de protección de datos, debe interpretarse en el sentido de que una Decisión adoptada en virtud de la referida disposición, como la Decisión 2000/520/CE de la Comisión, de 26 de julio de 2000, sobre la adecuación de la protección conferida por los principios de puerto seguro para la protección de la vida privada y las correspondientes preguntas más frecuentes, publicadas por el Departamento de Comercio de Estados Unidos de América, por la que la Comisión Europea constata que un tercer país garantiza un nivel de protección adecuado, no impide que una autoridad de control de un Estado miembro de la UE, a la que se refiere el artículo 28 de esa Directiva, examine la solicitud de una persona relativa a la protección de sus derechos y libertades frente al tratamiento de los datos personales que la conciernen que se hayan transferido desde un Estado miembro a ese tercer país, cuando esa persona alega que el Derecho y las prácticas en vigor en éste no garantizan un nivel de protección adecuado.

La principal consecuencia que dimana de la Sentencia aquí aludida, en cuanto se refiere a la tutela del *habeas data,* es que reconoce un derecho de los ciudadanos europeos para acceder y controlar sus datos personales incluidos en los ficheros de empresas que operan en Europa, aunque sus sedes radiquen en territorio extra europeo.

CONCLUSIONES

Del análisis realizado a lo largo de las páginas que integran esta investigación se pueden inferir ahora algunas consecuencias teóricas o consideraciones conclusivas. En su exposición se seguirá el hilo conductor correspondiente al propio orden de los distintos Capítulos que integran este libro. Estas conclusiones, al propio tiempo, entrañan una síntesis o recapitulación de los distintos temas y argumentos tratados a lo largo de este estudio. Las conclusiones pretenden también ofrecer una relación compendiada de las eventuales aportaciones teóricas que de la investigación realizada cabe desprender.

1. NUEVAS TECNOLOGÍAS Y DERECHO PROCESAL

De la temática expuesta en el Capítulo I se infiere que, en la actualidad, los sistemas jurídicos de los países avanzados se hallan en un periodo de profunda transformación motivada por el impacto ejercido sobre ellos por el desarrollo de las Nuevas Tecnologías (NT), o por las Tecnologías de la Información y de la Comunicación (TIC). El contexto en el que se ejercitan hoy las instituciones jurídicas y los derechos fundamentales de los ciudadanos es el de una sociedad donde las NT y las TIC y, en especial, la Red, han devenido en el símbolo emblemático de nuestra cultura, también de nuestra cultura jurídica.

En esta nueva situación de impacto tecnológico en el Derecho, han aparecido nuevas categorías jurídicas que merecen creciente atención por parte de los operadores jurídicos. De los estudios sobre informática y Derecho se concluye que pueden distinguirse dos nuevas categoría surgidas de la interacción entre el mundo tecnológico y la experiencia jurídica. El *Derecho informático* o *Derecho de la informática* es una materia inequívocamente jurídica; conformada por el sector normativo de los sistemas jurídicos contemporáneos integrado por el conjunto de normas dirigidas a la regulación de las nuevas tecnologías de la información y la comunicación. Y la *Informática jurídica*, que es una materia bifronte integrada por las aplicaciones tecnológicas a distintos aspectos del Derecho. Tras el estudio realizado en este primer Capítulo se infiere que el *habeas data* constituye uno de los objetos de estudio más importantes y actuales del Derecho informático, o sea, de aquellas normas de los ordenamientos jurídicos democráticos que tienden a garantizar las libertades frente a abusos indebidos de las tecnologías. El *habeas data* representaría una acción del ciudadano para acceder a las informaciones que le conciernen, registradas en archivos automatizados.

La nueva metodología y la nueva problemática que dimanan del Derecho informático y de la Informática jurídica afectan a todas las ramas del Derecho y, por tanto, inciden también en la esfera del Derecho procesal. En el ámbito del Derecho procesal cabe colegir, como corolario de la indagación aquí realizada, que, en los últimos años, han surgido dos importantes sectores de estudio que recaban creciente interés en la teoría y en la práctica procesales. Puede hablarse en la esfera procesal, al igual que ha ocurrido en otras disciplinas jurídicas, de una proyección en su objeto y metodología de esas dos grandes categorías que han sido aludidas en la conclusión anterior. En efecto, puede aquí también hablarse de un Derecho procesal informático y de una Informática jurídica procesal.

Del estudio realizado en este libro, se deriva que el *habeas data* se inscribe como una de las principales instituciones del Derecho procesal informático, con todas las consecuencias que de ello se derivan para la renovación del aparato conceptual y metodológico de este sector disciplinar.

Entre las principales novedades de la Informática jurídica procesal, en particular, en lo referente a su faceta de Informática jurídica procesal de gestión, destaca la importancia recabada por la automatización de la Oficina Judicial. El estudio de la informatización de la Oficina Judicial es tarea que exigiría una investigación o una Tesis monográfica, por los múltiples aspectos y pluralidad de experiencias nacionales y extranjeras, que constituyen el objeto de este sector. El Capítulo II de este trabajo no ha perseguido un objetivo tan amplio. Se ha querido, sin embargo, tomar en consideración que frente a la imagen artesanal que caracterizaba el quehacer del juez y del personal de los juzgados en el pasado, emerge ahora una Oficina Judicial con amplia presencia de métodos tecnológicos que requieren un personal familiarizado y cualificado para su correcta utilización. De ello, debe inferirse que se ha producido una mudanza en profundidad de la propia imagen del juez y del secretario judicial, acorde con la sociedad tecnológica en la que desempeñan su función.

Conviene tener presente que esas proyecciones tienen aquí un sentido especial: frente al carácter prevalentemente teórico que revisten en otros sectores de la actividad jurídica, aquí entrañan una dimensión inequívoca normativa. Se trata de aplicaciones que no tienden sólo a permitir el conocimiento del Derecho aplicable, a discernir interpretaciones posibles, o a simular decisiones, sino que la informática jurídica judicial contribuye a la formación de los distintos momentos del *iter* procesal que tiene su conclusión en un acto normativo: la sentencia.

En los países tecnológicamente avanzados, el *aggiornamento* de la Administración de Justicia se ha llevado a cabo a través de la paulatina y creciente presencia en las oficinas judiciales de medios informáticos. Bajo la denominación de *"Ofimática judicial"*, que es la equivalencia en castellano de la expresión inglesa *"Judicial Office Automation"*, se engloban todas las actividades rutinarias e instrumentales que se llevan a cabo en cualquier Oficina Judicial o tribunal de justicia. Cabe concluirse, por tanto, que este aspecto de la Informática jurídica de gestión, tiene por objeto el tratamiento informatizado de informaciones y comunicaciones, elaboración e impresión de escritos, formalización de pagos, gestión de archivos y documentación, así como de todas las tramitaciones de los expedientes y asuntos que se realizan en una oficina jurídica. En sus proyecciones procesales a la oficina judicial, tendrá por objeto esas mismas actividades, pero referidas aquí a los distintos procedimientos tramitados en esos departamentos y unidades de la Administración de Justicia.

De las experiencias en curso relativas a la proyección de las TIC en la Administración de Justicia española, se infiere que esos medios tecnológicos, sin duda alguna, permiten acelerar la tramitación de los procesos judiciales. Al propio tiempo, posibilitan una mayor transparencia de los mismos, al simplificar para el ciudadano el acceso y conocimiento de su estado de tramitación. Asimismo, se desprende de la exposición crítica de las experiencias, planes y proyectos para la informatización de la Administración de Justicia en España estudiados en nuestra investigación, que los ciudadanos y cuantos se hallan dedicados al servicio de la justicia demandan la mejora y modernización de nuestro sistema judicial. Carencias tradicionales, sumadas a las nuevas exigencias de una sociedad cada vez más dinámica y compleja y al incremento de la litigiosidad, reclaman acometer las reformas necesarias para ello. Se pretende, por eso, que la justicia actúe con rapidez, eficacia y calidad, con métodos más modernos y procedimientos menos complicados. De conformidad con la doctrina de nuestro Tribunal Constitucional, los principios de eficacia y seguridad jurídica exigen garantizar en tiempo razonable los derechos de los ciudadanos y de actuar con pautas de comportamiento y decisión previsibles. Que actúe como poder independiente, unitario e integrado, con una estructura vertebrada, regida por una coherencia institucional que le permita desarrollar más eficazmente sus funciones constitucionales.

Corolario de una adecuada presencia de las NT y las TIC en nuestra Administración judicial se logrará no sólo el buen funcionamiento y la mayor eficacia de un servicio público capital, sino también garantizará la calidad democrática de nuestro sistema constitucional. En efecto, la adecuada presencia de medios tecnológicos en el quehacer de los tribunales permitirá fortalecer elementos sustanciales de nuestro Estado social y democrático de Derecho, al reforzar la garantía de derechos de los ciudadanos y contribuir al sometimiento de todos los poderes a reglas objetivas recogidas en las Leyes.

En los planes y proyectos tendentes a la implantación de las TIC en el ámbito jurisdiccional, se reconoce que la sociedad española demanda con urgencia una justicia más abierta que sea capaz de dar servicio a los ciudadanos con mayor agilidad, calidad y eficacia, incorporando para ello métodos de organización e instrumentos procesales más modernos y avanzados. La configuración de la Administración de Justicia como servicio público debe llevar necesariamente aparejado un catálogo de derechos del ciudadano frente a dicha Administración, derechos que no afectan a las cuestiones jurisdiccionales, sometidas al principio de legalidad y tutela judicial, sino a la actuación cotidiana de juzgados y tribunales en su relación con los ciudadanos que demandan sus servicios.

Como balance de lo que hasta ahora ha supuesto la proyección de las NT y las TIC en la Administración de Justicia en España, puede concluirse que dichas proyecciones han tenido por objeto una serie de aplicaciones y experiencias referidas a cuatro sectores fundamentales:

1) Ha servido, en términos de Informática jurídica procesal documental, para el tratamiento de la información y la documentación. En este ámbito se ha procedido a la informatización de los Archivos judiciales y, al propio tiempo, ha permitido la interconexión de bases de datos y sistemas operativos en diversos sectores de la Administración de Justicia.

2) Gracias a la Informática jurídica procesal de gestión, se ha conseguido informatizar numerosos procedimientos y trámites judiciales.

3) Mediante programas de Informática jurídica procesal decisional, se ha podido contribuir a la elaboración de sistemas expertos que actúan como herramientas de apoyo a la decisión judicial.

4) Y, por último, también ha contribuido al desarrollo de experiencias de ciberciudadanía, en la esfera de la tutela de las garantías procesales. Gracias a ello se posibilitan la comunicación e interacción entre los ciudada-

nos y los operadores jurídicos: informaciones, notificaciones telemáticas, presentación telemática de escritos etc.

En todos estos ámbitos se han desarrollado o se están desarrollando, algunas experiencias. No obstante, como ocurre en cualquier avance tecnológico, su implantación conlleva, simultáneamente, luces y sombras, aportaciones y riesgos que, en un balance con pretensiones de ecuanimidad, no resulta lícito omitir. Entre las *aportaciones* más significativas de estas experiencias, y recapitulando cuanto se ha tenido ocasión de exponer *supra*, debe señalarse que las TIC constituyen instrumentos necesarios para garantizar una justicia más segura, más rápida, de calidad y más eficaz. Ello supone un avance cualitativo, es decir una mejora en la calidad y en la transparencia de la justicia que se ofrece a los ciudadanos. Como ya se ha tenido ocasión de exponer anteriormente, son las propias condiciones en las que opera actualmente en España la Administración de Justicia las que hacen inevitable el recurso a medios tecnológicos. La tantas veces aludida "masificación de la Justicia" se ha traducido en un aumento progresivo de asuntos judiciales, que desmiente aquellas tesis ideológicas que hablaban de una progresiva "extinción y desaparición del Derecho". Al propio tiempo, se ha producido una auténtica "explosión de la información y la documentación judicial", es decir, de la ingente cantidad de información que los órganos judiciales deben gestionar, incluida la que ellos mismos producen.

Otras de las ventajas, ya apuntadas, que dimanan de las aplicaciones informáticas en el ámbito de la Justicia, hacen referencia a la posibilidad de unificar la jurisprudencia, puesto que el mejor conocimiento de las resoluciones judiciales redunda en la unificación de las pautas decisorias. Con lo que se contribuye a un reforzamiento de la seguridad jurídica.

De la investigación realizada se desprende también la necesidad de adoptar determinadas cautelas sobre las proyecciones tecnológicas a la esfera jurisdiccional, evitando así cualquier tentación de triunfalismo acrítico. Debe partirse de la reserva inicial de que la obtención de los resultados favorables se halla supeditada al empleo de un *hardware*, es decir a equipos físicos o material informático, y un *software*, o sea, programas y aplicaciones adecuados a las tareas auxiliares que deban realizarse en los tribunales y juzgados. Por supuesto, será también necesario contar con personal cualificado en el manejo de estos equipos y programas. Muchas veces, la eficacia de las proyecciones informáticas a la realización de tareas judiciales no ha conseguido la eficacia auspiciada, precisamente, por disfunciones o fallos en cualquiera de estos factores apuntados.

En relación con todo ello, deberá tenerse presente que sin una utilización adecuada de las NT en la Justicia, las disfunciones pueden superar a los logros.

La complejidad de la Oficina Judicial puede aumentar innecesariamente y un gran número de funcionarios pueden verse desplazados en el conocimiento y uso de las nuevas tecnologías.

En definitiva, la eficacia de las aplicaciones informáticas en los procesos judiciales se halla condicionada por la necesidad de que se destinen los suficientes recursos públicos dirigidos no sólo a la adquisición y renovación de los equipos informáticos o aplicaciones informáticas, sino también a la oportuna formación al personal de la Administración de Justicia para poder utilizarlos adecuadamente. El éxito del sistema informático, no depende sólo de la infraestructura de *hardware*, ni el *software*, sino de la capacitación de los operadores humanos del mismo. Por eso, cuando en las inversiones se dedica casi el cien por cien a la adquisición de equipos y programas, se produce el olvido de un factor esencial: la formación del personal.

No se puede tampoco soslayar que la progresiva penetración tecnológica en la esfera judicial es un fenómeno que no puede desligarse de la propia difusión de una mentalidad abierta a los cambios tecnológicos, no sólo entre los operadores jurídicos, sino en el entero tejido social. Para ello, será preciso que los juristas, en particular los jueces y secretarios judiciales, venzan determinado tipo de reticencias y reservas con respecto a lo que supone el cambio tecnológico en la esfera de su labor. Es notorio que entre los profesionales del Derecho existe una cierta tendencia a perpetuar las actitudes y modos de operar tradicionales. La sociología jurídica anglosajona ha contribuido a difundir la distinción entre lo que denomina "*Law in Books*", es decir, el Derecho tal como se manifiesta en los textos legales y en los libros de la ciencia jurídica, y "*Law in Action*", o sea, el Derecho tal como se expresa en la experiencia jurídica y, en especial, a través de las decisiones de los órganos que aplican las normas. Esta precisión es del todo pertinente para calibrar la eficacia real de las normas que han permitido proyectar, en nuestro ordenamiento jurídico, las NT y las TIC a la Administración de Justicia. Se puede concluir que la virtualidad de la implantación de esos recursos tecnológicos en la esfera judicial dependerá, de modo decisivo, de la actitud de los jueces y, de modo particular, de los secretarios judiciales respecto a la utilización de esos nuevos medios tecnológicos.

2. DEL *HABEAS CORPUS* AL *HABEAS DATA*

La analogía terminológica existente entre las expresiones "*habeas corpus*" y "*habeas data*" no es arbitraria ni casual. Por ello, esta obra dedica su Capítulo III a estudiar el vínculo significativo existente entre ambas expresiones. El análisis de esa conexión de sentido exige el estudio previo del significado y alcance del *habeas corpus.*

De acuerdo con las formulaciones doctrinales más relevantes, se infiere que en la noción de *habeas corpus* se pueden distinguir tres aspectos constitutivos:

1) Respecto a su *naturaleza jurídica* se trata de una acción procesal;
2) En lo referente a su *objeto,* tiene por contenido la exhibición "*actio exhibitoria*" o manifestación de la persona detenida extrajudicialmente ante el juez;
3) En cuanto a su *finalidad,* consiste en un procedimiento sumario para salvaguardar el derecho fundamental a la libertad de los ciudadanos.

Respecto a la polémica de la ciencia procesalista sobre si *el proceso de habeas corpus* posee la naturaleza jurídica de un recurso, o constituye una acción procesal, este estudio se decanta por la segunda postura. El *habeas corpus* no puede considerarse como un auténtico recurso pues la finalidad de los medios de impugnación estriba en obtener la revisión de las resoluciones judiciales y, en el caso del *habeas corpus,* dicha revisión se contrae al examen de una detención. Por tanto, no son aplicables al *habeas corpus* las normas procesales reguladoras del recurso.

En nuestro ordenamiento constitucional, el artículo 17.4 de nuestra vigente Ley de leyes ha sido desarrollado por vía de la Ley Orgánica 6/1984, de 24 de mayo, de *Habeas corpus.* A tenor de esa regulación, la doctrina más atenta a su estudio y a la que se adhiere esta investigación, sostiene que el *habeas corpus* constituye, de un lado, un derecho fundamental y, de otro, entraña un procedimiento especial. En su dimensión de derecho fundamental, el *habeas corpus* constituye una garantía de la libertad personal consagrada en la Constitución y garantizada por cuanto dispone el artículo 24.1 de la CE. Junto a esta dimensión jurídica fundamental, el *habeas corpus* entraña también un procedimiento a través del cual se articula el derecho de defensa, realizada por el detenido ante el juez.

La investigación aquí desarrollada, analiza y expone críticamente la doctrina de nuestro Tribunal Constitucional referente al significado y alcance del *habeas corpus.* De esa indagación se concluye que:

1) Son numerosas y relevantes las decisiones del TC en las que se explicitan argumentos que inciden en la *naturaleza jurídica* del *habeas corpus.* Se desprende de varias decisiones del TC, el carácter de acción procesal que corresponde a la institución aquí estudiada. Afirma, asimismo, el TC, en relación con la naturaleza jurídica del *habeas corpus,* que no es, pues, ni un proceso contencioso-administrativo sobre la regularidad del acto o

vía de hecho que origina la privación de libertad, ni tampoco un proceso penal sobre la eventual comisión de un delito de detención ilegal. A través de la acción procesal de *habeas corpus*, se trata de que un juez del orden jurisdiccional penal o de la jurisdicción militar examine, aunque sea de manera interina, la legalidad de una privación de libertad no acordada por órganos judiciales. El juez del *habeas corpus* no tiene por misión revisar el acto administrativo, lo que corresponderá a los órganos judiciales del orden contencioso-administrativo, sino la conformidad a Derecho de esa situación de privación de libertad.

2) Se estudian también las numerosas sentencias del TC dirigidas a explicitar el objeto o contenido de la institución del *habeas corpus*. Entre ellas, algunas proclaman que la libertad personal reconocida en el art. 17.1 de la Constitución queda vulnerada cuando se priva de ella a una persona sin observar lo dispuesto en el mismo o en casos o forma no previstos en la Ley. De aquí que el incumplimiento del principio de legalidad punitiva (tipicidad) y procesal, pueda configurarse como una vulneración de la libertad personal, en garantía de la cual el propio art. 17 prevé la regulación por Ley de un procedimiento de *habeas corpus* para producir la inmediata puesta a disposición judicial de toda persona detenida ilegalmente. Dada la función que cumple este procedimiento, no cabe duda de que comprende potencialmente a todos los supuestos en que se produce una privación de libertad no acordada por el juez, con el objeto de conseguir el resultado indicado si la detención fuera ilegal.

3) El procedimiento de *habeas corpus* se dirige siempre y esa es su *finalidad* básica, a la garantía del derecho fundamental a la libertad física de las personas. Así se explicita en la jurisprudencia del TC analizada, de la que se deduce el carácter de derecho fundamental de la libertad personal y la garantía reforzada de este derecho a través, precisamente, de la acción procesal de *habeas corpus*. El TC ha mantenido como fin básico para el ejercicio de la acción de *habeas corpus*, el que se haya producido una privación de la libertad personal al margen de la intervención judicial, a cuyo remedio se encamina la institución.

El estudio de la trayectoria conceptual desde el *habeas corpus* al *habeas data* implica un planteamiento histórico de la evolución de los derechos y libertades, o, si se prefiere, que estamos asistiendo a un proceso evolutivo de generaciones de derechos humanos. El enfoque teórico del paradigma generacional de los derechos y libertades, que se ha seguido en esta investigación, parte de la evolución histórica de los mismos.

La etapa actual de desarrollo tecnológico, junto a avances y progresos indiscutibles, ha generado nuevos fenómenos de agresión a los derechos y libertades. En esas coordenadas, se ha formulado una teoría de los derechos humanos de la tercera generación, que tiende a garantizar el pleno ejercicio de las libertades en la era tecnológica. Dentro de esa nueva generación de derechos aparece la libertad informática y la protección de datos personales, que tienen como una de sus garantías jurídicas básicas la acción de *habeas data.*

De la investigación desarrollada, se concluye que el *habeas data* constituye, en suma, un cauce procesal para salvaguardar la libertad de la persona en la esfera informática, que cumple una función paralela, en el seno de los derechos humanos de la tercera generación, a la que en los de la primera generación correspondió al *habeas corpus* respecto a la libertad física o de movimientos de la persona. Al cotejar las instituciones del *habeas corpus* y el *habeas data* se comprueba que existe una inicial coincidencia y una analogía entre ambas figuras. Debe afirmarse que en ambos supuestos nos hallamos ante acciones procesales dirigidas a la defensa de la libertad. En el caso del *habeas corpus* se trata de defender la libertad física de las personas, frente a detenciones arbitrarias; mientras que en el supuesto del *habeas data* la protección jurídica se dirige a la defensa de la libertad informática de los ciudadanos, es decir, a la facultad de acceso a los datos que le conciernen por parte de la persona interesada.

3. DELIMITACIÓN CONCEPTUAL DEL *HABEAS DATA*

En el Capítulo IV, con el que se inicia la Segunda Parte de este libro, se abordan la delimitación conceptual y la naturaleza jurídica del *habeas data.* El derecho de acceso y control a los datos personales informatizados por parte de las personas concernidas comenzó a forjarse en la doctrina científica, la jurisprudencia y la legislación de Europa y América, en los inicios de la década de los años 70 del pasado siglo. La inquietud sobre las agresiones a la intimidad que podían desprenderse por usos indebidos de las NT y las TIC suscitó un progresivo debate entre los teóricos del derecho, que luego influyó en algunas decisiones jurisprudenciales y se tradujo también en previsiones constitucionales y legislativas sobre la materia. La temática relativa al "*habeas data*", surgió en el seno de la doctrina jurídica norteamericana en la etapa inmediatamente anterior y posterior a la promulgación de la *Privacy Act,* en el año 1974. A través de esa institución se pretendía establecer una garantía procesal frente a la vulneración de la privacidad realizada a través de usos indebidos o abusivos de equipos informáticos. De inmediato, la regulación de los datos personales alcanzó un desarrollo normativo y jurisprudencial en casi todos los países europeos, siendo también importantes las aportaciones doctrinales sobre la materia, publicadas en la cultura jurídica europea.

La recepción jurídica del *habeas data* ha tenido un desarrollo especialmente relevante en el constitucionalismo iberoamericano contemporáneo. La recepción en estos países de las normas constitucionales de España y Portugal sobre la defensa de la intimidad frente a la informática, han producido una experiencia normativa específicamente dedicada a la tutela constitucional del *habeas data*. Por la actualidad e interés de estas manifestaciones del Derecho comparado del *habeas data*, así como por no haber sido objeto todavía de una atención doctrinal en la bibliografía jurídica española, se han estudiado en esta investigación algunas de las manifestaciones básicas de dicha experiencia normativa constitucional.

Del análisis crítico de las experiencias normativas y jurisprudenciales que conforman actualmente el Derecho comparado del *habeas data*, así como de las elaboraciones doctrinales que han sido objeto de estudio en el curso de esta investigación, se puede concluir la novedad, la relevancia presente y la proyección futura de esta categoría jurídica.

El análisis lingüístico de la expresión "*habeas data*" revela la pertinencia de esta formulación terminológica. Consiste en la utilización de una fórmula latina que acierta a captar el significado de una situación propia de las circunstancias de la era de la informática. "*Hábeas*", es la segunda persona del presente del subjuntivo de *habeo*, del verbo *habere*, significa aquí "tengas en posesión", que es una de las acepciones del verbo, y "*data*" es el acusativo plural de *datum*, que los diccionarios más modernos definen como representación convencional de hechos, conceptos o instrucciones de forma apropiada para la comunicación y procesamiento por medios automáticos; es decir: "que tengas disposición o acceso a los datos".

Del examen crítico de la doctrina relativa al *habeas data* se infiere que el *concepto* de este instituto jurídico puede asumir un doble sentido:

a) En su significación *estricta*, el *habeas data* hace referencia al derecho de acceso de los ciudadanos a los datos que les conciernen registrados en ficheros o archivos.

b) En su acepción *amplia*, la acción procesal de *habeas data* hace referencia al conjunto de los denominados derechos o facultades ARCO es decir, a los derechos de Acceso, Rectificación, Cancelación y Oposición. Estas facultades conjuntamente constituyen el núcleo del derecho a la libertad informática o derecho de autodeterminación informativa. Por eso, la noción amplia del *habeas data* se confunde con el derecho fundamental a la libertad informática o a la autodeterminación informativa y pierde, de este modo, la función que le es propia en cuanto acción procesal destinada a la tutela jurídica de esos derechos fundamentales.

Por ello, a fin de evitar equívocos o de convertir el *habeas data* en un concepto redundante de la libertad informática, en esta investigación se utiliza preferentemente la acepción estricta del concepto de *habeas data*, salvo en los casos en los que los planteamientos doctrinales, legislativos y jurisprudenciales aconsejan utilizar la noción de *habeas data* en su significado amplio o genérico. En todo caso, la preferencia por la acepción estricta se funda también en el sentido terminológico del *habeas data* y en su inspiración terminológica en el *habeas corpus*, que aluden siempre a una *actio exhibitoria*, o sea, a una puesta a disposición o acceso que se confiere al sujeto titular de la acción.

4. EL *HABEAS DATA* COMO ACCIÓN PROCESAL

Para determinar la naturaleza jurídica de la acción de *habeas data*, se ha partido del estudio de algunas de las indagaciones más relevantes de la doctrina procesalista española actual sobre el concepto de acción. A partir del análisis de esas elaboraciones científicas, se ha podido establecer que concurren en la acción de *habeas data* las principales características que se dan en la noción básica de la acción procesal. En efecto, se puede concluir que cada una de ellas halla su reflejo en esta institución y puede predicarse de los presupuestos configuradores de su naturaleza jurídica.

I) Por tratarse de una acción ligada a la tutela del derecho fundamental a la intimidad, en su modalidad de protección de datos personales, la acción procesal del *habeas data*, debe reconocerse en términos de *universalidad* a toda persona. El derecho de acceso a los registros y archivos informatizados, debe reconocerse a toda aquella persona que se halle concernida por las informaciones contenidas en esas bases de datos.

II) El reconocimiento de la acción procesal del *habeas data* debe realizarse en términos del mayor grado de *generalidad*. Su ámbito de ejercicio debe considerarse extendido a todos los tipos de registros de datos que afecten a la vida cívica: informaciones de carácter penal, patrimonial, sanitario, fiscal, laboral... Por ello, existen modalidades de *habeas data* adaptadas a cada uno de los ámbitos jurídicos de su incidencia.

III) Por su condición de acción tutelar de un derecho fundamental, el *habeas data* debe ejercerse con plena *libertad*. No es concebible la limitación arbitraria de su ejercicio o la negación injustificada del mismo.

IV) Por tratarse de una acción procesal, el *habeas data* debe hallar la correspondiente previsión *legal* en el ordenamiento jurídico. El reconocimiento y regulación normativa del *habeas data* es una condición necesaria para su invocación ante las instancias jurisdiccionales competentes de los Estados de Derecho.

V) Por último, la propia finalidad del *habeas data* implica la *eficacia* de su ejercicio. El *habeas data* tiene por objeto el acceso a las informaciones registradas en bases de datos por parte de las personas concernidas y sólo cuando se consigue dicho acceso se puede considerar que esta acción procesal ha logrado su objetivo.

5. EL *HABEAS DATA* EN EL ORDENAMIENTO JURÍDICO ESPAÑOL

La Constitución española de 1978, en su artículo 18.4, establece la limitación de la informática, para garantizar el honor y la intimidad de los ciudadanos y el pleno ejercicio de sus derechos. Este derecho fundamental exigía el correspondiente desarrollo legislativo tendente a especificar y pormenorizar su significado, alcance e instrumentos de tutela. A ese desarrollo se dirigió la promulgación de la Ley Orgánica 5/1992 para la Regulación del Tratamiento Automatizado de los Datos de Carácter Personal (LORTAD). Esa Ley tuvo una vigencia efímera. Apenas siete años separan la fecha del 29 de octubre de 1992 en que fue promulgada de la del 13 de diciembre de 1999 en la que se produjo su derogación a través de la Ley Orgánica 15/1999, de Protección de Datos de Carácter Personal (LOPRODA). Esta nueva Ley nació para el cumplimiento y adaptación al ordenamiento jurídico español de lo dispuesto en la Directiva 95/46 UE. En el Capítulo V se ha analizado la regulación del *habeas data* en nuestro ordenamiento jurídico, a partir de las normas mencionadas y de la jurisprudencia referidas a dicha institución, así como de la doctrina científica elaborada sobre la misma.

El *habeas data* se haya reconocido en el artículo 15 de la LOPRODA. Dicho artículo garantiza el acceso a los datos personales por parte de las personas interesadas, es decir, de los titulares de dichos datos. Puede afirmarse que este artículo supone la transposición a nuestro ordenamiento jurídico del derecho de acceso reconocido en el artículo 12 de la Directiva 95/46 UE.

A través del ejercicio de la acción procesal de *habeas data,* tal como está regulada en la LOPRODA y en su Reglamento promulgado por el RD 1720/2007, que la desarrolla, puede concluirse que, en nuestro ordenamiento jurídico, el titular de los datos podrá conocer cuáles son los ficheros existentes que pueden contener sus datos personales, pues sólo de esta forma podrá tener un verdadero control sobre los datos que le conciernen y sobre quién y para qué fines se utiliza. Gracias a esta acción se consigue la tutela del contenido esencial del derecho fundamental a la intimidad, reconocido en el artículo 18.4 CE, en la medida en que el titular de tal derecho encuentra en el *habeas data* el instrumento procesal eficiente dirigido a la tutela de aspectos básicos integradores del núcleo conformador de ese derecho.

Del examen crítico de nuestro sistema normativo, cabe inferir como elementos constitutivos del *habeas data,* respecto a su contenido, el derecho del afectado a obtener información sobre si sus datos han sido o están siendo objeto de tratamiento, la finalidad del mismo, así como la información disponible sobre el origen de dichos datos y las comunicaciones realizadas o previstas realizar de los mismos. En cuanto a los principios informadores de la acción del *habeas data* en nuestro ordenamiento jurídico, se ha podido concluir que, en lo básico, coinciden con los rasgos que caracterizan esta acción procesal, tal como fueron enjuiciados en el Capítulo 4 de esta investigación.

1) De acuerdo con la normativa española, se configura la acción de *habeas data* como el ejercicio de un derecho *personalísimo*. Por tratarse de una especificación del derecho fundamental a la intimidad, que deriva del valor de la dignidad humana, el derecho a la protección de datos personales forma parte de los llamados derechos de la personalidad, cuyo ejercicio es de carácter personalísimo.

2) La acción de *habeas data* se contempla en la LOPRODA y su Reglamento como el ejercicio de un derecho de carácter *universal*.

La universalidad de esta acción se desprende del reconocimiento de su titularidad, no sólo a los ciudadanos españoles, sino también a los extranjeros cuyos datos personales se hallen comprendidos en el ámbito de aplicación de la norma, para ello, se exige, que el tratamiento sea efectuado en territorio español.

3) La acción de *habeas data* se halla también connotada por el carácter de la *generalidad*. El legislador español ha querido que su ámbito de ejercicio se extienda a todos los tipos de registros de datos que afecten a la vida cívica: informaciones de carácter penal, patrimonial, sanitario, fiscal, laboral... Por ello, existen modalidades de *habeas data* adaptadas a cada uno de los ámbitos jurídicos de su incidencia.

4) El *habeas data* constituye una acción tutelada por vía *legal*, esa reglamentación legislativa reviste los caracteres de ser *autónoma, sumaria* y *simplificada*. El derecho de acceso a los datos personales es un derecho autónomo, esto es, podrá ejercerse de forma independiente de los otros derechos ARCO (rectificación, cancelación y oposición). Es el titular de los datos el que decide en último término si lo ejerce de forma conjunta o independiente respecto de sus otros derechos. Se deja así a la libre decisión del titular el ejercicio de uno u otro derecho. En ningún caso se establece como requisito para el ejercicio de los derechos de rectificación o cancelación, haber ejercido previamente el derecho de acceso. El procedimiento de acceso se caracteriza también por las notas de sumariedad y simplicidad. Su regulación reglamentaria tiende a que el periodo de su tramitación sea breve.

Al propio tiempo, la mencionada norma prevé un cauce simplificado para que el titular de los datos pueda ejercitar su derecho de acceso, en tanto que esto supone una garantía para el ejercicio del mismo. El procedimiento no debe suponer la exigencia de unos trámites formales complejos que dificulten las actuaciones del derecho de acción por parte del afectado.

Puede concluirse, por tanto, que para facilitar el ejercicio de esta acción, las disposiciones que la reglamentan tienden a establecer el máximo grado de flexibilidad en los requisitos relativos a su ejercicio.

5) La acción del *habeas data* se halla también connotada por su pretensión de *eficacia*. La dimensión teleológica de esta acción es, precisamente, la de obtener el acceso real a sus datos personales por parte del titular de la acción. El reconocimiento de la misma carecería de sentido de no poderse obtener este resultado. De ahí que la normativa de la LOPRODA y de su Reglamento se hallen orientadas a facilitar ese rasgo de eficacia.

El procedimiento de sustanciación del *habeas data* puede realizarse en dos fases y ante dos instancias. En el caso de que, en la primera fase del procedimiento, el ejercicio de la acción de *habeas data* por parte del titular ante el responsable del fichero no sea atendida o lo sea insatisfactoriamente, puede recurrir, en la segunda fase del procedimiento, para la tutela de su derecho a la Agencia Española de Protección de Datos. Por ello, en los casos en que se deniegue total o parcialmente, o no se responda a la solicitud de acceso, el titular de la acción puede acceder a esa segunda fase del procedimiento para ejercer su derecho de tutela de sus datos personales ante la Agencia Española de Protección de Datos. Ésta actúa, por tanto, como una segunda instancia para la sustanciación del procedimiento de *habeas data*.

Del análisis de las resoluciones de la Agencia Española de Protección de Datos, así como de los recursos que contra dicha resoluciones se han planteado ante la jurisdicción contencioso administrativa, se puede concluir que, con la garantía del derecho de acceso, nuestro sistema jurídico ha pretendido el restablecimiento de un equilibrio de posiciones: las cargas y exigencias que corresponden al responsable del fichero representan una contrapartida equitativa al beneficio que obtiene del tratamiento de los datos personales, y así se permite al titular de los mismos no quedar en una postura de indefensión o de debilitamiento de sus derechos.

Como todos los derechos y libertades fundamentales, el *habeas data* está sujeto a determinados *límites* en su ejercicio. Tales limitaciones, como se desprende de su regulación reglamentaria, se hallan justificadas por la necesidad de salvaguardar intereses generales, tales como la seguridad del Estado, la defensa y la seguridad pública; o si éstos están destinados a fines históricos, científicos o estadísticos.

6. LA TUTELA JURISDICCIONAL Y ADMINISTRATIVA DEL *HABEAS DATA* EN ESPAÑA

A lo largo de las páginas del Capítulo V, se ha analizado la jurisprudencia del Tribunal Supremo y de la Audiencia Nacional, así como las resoluciones de la Agencia Española de Protección de Datos, que se han considerado más relevantes para la tutela del *habeas data*. Como quiera que esta acción procesal se halla destinada a la protección del derecho fundamental a la intimidad, resultan también de la mayor importancia las decisiones de nuestro Tribunal Constitucional, que han hecho referencia expresa a la tutela del derecho de acceso de los ciudadanos a las informaciones que les conciernen. Se ha preferido un estudio conjunto de estas sentencias para delimitar mejor el significado y alcance constitucional del *habeas data*.

De conformidad con la jurisprudencia del TC, el *habeas data* puede denegarse cuando se pretenda el acceso a datos contenidos en ficheros de titularidad pública gestionados por las Fuerzas y Cuerpos de Seguridad con fines policiales y dicho acceso ponga en peligro la defensa del Estado, la seguridad pública, la protección de los derechos y libertades de terceros y las investigaciones que se estén realizando. De igual modo, se denegará el acceso cuando tenga por objeto información contenida en ficheros de la Hacienda Pública y se obstaculice con ello el cumplimiento de las obligaciones tributarias.

En el conjunto de decisiones del TC que han sido objeto de comentario crítico en este Capítulo, se advierte que su jurisprudencia ha tendido a potenciar paulatinamente la garantía de los datos personales. A esa progresiva sensibilización del TC por esta materia no ha sido ajeno el influjo de las sentencias de los tribunales europeos. Por lo que hace referencia a la protección del *habeas data*, debe señalarse que, al margen de alusiones concretas al derecho de acceso, se desprende de la doctrina jurisprudencial del TC asumida en su conjunto un reconocimiento implícito de cuanto supone esta acción procesal como medio necesario para poder ejercer plenamente el derecho a la libertad informática que la jurisprudencia del TC se propone garantizar.

7. MODALIDADES SECTORIALES DE *HABEAS DATA*

En el ordenamiento jurídico español la acción procesal de *habeas data* adquiere algunas características especiales que afectan a su ejercicio. Se trata de ámbitos o sectores del Derecho, en los que el procedimiento de *habeas data* se halla sometido a unas reglas especiales, que constituyen aplicaciones peculiares de las reglas generales que regulan el régimen general de la institución.

Estas modalidades especiales del *habeas data* constituyen el objeto temático del Capítulo VI. Se trata de unas modalidades que hacen referencia a la especial sensibilidad de los datos que son objeto de acceso, como ocurre en los supuestos del *habeas data* sanitario; o a la situación personal de los sujetos a quienes conciernen los datos sobre los que debe ejercerse el derecho de acceso, tal como ocurre con las peculiares circunstancias en las que se encuentran los menores de edad. Se puede también establecer, como corolario del régimen jurídico del *habeas data* en el ordenamiento jurídico español, la existencia de unas razones específicas que contribuyen a establecer modalidades sectoriales del *habeas data*. Se cuentan entre estas modalidades determinados ficheros de titularidad pública, que se rigen por una regulación específica, debiendo estar a lo que en dicha regulación se establezca. Asimismo, existen determinados ficheros de titularidad privada que presentan características especiales, las cuales merecen ser tomadas en consideración. En el trabajo se ha tenido presente la regulación del *habeas data* en distintos Estatutos autonómicos, atendiendo a la significación y alcance de tales planteamientos normativos.

En el conjunto de los datos personales ocupan un lugar relevante, hasta el punto de considerarse como informaciones especialmente sensibles, todos los datos que hacen referencia a la salud de cada persona. A efectos de la garantía del *habeas data* debe admitirse la existencia de un derecho de acceso por parte de cada ciudadano a su historia clínica. La legislación sanitaria así como la normativa específica sobre protección de datos, analizadas en esta investigación, permiten concluir que se dan dos limitaciones al ejercicio del *habeas data* sanitario: la primera, hace referencia a que este derecho de acceso no es derecho absoluto, puesto que se halla limitado por los derechos de terceras personas implicadas en dichos datos a que se mantenga la confidencialidad de los mismos cuando se hallen recogidos en esas historias clínicas; la segunda, se refiere a aquellos casos en los que los profesionales que hayan participado en la elaboración de esos datos clínicos opongan al derecho de acceso la reserva de sus anotaciones subjetivas. Otro supuesto en el que debe concluirse que podrá limitarse el derecho de acceso del paciente a su historia clínica es el de la existencia de un *estado de necesidad terapéutica*, entendiéndose por tal la facultad del médico para actuar profesionalmente sin informar antes al paciente, cuando por razones objetivas el conocimiento de su propia situación pueda perjudicar su salud de manera grave.

El ejercicio de la acción procesal de *habeas data* plantea problemas y situaciones peculiares, cuando los datos cuya privacidad es objeto de tutela corresponden a personas menores de edad. En el Derecho comparado de la protección de menores se ha consagrado el principio fundamental del: "interés superior del niño". Este principio ha hallado eco en algunas normas y documentos recientes relacionados con la tutela jurídica reforzada de los datos personales del menor. El texto más relevante sobre el particular es el *Documento de trabajo 1/2008 sobre la protección de datos personales de los niños*, elaborado por el Grupo de trabajo de protección de datos, previsto por el artículo 29 de la Directiva 95/46/UE. En dicho documento se intenta establecer un equilibrio adecuado en lo referente a la tutela de la intimidad del menor. Se plantea, de modo inevitable, la tensión entre los principios del paternalismo y la autonomía. El primero exige que los padres educadores y autoridades promuevan siempre el interés superior del niño, aún en contra de la voluntad de este. El fundamento de tal actitud se cifra en la falta o en la insuficiencia de madurez del menor para defender adecuadamente sus propios intereses. El principio de autonomía exigirá, por el contrario, respetar siempre que sea posible la libre decisión del niño para decidir sobre los asuntos que le conciernen. El derecho comparado del menor ha mostrado creciente sensibilidad hacia la propuesta de medidas jurídicas en las que la minoría de edad no se contemple como un periodo global e indistinto. Se tiende, por el contrario, a distinguir determinadas fases y consiguientemente diferentes grados de madurez en el desarrollo del menor. Todo ello, dirigido a ampliar la autonomía del niño en cuanto sea posible, restringiendo determinadas formas de paternalismo que, los avances de la psicología y la sociología infantil reputan improcedentes. La autonomía y libertad de decisión del menor en relación con sus datos personales entra en conflicto, en otras ocasiones, con el principio de la solidaridad social, en función de exigencias sanitarias, educativas o de persecución de la criminalidad.

La reglamentación española del *habeas data* del menor, lamentablemente, no acoge los principios que informan el Documento de la UE. Por el carácter personalísimo del derecho de acceso a datos personales y su reconocimiento, se plantean cuestiones específicas en lo que afecta a su ejercicio por parte de los menores. Para el caso de los menores, el Reglamento que desarrolla la LOPRODA exige, como para los incapacitados, que la acción procesal de acceso a los datos personales que les conciernen, sea ejercitada por el representante legal del mismo. Se advierte, con ello, la incongruencia del Reglamento, que permite al menor un poder de disposición sobre sus datos personales, o sea, el ejercicio de una autodeterminación informativa, para que consienta a su tratamiento, pero no se le permite el ejercicio de su derecho de acceso a los datos que le conciernen, es decir, que se le impide en todas las ocasiones el ejercicio personal de la acción procesal de *habeas data*.

El *habeas data* en los archivos de titularidad pública plantea también una problemática especial. Estas elaboran datos personales de los ciudadanos para el cumplimiento de funciones y el ejercicio de potestades que benefician el interés general, por lo que la previsión de límites al ejercicio del derecho de acceso debe hallarse siempre justificado por inequívocas razones de interés público. El ejercicio de este derecho permite a los titulares de los datos personales desplegar un control sobre las Administraciones públicas que los han elaborado, los conservan y los usan, sobre los fines a los que se destinan y sobre la exactitud y proporcionalidad de los mismos. Esa posibilidad de control representa, en definitiva, la expresión máxima del contenido de este derecho fundamental y respecto de cuyo ejercicio no cabe situar al margen a las Administraciones públicas. El régimen jurídico español regulador de estos ficheros prevé que se podrá denegar el acceso, la rectificación o cancelación en función de los peligros que pudieran derivarse para la defensa del Estado o la seguridad pública, la protección de los derechos y libertades de terceros o las necesidades de las investigaciones que se estén realizando. Asimismo, los responsables de los ficheros de la Hacienda Pública podrán denegar el ejercicio del derecho de acceso, cuando el mismo obstaculice las actuaciones administrativas tendentes a asegurar el cumplimiento de las obligaciones tributarias. Hay que concluir, por tanto, en la necesidad de conjugar la garantía del derecho fundamental a la protección de datos con el interés público. Esta exigencia podrá legitimar determinadas limitaciones de la libertad informática y, consiguientemente, del *habeas data*. No obstante, la legitimidad de esas limitaciones deberá hallarse claramente fundamentada en el interés público, deberá considerarse como una situación excepcional y deberá regularse con las garantías que nuestro sistema constitucional, *ex* artículo 53 CE, impone para cualquier limitación de los derechos fundamentales.

El ejercicio del derecho de acceso en los ficheros de titularidad privada plantea una problemática especialmente importante cuanto se refiere a los *ficheros de solvencia patrimonial y de crédito*. Estos ficheros han sido creados por las entidades dedicadas a suministrar informaciones referentes a la situación económica y financiera. Su objeto estriba, por tanto, en ofrecer datos referentes al cumplimiento de las obligaciones pecuniarias y a la situación patrimonial de las personas, para ayudar a definir el grado de riesgo que comporta la realización de determinadas operaciones financieras crediticias con dichos sujetos. Según la normativa de protección de datos vigente, quienes se dediquen a la prestación de servicios de información sobre la solvencia patrimonial y el crédito sólo podrán tratar datos de carácter personal obtenidos de los registros y las fuentes accesibles al público establecidos al efecto o procedentes de informaciones facilitadas por el interesado o con su consentimiento. Podrán tratarse también datos de carácter personal relativos al cumplimiento o incumplimiento de obligaciones dinerarias facilitados por el acreedor o por quien actúe por su cuenta o interés. En éstos, la disciplina legal establece que se notificará a los interesados respecto de los que hayan registrado datos de carácter personal en ficheros, y se les informará de su derecho a acceder a ellos.

Debe juzgarse como un rasgo positivo de nuestra legislación el que haya facilitado de manera significativa la relación inmediata del afectado con los responsables de los archivos patrimoniales y de crédito. No obstante, pudiera estimarse que no ha sido acertada la opción del legislador de exigir que el titular del fichero rectifique datos, basándose únicamente en la solicitud del interesado, que es lo que ocurre cuando no recibe respuesta de la entidad. Pudiera entenderse que, con ello, se puede generar una cierta inseguridad jurídica. En todo caso, la medida legislativa se justifica si se tiene presente que los datos allí insertados son especiales, teniendo en cuenta que no siempre necesitan del consentimiento del afectado para que se proceda a su tratamiento. Quizás, para ponderar las garantías del titular de los datos y la seguridad de los ficheros, se hubiera podido optar por una solución intermedia: la de exigir antes de la rectificación, una medida menos definitiva como, por ejemplo, el bloqueo de los datos o su cancelación cautelar.

En el marco de la regulación de los ficheros de titularidad privada se inscriben también los ficheros de *publicidad y prospección comercial*. En las sociedades actuales desarrolladas ha adquirido gran importancia comercial y económica la elaboración de ficheros de datos personales destinados a la recopilación de direcciones, reparto de documentos, publicidad, venta a distancia, prospección comercial y otras actividades análogas. Estos ficheros pueden utilizar nombres y direcciones u otros datos cuando éstos figuren en fuentes accesibles al público o hayan sido facilitados por el propio interesado o con su consentimiento. El ejercicio del derecho de acceso respecto a esos ficheros referentes a la publicidad e información comercial, tiene como principal aspecto peculiar que en ellos, por regla general, el *habeas data* se ejercerá ante el encargado del tratamiento, que será además quien estará obligado a contestar. Por ello, si el derecho se ejercitase ante una entidad que hubiese encargado a un tercero la realización de una campaña publicitaria, aquélla estará obligada, desde la recepción de la comunicación de la solicitud, a comunicar la solicitud al responsable, a fin de que el mismo otorgue al afectado su derecho de acceso. La normativa legal y reglamentaria que rige el acceso a estos ficheros tiende a propiciar un equilibrio entre las ventajas que se conceden a las empresas de prospección comercial en la forma de obtener tales datos y el reforzamiento de la información del interesado que le permita la mejor garantía de sus derechos.

La regulación del *habeas data* en las Comunidades Autónomas ha sido objeto de una consideración sumaria en la presente investigación, por estimar que se trata de un aspecto peculiar de esta institución en el seno de nuestro ordenamiento jurídico. El *habeas data,* tal como se ha tenido ocasión de exponer a lo largo de esta investigación, constituye un instrumento de garantía del derecho fundamental a la intimidad. Por ello, su significación y regulación normativa se inscribe de pleno en el estatuto de los derechos fundamentales. Esta circunstancia debe tenerse presente al tratar de las referencias a esta institución contenidas en la normativa estatutaria autonómica. La jurisprudencia del TC ha precisado el alcance de la consagración estatutaria del derecho a la protección de datos personales y su alcance jurídico, al establecer el significado jurídico que debe atribuirse a la regulación estatutaria autonómica de los derechos fundamentales. De conformidad con esa jurisprudencia, tal como se examina de forma pormenorizada en este libro, debe concluirse que los Estatutos de Autonomía no pueden establecer por sí mismos derechos en sentido estricto, sino directrices, objetivos o mandatos a los poderes públicos autonómicos. En consecuencia a juicio del Tribunal Constitucional, los derechos constitucionales no pueden ser objeto de regulación por los Estatutos de Autonomía, pero ello no impide que se puedan reproducir derechos constitucionales en dichos Estatutos, y, por ello, si el legislador autonómico va más allá de la mera reproducción e incide en los derechos fundamentales, tales previsiones, aparte de su eficacia propia, solo serán legítimas si, además, guardan alguna relación con alguna de las competencias asumidas por la Comunidad Autónoma, pues en caso contrario incurrirían en inconstitucionalidad. Esta doctrina desemboca en la tesis del TC según la cual existen dos modalidades de derechos: los derechos fundamentales constitucionales y los derechos estatutarios. Derechos fundamentales son, estrictamente, aquellos que, en garantía de la libertad y de la igualdad, vinculan a todos los legisladores, esto es, a las Cortes Generales y a las Asambleas legislativas de las Comunidades Autónomas, sin excepción. Esa función limitativa sólo puede realizarse desde la norma común y superior a todos los legisladores, es decir, desde la Constitución, norma suprema que hace de los derechos que en ella se reconocen un límite insuperable para todos los poderes constituidos y dotado de un contenido que se les opone por igual y con el mismo alcance sustantivo en virtud de la unidad de las jurisdicciones (ordinaria y constitucional) competentes para su definición y garantía. Por su parte, los derechos reconocidos en Estatutos de Autonomía poseen una naturaleza distinta. Se trata de derechos que sólo vinculan al legislador y a los poderes públicos autonómicos y, según el carácter de cada derecho, a los ciudadanos de las distintas autonomías.

Las diversas alusiones estatutarias al *habeas data* deben, por tanto, considerarse como confirmaciones de su regulación constitucional, sin que, por su incardinación en el estatuto de los derechos fundamentales, quepa establecer distintos regímenes jurídicos para su regulación. Por lo que respecta a la garantía jurisdiccional del *habeas data*, el problema de los derechos estatutarios ha quedado en gran medida resuelto, por cuanto sostiene la doctrina del TC. La tesis mantenida por el TC permite concluir que representa una clara opción hermenéutica en favor del carácter unitario de nuestro sistema constitucional de derechos fundamentales, ya que en el Estado autonómico existe una única Constitución, sin que ello impida desarrollos legislativos por parte de los entes autónomos, y, asimismo, existe una unidad de jurisdicción.

8. EVOLUCIÓN NORMATIVA DE LA PROTECCIÓN DE DATOS DE CARÁCTER PERSONAL EN EL ÁMBITO EUROPEO

La evolución normativa de la protección de datos de carácter personal en el ámbito europeo constituye el objeto del último Capítulo de la investigación. Al igual que en los Estados Unidos de Norteamérica, Canadá y Japón, los países miembros del Consejo de Europa y de la Unión Europea se han incorporado al desarrollo tecnológico, en especial a los avances de la cibernética y de la informática. Estos avances supondrán un importante progreso en la eficacia de los medios de control y de gestión de los poderes públicos. No obstante, estas ventajas engendraron nuevos riesgos para las libertades y, en particular, para el derecho a la intimidad. El Consejo de Europa en su Convenio de Roma de 1950 garantizó el derecho a la vida privada. No obstante, su texto básico para el objeto de esta investigación fue el Convenio 108 de 1981, para la protección de las personas con respecto al tratamiento automatizado de los datos de carácter personal. Se trata del primer acuerdo jurídico internacional elaborado con vocación universal para la protección de datos personales.

Debe hacerse constar que el Convenio no reconoce expresamente el *habeas data*, al no existir una alusión expresa al derecho de acceso en su texto, pero debe interpretarse que como en la normativa de protección de datos es ésta una garantía esencial, que corresponde al núcleo de este derecho, habrá que concluir confirmando su existencia. Se infiere, por tanto, de una lectura lógica del texto del Convenio 108, que el reconocimiento explícito del derecho a la información por parte del titular de los datos supone un reconocimiento implícito del derecho de acceso. No tendría sentido informar a los interesados de la existencia de datos personales que les conciernen, si dicha información no se completase con la posibilidad de acceder a esos datos. De otro lado, el *habeas data* es *conditio sine qua non* para el ejercicio de todo el sistema de garantías previsto en el propio Convenio.

El progresivo desarrollo de las Nuevas Tecnologías (NT) y de las Tecnologías de la Información y Comunicación (TIC) en el espacio europeo, así como sus impactos en las esferas social, económica, política y jurídica, determinaron la adopción de la Directiva 95/46/CE, norma marco sobre protección de datos en el ámbito comunitario. La Directiva se puede considerar como un desarrollo y perfeccionamiento del Convenio 108 del Consejo de Europa. Ahora bien, su finalidad no es exactamente la misma, ya que la Directiva pretende conjugar la protección de los derechos de las personas, con la libertad de circulación de información personal en el contexto del mercado interior europeo. La Directiva 95/46 establece una serie de derechos, que constituyen las garantías subjetivas básicas puestas a disposición de las personas concernidas. En función de ello, responsabiliza a los Estados miembros del cumplimiento de la obligación de garantizar al interesado el derecho a obtener del responsable del tratamiento libremente, sin restricciones, con una periodicidad razonable y sin retrasos ni gastos excesivos, la confirmación de la existencia o no de tratamientos de datos que le conciernan, los fines de tales tratamientos, las categorías de datos que constan y los destinatarios o las categorías de destinatarios a quienes se comunicarán dichos datos. En esos términos plantea la Directiva el reconocimiento del derecho del *habeas data*. A efectos de tal reconocimiento, la Directiva prescribe también que el responsable tendrá que poner en conocimiento y a disposición de los titulares de los datos, de forma inteligible, qué datos son objeto de tratamiento y su origen, así como el sistema, *software* o programa lógico empleado en los tratamientos automatizados que los contengan. Es necesario concluir que esta exigencia resulta imprescindible en todos los casos en que se vayan a adoptar decisiones automatizadas.

Tras la promulgación de la Directiva 95/46, la UE elaboró una serie de Directivas y Reglamentos dirigidos a disciplinar el sector de las telecomunicaciones, en las que se refleja la necesidad de establecer cauces normativos adecuados para la disciplina jurídica del fenómeno de Internet. La actividad normativa de la UE se prolongó con la elaboración, en el año 2012, de la propuesta de Reglamento del Parlamento Europeo y del Consejo relativo a la protección de las personas físicas en lo que se refiere al tratamiento de datos personales y a la libre circulación de estos datos (Reglamento general de protección de datos) y la Propuesta de Directiva del Parlamento Europeo y del Consejo de 2012, que tiene por objeto la protección de las personas físicas en lo que respecta al tratamiento de datos personales por las autoridades competentes a efectos de la prevención, investigación, detección y enjuiciamiento de infracciones penales o la ejecución de sanciones penales, y a la libre circulación de estos datos. En las últimas fechas, el 27 de abril de 2016 fueron aprobadas definitivamente por el Parlamento y el Consejo de la UE tres normas que culminan, hasta el presente la acción normativa europea en materia de protección de datos: el Reglamento 2016/ 679 UE, la Directiva 2016/ 680 UE y la Directiva 2016/ 681.

En el nuevo Reglamento general de protección de datos que cuando entre en vigor sustituirá a la Directiva 95/46, se establecen una serie de disposiciones normativas básicas para la regulación de la protección de datos personales en el espacio europeo. En lo que concierne a la regulación del *habeas data,* el Reglamento prevé una regulación, que pretende actualizar las garantías del titular de los datos. Para ello, sitúa el derecho de acceso en el ámbito de los derechos básicos del interesado. Así, al tipificar las garantías de transparencia en la elaboración de los datos, se impone la obligación para los responsables del tratamiento de ofrecer información transparente y de fácil acceso, lo cual representa un factor innovador en el derecho comparado de la protección de datos.

En el texto se ha realizado una exposición detallada de los artículos del Reglamento referidos a la garantía del *habeas data* en su relación con los demás derechos ARCO, porque, aunque alguno de ellos no hace referencia inmediata al derecho de acceso, conforman el marco normativo en el que dicha institución se engloba y debe ser entendida, de conformidad con un método sistemático de interpretación. Especial relevancia para la protección de datos tiene el reconocimiento del "derecho al olvido" como nueva frontera de las garantías jurídicas de los ciudadanos en esta materia. Por ello, los distintos aspectos analizados constituyen el ámbito normativo básico para la aplicación de las garantías del *habeas data* en el seno de la UE.

El nuevo marco jurídico propuesto por la Comisión Europea en materia de protección de datos completa el Reglamento con la Directiva 2016/ 680 UE relativa a la protección de las personas físicas en lo que respecta al tratamiento de datos personales por parte de las autoridades competentes para fines de prevención, investigación, detección o enjuiciamiento de infracciones penales o de ejecución de sanciones penales, y a la libre circulación de dichos datos y por la que se deroga la Decisión Marco 2008/977/JAI del Consejo.

Para la garantía del *habeas data* resulta de gran interés cuanto dispone esta nueva Directiva al establecer la obligación de los Estados miembros de garantizar el derecho del interesado a acceder a sus datos personales. Esta exigencia se halla manifiestamente inspirada en la Directiva 95/46 UE. No obstante, se puede considerar una innovación de este texto el que haga referencia explícita a determinados elementos para la información de los interesados relativos al periodo de conservación, sus derechos de rectificación, supresión o restricción y a presentar una reclamación. Como balance de esta nueva Directiva de la UE, se puede afirmar que, tiene por objeto garantizar un nivel uniforme y elevado de protección de los datos, reforzando así la confianza de los ciudadanos y, al propio tiempo, la mutua colaboración entre las autoridades policiales y judiciales de los distintos Estados miembros y facilitando la libre circulación de datos y la cooperación entre las autoridades policiales y judiciales.

En la misma fecha en que fueron aprobadas las dos normas anteriores, fue promulgada la Directiva 2016/681 relativa a la utilización de datos del registro de nombres de los pasajeros (PNR) para la prevención, detección, investigación y enjuiciamiento de los delitos de terrorismo y de la delincuencia grave. Con este texto la UE quiere establecer un equilibrio entre la aceptación de medidas de seguridad para evitar que a través del tráfico aéreo puedan organizarse o perpetrarse actos de terrorismo o de criminalidad internacional y la garantía de los derechos cívicos, en particular, de la protección de los datos personales de los viajeros.

La tutela europea de los datos personales no se ha circunscrito a fuentes jurídicas tales como las Directivas o los Reglamentos, sino que, en cuanto uno de los aspectos más importantes y novedosos del actual catálogo de los derechos fundamentales, se ha incluido también entre aquellos textos que se integran en el bloque o núcleo constitucional de la propia UE. Se ha indicado, muchas veces, con referencia expresa a la UE, que se trata de una organización institucional económica y política democrática que carecía de Constitución. Una Constitución democrática es inconcebible sin el reconocimiento de una tabla de derechos y libertades. Por ello, el Consejo y el Parlamento europeos fueron conscientes de la necesidad de dotar a la UE de un texto normativo en el que se explicitaran los principales derechos fundamentales de los ciudadanos europeos. La integración europea comenzada con una finalidad netamente económica, debía abrirse al reconocimiento de garantías políticas y, en especial, de garantías cívicas: la Europa de los mercaderes debía completarse con la Europa de los ciudadanos. A tal efecto se proclamó el 7 de diciembre de 2000 en Niza la Carta de los Derechos Fundamentales de la Unión Europea. En la Carta de Niza se reconoce que toda persona tiene derecho a la protección de los datos de carácter personal que la conciernan. Se proclama, asimismo, que estos datos se tratarán de modo leal, para fines concretos y sobre la base del consentimiento de la persona afectada o en virtud de otro fundamento legítimo previsto por la ley. Y expresamente reconoce el *habeas data*, al prescribir que toda persona tiene derecho a acceder a los datos recogidos que la conciernan y a su rectificación. Siguiendo la pauta establecida por la Directiva 95/46 se señala que el respeto de estas normas quedará sujeto al control de una autoridad independiente. Del análisis de la Carta de Niza se puede concluir que la protección de datos es uno de los derechos fundamentales que se explicitan con mayor amplitud y que aparece deslindado del reconocimiento del derecho a la vida privada y familiar, que también se halla consagrado en la Carta de Niza. Se trata de una tendencia del Derecho comparado constitucional tendente a dotar de mayor autonomía y especificidad el derecho a la protección de datos, respecto al derecho a la intimidad en cuyo seno se forjaron sus prístinas manifestaciones.

Se ha indicado en distintos momentos de esta investigación que la garantía del derecho a la protección de datos personales y, en concreto, el *habeas data*, ha sido desarrollada con una decisiva intervención pretoriana. Han sido los tribunales quienes han desarrollado y han dado concreción a las medidas normativas incluidas en Declaraciones y Constituciones dirigidas a la protección de este derecho. En el Consejo de Europa, también ha sido su instancia jurisdiccional, es decir, el Tribunal Europeo de Derechos Humanos de Estrasburgo, quien, a partir de la Convención de Roma y del Convenio 108, ha ido configurando los perfiles de tutela de los datos personales a través de su jurisprudencia. Son numerosas e importantes las sentencias en las que, a partir de la promulgación del Convenio 108, han desarrollado una garantía eficaz del *habeas data.* Diversas decisiones del Tribunal de Estrasburgo hacen referencia y reiteran su doctrina sobre la especial protección de la confidencialidad de los datos personales biosanitarios por la especial sensibilidad del objeto al que tales datos se refieren, así como existen también otras sentencias en las que se exigen garantías de seguridad para los datos personales registrados en los archivos judiciales y, en particular, en los que hacen referencia a antecedentes penales. La *ratio decidendi* de estas sentencias no tiene por objeto inmediato el reconocimiento de la acción de *habeas data*, pero en el *obiter dicta* de estas decisiones existen argumentos relevantes que contribuyen a confirmar la creciente sensibilidad del Tribunal de Estrasburgo por la garantía de los datos personales, uno de cuyos principales elementos es, precisamente, el derecho de acceso.

El Tribunal de Justicia de las Comunidades Europeas, con sede en Luxemburgo, tiene asignadas las funciones propiamente jurisdiccionales en el marco institucional de la UE. Dicho Tribunal es por tanto, la instancia jurisdiccional suprema cuya función es garantizar el respeto del Derecho de la UE en la interpretación y aplicación de los Tratados y de las demás normas emanadas de la Unión. En la actividad jurisdiccional del Tribunal de Justicia tiene creciente importancia la tutela que otorga a los derechos fundamentales, aunque sometida a determinados límites, pues el Tribunal sólo puede controlar la aplicación del Derecho comunitario y los conflictos que esa aplicación pueda provocar, sobre todo, cuando los derechos en juego presentan una importante incidencia social y económica. No obstante, en la medida en que la normativa de la UE incide directamente en materias relacionadas con la protección de los derechos fundamentales, como ocurre en el caso de la protección de datos personales, su jurisprudencia en este ámbito puede afirmarse que ha adquirido mayor relevancia.

Como es notorio, la Unión Europea no contó con una Declaración de Derechos Fundamentales hasta la promulgación de la Carta de Niza en el año 2000. No obstante, el Tribunal de Justicia adoptó desde 1974, una vez que todos los Estados miembros de las Comunidades Europeas adquirieron la condición de partes en el Convenio Europeo de Derechos Humanos, una jurisprudencia conforme a la cual la referencia convencional sería el Convenio de 1950 y su inspiración derivaría de la jurisprudencia del Tribunal Europeo de Estrasburgo. Tras la promulgación, en el año 1995, de la Directiva de protección de datos personales de la UE, aparece una jurisprudencia de creciente interés en la tutela de esta materia y, en su seno, de la institución del *habeas data*. De modo especial a partir del año 1999, cabe concluir, que se suceden una serie de decisiones que entrañan una garantía explícita del derecho de acceso de los ciudadanos de la UE.

BIBLIOGRAFÍA

ALMUZARA ALMAIDA, C., *Estudio práctico sobre la protección de datos de carácter personal,* Lex Nova, Valladolid, 2ª ed., 2008.

ALPA. G., *La tutela giuridica del Software,* Giuffré, Milano, 1984.

ALVAREZ, S., *Derechos fundamentales y protección de datos genéticos,* Diykinson, Madrid, 2007.

ALVAREZ-CIENFUEGOS, J. M., "La informática en el ámbito de la Administración de Justicia", en *Actualidad Informática Aranzadi,* n. 4, 1992.

ALVAREZ-CIENFUEGOS, J. M., "Soluciones informáticas para la gestión de los procesos judiciales", en *Theoria,* n. 7-8-9, 1987-88.

ALVAREZ-CIENFUEGOS, J.M., *La defensa de la intimidad de los ciudadanos y la tecnología informática,* Aranzadi, Pamplona, 1999.

ALZAGA VILLAAMIL, O., *Derecho Político Español,* EDERSA, Madrid, 1996.

ARENAS RAMIRO, M., "Comentario al Artículo 15. Derecho de acceso", en *Comentario a la Ley Orgánica de Protección de Datos de Carácter Personal,* dirigidos por TRONCOSO REIGADA, A., Civitas & Thomson Reuters, Cizur Menor (Navarra), 2010.

ARENAS RAMIRO, M., *El derecho fundamental a la protección de datos personales en Europa,* Tirant lo Blanch, Valencia, 2006.

BARCELLONA, P., HART, D. y MÜCKENBERGER, U., *La educación del jurista. Capitalismo monopolístico y cultura jurídica,* trad. cast. a cargo de C. Lasarte, Civitas, Madrid, 1977.

BIANCA, C. M., BUSNELLI, F. D. (ed.), *La protezione dei dati personali: commentario al d. lgs. 30 giugno 2003, n. 196, (<Codice della privacy>),* CEDAM, Milano, 2007.

BORRUSO, R. y TIBERI, C., *L´informatica per il giurista,* Giuffrè, Milano, 1990.

BUFFELAN, J.P., *Introduction a l´informatique juridique,* Librairie du Journal des Notaires et des Avocats, Paris, 1975.

BUJOSA VADELL, L. Y PÉREZ-CRUZ MARTÍN, A. (COORDS.), *Proceso, eficacia y garantías en la sociedad global: Liber Amicorum II en honor de María del Carmen Calvo Sánchez,* Atelier, Barcelona, 2013.

BUJOSA VADELL, L., *Las sentencias del Tribunal europeo de derechos humanos y el ordenamiento español,* Tecnos, Madrid, 1997.

BUJOSA VADELL, L.M., "Proceso penal europeo y enjuiciamiento de menores", en el vol. col. *Hacia un verdadero espacio judicial europeo,* ed. a cargo de L. M. Bujosa Vadell, Comares, Granada, 2008.

BURGOS LADRÓN DE GUEVARA, J., *Good practices for protecting victims : inside and outside the criminal process,* University of Milan, Milano, 2013.

BURGOS LADRÓN DE GUEVARA, J., *Modelo y propuestas para el proceso penal español,* epraxis, Sevilla, 2012.

CABEZUDO RODRíGUEZ, N., "La Administración de justicia ante las innovaciones tecnológicas. Del entusiasmo a la desconfianza pasando por el olvido legal", en *Revista Jurídica de Castilla y León,* nº 7, 2005.

CALVO SÁNCHEZ, C., "Prólogo", en el vol. col. *Hacia un verdadero espacio judicial europeo,* ed. a cargo de L. M. Bujosa Vadell, Comares, Granada, 2008.

CAMACHO LOSA, L., *El delito informático,* Gráficas Cóndor, Madrid, 1987.

CAMPOY, I., *La fundamentación de los derechos de los niños,* Instituto de Derechos Humanos Bartolomé de las Casas de la Universidad Carlos III de Madrid & Dykinson, Madrid, 2006.

CANO MARTíNEZ, J.J., "Admisibilidad de la evidencia digital algunos elementos de revisión y análisis", en *Revista de Derecho Informático,* nº 61, 2003.

CANTERO RIVAS, R., "La historia clínica en el proceso: su aportación por los pacientes" en La historia clínica, Comares, Granada, 2002.

CAPPELLETTI, M., *La jurisdicción constitucional de la libertad,* trad.cast., H.Fix-Zamudio, Palestra, Lima, 2010.

CAPPELLETTI, M., *L'educazione del giurista e la riforma dell'Università,* Giuffrè, Milano, 1974.

CAPPELLETTI, M., *Processo e ideologie,* il Mulino, Bologna, 1969.

CARRASCOSA LÓPEZ, V., "Documentación y medios mecánicos de reproducción", en *Quintas Jornadas de la fe pública judicial,* en *Dicumentación Jurídica,* n. 69, 1991.

CARRASCOSA LÓPEZ, V., "La gestión automatizada en el ámbito de la Justicia Española" en *Informática y Derecho,* n.5, 1994.

CARRILLO SALCEDO, J.A. "El derecho al desarrollo como derecho humano emergente", en el vol., col., Seminario conmemorativo del XXV Aniversario del Tribunal Constitucional (Baeza, 13 y 14 de octubre de 2005), Academia de Ciencias Sociales y del Medio Ambiente de Andalucía, Sevilla, 2007.

CARRILLO SALCEDO, J.A., *El Convenio Europeo de Derechos Humanos,* Tecnos, Madrid, 2003.

CASCAJO CASTRO, J.L., "Tratamiento automatizado de los datos de carácter personal", en el vol. col. a cargo de J.M. Sauca, *Problemas actuales de los derechos fundamentales,* Universidad Carlos III de Madrid & Boletín Oficial del Estado, Madrid, 1994.

CASCAJO CASTRO, J.L., y GIMENO SENDRA, V., *El recurso de amparo,* Tecnos, Madrid, 1984.

CASTÁN TOBEÑAS, J., *Teoría de la aplicación e investigación del Derecho,* Reus, Madrid, 1947.

CASTILLO JIMÉNEZ, M. C., *Las Nuevas Tecnologías de la Información y el Derecho. De Vittorio Frosini a Internet,* con "Prólogo" de A.E, Pérez Luño, Instituto de Estadística de Andalucía, Sevilla, 2003.

CHAYER, H. M., "Capacitación tecnológica para la gestión judicial", en *Revista de Derecho Informático,* n.º18, 2000.

COLLADO GARCÍA-LAJERA, E., *Protección de Datos de carácter personal. Legislación, comentarios, concordancias y jurisprudencia,* Editorial Comares, Granada, 2000.

CORREA, C.M, y otros, *Derecho Informático,* Depalma, Buenos Aires, 1987.

CRETELLA JUNIOR, J., *Os "writs" na Constituçao de1988,* Forense Universitaria, Río de Janeiro, 1989.

DE ASÍS ROIG, A., "La actividad sancionadora de la Agencia de Protección de Datos", en *Actualidad Informática Aranzadi,* 1997, n.22.

DE CARRERAS SERRA, F., "Por una Constitución Europea", en el vol. col., *Derechos humanos y constitucionalismo ante el Tercer Milenio,* ed. a cargo de A.E. Pérez Luño, Marcial Pons, 1996, Madrid.

DE HOYOS SANCHO, M., "Actos procesales de notificación y nuevas tecnologías", *Diario La Ley,* de 1 de abril de 2003.

DE LORENZO, R. Y ESCUDERO GONZÁLEZ, M., "El derecho de acceso a la historia clínica y la seguridad del paciente", en *Comentario a la Ley Orgánica de Protección de Datos de Carácter Personal,* dirigidos por TRONCOSO REIGADA, A., Civitas & Thomson Reuters, Cizur Menor (Navarra), 2010.

DEL PESO NAVARRO, E. y RAMOS GONZÁLEZ, M.A., *Confidencialidad y seguridad de la información: la LORTAD y sus implicaciones socioeconómicas,* Díaz de Santos, Madrid, 1994.

DELGADO GARCÍA, A. M. y OLIVER CUELLO,R., *Las Tecnologías de la Información y la Comunicación en la Administración de Justicia,* Instituto Vasco de Administración Pública, Oñati, 2006.

DENNINGER, E., "El derecho a la autodeterminación informativa", trad. cast. de A. E. Pérez Luño, en el vol. col. *Problemas actuales de la documentación y la informática*

(Actas del Coloquio Internacional celebrado en la Universidad de Sevilla, 5 y 6 de marzo de 1986), a cargo de A. E. Pérez Luño, Tecnos/Fundación Cultural Enrique Luño Peña, Madrid, 1987.

DI BENEDETTO, G. Y BELLANO, S., *I linguaggi del processo: la forma degli atti e il processo informatico,* Giuffrè, Milano, 2002.

DI RESTA, F. (ed.), *Protezione delle informazioni : privacy e sicurezza,* Giappichelli, Torino, 2008.

DÍAZ PITA, P., *Derecho procesal I, (Introducción al derecho procesal) : jurisdicción, acción y proceso,* Digital@tres, Sevilla, 2013.

DÍAZ PITA, P., *Derecho procesal II (Proceso civil) : conceptos generales, fase declarativa, medidas cautelares y recursos : adaptado al grado en derecho,* Digital@tres, Sevilla, 2013.

DÍAZ PITA, P., *Introducción al derecho procesal: jurisdicción, acción y proceso,* Red de impresión, Sevilla, 2015.

DÍEZ-PICAZO, L., ¿Una Constitución sin declaración de derechos? "Reflexiones constitucionales sobre los derechos fundamentales en la Comunidad Europea", en *Revista Española de Derecho Constitucional,* n. 32, 1991.

DORADO, A., "Hacia una justicia tecnológicamente avanzada al servicio de los ciudadanos. El expediente judicial electrónico", en el vol., col., *El derecho en la sociedad telemática,* (Estudios en Homenaje al profesor Valentín Carrascosa López), Federación Iberoamericana de Asociaciones de Derecho e Informática & Andavira, Santiago de Compostela, 2012.

EGUIGUREN PRAELI, F., "El *habeas data* y su desarrollo en el Perú", ponencia presentada en el *Seminario Internacional sobre la Acción de Habeas data,* organizado por la Universidad de Talca, Chile, entre el 9 y 11 de abril de 1997 Publicada en *Revista de la Facultad de Derecho de la Pontificia Universidad Católica del Perú,* 1997, n. 51.

ESTADELLA YUSTE, O., *La protección de la intimidad frente a la transmisión internacional de datos personales,* Tecnos, Madrid, 1995.

FAIRÉN GUILLÉN, V., "Comentarios a la Constitución de 1978: el *Habeas corpus* del art. 17.4 y la manifestación de personas", en *Revista de Administración Pública,* 1979, n. 1.

FAIRÉN GUILLÉN, V., "Consideraciones sobre el proceso aragonés de manifestación de personas en relación con el *habeas corpus* británico", en *Revista de Derecho Procesal,* 1963, n.1.

FAIRÉN GUILLÉN, V., "Los procesos medievales aragoneses y los Derechos del hombre", en *Revista argentina de Derecho Procesal,* 1969, n.2.

FARALLI, C. y FINOCCHIARO, G. (ed.), *Diritto e nuove tecnologie,* Gedit, Bologna, 2007.

FERNANDEZ SALMERON, M., *La protección de datos personales en las* Administraciones Públicas, Thomson & Civitas, Cizur Menor (Navarra), 2003.

FLORES DAPKEVICIUS, R., *Amparo habeas corpus y habeas data*, Faira Editor, Montevideo-Buenos Aires, 2011.

FROSINI, V., "Informática jurídica y Derecho informático", en el nº monográfico de *Agora*, sobre *La informática en un mundo de transformación*, fas. 2, 1983.

FROSINI, V., *Cibernética, derecho y sociedad*, trad. Cast. de A. Salguero y R. Soriano, con Prólogo de A. E. Pérez Luño, Tecnos, Madrid, 1982.

FROSINI, V., *Il diritto nella società tecnologica*, Giuffrè, Milano, 1981.

FROSINI, V., *L´uomo artificiale. Etica e diritto nell´era planetaria*, Spirali, Milano, 1986.

GARBERÍ LLOBREGAT, J., "Consideraciones sobre la proyectada reforma de la oficina judicial (con particular referencia a los espacios físicos)". Actualidad Jurídica Aranzadi, núm. 584, 2003.

GARCÍA BELAUNDE, D., *Derecho procesal constitucional*, Adrus, Arequipa (Perú), 2011.

GARCÍA GARNICA, M. C., El ejercicio de los derechos de la personalidad del menor no emancipado, Aranzadi, Cizur Menor, (Navarra), 2004.

GARRIDO CARRILLO, J., "EL Secretario Judicial, clave en el nuevo modelo de Oficina Judicial tecnológicamente avanzada", en *Revista de la Facultad de Derecho de la Universidad de Granada*, n. 8, 2006.

GARRIGA DOMÍNGUEZ, A., *La protección de los datos personales en el Derecho español*, con Prólogo, de A.E. Pérez Luño, Universidad Carlos III & Dykinson, Madrid, 1999.

GARRIGA DOMÍNGUEZ, A., *Nuevos retos para la protección de datos personales. En la Era del Big Data y de la computación ubicua*, Dykinson, Madrid, 2015.

GARRIGA DOMÍNGUEZ, A., *Tratamiento de datos personales y derechos fundamentales*, Dykinson, Madrid, 2ª ed., 2009.

GARZÓN CLARIANA, G., "La protección de los datos personales y la función normativa del Consejo de Europa", en *Revista de Instituciones Europeas*, vol.8, n.1, 1981.

GIANNANTONIO, E., *Introduzione all' informatica giuridica*, Giuffrè, Milano, 1984.

GIMENO SENDRA, V,. *Manual de derecho procesal penal*, UNED & Colex, Madrid, 3ª. ed.2013.

GIMENO SENDRA, V. y CASCAJO CASTRO, J.L., *El recurso de amparo*, Tecnos, Madrid, 1984.

GIMENO SENDRA, V., *Constitución y proceso*, Tecnos, Madrid, 1988.

GIMENO SENDRA, V., *El proceso de "habeas corpus"*, Tecnos, Madrid, 1985.

GIMENO SENDRA, V., *Fundamentos del Derecho Procesal (Jurisdicción, acción y proceso)*, Civitas, Madrid, 1981.

GIMENO SENDRA, V., *Introducción al Derecho Procesal*, UNED & COLEX, Madrid, 8ª ed., 2013.

GIMENO SENDRA, V., TORRES DEL MORAL, A., MORENILLA ALLARD, P. y DÍAZ MARTÍNEZ, M., *Los derechos fundamentales y su protección jurisdiccional*, COLEX, Madrid, 2007.

GONZÁLEZ CANO, I., *El nuevo tratamiento procesal de la insolvencia y la fase común del proceso concursal*, Tirant lo Blanch, Valencia, 2006.

GONZÁLEZ CANO, I., *La ejecución de la pena privativa de libertad*, Tirant lo Blanch, Valencia, 1994.

GONZÁLEZ CANO, I., *La tutela colectiva de consumidores y usuarios en el proceso civil*, Tirant lo Blanch, Valencia, 2002.

GUERRERO PICÓ, M.C., *El impacto de Internet en el Derecho Fundamental a la Protección de Datos de Carácter Personal*, Thomson & Civitas, Madrid, 2006.

GUICHOT, E., *Datos personales y Administración Pública*, Thomson & Civitas, Madrid, 2005.

HÄBERLE, P., "Derecho Constitucional Común Europeo", trad. cast. de E. Mikunda, en "Revista de Estudios Políticos", 1993, n. 79. Trabajo que se halla también recogido en el vol. *Derechos humanos y constitucionalismo ante el Tercer milenio*, ed. a cargo de A.E. Pérez Luño, Marcial Pons, Madrid, 1996.

HERNÁNDEZ GIL, A., *Metodología de la ciencia del Derecho*, vol. 3., Gráficas Uguina, Madrid, 1971.

HERNANDO, P., SEOANE, J. A. y DE ASIS, J. F., "La reserva de las anotaciones subjetivas ¿derecho o privilegio?" en *Revista de Calidad Asistencial*, núm. 21, 2006.

HIERRO, L., "La intimidad de los niños: un test para el derecho a la intimidad", en el vol. col., a cargo de J.M. SAUCA, *Problemas actuales de los derechos fundamentales*, Universidad Carlos III de Madrid & Boletín Oficial del Estado, Madrid, 1994.

JAY, R. y HAMILTON, A., *Data protection: law and practice*, Thomson, London, 2003.

JELLINEK, G., *System der subjektiven offentlichen Rechte*, reimp. de la ed. de 1919, Scientia, Aalen, 1964.

JIMENEZ SANCHEZ, G., "Los nuevos derechos fundamentales o derechos de tercera generación", en el vol. col., Seminario conmemorativo del XXV Aniversario del Tribunal Constitucional (Baeza, 13 y 14 de octubre de 2005), Academia de Ciencias Sociales y del Medio Ambiente de Andalucía, Sevilla, 2007.

LASCURAÍN SÁNCHEZ, J.A., "Artículo 17.4. *Habeas corpus* y prisión provisional", en *Comentarios a la Constitución Española*, ed. dirigida por CASAS BAAMONDE, M.E. y RODRÍGUEZ-PIÑERO Y BRAVO-FERRER, M., Wolters Kluwer, Madrid, 2008.

LESMES SERRANO, C. (Coord.), *La Ley de Protección de Datos. Análisis y comentario de su jurisprudencia*, Lex Nova, Valladolid, 2008.

LIMBERGER, T. Y LOPES SALDANHA, J.M., "Cibertransparencia en la Administración Pública: La importancia de la Cultura presupuestaria para concretización de los derechos sociales", en el vol., col., a cargo de REYES, P. *Ciudadanas 2020. El gobierno de la información*, Instituto Chileno de Derecho y Tecnologías, Santiago, 2011.

LLORENTE FERNÁNDEZ DE LA REGUERA, Á., "Sobre el Estado actual de las nuevas tecnologías en el proceso penal y algunas propuestas de reforma", Actualidad Jurídica Aranzadi, número 554, 2002.

LLORENTE SÁNCHEZ-ARJONA, M., *Las garantías procesales en el espacio europeo de justicia penal*, Tirant lo Blanch, Valencia, 2014.

LOPES MEIRELLES, H., *Mandado de segurança, açao popular, habeas data*, Malheiros Editores, Sau Paulo, 1991.

LOPEZ Y LOPEZ, A., "Verdad, Derecho, Juicio, Proceso", en su obra *Derecho Civil Constitucional*, Editorial Universidad de Sevilla, Sevilla, 2015, pp. 511-521.

LÓPEZ-MUÑÍZ, M., (1994): "El proceso informatizado multimedia", Comunicación presentada al *III Congreso Iberoamericano de Informática y Derecho* (Mérida, septiembre 1992), en *Informática y Derecho*, 5.

LOPEZ-MUÑIZ, M., "El Derecho y la Electrónica", en *Revista de Derecho judicial*, 1971, abril-junio.

LOPEZ-MUÑIZ, M., "Informática jurídica: El Thesaurus", en *Revista de Derecho judicial*, 1972, enero-marzo.

LOPEZ-MUÑIZ, M., "La informática aplicada a la documentación jurídica", en el vol. col. *Gestión Automatizada en el Ambito de la Justicia*, CREI & Generalitat de Catalunya Departament de Justicía, Barcelona, 1983.

LÓPEZ-MUÑIZ, M., *Informática Jurídica documental*, Díaz de Santos, Madrid, 1984.

LOSANO, M. G., *Curso de informática jurídica*, trad., cast. de J. Aguiló y M. Atienza, Tecnos, Madrid, 1987.

LOSANO, M. G., *Il Trattato di Schengen e le frontiere europee* en "Data Manager", 1991, n. 114.

LUCAS MURILLO DE LA CUEVA, P., *El derecho a la autodeterminación informativa*, Tecnos, Madrid, 1990.

LUCAS MURILLO DE LA CUEVA, P., *Informática y protección de datos personales. Estudio sobre la Ley Orgánica 5/1992, de Regulación de Tratamiento Automatizado de los Datos de Carácter Personal*, Centro de Estudios Constitucionales, Madrid, 1993.

MALARET I GARCÍA, E., "La protecció de dades a l'Estatut d'Autonomia de Catalunya", en el vol. col. *La protecció de dades en els estats federals i plurinacionals*, Autoritat Catalana de Protecció de Dades, Barcelona, 2010.

MALEM SEÑA, J., "Privacidad y mapa genético", en *Isonomía*, n. 2., 1995.

MANGAS MARTÍN, A., (Dir), *Carta de los derechos fundamentales de la Unión Europea,* (vol.col,) Fundación BBVA, Bilbao, 2008.

MAPELLI CAFFARENA, B., "¿Pueden los privados de libertad usar móviles para comunicarse?", en *Anales de Derecho,* n. 31, 2013, pp. 1-18.

MARCOS DEL CANO, A. Mª., *Bioética y derechos humanos,* UNED, Madrid, 2011.

MARI, J., VIIASAU, M. (eds.), *El Reglamento de protección de datos de carácter personal. Aspectos clave,* Editorial UOC, Barcelona, 2008.

MARIANI, P., TISCORNIA, D. (eds.), *Sistemi esperti giuridici. L´intelligenza artificiale applicata al diritto,* Franco Angeli, Milano, 1989.

MARKESINIS, B.S., *Protecting privacy,* Oxford University Press, Oxford, 1999.

MARTÍN CASALLO, J.J., "Agencia de Protección de Datos: qué es y qué finalidad persigue", en *Actualidad Informática Aranzadi,* 1994, n.13.

MÁRTÍN OSTOS, J., "El procedimiento de *habeas corpus*" en *La Ley,* 1983, n.766, de 16 de septiembre.

MARTÍN OSTOS, J., "Poder Judicial, función jurisdiccional y secretario judicial", en *Justicia 90,* n. 1.

MARTÍN OSTOS, J., *El secretario judicial a examen,* Tecnos, Madrid, 1994.

MARTÍN OSTOS, J., *Introducción al derecho procesal,* Astigi, Sevilla, 7ªed., 2016.

MARTÍN OSTOS, J., *Jurisdicción de menores,* Bosch, Barcelona, 1994.

MARTÍN OSTOS, J., *Manual de Derecho procesal penal,* Astigi, Sevilla, 2ªed. 2016.

MARTÍN OSTOS, J., MARTÍN RÍOS, P., PÉREZ MARÍN, M.A., *Materiales de derecho procesal. Tomo III, Proceso penal,* Tecnos, Madrid, 2011.

MARTÍN RÍOS, P., "tratamiento procesal de la violencia doméstica y de género en España: la implantación de no-drop policies frente a planteamientos pro victim choice", en el vol. col. *Proceso, eficacia y garantías en la sociedad global: Liber Amicorum II en honor de María del Carmen Calvo Sánchez,* Atelier, Barcelona, 2013, ed. a cargo de L. M. Bujosa Vadell y A. Pérez-Cruz Martín, Comares, Granada, 2008, pp. 557-568.

MARTÍN RÍOS, P., MATÍN OSTOS, J., PÉREZ MARÍN, M.A., *Materiales de derecho procesal. Tomo III, Proceso penal,* Tecnos, Madrid, 2011.

MARTÍNEZ MORAN, N., (ed.), *Biotecnología, Derecho y dignidad humana,* Comares, Granada, 2003.

MESTRE DELGADO, J.F., *El derecho de acceso a archivos y registros administrativos. (Análisis del artículo 105b de la Constitución),* Civitas, Madrid, 1993.

MILLER, A., *The Assault on Privacy,* The University of Michigan, Ann Arbor, 1971.

MONDUCCI, J. y SARTOR, G. (ed.), *Il codice in materia di protezione dei dati personali : commentario sistematico al D. Lgs. 30 giugno 2003 n. 196,* CEDAM, Milano, 2004.

MONDUCCI, J., *Diritti della persona e trattamento dei dati particolari,* Giuffrè, Milano, 2003.

MONGE FERNÁNDEZ, A., *Good practices for protecting victims : inside and outside the criminal process,* University of Milan, Milano, 2013.

MORENO CATENA, V. (Dir.), *Esquemas de derecho procesal civil,* Tirant Lo Blanch, Valencia, 4ª ed., 2013.

MORENO CATENA, V. Y CORTÉS DOMÍNGUEZ, V., *Derecho procesal civil. Parte especial,* Tirant lo Blanch, Madrid, 7ª ed., 2013.

MORENO CATENA, V. Y CORTÉS DOMÍNGUEZ, V., *Derecho procesal civil. Parte general,* Tirant lo Blanch, Madrid, 6ª ed., 2012.

MORENO CATENA, V. Y PASTOR PRIETO, S. (Dirs.), *El coste de la justicia,* Consejo General del Poder Judicial, Madrid, 2002.

MORENO CATENA, V., *Fiscalía europea y derechos fundamentales,* Tirant lo Blanch, Madrid, 2014.

MORENO CATENA, V., *Manual de organización judicial,* Tirant lo Blanch, Madrid, 2003.

MORGAN, R. y BOARDMAN, R., *Data protection strategy: implementing data protection compliance,* Thomson, London, 2003.

NORA, S., MINC, A., *La informatización de la sociedad,* Fondo de Cultura Económica, México, 1982.

OCAÑA LACAL, D., "Los Archivos Judiciales ante el Reto de las Nuevas Tecnologías", en *Los Archivos Judiciales en la Modernización de la Administración de Justicia,* (Congreso de Archivos Judiciales, Sevilla, 16,17 y 18 de mayo 2007), Consejería de Justicia y Administración Pública de la Junta de Andalucía, Sevilla 2007.

OLIVENCIA RUIZ, M., "Lenguaje y Derecho", en sus *Estudios Jurídicos,* vol. I, Fundación El Monte, Sevilla, 2005.

ORDOÑEZ SOLIS, D., *Privacidad y protección judicial de los datos personales,* Bosch, Barcelona, 2011.

ORTECHO VILLENA, V.J., *Jurisdicción y Procesos constitucionales. Habeas corpus y Amparo. Habeas data, Acción popular. Acción de Cumplimiento. Inconstitucionalidad,* Editorial Rhodas, Lima, 2003.

OTHON SIDOU, J.M., Nuevas figuras del derecho procesal constitucional brasileño: Mandamientos de ejecución y "*hábeas data*" en *la Ley,* (Ed.argentina) (sección Doctrina), 1992.

PALOMAR OLMEDA, A. y GONZÁLEZ ESPEJO, P. (Dirs.), *Comentario al Reglamento de desarrollo de la Ley Orgánica 15/1999. de 13 de diciembre, de Protección de Datos de Carácter Personal,* Civitas & Thomson, Cizur Menor (Navarra), 2008.

PARKER, D. B., *Crime by Computer,* Charles Scribner´s Son, New York, 1976.

PASTOR PRIETO, S., "Dilación, eficiencia y costes ¿Cómo ayudar a que la imagen de la Justicia se corresponda mejor con la realidad?", *Servicio de Estudios de la Fundación BBVA*, 2002.

PÉREZ LUÑO, A. E., *Manual de Informática y Derecho*, Ariel, Barcelona, 1996.

PÉREZ LUÑO, A. E., *¿Ciberciudadani@ o Ciudadani@.com?*, Gedisa, Barcelona, 2004.

PÉREZ LUÑO, A. E., *Nuevas tecnologías, sociedad y derecho. El impacto socio-jurídico de las N.T. de la información*, Fundesco, Madrid, 1987.

PÉREZ LUÑO, A.E. (ed.), *Problemas actuales de la documentación y la informática jurídica*, (Actas del Coloquio Internacional celebrado en la Universidad de Sevilla, 5 y 6 de marzo de 1986), Tecnos & Fundación Cultural Enrique Luño Peña, Madrid, 1987.

PÉREZ LUÑO, A.E., "Del *Habeas corpus* al *Habeas data*", en el vol. col. *Encuentros sobre Informática y Derecho 1990-1991*, ed. a cargo de M.A. Davara, Universidad Pontificia de Comillas, Madrid & Aranzadi Editorial, Pamplona.

PÉREZ LUÑO, A.E., "El derecho ante las nuevas tecnologías", en *El Notario del Siglo XXI*, 2012, n. 41.

PÉREZ LUÑO, A.E., "Gestión automatizada del despacho profesional del abogado", en el vol. col. *El abogado. Formación, deontología y organización del despacho profesional*, ed. a cargo de F. Gutiérrez-Alviz, Aranzadi, Madrid, 1994.

PÉREZ LUÑO, A.E., "Intimidad y protección de datos personales: del *habeas corpus* al *habeas data*", en *Estudios sobre el derecho a la intimidad*, ed. a cargo de L. García San Miguel, Tecnos, Madrid 1992.

PÉREZ LUÑO, A.E., "La Carta de los Derechos Fundamentales de la Unión Europea: Una aproximación desde la Filosofía del Derecho" en *Anuario de Derecho Europeo*, 2002.

PÉREZ LUÑO, A.E., "La juscibernética en España", en *Revista Jurídica de Cataluña*, 1971, Nº 2, Abril-Junio.

PÉREZ LUÑO, A.E., "La LORTAD y los derechos fundamentales", en *Derechos y Libertades*, 1993, nº 1.

PÉREZ LUÑO, A.E., "La tutela de los datos personales biomédicos", en su vol., *Los derechos humanos en la sociedad tecnológica*, Universitas, Madrid, 2012.

PÉREZ LUÑO, A.E., "Los derechos fundamentales en la Constitución de Cádiz de 1812", en su vol., *La Filosofía del Derecho en perspectiva histórica*, Servicio de Publicaciones de la Universidad de Sevilla, Sevilla, 2009.

PÉREZ LUÑO, A.E., *Cibernética, Informática y Derecho. Un análisis metodológico*, Publicaciones del Real Colegio de España, Bolonia, 1976.

PÉREZ LUÑO, A.E., DE CARRERAS, F., LIMBERGER, T. y GONZALEZ-TABLAS, R., *La construcción europea*, Fundación Coloquio Jurídico Europeo, Madrid, 2013.

PÉREZ LUÑO, A.E., *Derechos humanos Estado de derecho y Constitución*, Tecnos, Madrid, 10ª ed., 2010.

PÉREZ LUÑO, A.E., *El concepto de interesado en la Directiva Comunitaria 95/46*, en el vol. col. *La protección del derecho a la intimidad de las personas (fichero de datos)*, Escuela judicial & Consejo General del Poder Judicial, Madrid, 1997.

PÉREZ LUÑO, A.E., *Ensayos de Informática Jurídica*, Fontamara, México, 1996.

PÉREZ LUÑO, A.E., *La incorporación del Convenio Europeo sobre protección de datos personales al ordenamiento jurídico español*, en el nº17 monográfico de "ICADE. Revista de las Facultades de Derecho y Ciencias Económicas y Empresariales", sobre *Informática y Derecho*, 1989.

PÉREZ LUÑO, A.E., *La seguridad jurídica*, Ariel, Barcelona, 2ª ed., 1994.

PÉREZ LUÑO, A.E., *La tercera generación de derechos humanos*, Thomson/Aranzadi, Cizur Menor (Navarra), 2006.

PÉREZ LUÑO, A.E., *Los derechos fundamentales*, Tecnos, Madrid. 10ª ed., 2011.

PÉREZ LUÑO, A.E., *Los derechos humanos en la sociedad tecnológica*, Universitas, Madrid, 2012.

PÉREZ LUÑO, A.E., LOSANO, M., y GUERRERO MATEUS, M.F., *Libertad informática y leyes de protección de datos personales*, Centro de Estudios Constitucionales, Madrid, 1989.

PÉREZ-LUÑO ROBLEDO, E., *La reforma del arbitraje de 2011: presupuestos, antecedentes y alcance*, Tirant lo Blanch, Valencia, 2013.

PIERINI, A., LORENCES, V., TORNABENE, M.I., *Habeas data. Derecho a la intimidad*, Editorial Universidad, Buenos Aires, 1999.

PIZZOLO, C., "El *habeas data* en el Derecho constitucional latinoamericano", en el vol. col. *La defensa de la intimidad y de los datos personales a través del habeas data*, a cargo de GOZAINI, O. A., EDIAR, Buenos Aires, 2001.

PRATS ALBENTOSA, L., "Ficheros de información sobre solvencia patrimonial y crédito", en el vol., col., a cargo de MARTINEZ MARTINEZ, R., *Protección de datos. Comentarios al Reglamento de Desarrollo de la LOPD*, Tirant lo Blanch, Valencia.

PUCCINELLI, O. R., "El *habeas data* en las Constituciones indoamericanas. Marco constitucional, jurisprudencial y legislación argentina", en el vol. col. *La defensa de la intimidad y de los datos personales a través del habeas data*, a cargo de GOZAINI, O. A., EDIAR, Buenos Aires, 2001.

PUYOL MONTERO, J., "Las nuevas tecnologías en el procedimiento judicial", en *Encuentro sobre Informática y Derecho*, Aranzadi, Pamplona, 2001.

RAMOS MÉNDEZ, F., *Arbitraje y litigios transfronterizos en un foro global*. Atelier, Barcelona, 2005.

RAMOS MÉNDEZ, F., *Derecho y Proceso*, Bosch, Barcelona, 1978.

RAMOS MÉNDEZ, F., *El mito de Sísifo y la ciencia procesal*, Atelier, Barcelona, 2004.

RAMOS MÉNDEZ, F., *El sistema procesal español*, Atelier, Barcelona, 8ª ed., 2010.

REBOLLO DELGADO, L. y SERRANO PÉREZ, M., *Introducción a la protección de datos*, Dykinson, Madrid, 2ªed., 2008.

REBOLLO DELGADO, L., *Derechos fundamentales y protección de datos*, Dykinson, Madrid, 2004.

RECASÉNS SICHES, L., "*Maquinas* computadoras y razonamiento jurídico", en su vol. *Experiencia jurídica, naturaleza de la cosa y lógica razonable*, Fondo de Cultura Económica-Universidad Nacional Autónoma de México, México, 1971.

RIPOL CARULLA, S., *El proyecto de Directiva comunitaria sobre protección de datos: una valoración española*, en *Actas del III Congreso Iberoamericano de Informática y Derecho* (Mérida, septiembre 1992) publicadas en "Informática y Derecho", 1994.

RODRÍGUEZ IGLESIAS, G.C. y LINÁN NOGUERAS, J.D. (eds), *El Derecho Comunitario Europeo y su aplicación judicial*, Civitas, Madrid, 2002.

RODRÍGUEZ PALOP, M.E., *La nueva generación de derechos humanos. Origen y justificación*, Dykinson, Madrid,. 2ª ed., 2010.

RODRÍGUEZ TIRADO, A. M., *Las funciones procesales del Secretario Judicial*, Bosch, Barcelona, 2001.

RUIZ MIGUEL, C., "El derecho a la protección de los datos personales en la Carta de Derechos Fundamentales de la Unión Europea: Análisis crítico", *Revista de Derecho Comunitario Europeo*, 2003.

RUIZ MIGUEL, C., *El derecho a la protección de la vida privada en la Jurisprudencia del TEDH*, Cívitas, Madrid, 1994.

SAGÜES, N.P., "Amparo informativo", en *La Ley*, (ed, Argentina), 1991.

SÁNCHEZ BRAVO, A., *El tratamiento automatizado de bases de datos en el marco de la Comunidad Económica Europea: su protección*; ibíd., pp. 341 ss.; id., L*a protección del derecho a la libertad informática en la Unión Europea*, cit., pp.123 ss.; id., *Internet y la sociedad europea de la información: implicaciones para los ciudadanos*, con Prólogo de A.E. Pérez Luño, publicaciones de la Universidad de Sevilla, 2001.

SÁNCHEZ BRAVO, A., *La protección del derecho a la libertad informática en la Unión Europea*, con Prólogo de A. E. Pérez Luño, Publicaciones de la Universidad de Sevilla, Sevilla, 1998.

SANZ HEREDERO, J. D. y GONZÁLEZ GONZÁLEZ, P. A., "Breves comentarios a la Instrucción Núm. 2/2003, de 26 de febrero, del Pleno del Consejo General del Poder Judicial, sobre código de conducta para usuarios de equipos y sistemas informáticos al servicio de la Administración de Justicia", en *Revista Datos Personales org*, nº 2, 2003 (disponible en http://www.datospersonales.org).

SARTOR, G. y MONDUCCI, J. (ed.), *Il codice in materia di protezione dei dati personali : commentario sistematico al D. Lgs. 30 giugno 2003 n. 196*, CEDAM, Milano, 2004.

SARTOR, G., (ed), *Expert Systems in Law. An International Conference on Law & Artificial Intelligence,* (University of Bologna, May 3-5 1989), CIRFID & Giuffrè, Milano, 1987.

SARTOR, G., *L' informatica giuridica e le tecnologie dell'informazione. Corso di informatica giuridica,* Giappichelli, Torino, 2016.

SARTOR, G., *Temi di diritto dell'informatica,* Giappichelli, Torino, 2013.

SERRA DOMÍNGUEZ, M., *Jurisdicción, acción y proceso,* Atelier, Barcelona, 2008.

SERRANO ALBERCA, J.M., "Articulo 17", en *Comentarios a la Constitución,* ed. dirigida por GARRIDO FALLA, F., Civitas, Madrid, 1980.

SHARPE, R.J., *The Law of Habeas corpus,* Claredon Press, Oxford, 1976.

SIGUENZA LOPEZ, J., (Coordinador), MARTINEZ MOYA, J., PASCUAL DEL RIQUELME, M., PARRA GARCIA, J.L., SÁEZ DOMÉNECH, A., *La Oficina Judicial y los Nuevos Procesos Civil, Penal, Contencioso-Administrativo y Laboral,* Aranzadi, Cizur Menor, Navarra, 2010.

SIMITIS, S., "Crisis de la información en el Derecho y sistemas informatizados de documentación jurídica", en el vol. col., a cargo de A.E. Pérez Luño, *Problemas actuales de la documentación y la informática jurídica,* (Actas del Coloquio Internacional celebrado en la Universidad de Sevilla, 5 y 6 de marzo de 1986), Tecnos & Fundación Cultural Enrique Luño Peña, Madrid, 1987.

SORIANO, R., *El derecho de habeas corpus,* con Prólogo de A.E. Pérez Luño, Monografías del Congreso de los Diputados, Madrid, 1986.

STAMPER, R., BACKHOUSE, J., ALTHAUS, K., "Expert Systems:Lawyers Beware!", en *Theoria,* n. 7-8-9, 1987-88.

SUSSKIND, R.E., *Expert Systems in Law. A Jurisprudential Inquiry,* Clarendon Press, Oxford, 1987.

TÉLLEZ AGUILERA, A., *La protección de datos en la Unión Euripea,* Edisofer, Madrid, 2002.

TRONCOSO REIGADA, A., "La confidencialidad de la historia clínica" en *Cuadernos de Derecho Público,* n. 27, enero-abril 2006.

TRONCOSO REIGADA. A., "Presentación" de la *Revista Española de Protección de Datos,* 2006, n.1.

TRUYOL Y SERRA, A., *Los derechos humanos,* Tecnos, Madrid, 4ª ed., 2000.

V. CHAVFLÍ, E., "El Estatuto del Encargado del Tratamiento en el Reglamento de desarrollo de la LOPD", en MARI, J., y VILASAU M., (Coord.), *El Reglamento de protección de datos de carácter personal. Aspectos clave,* Editorial Universidad Oberta de Catalunya, Barcelona, 2008.

VITALIS, A., *Informatique, pouvoir et libertés,* Economica, Paris, 1981.

WESTIN, A. Y BAKER, M., *Databanks in a Free Society*, Quadrangle Books, New York, 1972.

WESTIN, A., *Privacy and Freedom*, Atheneum, New York, 1967.

ZABÍA DE LA MATA, J. (Coord.), *Protección de datos. Comentarios al Reglamento*, Lex Nova, Valladolid, 2008.

ZULLO, S., *La dimensione normativa dei diritti social. Aspetti filosófico-giuridici*, G. Giappichelli Editore, Torino, 2013.

ÍNDICE ANALÍTICO

ÍNDICE ONOMÁSTICO

Made in the USA
Middletown, DE
05 November 2026

36541609R10190

STEM CELLS